University of Toronto Italian Studies

Editor in Chief: Amilcare A. Iannucci

Editorial Board: Rocco Capozzi
Massimo Ciavolella
Gianrenzo Clivio
Marcello Danesi
Antonio Franceschetti
Maddalena Kuitunen

LECTURA MARINI

L'ADONE letto e commentato da G. Baldassarri, O. Besomi, P. Cherchi, A. Colombo, V. De Maldé, A. Franceschetti, G. Fulco, V. Giannantonio, F. Guardiani, M. Guglielminetti, G.P. Maragoni, A. Martini, J.V. Mirollo, M. Pieri, D. Pietropaolo, B. Porcelli, A. Rossi, R. Scrivano, A. Vassalli

Ritratto del Marino, di mano non accertata. Musée des Beaux-Arts, Lyon. Si riproduce per gentile concessione della direzione del museo.

LECTURA MARINI

L'ADONE letto e commentato da G. Baldassarri, O. Besomi, P. Cherchi, A. Colombo, V. De Maldé, A. Franceschetti, G. Fulco, V. Giannantonio, F. Guardiani, M. Guglielminetti, G.P. Maragoni, A. Martini, J.V. Mirollo, M. Pieri, D. Pietropaolo, B. Porcelli, A. Rossi, R. Scrivano, A. Vassalli

a cura di

Francesco Guardiani

University of Toronto Italian Studies 6

Dovehouse Editions Inc.
1989

Canadian Cataloguing in Publication Data

Main entry under title:
    Lectura Marini

(University of Toronto Italian Studies; 6)

ISBN 0–919473–64–4

1. Marino, Giambattista, 1596–1625. L'Adone.
I. Guardiani, Francesco, 1949– . II. Series.

PQ4628.Z8L43   1989   851'.5'09   C89–090081–7

Copyright © Dovehouse Editions Inc., 1989

For distribution write to:
    Dovehouse Editions Inc.
    32 Glen Avenue
    Ottawa, Canada
    K1S 2Z7

For information on the series write to:
    University of Toronto Italian Studies
    Department of Italian
    University of Toronto
    Toronto, Canada
    M5S 1A1

No part of this book may be translated or reproduced in any form, by print, photoprint, microfilm, or any other means, without written permission from the publisher.

Typeset by the HUMANITIES PUBLICATION CENTRE, University of Toronto.

Printed in Canada by Imprimerie Gagné Ltée.

INDICE

Premessa	9
CANTO I: LA FORTUNA **Alessandro Martini**, *Oltre l'idillio*	13
CANTO II: IL PALAGIO D'AMORE **Gian Piero Maragoni**, *"Logonomia nova".* *Attorno ad "Adone" II e ai suoi satelliti*	25
CANTO III: L'INNAMORAMENTO **Antonio Rossi**, *Fisionomia di un innamoramento*	35
CANTO IV: LA NOVELLETTA **Ottavio Besomi**, *Amore e Psiche in intarsio*	49
CANTO V: LA TRAGEDIA **Riccardo Scrivano**, *Amplificazione per ripetizione*	73
CANTO VI: IL GIARDINO DEL PIACERE **Vania De Maldé**, *"Il mondo in nove forme trasformato"*	89
CANTO VII: LE DELIZIE **Valeria Giannantonio**, *Natura e arte nelle "Delizie"*	103
CANTO VIII: I TRASTULLI **Marziano Guglielminetti**, *L'arte nel gioco della lascivia*	121
CANTO IX: LA FONTANA D'APOLLO **Guido Baldassarri**, *Il Marino, ovvero la Poesia*	139
CANTO X: LE MERAVIGLIE **Giorgio Fulco**, *Pratiche intertestuali per due "performances" di Mercurio*	155
CANTO XI: LE BELLEZZE **Domenico Pietropaolo**, *Echoes of Heresy in the Ascent to the Third Heaven*	193
CANTO XII: LA FUGA **Antonio Vassalli**, *Falsirena in musica: un'altra redazione del soliloquio d'amore*	201

CANTO XIII: LA PRIGIONE
Bruno Porcelli, *Il luogo della peripezia e gli antimodelli del Marino*   **213**

CANTO XIV: GLI ERRORI
Antonio Franceschetti, *Marino e la tradizione cavalleresca*   **227**

CANTO XV: IL RITORNO
James V. Mirollo, *The Problem of "ritorni"*   **255**

CANTO XVI: LA CORONA
Angelo Colombo, *Le "arti industri". Motivi e forme dell'apoteosi di Adone*   **267**

CANTO XVII: LA DIPARTITA
Paolo Cherchi, *Il distacco e l'inutile rimedio*   **285**

CANTO XVIII: LA MORTE
Francesco Guardiani, *I trastulli del cinghiale*   **301**

CANTO XIX: LA SEPOLTURA
Marzio Pieri, *Diciannovesima rilettura*   **317**

CANTO XX: GLI SPETTACOLI
Francesco Guardiani, *Il gran teatro del mondo, ovvero il mondo a teatro*   **325**

Notizie sui collaboratori   **341**

A Giovanni Pozzi

Premessa

Negli ultimi anni si è fatto grande uso, e forse abuso, soprattutto in America, del termine *lectura*. Chi l'ha voluto nel titolo del presente volume sente allora il dovere di precisarne la ragione. Scartata ogni motivazione vagamente celebrativa o, peggio, polemica (che l'accostare il Marino a Dante, al Boccaccio o anche al Manzoni potrebbe erroneamente far supporre), il termine si impiega qui soltanto per riconoscere il fatto che lo studio del Marino ha toccato oggi una fortuna tale da giustificare un tentativo di sintesi, o meglio di messa a fuoco, delle diverse tendenze interpretative del suo capolavoro. Questa raccolta di saggi nasce, dunque, all'insegna della pluralità; si tratta, insomma, di una lettura collettiva, ma aperta a vari possibili modi di intendere il poema.

Ottavio Besomi, concludendo il suo famoso saggio sul canto IV dell'*Adone* (da cui è tratto quello presentato in questo volume) parlava della certezza di impegnarsi su un capolavoro. Si tratta di una certezza che oggi sono in molti a condividere; ha in sé qualcosa di ammaliante perché è una certezza nuova che dà al lettore l'ebrezza dello scopritore, del pioniere. Ci sarebbe da chiedersi come mai questo avvenga proprio nei nostri tempi e forse ci sarebbero tante risposte diverse quante persone seriamente interessate a porsi la domanda. Il fatto è che, contrariamente a quanto registrava il Pozzi, ancora nel 1976, le tempeste magnetiche di moda cangiante e il lento spostarsi di polo per rotazione del gusto hanno finalmente smosso l'ago della fortuna mariniana (cfr. *L'Adone*, tomo II, p. 4). Mai come ora i tempi sono stati favorevoli ad una lettura solidale e partecipe dell'*Adone*. La moda c'è, è inutile e sciocco non riconoscerla, anche se è difficile capirla e giustificarla.

Si parla oggi di "postmoderno"; il termine, nonostante l'incertezza e la varietà di definizioni che presenta, implica comunque concetti e parametri di analisi critica, quali "trasgressione", "riciclaggio di esperienze artistiche diverse", "pluralità di stili", "sospensione di giudizio", "sfiducia nei confronti di ideologie onniavvolgenti" e, infine, "accettazione fiduciosa nei confronti di modelli variegati e multiformi sfuggenti ad ogni tentativo di definizione che non sia provvisorio". Non sorprende, allora, come in un ambiente culturale descritto da simili valori (o disvalori, che hanno comunque la stessa funzione definitoria) un'opera ricca di simboli impalpabili, ambigui e inquietanti come *L'Adone* possa destare tanta attenzione. Ma c'è di più, a guardar bene, nel fascino per l'opera mariniana: una lettura del poema (un poema "nuovo", tutto sommato, visto che *L'Adone* per intero fino a pochi anni fa non era percorso che da un manipolo di prodi) può servire a rafforzare la fiducia nella poesia, nella parola che rompe l'ambiguità anche quando vi è immersa, perché è una parola che *crea* ponendosi come punto di riferimento e di riflessione su essa stessa, sulla sua vitalissima funzione evocatrice. In pochi altri poeti come in Marino—e si condoni per un attimo la forte dose di soggettività—si ha la nettissima sensazione che la poesia non sia uno strumento di comunicazione, un mezzo per esprimere verità filosofiche, ma un fulcro irradiante di energia che obbliga ad un discorso critico centripeto, a riconoscere l'importanza della poesia per se stessa come il prodotto più nobile dell'immaginazione umana. Forse è questa la reazione più ovvia che un poeta come il Marino può suscitare nei critici della nostra età: un'età priva, ma assetata, di valori generali cui riferire le esperienze di vita più incongrue che il dilagare delle comunicazioni di massa ci scaraventa sotto gli occhi senza posa.

Accusato di ignoranza e di debolezza d'ingegno (filosofico, soprattutto), ma lettore voracissimo e interessato, spregiudicato manipolatore di "concetti" altrui (il lunghissimo elenco delle fonti, come è testimoniato da buona parte delle *lecturae* seguenti, è lungi dall'essere esaurito), il Marino mira essenzialmente ad una cosa sola: a fare poesia, con l'intima persuasione di un'idea comunemente accettata solo nel secolo presente, e cioè che la letteratura nasce dalla letteratura. Poesia, dunque, come retorica. Il riconoscimento di questo assunto nella poetica mariniana ha portato molti critici a ritenere che egli fosse un autore "freddo", e che quindi i suoi "amori" non fossero altro che un mero esercizio di stile. Ma questa è solo una mezza verità, una osservazione critica condizionata da una ristretta definizione di retorica. "La poesia è dono di natura più che d'arte", dice il poeta, che sembra aver quasi un sesto senso nel riconoscere le poesie vive da quelle morte, dai "cadaveri", per usare un suo termine. La retorica mariniana, allora, deve essere ricercata soprattutto nella sua radice viscerale, patetica, tanto profonda da toccare l'irrazionale oltrepassando il limite dell'inconscio. Forse *questo* Marino si può solo sentire e non spiegare e forse il lavoro del critico consiste allora nell'attrezzare una logica dell'immaginazione poetica che lasci al lettore del poema l'esperienza più grata e significativa del ritrovare la vita nella retorica. Il voto del curatore del volume è che queste pagine, in calce al "poema grande", possano servire da ausilio alla *lectura* che più conta.

* * * * *

Quasi tutti i venti saggi qui raccolti non sarebbero stati possibili, o sarebbero stati comunque meno assertivi, senza l'enorme contributo apportato alla critica mariniana degli ultimi anni da Giovanni Pozzi e Marzio Pieri. Quest'ultimo ha generosamente voluto partecipare in modo diretto alla presente impresa, accrescendo il debito di gratitudine nei suoi confronti da parte degli amici mariniani e, in modo particolare, da parte del curatore. E certamente non è mancato l'incoraggiamento e l'appoggio morale del Pozzi, il cui monumentale commento è servito da sicuro polo di riferimento ad ogni collaboratore; a lui, interpretando il desiderio di tutti, chi scrive dedica il volume. Simpatia ed aiuti per la realizzazione del quale sono giunti da ogni dove—ed è questo un fatto che va segnalato, se non altro per attestare che il progetto, indipendentemente dalla sua validità intrinseca, mostra di suscitare una conformità di sentimenti favorevoli al Marino mai registrata prima d'ora. Deve essere riconosciuto, infine, che l'impresa va in porto grazie alla sensibilità, alla lungimiranza e allo spirito di abnegazione dei colleghi del Dipartimento di Italiano dell'Università di Toronto (Canada), guidato dal Prof. Massimo Ciavolella cui esprimo qui tutta la mia gratitudine.

F.G.

CANTO I: LA FORTUNA

Alessandro Martini

Oltre l'idillio

La più lunga favola d'Adone della letteratura mondiale inizia, come precisa il commento dal quale prende le mosse e al quale molto deve questa lettura,[1] dalla causa dell'innamoramento fra Venere e Adone, non espressa dal mito e accennata, sembra, solo da Ronsard: la rivalsa di Amore su una punizione inflittagli dalla madre, con le varie funzioni narrative che precedono e seguono l'intento:

1. Amore fa innamorare Giove (ott. 11);
2. Giunone se ne lamenta con Venere (ott. 11);
3. Venere punisce Amore (ott. 11–17);
4. Amore vuole vendicarsi:
5. si rivolge ad Apollo, che gli consiglia di far sì che Venere si innamori di Adone (ott. 18–36);
6. chiede e ottiene da Vulcano la freccia atta a tanta impresa (ott. 66–87);
7. chiede e ottiene da Nettuno una tempesta che fa giungere Adone al luogo dell'appuntamento fatale (ott. 87–125);
8. lì Clizio gli offre un cibo fatato che lo predispone all'innamoramento (ott. 162–165).

Il commento provvede con esauriente acume a illustrare la non perspicuità e la ridondanza della logica narrativa che apre il poema: a 1. osserva che il Marino finge di prendere le mosse dal principio, ma in realtà lo occulta, poiché non lo narra; a 4. che se vendetta è necessariamente correlata a danneggiamento non si vede quale soddisfazione ottenga Amore, se non quella sua perenne e fanciullesca di provocare il dolce male amoroso, poiché neppure prevede la tragedia finale; a 6. che l'episodio nella fucina di Vulcano ha uno scopo puramente rappresentativo, tra rassegna di un bric-à-brac e collana di madrigali ed emblemi (e dunque, postilliamo, l'ottenimento di una freccia particolare, che pur agirà a 3, 13, da parte del sempre ben armato Amore è inutile, dal punto di vista strettamente narrativo); a 7. che la tempesta suscitata da Nettuno porta sì a Cipro, ma in concomitanza e in concorrenza con la Fortuna, che, invitando Adone a un viaggio senza meta, a Cipro può comunque portare e in effetti porta; a 8. che il cibo offerto da Clizio ha sì effetto a 4, 293, ma a innamoramento ormai compiuto.

Tutto ciò ottiene ad ampio raggio la sua spiegazione nella struttura bifocale del poema, nella sua particolare non funzionalità narrativa e più puntualmente in rapporto al tranello finale in cui cadrà Adone, ma ha anche nei limiti del canto proemiale una sua ovvia giustificazione, ostentata persino da un'allegoria che qui non deve svelare riconosciuti sensi morali per coprirne altri ("si dimostra quanto questa fiera passione sia potente per tutto"): l'onnipotenza del "capriccioso fanciullo degli alessandrini" (per dirla con Hutton non meno che con Pozzi nel commento alle ott. 82–87), con il quale tutti cooperano: non solo il fuoco di Vulcano e l'acqua di Nettuno, che sul piano simbolico esprimono una delle antitesi più diffuse del codice amoroso (vedi il commento all'ott. 87, 7), ma anche il cielo di Apollo e, dopo tanti proemii celesti, l'arcadica terra di Clizio: sfere che in quel codice sono pur diffusamente evocate, e tanto più nel poema che nel primo verso invoca e subito fa protagonista colei che "serena il cielo cd innamora il mondo", che "volge e move / la più benigna e mansueta sfera" e dà "in terra / di pacifico stato ozio sereno" (ott. 1–2).

Tutti gli aiutanti rendono ad Amore il più alto omaggio: anche il primo e più attivo istigatore Apollo lo dichiara "mente del mondo, alma d'ogni alma" (ott. 27); nello stesso senso Nettuno, concludendo il più impegnativo encomio di lui, lo saluta "o gioia, o vita universal del mondo" (ott. 117); solo il più servile e beffato Vulcano resta senza parole, pur ammirando le pazzie di Amore con uno sciocco sorriso (ott. 87), e anche il terreno Clizio nei suoi propri modi elegiaci lo ravviserà come l'unico elemento che turbi il suo pacifico stato (ott. 158–159). Ma non solo gli aiutanti (e quindi i quattro elementi) gli rendono quel tributo. In subordine alla madre Amore è invocato all'ott. 4, e poi subito Venere ne lamenta il potere persino sugli dei (ott. 15–16); un potere che lo stesso Amore procura di esaltare alle ott. 62–65 e di porre in madrigali alle ott. 83–87. I più iperbolici tributi, in conformità alle parole di Nettuno, gli sono resi dal "regno ove la madre nacque" (ott. 89–91), e quindi non a caso proprio qui egli stesso saluta su tutti i fiumi il suo Sebeto, "dolce *suo* porto", nel petto dei cui abitanti egli ha *nido* (ott. 102–103). Infine è lui a formare l'armonia di Cipro (ott. 130), luogo privilegiato del suo culto (ott. 143), dove spazia e discetta un giovane "maestro d'amor" (ott. 162).

Facile che venga a mente l'ultimo verso della commedia dantesca: "l'amor che move il sole e l'altre stelle": quelle stelle che stanno anche a chiudere il poema mariniano: "Tornaro a Stige le tartaree genti, / l'altre ale stelle e l'altre agli elementi" (20, 515), cioè la "spettatrice non sol turba celeste, / ma del mar, dela terra e del'abisso", invitata da Venere alle epiche e "sacre d'Adon pompe funeste" (19, 422). È un lieve ma per la sua posizione obbligato rinvio dantesco che accentua l'ambizione cosmologica del nuovo poema e l'opposta sacralità del suo amoroso discorso. Una chiusa coerente con l'invocazione iniziale alla "*santa* madre d'Amor", di cui non sono da sottovalutare gli accenti lucreziani: l'epiteto è per Venere certo consueto (ai rinvii classici e cinquecenteschi del commento all'ott. 1 si aggiunga almeno Lodovico Dolce nella *Favola di Adone*, ott. 72: "le santa madre d'i pennuti Amori"), ma anche qui in rilevantissima posizione, tant'è che fu subito motivo di polemica. Ed è ben giusto che il poema inizi al modo ellenico con l'invocazione (vedi il commento all'ott. 1) che subordina a sé la proposizione del tema (ott. 3), se la sostanza dell'invocazione ("tu dar puoi sola altrui godere in terra / di pacifico stato ozio sereno", ott. 2), più che le stesse vicende di Adone ("qual teco in prima visse, indi qual fato / l'estinse e tinse del suo sangue l'erbe", ott. 3), coincide con il messaggio del poema come fu enucleato da uno Chapelain.

Tutto ciò che viene predicato di Venere nel poema è per altro degno di colei che vi fa la parte di Dio (*Guida* 54), in particolare nel giudizio di Paride (2, 155), nell'ira della stessa Venere contro la rivale Psiche (ove si definisce "chi da' confusi abissi / l'universo costrusse e 'l ciel compose, / per cui distinto in bella serie aprissi / l'antico seminario dele cose": 4, 16), nell'implorazione di Psiche che la torna a chiamare *santa* (4, 283), nella più diretta parafrasi lucreziana dell'inno che a Venere si innalza nel giardino della musica (7, 76–80) e di quello sacerdotale elevatole nel giorno del concorso di bellezza per l'elezione del re di Cipro (16, 64–65).[2]

Amore e Venere come unici principi motori del canto, in dissidio fra loro, ma già a dispiegare un "di discordie concordi abisso eterno" (è la formula finale con cui Venere definisce il figlio a 6, 174), dominano dunque il grande prologo del poema a dimostrare, attraverso la catena di cause motivanti l'innamoramento, quanto l'intento "d'ordir testura ingiuriosa agli anni" (ott. 4) andasse al di là dei modesti poemetti in cui la favola di Adone era stata svolta dai suoi cinquecenteschi cultori nel giro di un ventennio, sottraendo l'episodio all'altra somma testura delle *Metamorfosi* di Ovidio.

Le 83 *Stanze* di Lodovico Dolce *nella favola di Adone*[3] iniziano dai trastulli già calati in un luogo ameno, dove Venere si abbassa a quelle attività rustiche che nel primo canto mariniano saranno proprie soltanto della "famiglia pastoral" (ott. 136–138); in particolare "premea or de le capre, or de l'agnelle / con le celesti man le poppe immonde" (ott. 17); "tesse con le sue man bianche fiscelle, / e lieta attende a tutti quei lavori / che fan le pastorelle et i pastori" (ott. 22). Le 74 ottave de *L'Adone* di Giovanni Tarcagnota (Venezia 1550)[4] si avviano *in medias res* con gli ammonimenti di Venere ad Adone prima della partenza e subito immettono nella scena dell'aggressione amorosa del cinghiale, non senza un accenno al tema centrale del nostro canto:

> O potenza incredibile d'Amore,
> che le fiere anco a tanto furor spegni:
> non ci maravigliam, s'accendi un core
> che ne la spetie sua fuoco divegni:
> non se vediam del tuo sì fiero ardore
> in cielo, in terra, in mar, ne l'aria segni,
> poi che natura, onde dipende il tutto,
> favor ti presta, per poi corne il frutto.

Le 54 ottave della *Favola d'Adone* di Girolamo Parabosco[5] tornano alla prospettiva idillica del Dolce, con la rappresentazione dell'innamoramento, del reiterato congiungimento degli amanti e delle altre loro pastorali attività: uccellagione, pesca e caccia. I 368 alessandrini de *L'Adonis* di Ronsard[6] infine, come già detto, accennano alla vendetta di Amore come alla causa degli amori fra Venere e Adone, e insistono particolarmente sulla rappresentazione pastorale dei due: Adone "berger et chasseur" (v. 9), "il semble un pré fleury" (v. 24: non meno di Clizio qui all'ott. 134); di conseguenza Venere "qu'un pasteur, qu'un enfant tormente sans repos" (v. 39) è disonorata da quel rapporto, che la costringe a tosar pecore, mungere capre puzzolenti, condurre buoi al pascolo, confezionare panieri e formaggi (vv. 75–88). Né manca un finale sberleffo misogino: dopo il lungo pianto, appena Venere vede Adone morto, subito lo dimentica per Anchise, un altro bovaro.

Dopo tanta umiltà poetica, l'avvio mariniano è di altissimo impegno: intende cantare gli amori senz'armi a livello epico, contro l'ultima grande operazione epica del Tasso, che di quegli amori aveva espresso e tentato di esorcizzare tutto il fascino demoniaco. La materia amorosa conoscerà così il canto epitalamico dei *Trastulli* e sarà definitivamente sacralizzata dai canti tragici della *Morte*, della *Sepoltura* e dei conseguenti trionfali *Spettacoli*. È questa divinizzazione che il Marino doveva aver presente quando, rimproverando al Preti di non aver voluto sottoscrivere il parere di Agazio di Somma, che esaltava l'*Adone* sulla stessa *Gerusalemme*, rivedicava al suo "poemazzo" il diritto a quel confronto e concludeva:

"chi volesse far l'apologista, averebbe mille capi da poterlo far passar per epico. E se bene favoleggia sopra cosa favolosa, si sa nondimeno che la favola antica ha forza d'istorica; ma se altri non vorrà chiamarlo 'eroico', perché non tratta d'eroe, io lo chiamerò 'divino', perché parla de' dèi".[7]

Il messaggio che ci trasmette l'invenzione narrativa del primo canto mi sembra in questo senso chiaro, e chiara la funzione della presenza di Clizio e dell'elogio dello stato rustico in questa sede, come ultimo episodio e terreno approdo della catena inventiva. I precedenti poemetti rivestivano la favola di Adone dei rustici panni della pastorale amorosa. Fedele a una tradizione poetica che ha la sua più eloquente illustrazione nella *Fontana d'Apollo* del nono canto, il Marino ravvisa in quella favola lo strumento per innalzare la materia amorosa alla massima ambizione poetica, e la sottrae all'ambito della pastorale, cui rende omaggio attraverso il suo ultimo e più ambizioso esponente, l'Imperiale, dichiarando nel contempo la sua marginalità. Il passaggio di Adone per il regno di Clizio non è che il primo e più umile rito di accesso al palazzo e quindi al cielo di Venere. Le greggi e i pastori fra i quali si svolgeva la vicenda di Adone e Venere sono qui patrimonio esclusivo di Clizio (cfr. *Guida* 53), mentre tutti cittadini, mondani e moderni sono i diporti di coloro che pur vengono chiamati pastori e ninfe all'interno del palazzo (6, 41–49). Indicativo del rifiuto mariniano della mera poesia pastorale è poi il saluto di Amore al Sebeto: "né mai la luce del tuo vivo argento / turbi con sozzo piè fetido armento" (ott. 102).

Il bersaglio che il Marino vuole comunque colpire, facendo della presentazione di Clizio e del suo elogio della vita rustica il più ampio e conclusivo episodio del canto, non è già lo *Stato rustico* dell'Imperiale, promosso anzi a irrinunciabile punto di partenza della propria esperienza poetica, ma ancora una volta la *Gerusalemme liberata*. Sempre a proposito del paragone che i suoi più fedeli sostenitori non si sentivano di sostenere a suo favore, oltre a quanto già citato dalla lettera al Preti, si ricordi ciò che il Marino scriveva al Bruni: "Il discorso in lode della vita pastorale, che introduco in bocca di Clizio, non è simile a quell'altro del pastore che parla a Erminia?".[8] Certo sì, ma con funzione opposta, data l'utopica parentesi che l'elogio apre nel poema eroico e data l'assoluta permeabilità del messaggio trasmesso da Clizio con quello del poema erotico, per quanto questo sia più ambizioso, se ne estende i rustici confini a una ben più varia mondanità, più drammatico, se la sciagura verrà a colpire propio nello spazio edenico qui decantato, e più inquietante, se a questo modo l'assoluto viene di tanto relativizzato (cfr. *Guida* 33).

L'elogio della vita rustica è in parte una stilizzata biografia di Clizio pastore (ott. 144–161), che rinvia a quella parallela di Fileno pescatore (9, 59–91), anche per la comune polemica anticortigiana. Ma Fileno narra di sé nell'isola dei poeti, cuore della reggia di Venere, dove si è rifugiato dalla Francia, dal momento che "tra gli scoppi e i timpani di Marte / i concenti d'Amor voce non hanno"(9, 87), mentre Clizio lo fa nel parco che circonda la reggia, di cui è semplice custode. L'Imperiale non appartiene neppure al rigoroso canone di poeti di 9, 177–183, che invece Fileno è chiamato a chiudere, benché, oltre i meriti intrinseci, con il nobile e potente genovese la figura del poeta avesse raggiunto la più alta e invidiabile indipendenza dal potere politico.[9] Era un ideale socialmente irraggiungibile per il cavalier Marino, ma in tutto consono alle sue ambizioni di poeta, che per forza doveva collocarsi all'ombra dei potenti, ma che si voleva indipendente da loro nel suo operare poetico, renitente agli impegni politici e alle loro eroiche traduzioni, già rifiutate dall'Imperiale dello *Stato rustico* (cfr. *Guida* 68–69 e 100). In fondo la collocazione di Fileno nel regno di Venere e la sua ovvia futura promozione a ultimo anello della maggiore tradizione poetica italiana sembra premiare la tenacia e l'operosità del napoletano sui doni di natura e di fortuna del ricco patrizio genovese, che alla data dell'uscita dell'*Adone* da almeno un decennio mostrava di non voler più correre l'avventura poetica così straordinariamente iniziata. È un'implicita gara in cui è possibile rilevare la vittoria del Marino in quanto ottenuta attraveso un analogo programma poetico, una concordia di intenti diversamente realizzati.

Le partite di dare e avere fra il Marino e l'Imperiale sono già state controllate con una certa minuzia. Ciò che l'*Adone* deve allo *Stato rustico* è stato dapprima inventariato da Carmela Colombo[10] e poi vagliato caso per caso nel commento al poema (vedi l'indice dei nomi alla voce Imperiali): i più diretti riscontri di contenuto si hanno per la fontana del canto nono dell'*Adone*; più spesso l'Imperiale va ricordato come infaticabile dissodatore di vasti campi retorici, di cui il Marino coglierà i migliori frutti. Ottavio Besomi[11] ha comunque illustrato come allo strenuo sperimentare retorico del genovese era pur stato indispensabile il pungolo delle *Rime* del napoletano. Certo altro era scherzare sulle mobili sabbie cinquecentesche del canzoniere petrarchesco, altro affrontare l'argomento amoroso con ambizioni da poema grande, appena schermate dalla rusticità dei temi e delle forme. Non era cosa da poco tentare di nuovo la strada del poema, escludendo consapevolmente l'affanno epico e l'approdo cosmologico del Tasso, con la riproposta di un'età dell'oro fondata sulla giustapposizione dell'egloga e della georgica, in cui consiste a mio parere la novità e il limite della proposta dell'Imperiale, ossia la novità del legame e il limite della mancata fusione fra elegia, quanto mai querula, monotona e smisurata, e parte didascalica, spesso sorprendente ma altrettanto insostenibile. Fu il *best-seller* di una stagione, di sorprendente tenuta retorica, ma narrativamente nullo: un viaggio in tutti i sensi pedestre, per quanto iniziatico, a collegare le estenuanti descrizioni. Anticipò comunque di gran lunga la prova maggiore del più anziano Marino e contribuì certo a renderla più ardua. Ma quando questa venne alla luce, oltre l'anche maggior dismisura, bisognò senz'altro constatare che superava l'impasse descrittivo di ogni grande impresa posteriore alla *Gerusalemme* (checché subito si dicesse e si possa sempre dire dei suoi moduli narrativi), che il viaggio iniziatico iniziava effettivamente alla più varia e raffinata cultura contemporanea, e che l'egloga lamentosa dell'amore non corrisposto con le sue vetuste regole di comunicazione cedeva di fronte a ben più tenere e anche tragiche, insomma "smoderate" corrispondenze amorose. Bisognò constatare che il tutto era fuso "in molli versi e favolosi e vani" (ott. 10) di una bellezza degna di ambire al confronto con il Tasso e di eclissarlo almeno nell'espressione della vanità: quella che Cristina Campo ammirò in John Donne e in genere nella grande arte della Controriforma, allorché "lo stesso sfarzo capovolse di netto il proprio significato, da vagheggiamento e dominazione terrestre, in contemplazione della vanità, ebbra offerta di cose destinate a perire".[12] Ma a dieci anni di distanza dalla sua ultima più fortunata versione il confronto con lo *Stato rustico* non si imponeva già più, né era per altro all'altezza delle ambizioni del Marino: bastava, e sarà bastato allo stesso Imperiale, il libero e leale omaggio del canto proemiale.

Rincorrere in questo canto tracce più puntuali del poema "adombrato" (scondo la dichiarazione allegorica) è impresa che chiunque conosca un po' il Marino riterrà facilmente vana, ma che nel caso preciso andava tentata. Le concordanze non vanno comunque oltre quelle largamente tematiche che le lodi della vita rustica comportano: l'età dell'oro e il locus amoenus. Il Marino sembra evitare ogni più preciso rinvio. Il commento alle ott. 118,5–120 e 121 già evidenzia il punto di contatto più stretto, riportando un passo concettistico dell'Imperiale sulla mescolanza tra cielo e mare; ma è un tributo (mai e poi mai un furto) che il nostro sembra voler riportare alle dimensioni stilistiche delle proprie giovanili rime marittime, non senza una più diretta allusione al Tasso (cfr. il commento all'ott. 120, 8). Siamo per altro fuori dello spazio testuale che riporta le parole di Clizio, la cui conformità al dettato poetico dell'Imperiale è più apparente che sostanziale. Il Marino infatti sembra far cantare lo stato di natura a un poeta attirato soprattutto dall'artificiosità e dalla macchinosità della natura stessa. Il parco del Clizio mariniano è cosa volutamente ben più vaga e letteraria dei coltivatissimi ed enciclopedici giardini dello *Stato rustico*: "stato rustico sì, ma pregno di stato civile", come subito avvertì il Grillo[13] e come il Marino, affascinato dalle macchine e dalla mondanità quanto e forse più dell'Imperiale, tende a far dimenticare, per darci un'immagine tutta e solo pastorale del predecessore. Anche dal punto di vista delle forme la rappresentazione della figura e del discorso del poeta delle prime e maggiori arditezze secentesche è assai parca. Eccezionale mi sembra soltanto il Clizio tutto di fiori dell'ott. 134:

> ha fiorita la guancia, il crin fiorito
> e fiorita è l'età che bello il rende;
> tutto in somma di fiori è sparso e pieno,
> fior la man, fior la chioma e fiori il seno.

Varrà come attribuzione di stile sommamente fiorito, ma vi si può avvertire anche una lieve valenza parodica nei riguardi di più lunghi, complessi e diluiti spargimenti di fiori, reali e metaforici, riscontrabili in ogni parte dello *Stato rustico* e in particolare sulla ninfa con torello della decima parte.[14]

Oltre questo primo canto la presenza di Clizio nel poema è fugace, atta più che altro a segnalare il suo retrocedere alle spalle di Adone e di Fileno. Già nel secondo canto Adone giunge al palazzo di Venere affidandosi ormai ad Amore: "vie più da lui, che dal pastor guidato" (2, 12); nel diciottesimo Clizio assume accanto al protagonista il ruolo di un fedele quanto inascoltato compagno e nel ventesimo canto intreccia con Filli una nobile danza (20, 76–79) che si contrappone a quella più vivace e solitaria di Lilla (20, 72–75), pretesto la prima per una canonica lode alla bella mano e la seconda per una più moderna lode del bel piè, messa in bocca all'astante Fileno; diverso dunque il coinvolgimento dei due, e subito premiato da Venere con l'umile siringa il civilissimo poeta pastorale, mentre non lo può essere qui il marittimo, che ha già acquisito in Francia lo strumento d'oro ora appeso a un albero dell'isola dei poeti (9, 66–67) e che assume il ben diverso compito di cronista dell'intera vicenda (20, 515).

Qui potrebbe chiudersi anche la lettura del canto, non fosse doveroso segnalare che la catena di cause stabilita inizialmente non copre una notevole porzione del testo: quello che chiama in causa la Fortuna, ossia Adone che si mette in mare su invito di lei (ott. 41–59). È senz'altro un anello di quella catena, ma che non trova il suo preciso attacco, sia dal punto di vista della logica narrativa che da quello della cronologia interna.

Per la cronologia si osserverà che Adone "prende a solcar l'onde" (ott. 32) ancora prima che si profili la congiura contro di lui e si presenta alla vista di Amore quando questi, di ritorno da Apollo, "su 'l mar si cala" (ott. 40 e relativo commento): non ne nasce nessun evento, ma segue appunto il racconto di come Adone è stato, è in quel momento o sarà subito (il taglio narrativo non permette maggiore determinatezza) invitato dalla Fortuna; la tempesta successiva si scatena (ott. 57) prima che il suo promotore la richieda a Nettuno (ott. 109), anzi prima che Amore, vedendo o rivedendo Adone in mare si decida a recarsi da Vulcano (ott. 66). Anche più complessi i nodi di ordine logico. La Fortuna invita Adone a un imbarco per realizzare quanto "cortese stella al nascer *suo* promise" (ott. 51), cioè un *trono* (ott. 54) che effettivamente otterrà, ma che non è né il punto culminante, né il destino ultimo della sua vita, prospettabile solo quando si occultino le "crude influenzie e felle" del "cielo avaro" (ott. 31) che sappiamo pendere su di lui. Non è neppure certo che lo svagato Adone accetti la proposta: "vago allora / di costeggiar quel dilettoso loco, / entra nel legno e de l'angusta prora / i duo remi a trattar prende per gioco" (ott. 55). Risponde senz'altro all'invito ma non sembra proprio coglierne il senso. Alla prospettiva della gloria mondana (quella cui ha per altro rinunciato Clizio andando ad abitare a Cipro "per elezzion, non per ventura", ott. 144, al contrario di Adone) prepone quella di una immediata fruizione estetica, per quanto una non escluda l'altra. In ogni modo per favorirlo la Fortuna deve condurlo a Cipro, e potrebbe farlo con la più tranquilla navigazione. In realtà Adone vi è condotto da una tempesta suscitata da Nettuno su istigazione di Amore per portarlo, ma con ben altri intenti, alla stessa meta.

La Fortuna è davvero l'ennesimo ausiliario di Amore, come interpreta il commento all'ott. 40, pur avvertendo che il testo non esplicita quel ruolo? Se sì è certo infida nei riguardi di Adone. Preferirei definirla semplicemente esautorata da Amore, coerentemente con quanto si è detto sinora dell'onnipotenza di lui e più con quanto senza equivoci si dice all'ott. 59 a proposito della tempesta ("Per far una leggiadra sua vendetta / Amor fu solo autor di sì gran moto; / ... / Ma dela stanca e misera barchetta / fu sempr'egli il poppiero, egli il piloto") e con quanto ribadito all'ott. 166. Difatti Adone in balia delle onde non "scorge più la scorta" di Fortuna (ott. 124). La questione del ruolo di costei potrebbe sembrare persino oziosa, se il canto non si intitolasse *La Fortuna* e se questa Fortuna non fosse doppiata da una tempesta che a sua volta può dirsi (e vien detta a 2, 9) fortuna, la quale provoca un di per sé inutile dirottamento. È questo un primo paradosso narrativo, parallelo all'ossimoro che fonda ogni materia amorosa e regge l'impianto patetico del poema ("smoderato piacer termina in doglia", ott. 10)? Senza nulla risolvere Clizio interpreterà la salvezza di Adone come segno del cielo, favorevole agli amori non meno che al potere (ott. 140-141).

Sospesa fra mera eventualità e crudo fato, fra segno celeste e infernale, questa ambigua Fortuna, padrona del discorso e serva del racconto, si oppone in tutti i sensi a quella del Tasso cui prepotentemente rinvia (vedi il commento all'ott. 48): la divina guida di Carlo e Ubaldo a una certa e santa impresa, che comporta la distruzione dell'isola delle vanità. A più livelli e già per l'evidente scarto che si instaura fra titolo e canto il Marino ci propone un dilemma non estraneo alla discussione sulla natura della fortuna[15] e (si pensi a Vico) addirittura della Provvidenza.

NOTE

1 Mi riferisco a G.B. MARINO, *L'Adone*, a cura di G. POZZI, Milano 1976 ("I classici Mondadori"). Citerò il commento rinviando alla relativa ottava del canto e la *Guida alla lettura* del poema come *Guida*, seguita dal numero di pagina.
2 Si ricordi che il Marino a Venere aveva già dedicato il sonetto marittimo *Bella madre d'Amor, cortese nume* (nelle *Rime. Parte prima*, Venezia 1602); che alla dea spesso inneggiano gli epitalami (il terzo dal titolo *Venere pronuba*) e che con lei si apre la *Galeria*.
3 Sono pubblicate con la commedia *Il capitano* dello stesso Dolce a Venezia, presso Gabriel Giolito de Ferrari nel 1545 e nel 1547, quando la *favola* ricompare "nuovamente corretta". Cito da questa ultima edizione.
4 Si leggono in A. BORZELLI, *Il cavalier Giambattista Marino*, Napoli 1898, pp. 307-324.
5 Le leggo in G. PARABOSCO, *Quattro libri delle lettere amorose di nuovo ordinatamente accomodate, ampliate e ricorrette per Thomaso Porcacchi*, Venezia, presso Andrea Baba, 1611 (*Quattro libri* già presso G. Giolito almeno dal 1561).
6 Apparvero in P. DE RONSARD, *Les trois livres du recueil des nouvelles poesies*, Paris 1564, ora in *Oeuvres poétiques*, a cura di P. LAUMONIER, XII, Paris 1946, pp. 108-126.
7 MARINO, *Lettere*, a cura di M. GUGLIELMINETTI, Torino 1966, p. 395.
8 MARINO, *Lettere...*, p. 400.
9 Sull'Imperiale si veda l'ottima biografia di R. MARTINONI, *Gian Vincenzo Imperiale politico, letterato e collezionista genovese del Seicento*, Padova 1983 ("Medioevo e Umanesimo", 51), dove gran luce è fatta soprattutto sulla sua quadreria. L'opera poetica, e lo *Stato rustico* in particolare, attende ancora una illustrazione complessiva degna della sua importanza, oltre i puntualissimi contributi di O. Besomi e A. López-Bernasocchi citati nella biografia. Sull'ela-

borazione del poema si veda ora G. SOPRANZI, *Le tre redazioni dello "Stato rustico"*, in R. REICHLIN e G. SOPRANZI, *Pastori barocchi tra Marino e Imperiali*, Friburgo 1988 ("Seges", 4).

10 Cfr. C. COLOMBO, *Cultura e tradizione nell'Adone di G. B. Marino*, Padova 1967, pp. 67–84.
11 Cfr. O. BESOMI, *Ricerche intorno alla "Lira" di G. B. Marino*, Padova 1969, pp. 189–211.
12 C. CAMPO, *Gli imperdonabili*, Milano 1987, p. 191.
13 Citato da BESOMI, *Ricerche* . . . , p. 192.
14 Cfr. G. V. IMPERIALE, *Dello stato rustico*, Genova, per Giuseppe Pavoni, 1607, I 2–3, II 62, V 210, IX 406, 431, 446, 455, 465, X 487–88, 489-92, 509–10, XIV 715, XV 802, 829–31, a titolo esemplificativo (le cifre romane rinviano alla parte, le arabe alla pagina). Alcuni di questi esempi sono riportati da BESOMI, *Ricerche* . . . , pp. 199–200. In *Adone* 19, 416–417 il ritratto floreale, appena abbreviato rispetto a 1, 134, ricompare per Adone al momento in cui Venere esprime l'intenzione di trasformarlo in anemone.
15 T. TASSO, *Il Gonzaga secondo overo del giuoco*, in *Opere*, a cura di B. MAIER, Milano 1964, IV, p. 890: "La fortuna è una delle cagioni accidentali, la qual si dice propriamente esser cagione di quegli effetti i quali, fatti con alcuno umano proponimento, avvengono altramente di quello che l'uomo s'aveva presupposto".

CANTO II: IL PALAGIO D'AMORE

Gian Piero Maragoni

Logonomia nova. Attorno ad *Adone* *II* e ai suoi satelliti

> ... es ist kein reden vom formlosen
> Oskar KOKOSCHKA,
> *Die traeumenden Knaben*, 26,4.[1]

È vero merito di François Truffaut—e d'altri con lui—[2] l'aver recato ad evidenza fin catechetica quel procedimento per bisulcazione il quale riveste in Hitchcock poco meno che forza di legge, sia attraverso rime baciate (precisamente unitive) sia attraverso isperici richiami lati. Tale dunque morfemica distinzione (come dire colinergìa e adrenergìa, o insomma vicenda di pieni e di vuoti) ha diritto, ad esempio, su *The 39 Steps* [ove i due bacî del fuggiasco (simulato, alla delatrice; sincero, alla soccorritrice) e le due sortite del mnemoatleta (iniziale, coronata da spari incruenti; finale, conclusa da un colpo efficace) non putativamente si oppongono alle due disguise del ricercato medesimo (con il camice del lattaio; con il cappotto del fattore) e alle due sue strategiche confusioni entro la folla (in un corteo; in un comizio)] e può formalmente ridursi ad una più elementare fra diadi pertinenti e binarismi neutri,[3] che è appunto il *nudus minister* agente—con addirittura algaria invadenza—per alto e per basso dell'opera mariniana.[4]

È obbligo riconoscere in quello di *Ad*.,II con *Ad*.,VI (o, con più rigore parlando, di [9] con [70(7)] e anche di [8],13–32 con [70],23–34) giusto un rispecchiamento di prima specie—fra le due or ora dichiarate—, proprio anzi da esso giungendo poi l'Interprete al concetto che in Marino la strutturazione delle parti del poema (quale *ensemble* da potersi in-tuire) la abbia vinta sull'ordinamento dei fatti della storia (come *récit* da doversi per-correre);[5] ed è bene insistere nel veder pure tra *Ad*.,II e *Ad*.,X duplicazioni di una qualche sorta, vuoi per trapianto orizzontale di mitema[6] (il giudizio di Paride in [9],42–175 richiamato presso le prescienze del mappamondo in [29(13.1)],184) vuoi per deduzione d'indice motivico[7] (gli eventi terreni come contemplabili in pancronìa: [II,62][X,172]; quantunque extispicî appena successivi dimostrino diverse le relazioni capitariamente intrattenute dai varî canti (poiché tra II e XVI esiste omonimìa nella materia del racconto [rassegna di venustà femminili = rassegna di venustà maschili] ed eteronimìa quanto alla sua forma [narrazione delegata = narrazione primaria], mentre II e X presentano materia eteronima [temi amorosi = temi marziali] ed omonima forma [racconto secondo per distorsione temporale retrospettiva = racconto secondo per distorsione temporale di vaticinio]).

Il trattamento stilistico dei canti secondo e decimo (circa i balipedî giudicativamente adottati [le dicerìe delle tre dee (85–88, 93–97, 103–108); le guerre di Francia, del Monferrato, degli Uscocchi (188–224, 225–259, 262–275)]) appare discriminato ancor una volta a norma della nozione binaria.

Nel primo caso (vigendo infatti autoelogî per i quali la coppia lodante-lodato s'identifica *in unum* [ed è modulo tuttavia profittevole agli stessi più tardi e moraleggianti pindari firentini (FILICAIA, *Sonetti*, 12; MENZINI, *Poesie liriche*, XII,7)]) il due è eluso in direzione dell'u n i t à, o (88,b.; 95,d.; 108,b.) per mezzo di dittologìe monosemiche:

$$A+B \to A^1, A^2$$

o (86,h.; 94,d.; 103,b.) per via di endiadi ipogenetiche:

$$A+B \to A_b$$

del tutto societariamente a ciò che avviene—secondo istanze allora figurali—quando in 141,e. il termine primo del sostantivo "nevi" (inteso ad encomio del bianco corpo di Venere) e il termine secondo dell'epiteto "non disfatte" cospirano verso l'effetto unico e ulteriore della sodezza, *ergo* del marmo come comparante implicabile, e se parrà che non torni conto rifarsi—per qualcosa d'analogo—al Villiers dei *Nouveaux Contes cruels*, IV,1 (dove lo scaldico clivaggio nel figurante legittimo del figurante parassitario[8] sembra insinuare il *per fas et nefas* d'una motivazione avventizia ed eterodossa, d'ordine evidentemente termico, niuno potrà segnarmi d'anatema quando mi sarò in proposito riferito alla longiturna pericoresi tropica che l'Ipse dispose nelle *Fischiate*, e per la quale gl'ingiuriosi attributi del rivale (l'esser corbello [A:22,14.; 24,14.; 25,13.; 40,14.; 41,12.; 42,11.; 46,1.], l'esser zucca [B:25,14.], l'esser maiale [C:15,14.; 41,15.; 60,4.]), oltre a potere circuminsidere l'uno nell'altro per retto rimando nella motivazione—tondezza e turgore [cfr. et 4,6.; 20,13.; 42,7.; 66,9.; 67,7.]—, altresì evocano trasversalmente il dileggiato impianto descrittivo e catalogale (anatomico [A:65], botanico [B:12,3.–4.; 13,1.; 21,2.; 24,10.–11.;

CANTO II: IL PALAGIO D'AMORE 27

33,12.; 36; 57,3.; 62,5.; 78,6.], zoologico [C:8,16.–17.]) del suo poema. Nel secondo caso il due è dissolto piuttosto in p l u r a l i t à indefinite e ineshauste (189–190), parte avendo nella capitudine anche iperboli coordinative (273–274) e perturbazioni di antitesi (196,b.; 204,h.; 243,h.) a schema quincunciale:

$$A^x B^y B^x A^y / A^x B^y A^y B^x$$

per uffici logici e aspetti acustici incrociati o alternanti.[9]

S'intende a volo (né si affatichi alcuno in obiezioni di sorta) che ad investire tutto questo non son già antilogìe, e cioè *res ab inventione*,[10] quanto invece antimetaboli, vale a dire *res ab elocutione*,[11] e me ne accerta l'uso che dell'artifizio medesimo osservo in Metastasio, inabitandone egli il proprio idillio come d'un titolo di civile epicureismo ("... cantan scherzando, / ... scherzan cantando"),[12] o in Alfieri ("Tutto fanno, e nulla sanno; / Tutto sanno, e nulla fanno"),[13] il quale, declassandone ad addizionale l'assetto recompositivo, ne fa epigrammatica resa *in deterius* del transalpino spirito di geometrìa, o in Manzoni, che (segreto e oscuro[14] almeno in manovre siffatte [come nell'altra per cui fedelmente attinge[15] all'elenco del *De imitatione Christi*, I,15,ii onde sgrani i non retti intendimenti dai quali pur rampolla l'azione buona della persa Gertrude (X,94), resa irrita da quella vanità di beneficenza che Laclos (*Les liaisons dangereuses*, I,21) e Wilde (*The Picture of Dorian Gray*, XX) han preteso più turpe del libertinaggio o dello stesso assassinio]), avvalendosene per schernire il gusto secentesco dell'intrigo ("Un parlare ambiguo, un tacere significativo, ... ; un lusingare senza promettere, un minacciare in cerimonia; ... "; XVIII,39), la promuove a suo tumido, velico esantema, conforme all'*iteratio + derivatio*,[16] o superlativo diasintetico ("..., violabile violabilissimo, bastonabile bastonabilissimo. .. "; V,41), connotante il culto dell'onore, e al *parallelismus membrorum*,[17] o correlazione per epifrasi (". . . ; mariolo sì, ..., ma profondo:. . . ; galantuomo sì, ..., ma acuto."; XXVII,52),[18] connesso al sentimento politico della storiografia.

Lo *stilus nominalis* di 189,a.-f. non sarà ricondotto a quella modalità linguistica che i glottologi sogliono in vero localizzare a valle del rubicone della *décadence*[19] (eco la più stentorea udendosene difatti in Ernest Chausson, e per l'appunto nel savoroso programma della sua sapiente *Viviane*), bensì avrà da stimarsi alla stregua d'un tradizionale (quanto esserlo si può) avviso enfatico.[20] Dei due generi del procedimento (*en blanc et noir*: predicativo [cfr. SEMPRONIO, *Selva poetica*, II,4,9.–14.; MELOSIO, *Poesie e prose*, I,1,ix,5.–11.] o soggettivo [cfr. BERNI, *Rime*, 3; ROLLI, *Rime (1)*, I,8,1.–3.]) Marino, una volta rifattosi al primo nell'elogio della rosa[21] (III,e.g.158) e nel ritratto di Amore[22] (VI,e.g.174), accondiscende al secondo nel *blason* eroico di Enrico IV, secondo una furibonda retorica dell'attribuzione e della categorìa, che—per moto diretto o contrario, poco rileva: mancano forse luoghi in cui lode e biasimo non si dimostrino equifrastici?—di troppo non gli era sembrata sia nell'assordante *rapportatio*[23] di *Tempio*, 107,c.-f.,[24] sia presso la paratomìa e l'isotassi della *Sferza*,[25] donde, assieme alle iniziali[26] e spietate *conexio* (". . . non solo di predicare, ma di scriuere, et non solo di scriuere, ma di stampare, et non solo di stampare; ma di dedicare. . . ") o *adiectio* ("Argomentate senza prouare, prouate senza conchiudere, et conchiudete senza distinguere."), non ci bisogni di citar altro che il cannoneggiamento dei 36+30 vocativi d'infamia posti a schiera nel finale.[27]

Se l'esame comparativo dell'elocuzione di II e X ha per ciascuno d'essi confidato di postulare una αρχηέ (2→*i*) (2→*n*), la differenza più notevole tra le metavicende dei due canti non risiede tanto in questioni d' o r d i n e (rievocazione vs. profezìa) o di d u r a t a (lo spazio d'un mattino vs. un intiero undicennio), quanto di f r e q u e n z a (narrazione singolativa di un accadimento unico [42–175] vs. narrazioni iterative di atti abituali o di eventi periodici [190–191; 217,e.-h.; 218,e.-h.; 229,c.-f.; 250,e.-f.; 268,a.-b.; 269,a.-b.; 270,a.-b.]: *Phaëton* di Saint-Saëns vs. *Helios* di Nielsen, per esemplificare—diciam così—*inter congrua*), quindi nelle idee del *semel* e del *saepe*, cioè dell'unicità o molteplicità proprie alle varie funzioni del racconto.

Appare dunque innegabile che in una circostanza cotale il contenuto narrativo non vale in sé, ma in quanto trasmetta altro da sé, poiché quelli (i diversi momenti del racconto) che a tutta prima figurerebbero per sostanza del dettato non sono in realtà se non il tramite ad informazioni poziori (le strutture del narrar medesimo). Perciò stesso si può sostenere—e non si esagera nel dirlo—che i significati della varia diegesi si trasformano qui in significanti o *media ad aliud*, mentre sono i significanti, o forme diegetiche pure, ad assurgere a vera materia comunicabile.

È questo un esempio—nepperanco isidoriano—d' a u t o c o d i f i c a z i o n e,[28] di cui conseguenza spontanea riesce che i motivi amorosi e motivi marziali vengano prescelti e collegati non già perché d'essi conti la rispettiva essenza (erotismo o bellicismo, per dire), sì— invece e solo—come contrastivi l'uno all'altro e mutuamente delimitati. Si tratta, in termini semiotici stretti, di un tracotante predominio del v a l o r e sulla s i g n i f i c a z i o n e,[29] e una divertente astuzia della geografia ci risulta che a tanto d'indifferenza[30] addivenisse in ultimo il Nostro esattamente lì dove la concorporeità dell'armato ardimento e del gentile sentire[31] (anziché nella *humana indignatio* degli angli Walton o Vaughan Williams *entre-deux-guerres*) sarebbe fiorita sino ai nictaginacei culmini di un'armigera Santa Giovanna immaginata da Anouilh qual pratolina,[32] e di quel pio *lilium liliorum* di Thérèse Martin pronta—seppure per fantasìa d'obbedienza—ad arruolarsi contro i Prussiani.[33]

Cosa ora rispondere a chi ci diseredi come affatto nuragici nei nostri sonniferi splanamenti *old Europe*, se non che il diletto della logologìa *circa singula haerens* (e non direi poco qualora intendessi la rinnovata *Quellenforschung*[34] o le ricerche sul Marino iconomane)[35] si approssima alla natura dell'oggetto[36] meglio almeno delle lippe—per forza—excursioni di non pochi che la remittente curiosità ridusse tanto a valvassini dell'*ab assuetis non fit passio* quanto a visdomini dell'*ignoti nulla cupido*?[37] La monellerìa del *mirage baroque* (dalla rebarbativa eziologìa dei positivisti[38] alla proba etimologìa dei cronisti,[39] non per caso discara a talun ancheggiante cantambanco cubano)[40] anche avrà quindi assistito la delusiva dechinazione dall'euforìa e dai solerti *vernissages* degli anni '70[41] alle *vapeurs noires* e alla cofosi dell'oggi, sabaticamente incurante d'ancor molto in istato di quarantena, siano *Lettere*,[42] *Sampogna* o *Epitalami*.

Che, a malgrado d'ogni sforzo, il senso del canto di Fileno rimanga misterioso—in sostanza—per noi, può pur restar vero, ma certo valea la spesa di molti e molti nostri cianciumi la discoverta di quella tacitante verità: a giusto dispetto ("..., quia abscondisti haec a sapientibus ... et revelasti ea parvulis.") del plaudito quartaneggiare di qualche cantabrigiense intractabile, è da una geronimita d'oltremare e d'altro tempo (Suor JUANA INÉS de la CRUZ, *Respuesta a Sor Filotea* [4]) che apprendiamo come di quello, su cui non si può parlare, parlare si deve appunto per predicarne a più potere l'ineffabilità.

NOTE

1 Ed. Tenenbaum, Roma 1985, p. 26.
2 Cfr. E. ROHMER e C. CHABROL, *Hitchcock*, ed. it. Venezia 1986, pp. 74–75.
3 Cfr. G.P. MARAGONI, *Nota al testo*, in A. BATTA, *Capitoli giocosi sopra l'antichità, ed origine della città di Frosinone*, Alatri 1988, p. 18.
4 Cfr. e.g. F. GUARDIANI, *Giovan Battista Marino: dal madrigale al "poema grande"*, "Critica letteraria", XIII (1985), n. 3, pp. 568–570 [ma altresì G. BAIARDI, *Il dialogo "Del Concetto Poetico" di Camillo Pellegrino*, "Rassegna della letteratura italiana", LXII (1958), n. 3, pp. 373–374 e J. SCHULZE, *Formale Themen in Gian Battista Marinos "Lira"*, Amsterdam 1978, p. 158].
5 Cfr. G. POZZI, *Guida alla lettura*, in G.B. MARINO, *L'Adone*, Milano 1976, II, pp. 205, 609, 743.
6 Cfr. F. DELLA CORTE, *I miti delle "heroides"*, in AA.VV., *Miscellanea Untersteiner*, Genova 1970, pp. 165 e 169.
7 Cfr. T. HÄGG, *La rinascita del romanzo greco*, in AA.VV., *Il romanzo greco*, Roma-Bari 1987, pp. 188–189 e 194.

8 "..., Maryelle, ... [au joint de son corsage... bougeait de la neige,] versait..., du Roederer glacé...". (Ed. Garnier, Paris 1968, p. 340).
9 "*sto*lto(A^x)*f*uror(B^y), *di*scord*i* a(B^x)*f*iera(A^y)"; "*s*favill ar(A^x) *lamp*i(B^y), ... *lamp*eggiar(A^y) *favill*e(B^x)"; "*gon*fia(A^x) *s ten*dardi(B^y), ... *s ven*tola(A^y) penn*on*i(B^x)". (Ed. Pieri, Roma-Bari 1975+1977, I, pp. 587, 589, 599).
10 Cfr. G. WEISE, *Il motivo stilistico dell'antitesi nell'arte e nella letteratura del Manierismo e del Barocco*, in *Atti e Memorie dell'Accademia Toscana di Scienze e Lettere La Colombaria*, XXXIX(1974), e.g. p. 73.
11 Cfr. A. LOPEZ-BERNASOCCHI, *Una forma particolare di artificio retorico: l'antimetatesi, esemplificata sullo "Stato rustico" di Gian Vincenzo Imperiale*, "Lettere Italiane", XXXIV(1982), 2, p. 215; P.G. POZZI, *Artifici espressivistici e metrici nella poesia cinquecentesca*, Riass. cicl. della relazione omonima al Convegno sul tema: *L'espressivismo linguistico nella letteratura italiana*, Roma 16-18 Gennaio 1984.
12 *Epitalamii*, IV, 94.-95.; ed. Brunelli, Milano 1965[2] (1947[1]), p. 836.
13 *Misogallo*, III, (e.8), 1.-2.; ed. Renier, Firenze 1884, p. 93.
14 Cfr. F. CHIAPPELLI, *I "notturni" di Manzoni*, "Italica", XXXII(1955), n. 3, pp. 166 e 169; R. SCRIVANO, *Personalità di Manzoni e ordine dei "Promessi Sposi"*, in AA.VV., *Omaggio ad Alessandro Manzoni nel bicentenario della nascita*, Assisi 1986, pp. 192, 199, 205; G. CONTINI, *Manzoni contro Manzoni. (Un sasso in piccionaia)*, in ID., *Pagine ticinesi*, Bellinzona 1986[2] (1981[1]), p. 214.
15 Su Manzoni e le sue fonti v. da ultimo gli spregiudicati e aculeatissimi P. STOPPELLI, *Manzoni e il tema di don Giovanni*, "Belfagor", XXXIX(1984), n. 5, pp. 501-516 e R. SCARCIA, *Il villaggio in subbuglio: una novella compendiata*, in AA.VV., *Giornata di studi nel II centenario della nascita di Alessandro Manzoni*, Roma 1987, pp. 51-59.
16 Cfr. G. VOLPI, *Le falsificazioni di Francesco Redi nel Vocabolario della Crusca*, in *Atti della R. Accademia della Crusca*, 1915-1916, p. 49, nt. 1.
17 Cfr. G. CONTINI, *Breviario di ecdotica*, Milano-Napoli 1986, p. 216.
18 Ed. Chiari e Ghisalberti, Milano 1977[5] (1954[1]), pp. 80, 317, 472.
19 Cfr. E. PERUZZI, *Una lingua per gli italiani*, Torino 1967[2] (1964[1]), pp. 92-93; A.L. LEPSCHY e G. LEPSCHY, *La lingua italiana*, Milano 1981, p. 75.
20 Cfr. P. TRIFONE, *Aspetti dello stile nominale nella "Cronica" trecentesca di Anonimo romano*, "Studi linguistici italiani", XII(1986), n. 2, p. 238.
21 Cfr. et J.H. WHITFIELD, *La Belle Charite: the Italian Pastoral and the French Seventeenth Century*, "Italian Studies", XVIII(1963), p. 37; L. FORSTER, *The Icy Fire*, Cambridge 1969, pp. 9-10.
22 Cfr. et C. DIONISOTTI, *Amore e Morte*, "Italia medioevale e umanistica", I(1958), max. pp. 420-421; D. RUHE, *Le Dieu d'amours avec son Paradis*, München 1974, pp. 11-12.
23 Cfr. G. POZZI, *Nuovi esempi di "versus rapportati"*, "Italia medioevale e umanistica", II(1959), pp. 513-515; H. WALTHER, *Lateinische Verskünsteleien*

des *Mittelalters*, "Zeitschrift für deutsches Altertum und deutsche Literatur", XCI(1961–1962), n. 4, pp. 339–340; H. ZEMAN, *Die "versus rapportati" in der deutschen Literatur des XVII. und XVIII. Jahrhunderts*, "Zeitschrift für vergleichende Literaturwissenschaft", IX(1974), n. 2, pp. 134–160.

24 Con pianta:

$$A_1 \quad\quad B_1 \quad\quad C_1$$

$$C_2 \quad\quad B_2 \quad\quad A_2$$

$$C_3\ C_4 \quad\quad A_3\ A_4 \quad\quad B_4\ B_3$$

$$C_5\ C_6 \quad\quad B_5\ B_6 \quad\quad A_5\ A_6$$

25 Cfr. M. PIERI, *Per Marino*, Padova 1976, p. 329.
26 Parigi 1625, pp. 7–8 e 14–15.
27 "... cagnacci arrabbiati, ... Lupi voraci... Rospi velenosi, ... Vipere mordaci, ... Aspidi formidabili, ... Ceraste insidiose, ... Saettoni fischianti, ... Scorpioni micidiali, ... Tarantole rabbiose, ... Basilischi contagiosi, ... Cocodrilli horrendi, ... Draghi pestiferi, ... Hiene adulatrici, ... Arpie abominande, ... Sfingi crudeli, ... Chimere fantastiche, ... Nibbi rapaci, ... auoltori ingordi, ... Cicale loquaci, ... Vespe fastidiose, ... Mosche Caualline, ... Calabroni immondi, ... Tafani pungenti, ... Zanzane insopportabili, ... Farfalle insensate, ... Pipistrelli ciechi, ... Talpe infelici, ... Cornacchie gracchianti, ... Volponi doppi, ... Gatti soriani, ... Istrici spinosi, ... Scimie ridicole, ... Porci puzzolenti, ... Asini scapestrati, ... Mostri infernali, ... Furie maledette, ... " (pp. 43–59); "Perfidi, ... Cattiuelli, ... Sfacciati, ... fraudolenti, ... Peruersi, ... Insolenti, ... Temerarij, ... Arroganti, ... Presuntuosi, ... Irreuerenti, ... Felloni, ... Scelerati, ... Sciagurati, ... Pertinaci, ... Ribaldi, ... Ghiotti, ... Ingrati, ... Sconoscenti, ... Disleali, ... Iniqui, ... Spietati, ... Sacrilegi, ... Profani, ... Barbari, ... Inhumani, ... Balordi, ... Goffi, ... Sciocchi, ... Pazzi, ... Malitiosi, ... " (pp. 61–67).
28 Cfr. il mirabile G. POZZI, *Codici, stereotipi, topoi e fonti letterarie*, in AA.VV., *Intorno al "Codice"*, Firenze 1976, pp. 58–59.
29 Cfr. F. de SAUSSURE, *Corso di linguistica generale*, ed. it. Bari 1972 (1967[1]), p. 145; L. HJELMSLEV, *I fondamenti della teoria del linguaggio*, ed. it. Torino 1968, pp. 54 e 57.
30 Cfr. M. GUGLIELMINETTI, *Introduzione* a G.B. MARINO, *Lettere*, Torino 1966, p. XIX; M. PIERI, *Eros e manierismo nel Marino*, "Convivium", XXXVI(1968), n. 4, p. 465; A. MARTINI, *Introduzione* a G.B. MARINO, *Amori*, Milano 1982, p. 29.
31 Cfr. N. ELIAS, *La società di corte*, ed. it. Milano 1984, p. 355 e J. WILHELM, *Parigi ai tempi del Re Sole*, ed. it., Milano 1984, p. 269.
32 V. *Diario pubblico*, ed. it. Milano 1974, p. 133.
33 V. *Novissima Verba*, 4. VIII. 1897 (5).

34 Cfr. (per non ridiscendere sin dagli avvìi di Brossmann o Krauss, riguardo a certa cleptomanìa e fattucchierìa del Baro e Ludione napolitano) i recenti A. DI BENEDETTO, *Alcuni aspetti della "fortuna" del "Cortegiano" nel Cinquecento*, "Giornale storico della letteratura italiana", LXXXVIII(1971), n. 1, pp. 12–13; B. PORCELLI, *Amore e Psiche da Apuleio al Marino*, "Studi e problemi di critica testuale", 1979, n. 19, pp. 135–152; P. CHERCHI, *Tessere mariniane*, "Quaderni d'italianistica", III(1982), n. 2, pp. 202–218; M. PIERI, *L'insignificanza originale*, "Dismisura", XII(1983), nn. 63–66, p. 3, col. 3–p. 4, col. 1; per Giovan Battista bracconiere bracconato v.—in aggiunta alle voci radunate da G.P. MARAGONI, *Discorsi sul Marino heroico*, Parma 1982, nt. 71, p. 46—A. FARINELLI, *Marinismus und Gongorismus*, "Deutsche Literaturzeitung", XXXIII(1912), n. 23, col. 1421; J.G. FUCILLA, *G.B. Marino and the Conde de Villamediana*, "Romanic Review", XXXII(1941), n. 2, pp. 140–146; F.J. WARNKE, *Marino and the English Metaphysicals*, "Studies in the Renaissance", II(1955), e.g. pp. 165–169; P. PALMER, *Lovelace's Treatment of Some Marinesque Motifs*, "Comparative Literature", XXIX(1977), 4, pp. 300–312; J.M. ROZAS, *Sobre Marino y España*, Madrid 1978, pass.

35 Su cui v. [oltre ai più che ottimi G. POZZI, *Gli artifici figurali del linguaggio poetico e l'iconismo*, "Strumenti critici", X(1976), n. 3, p. 351; ID., *Il ritratto della donna nella poesia d'inizio Cinquecento e la pittura di Giorgione*, "Lettere Italiane", XXXI(1979), n. 1, p. 21; ID., *Acrostici occulti*, "Il piccolo Hans", 1981, n. 29, p. 15] e.g. R. SPEAR, *The Literary Source of Poussin's Realm of Flora*, "Burlington Magazine", CVII(1965), n. 752, p. 563, col. 1–p. 569, col. 2; G. MOSES, *"Care Gemelle d'un Parto Nate": Marino's "Picta Poesis"*, "Modern Language Notes", C(1985), n. 1, pp. 82–110, e dal confronto fra i due il Lettore misurerà quanto in vent'anni possa l'approccio ad una tracciante *crux* ermeneutica mutar di tono (non dico in meglio).

36 Cfr. G. ZONTA, *Rinascimento, aristotelismo e Barocco*, "Giornale storico della letteratura italiana", LII(1934, 4–5, p. 56; G. MORPURGO TAGLIABUE, *Aristotelismo e barocco*, in AA.VV., *Retorica e Barocco. Atti del III Congresso Internazionale di Studi Umanistici*, Roma 1955, p. 144; L. ERBA, *Visione miope e secentismo*, "Aevum", XXX(1956), n. 5–6, p. 495.

37 Diversamente dai confacevoli elzeviri per servir di *aubade* o compieta (L. BALDACCI, *Marino e i maristi*, "Corriere del giorno", 2 Dicembre 1954, p. 3, coll. 1–2; P. CITATI, *Adone nel regno di Eros*, "Corriere della Sera", 8 Marzo 1977, p. 3, coll. 1–3), lo sport domenicale del dagherrotipo *sub condicione* [E. PANZACCHI, *Giambattista Marini. (1569–1625)*, in AA.VV., *La Vita Italiana nel Seicento*, Milano 1905, pp. 201–224; G.M. MONTI, *Contributo Mariniano*, in ID., *Studi letterari*, Città di Castello 1924, pp. 300–316; E. ALLODOLI, *Il Marino*, "I libri del giorno", VIII(1925), n. 4, p. 176, col. 2–p. 178, col. 2; F. CAZZAMINI MUSSI, *L'Adone*, in ID., *Uomini e libri*, Palermo-Roma 1927, pp. 3–13; G. LIPPARINI, *Il Cavalier Marino*, in ID., *Pensiero e Poesia*, Genova-Sampierdarena 1938, pp. 77–80; R.E. DE SANCTIS, *Marino*

CANTO II: IL PALAGIO D'AMORE 33

o della meraviglia, in ID., *Il letto di Procruste*, Bergamo 1943, pp. 205–213; M. ALESSANDRINI, *Dalla gara di contumelie in versi il cavalier Marino uscì imbattuto*, "Il paese", 17 Aprile 1952, p. 3, coll. 3–7] è stato causa che parecchî perdessero in vita loro un buono spunto di non culpabile *in pectore*; eccepire si dovrà forse (del tutto al di sopra di questi verminaî essendo bene il superbo BORGES di *El hacedor*, XIV) per A. ALBERTAZZI, *I gaudi della vita letteraria. (A proposito di un rinnovamento)*, "Il marzocco", 6 Agosto 1916, p. 3, col. 1 e B. CREMIEUX, *Un aventurier de la poésie: le chevalier Marin*, "Revue de Paris", XLII(1935), 9, pp. 161–163 in grazia dei loro animosi bozzetti di un iperestetico alla Roderick Usher e di un vitaiolo da *boulevard*.
38 Cfr. F. D'OVIDIO, *Un punto di storia letteraria. Secentismo spagnolismo?*, "Nuova antologia", XVII(1882), n. 20, pp. 661–668; A. GRAF, *Il fenomeno del secentismo*, "Nuova antologia", XL(1905), n. 811, max. pp. 371–381 cui opporrei gli assai altrimenti ispirati G. TOFFANIN, *Idee poche ma chiare sulle origini del secentismo*, "La Cultura", III(1923–1924), n. 11, pp. 481–488; G. MAZZACURATI, *Il classicismo regolato come prologo al secentismo e Pietro Bembo*, "Convivium", n.s. XXIX(1961), n. 6, pp. 666–675.
39 V. O. KURIZ, *Barocco: storia di una parola*, "Lettere Italiane", XII(1960), n. 4, pp. 414–444; B. MIGLIORINI, *Etimologia e storia del termine "barocco"*, in AA.VV., *Manierismo, Barocco, Rococò: concetti e termini*, Convegno internazionale, Roma 1962, pp. 39–49 e cfr. et G. BRIGANTI, *"Barock in Uniform"*, "Paragone", I(1950), n. 3, pp. 6–14; A. BLUNT, *Some Uses and Misuses of the Terms Baroque and Rococo as Applied to Architecture*, in "Proceedings of the British Academy", LVIII(1972), pp. 215–243.
40 Cfr. S. SARDUY, *Barroco*, ed. it. Milano 1980, p. 21.
41 Cfr. V. PRESTA, *G.B. Marino nella critica postcrociana*, "Cultura e scuola", IX(1970), n. 3, p. 23; B. BASILE, *Rassegna di studi sul barocco e il barocco letterario italiano (1965–1972)*, "Lettere Italiane", XXIV(1972), n. 3, p. 347; C. DELCORNO, *Rassegna mariniana (1969–1974)*, "Lettere Italiane", XXVII(1975), n. 1, pp. 91 e 109; J.A. MOLINARO, *Marino's Lyric and Pastoral Poetry: Three Recent Interpretations*, "Canadian Journal of Italian Studies", I(1977-1978), n. 3, p. 196.
42 Circa le quali rammento i soli R. ROSSINI, *Noterelle a tre lettere del cavalier G.B. Marino*, Torino 1959; G.L. BECCARIA, *Forestierismo e citazione straniera come strumento stilistico: lo spagnolo nei testi letterari del Cinque e Seicento*, "Sigma", 1965, n. 7, pp. 52–53 e ntt. 16, 17, 19; M.H. FRASCIONE de Almeida Esteves, *Três cartas da prisão. Marino, Manuel de Melo, Quevedo apócrifo*, "Annali dell'Istituto Univeroitario Orientale di Napoli". Sezione romanza, XI(1969), n. 1, max. pp. 58–64.

CANTO III: L'INNAMORAMENTO

Antonio Rossi

Fisionomia di un innamoramento

La perfidia è, nel canto dell'innamoramento di Venere e Adone, il primo attributo riferito ad Amore: apre infatti l'ottava iniziale l'emistichio *Perfido è ben Amor*,[1] dove il determinante *perfido* pare chiamato a subito specificare, anche tramite l'accento sulla prima sillaba, quali siano le reali caratteristiche di *Amor*, soggetto posto in evidenza al centro del verso; ed è significativo che la medesima idea di perfidia si ripresenti in un punto chiave del canto, l'ott. 153, 6–7 ("... Amor sagace, / la cui perfidia..."), nella quale si realizza l'abbraccio dei due innamorati. Termini semanticamente affini si affiancano a *perfido*: procedendo Amore è, con triplice ossimoro, "*spietato* lusinghier", "*pietoso micidial*" e "cortese *carcerier*" (4,5.6.7), più avanti *crudo* (5,5; 154,4; e *crudele* 19,8; 44,7), *tiranno* (6,1), *feroce* (17,1). La natura perfida di Amore, alla quale, secondo la dichiarazione dell'ott. 6, 5–8, nemmeno l'autore sembra dover sfuggire, si esprime attraverso azioni molteplici e tradizionali: Amore perciò *trafigge* (3,4; due volte è trafitto il seno di Venere, 46,6 e 154,2), *saetta* (3,4 lo strale guizza più di una decina di volte nel c. 3), "unge e it! ferisce (4,6; "*fere* come la morte" all'ott. 5,7), *percuote* (35, 4; 85,1), *piaga* (42,4), *punge* (43,5). Una apparenza gradevole ma ingannevole, ricopre gli effetti della spietatezza di Amore: fatto su cui viene attirata l'attenzione ad apertura di canto (1,5–7 "Fascino dilettoso, ond'uom sovente / pasce, credulo augello, esca bugiarda. / Vede tese le reti e non le fugge"; 2,6—nella scia del "latet anguis in herba" virgiliano, *Ecl.* 3,93—"rigido tra' bei fiori angue s'asconde"; ecc.) nonché, con ripresa delle esplicite immagini dell'esca e dell'angue, altrove. Venere è ad esempio ritratta nell'ott. 17,3 "con l'*esca* in man d'un picciol globo aurato" (l'adescato è Amore), mentre la "dolce magia" amorosa (20,1) avvince, in forma pressoché anagrammatica, con un "*amo* d'*or*" (20,4); d'altro lato, "*serpe* crudel" (28,8) ripropone l'*angue* dell'ott. 2,6 (e l'*aspe* di 4,4). Amore è quindi allettamento, lusinga, inganno, furto; a illustrazione di tali qualità intervengono frequentemente nel testo termini quali *s'asconde* (2,6), *celato* (2,8), *alletta* (3,2), *falsa* (4,1), *tradisce* (4,2), *lusinghier* (4,5), *frodi* (6,4), *inganni* (19,4), *insidie* (19,6), *finge* (20,6) ecc..[2]

Con sollecitudine non inferiore l'autore dispone lungo il canto strumenti idonei a rappresentare un'altra componente strettamente associata ad Amore, la *calura*,[3] anticipata all'ott. 1,1–2 in "... chi n'arde il sente, / ma chi è che nol senta o che non n'arda?" (chiasmo nel quale pure risalta una fondamentale dimensione dell'intero poema, quella sensitiva) e decisamente introdotta all'ott. 7, dove ha inizio la ricostruzione delle vicende dell'innamoramento di Venere e Adone. Dopo un avvio (7,1 "Era nella stagion, che 'l can celeste") cui non sembra estranea l'incidenza di per lo meno due luoghi petrarcheschi, *RVF* 3,1 *Era il giorno ch'al sol si scoloraro* e *TC* 4,130 "Era ne la stagion che l'equinozio" (cfr. anche Tasso, *Rime* 2 *Era de l'età mia nel lieto aprile* e, fra gli autori coevi, soprattutto Girolamo Preti, *La Salmace* 563 "Era ne la stagion, che 'l gran pianeta"),[4] ai vv. 2–4 la canicola, con insistenza sulla *a* (per lo più tonica) combinata alle allitterate liquide e dentali, "fi*a*mme ess*ala latra*ndo e *l'aria* bo*ll*e, / ond'*ard*e e *la*ngue in que*ll*e p*art*i e 'n queste / *il* fi*or*e e *l'erba* e *la campa*gna e 'l co*ll*e". All'ott. 9,1–2 è comunicata l'ora dell'evento: la calura, nella quale Adone avanza col volto rigato di *vive perle* di *sudor* e *anelante* (9,5.7 e 10,3; nella *Salmace* del Preti 588 *perle* di *stillante sudor* scendono dalla fronte e dal crine di Ermafrodito, 568 *anelante* nel meriggio), è insopportabile già poco oltre le sette e mezzo del mattino. Questo clima di arsura, aperta metafora del fuoco amoroso, ritorna spesso lungo il canto, veicolato da termini come *incendio* (2,3), *fiamme* e *fulmini* (3,6), *foco* e *coce* (4,3), *face* (24,6), *arda* (35,4), *acceso* 42,4) e simili;[5] un ruolo non secondario è anche affidato in questo contesto alle ott. 49–54, nelle quali è fornito un ritratto di Vulcano, giacché calura nella calura si diffonde dall'officina del fabbro dal volto adusto. Un'arsura quindi di ampie proporzioni, quella descritta dal Marino; con la precisazione che il canto è pure percorso, anche se in misura meno pronunciata, da elementi di segno opposto: *ombra fresca* e *onda* (7,6), *acque* (11,3), *fontana* (12,1), *fonte* (13,4), *ruscelli* (14,3) ecc..

Amore possiede una fisionomia: è quella che contrassegna la figura di Cupido, messa a fuoco nelle ott. 23-24 sulla scorta di Apuleio (*Met.* 5,22) ma anche del codice adibito nella tradizione lirica alla descrizione delle bellezze femminili.[6] Una proprietà non ovunque accolta in sede lirica (è assente dal *Canzoniere* del Petrarca, o dalle *Rime* del Bembo e di parecchi altri cinquecentisti) distingue qui Cupido: la cecità, resa manifesta dalla benda che gli copre gli occhi, simbolo dell'amore sensuale e irrazionale.[7] Gli inquieti movimenti del fanciullo sono fissati all'ott. 18, dove

CANTO III: L'INNAMORAMENTO 37

il dio 1 "*movesi* ratto", 2 "gli omeri *dibattendo ondeggia* ed *erra*" (la lezione "ondeggia ed erra" fu inserita dall'autore negli *Errori, et correttioni* dell'edizione parigina del 1623),[8] 3 "*solca* il ciel con le piume, in aria *nuota*", 4 "or l'*apre* e *spiega*, or le *ripiega* e *serra*", 5 "or il suol *rade* . . . ", 6 " . . . s'*erge* da terra", 8 "*china* rapido l'ali e *drizza* i passi"; si può notare che, antiteticamente, Cupido *apre* e *spiega* le ali ma anche, con chiasmo (che, prima dell'intervento nell'errata, mancava),[9] le *ripiega* e *serra*, egli evolve nella superficie celeste ma anche rade il suolo (e all'ott. 19,1.2 *rifugge* e *torna*), confermando con ciò la propria imprevedibilità e contraddittorietà, cui sono soggetti in questo canto Venere e Adone.

Adone, il primo dei due protagonisti ad entrare in scena (ott. 9), possiede le principali peculiarità che si richiedono a un personaggio passivo: accaldato e in cerca di un angolo ove riposare, ben presto egli s'addormenta.[10] Inizia così all'ott. 14 il lungo sonno del giovane, che si protrae sino all'ott. 101; ne deriva che le numerose fasi destinate a condurre all'innamoramento di Venere si snodano senza la partecipazione di uno dei due protagonisti. Passivo è anche il modo con cui egli giunge ad innamorarsi di Venere: causa di tale innamoramento è un sogno fatto da Adone (ott. 92–94), come Venere aveva chiesto al Sonno (la donna sognata ha l'aspetto, appunto, di Venere), sicché il risveglio e i momenti che lo seguono non fanno altro che normalizzare una situazione di per sé già acquisita. Altri particolari su Adone sono offerti alle ott. 68 e sgg., che presentano Venere mentre contempla il giovane dormiente, con un'intensità che richiama quella con cui la tassesca Armida fissa l'addormentato Rinaldo (*GL* 14,66; e anche Venere all'ott. 76,3 "tutta *sovra a lui pende* e trabocca", così come Armida "*sovra lui pende*" in *GL* 16,18,7). Il rimando tassesco offre l'occasione per rilevare che l'episodio di Armida e Rinaldo (*GL* 14–16, part. 14,52–79 e 16,1–27) sembra costituire, all'interno delle numerose fonti del c. 3, il punto di riferimento privilegiato, essendo riconoscibili nel testo mariniano analogie con esso non solo di ordine narrativo (sia Rinaldo che Adone, pervenuti ad un'isola, si addormentano; dell'uno e dell'altro dormiente si innamora una donna; in entrambi i casi sopraggiungono vezzi e baci; l'uno e l'altro vengono condotti in un palazzo, teatro delle successive pratiche amorose) ma anche, come a più riprese accadrà di osservare, di tipo tematico, formale e lessicale. Tornando alle ott. 68 e sgg., è da considerare intanto esplicita l'equivalenza Adone = Amore, affermata, sulla base di Ovidio (*Met.* 10,515–18), al c. 1 (44,7 "somiglia intutto Amor") e qui ribadita (68,8 "veracemente egli rassembra Amore" e, con anadiplosi 69,1 "Rassembra Amor");[11] Adone e Amore, termini entrambi di cinque lettere che in buona parte per materiale fonico si sovrappongono (medesima vocale iniziale, medesima vocale tonica mediana, medesima vocale finale, comune presenza di una nasale), sono perciò delle entità interscambiabili. Cura particolare è dedicata alla descrizione della bellezza del giovane: le sue forme sono reputate da Venere *celesti* (68,6) e *angelica sembianza* è quella che la dea ammira all'ott. 71,2. Si può sin d'ora constatare che vengono usati per Adone epiteti di solito posti al servizio della descrizione delle bellezze femminili (ma, per esempio, anche Medoro in *OF* 18,166,8 "*angel* parea di quei del sommo coro"). La definizione al femminile della figura di Adone prosegue in altri luoghi. La mano del giovane è giudicata da Amore *bella* all'ott. 115,8; da parte sua, Venere contempla la medesima mano alle ott. 123,5–6 ('Vien dala bella man la mia salute, / da quella man, che vi distilla e preme") e 124,1 ("O bella mano . . . "): la bella mano è solitamente in àmbito amoroso— si pensi ai *Rerum vulgarium fragmenta* o alla *Bella mano* di Giusto de' Conti—quella della donna amata (tale è alle ott. 94,3 e 146,8 la mano di Venere), mentre qui essa diviene mano maschile. Non meno rivelatrici sono poi le ott. 126–127, nelle quali Adone, di fronte per la prima volta alla vera immagine di Venere, viene paragonato ad una vergine.[12] Una posizione di rilievo è conferita, nella descrizione di Adone, agli occhi, come documentano parecchi passi e, in specie, le ott. 85–88. L'ansia che nei confronti degli occhi chiusi del giovane percorre Venere si esterna nell'ott. 86, in cui gli occhi di Adone vengono invocati, con anafora nei centrali vv. 3–6, per ben otto volte; anche in questo caso si può osservare che i figuranti e gli epiteti collegati agli occhi di Adone (2 *lampi*, 4 *porti, poli*, 6 *specchi, soli*, 7 *finestre del'aurora, usci del die*; 1 *ardenti*, 2 *cari*, 3 *vaghi, leggiadri, lucenti*, 5 *dolci, sereni, ridenti*) sono abitualmente riservati, nella tradizione lirica amorosa, agli occhi della donna amata.[13] Gli occhi del giovane sono ancora oggetto dell'impazienza di Venere alle ott. 87 (è in essi che Amore 2 "arrota i più pungenti artigli") e 88; bisognerà però attendere l'ott. 105 perché essi si aprano (3–4 "parve, ch'aprendo l'un e l'altro sole / de' duo begli occhi, il paradiso aprisse"). Specularmente, lo sguardo degli "occhi belli" di Venere (133,8) avrà una parte di primo piano nell'innamoramento di Adone.

Al contrario di Adone, Venere mostra di voler essere personaggio pienamente attivo fin dalla sua prima apparizione, dacché, incontrato il giovane (ott. 16; l'incontro si ripeterà, dopo provvisori allontanamenti, alle ott. 43 e 68), ella cerca di adescare Cupido allo scopo di ritardarne le mosse (ott. 17). Decisi sono ugualmente i toni da lei usati (ott. 30–42) nel corso del colloquio che essa ha con il figlio (le ott. 34–42 traducono Luciano,

CANTO III: L'INNAMORAMENTO

Deor. dial. 19),[14] punteggiato di continue domande, obiezioni, richieste; altrettanto recisa è la sua reazione nei confronti di Vulcano, condensata com'è nel distico "s'ei volse cancellar corno con scorno / io saprò vendicar scorno con corno" (54, 7-8). Oltre a ciò, è Venere che ordisce la macchinazione del travestimento (che si rivelerà peraltro ininfluente), assumendo all'ott. 56 le spoglie di Diana e mantenendole sino all'ott. 125; è lei, quindi, la cacciatrice che "sicome sagacissimo seguso" (70,1)[15] insegue, con una tenacia accentuata, oltre che dallo stesso comparante, dalla estesa allitterazione della *s*, la preda Adone (vi è coincidenza con *GL* 14,57,1-2, dove Armida, "qual cauta cacciatrice", aspetta Rinaldo "al varco"; i versi tasseschi si riflettono nelle ott. 56,1 "qual *cacciatrice* al gua*do*" e 70,7 "mentre il *varco* e la preda ov'ella sia"; e, singolarmente, *sagacissimo* è il valletto di *GL* 14,55,1, pure, per ordine di Armida, travestito); è lei che, avvalendosi della propria bellezza (descritta fra l'altro alle ott. 60, 92-93, 132-136), meraviglia il giovane durante e dopo il sonno; è lei che lo seduce; è lei che " . . . arditetta poi la man tremante / gli stende al collo e dolcemente il lega" (151,3-4); è lei, infine, che pronuncia l'elogio della rosa (ott. 155-161).

La progressiva e procrastinata concretizzazione dell'avvenimento preannunciato dal titolo del canto, cioè l'innamoramento, avviene attraverso alcuni passaggi connaturati all'agire amoroso letterario. Non manca il momento topico (ott. 43) in cui Cupido colpisce con lo strale l'amante, nella fattispecie Venere, al cuore: sostantivo cardine, questo, cui l'autore più che ad ogni altro attinge (è introdotto all'ott. 6,6 anch'esso, alla stregua di 1,1 *Amor*, al centro dell'endecasillabo; e lo rafforza al v. 7 il parallelo *ancor*). Alcune delle reazioni che conseguono al colpo d'Amore sono riconoscibili anzitutto, stante la persistente passività di Adone, nel comportamento di Venere. Ecco allora i lamenti amorosi (ott. 44-45); il desiderio di impossessarsi del viso di Adone (ott. 77-78); le varie e simmetricamente crescenti invocazioni, dapprima alle Aure e al prato su cui giace Adone (ciascuna prende lo spazio di due ottave, 82-83 e 84-85), indi agli occhi del giovane e al Sonno (lo spazio è ora di tre ottave, 86-88 e 89-91); ancora, gli slanci e le titubanze, il volere e il disvolere, atteggiamenti questi ultimi che si riscontrano specialmente in concomitanza con l'intervento di un tema centrale, quello del bacio (del bacio fra Venere e Adone).[16] Oltremodo prolungata è l'elaborazione del tema, allogato alle ott. 95 e sgg., dopo le avvisaglie delle ott. 27,2 (ove Cupido bacia Venere in una situazione che ricorda il Bronzino della Venere di Londra[17] e alla quale non va disgiunta la componente dello scherzo e del trastullo) e 28,5 (in cui la dea ribacia gli occhi di Cupido; essa teme invece i baci di Vulcano all'ott. 49). In un primo tempo Venere, non volendo destare Adone, si china a baciare l'erba vicina (95,8);[18] seguono il vagheggiamento della bocca del giovane (96,4–8 "vagheggiando la bocca a lei ragiona: /—Urna di gemme, ov'è il mio cor sepolto, / a temedesma il mio fallir perdona, / s'io troppo ardisco; orché tu taci e dormi, / l'alma, che mi rapisti, io vo' ritormi") e un tentativo interrotto di bacio (98,7–8 " . . . così dubbiosa / per baciarlo s'abbassa, e poi non osa"); sono le esitazioni, le decisioni e le controdecisioni ad avere poi il sopravvento (100,7–8 "Pentesi, che tant'oltre erri il desire / e si pente ancor poi del suo pentire"; 101,1–2 "Tre volte ai lievi e dolci fiati appressa / la bocca e 'l bacio e tre s'arresta e cede", 4 "vuole e disvuole, or si ritragge, or riede"),[19] sino al raggiungimento dell'obiettivo (101, 7–8 "sì ch'ardisce libar le rugiadose / di celeste licor purpuree rose"; dove *libar* richiama Armida che " . . . i dolci baci . . . /liba or da gli occhi e da le labra or sugge", *GL* 16,19,3–4). Proprio il bacio, o meglio, il suono da esso prodotto, provoca il risveglio di Adone. Non poteva però esaurirsi qui, considerata l'estraneità di Adone all'iniziativa di Venere, lo sviluppo del tema. Il pensiero del bacio occupa dunque Adone alle ott. 121,8 e 146,7 ("quante mi dà ferite io le dia baci?"; "ecco, con questo bacio, ancorché indegno"); si giunge in tal modo all'ott. 152, dove per la prima volta, dopo la serie degli approcci, delle prove, delle invocazioni e delle dichiarazioni, si ha un bacio frutto dell'adesione di entrambi i personaggi (152,1–8 "Dolce de' baci il fremito rimbomba / e, furandone parte invido vento, / degli assalti d'amor sonora tromba, / per la selva ne mormora il concento; / a cui la tortorella e la colomba / rispondon pur con cento baci e cento. / Amor de' furti lor dal vicin speco, / occulto spettator, sorrise seco."). E l'autore sottolinea l'avvenimento distribuendo nell'ottava il nesso *c* + *i*/*e*, adatto a evocare il suono del bacio (1 dol*ce, baci*, 4 con*ce*nto, 6 *cento baci* e *ce*nto, 7 *vici* n), moltiplicando tramite gli atti della tortorella e della colomba i baci stessi (e in *GL* 16,16,3, poco prima dei baci di Armida e Rinaldo, "raddoppian le colombe i baci loro") e, anche, amplificandone il fremito attraverso la scelta di parole-rima altisonanti quali 1 *rimbomba* e 3 *tromba*. L'itinerario del tema sembra per ora compiuto, se è vero che nessun bacio sarà più dato o ricevuto sino alla fine del canto.

Un intervallo di cinquanta ottave separa il momento del bacio di Venere ad Adone dal bacio con reciproco coinvolgimento. È lungo questo segmento che si sviluppa un'altra principale fase del processo di innamoramento: quella della seduzione, di cui si fa completamente carico Venere, presentandosi ad Adone travestita da Diana e ferita al piede dalla spina di una rosa. Ciò che era accaduto ad Angelica medicando Medoro (*OF*

19,28–29) è trasferito qui dalla parte di Adone, che cura la piaga della dea fino a risultarne lui stesso impiagato (119,8). Questa è soltanto una prima frazione del tragitto della seduzione, il cui grado aumenta dopo che Venere decide di mostrarsi ad Adone nelle sue vere spoglie (ott. 125), per raggiungere l'apice alle ott. 134–135, dove la dea (sulle tracce di Armida, *GL* 16,18,1 "Ella dinanzi al petto ha il vel diviso") scosta il velo, prima lievemente, poi, fingendo di annodarselo, completamente. Diviene scoperta, con la nudità di Venere, la componente erotica:[20] e proprio in questa nudità pare di poter riconoscere il discrimine dell'intera opera di seduzione, poiché è a questo punto che Adone esprime le sue parole di adesione. La rilevanza che la materia erotica assume nel canto è confermata da parecchi segnali in esso distribuiti. L'idea stessa di nudità è presente alle ott. 27,2 (nella quale Cupido bacia le "mammelle ignude" di Venere), 53,6 ("questo sozzo villan [Vulcano] nuda mi prese"), 58,3–4 ("del'una e l'altra tenera colonna [di Venere-Diana] / l'alabastro spirante ignudo appare") e 59,4 ("nude le sue [di Venere] bellezze a mirar use [le Grazie]"); oltre a ciò Venere è dea *lasciva* (63,8), due volte *lascivo* è il suo occhio (78,3 e 111,8), *licenzioso* è il fuoco che circola nelle sue vene (46,8); del pari, non è difficile imbattersi in termini quali *dilettoso, diletto* e *diletta* (1,5; 33,4; 62,6 ecc.), *piacer* (verbo e sostantivo: 20,3; 30,5; 44,6 ecc.), *languido* e *languire* (33,8; 45,6; 47,2 ecc.).

Di fronte all'azione seduttrice di Venere si consolida l'implicazione di Adone. Tangibile segno di ciò sono anche i discorsi che il giovane rivolge alla dea: egli prende la parola una prima volta all'ott. 104, di tre ottave è il suo secondo intervento (112–114), di nove il terzo (138–146),[21] dopo il concomitante soliloquio dei due protagonisti (ott. 117–125). L'acconsentimento di Adone e il successivo amplesso costituiscono un atteso approdo al quale il Marino dà séguito molto rapidamente: se la costruzione dell'innamoramento aveva richiesto centotrentaquattro ottave, appena tre sono le ottave dedicate ai gesti amorosi che i due si scambiano (di essi si ha però un'articolata descrizione al c. 8); suggella l'abbraccio una triplice similitudine, in cui fungono da comparanti la vite stretta all'olmo, la spina alla smilace e l'edera alla quercia.[22] Venere può ora pronunciare il suo elogio della rosa, il fiore che si accompagna, qui e nel poema, all'unione di Venere e Adone.[23] Anche in questo caso viene da pensare ad Armida e Rinaldo (fatte le necessarie distinzioni: il Marino costruisce in queste ottave un *blason*, cosa che non accade nel Tasso), in quanto pure in occasione dell'incontro dei due personaggi tasseschi appare il segnale della rosa (*GL* 16,14–15), di cui è latore un pappagallo: immagine questa che, se non risulta subito dal Marino riutilizzata, ricompare tuttavia più avanti, come controfigura di Adone, al c. 13,159 (e "che fu *mirabil mostro*" di *GL* 16,13,6 torna in *Ad.* 13,159,1 "Tutte le membra sue (*mirabil mostro*)"; si ritrovano inoltre ai vv. 1 e 5, capovolte, le parole-rima 2 *rostro* : 6 *mostro*); similmente, l'attiguo pavone di *GL* 16,24 riappare in *Ad.* 6,79 (e strette sono le corrispondenze: *GL* 16,24,2 "*occhiute* piume", *Ad.* 6,79,4 "*occhiuto* augel"; *GL* 16,24,3 "né l'iride sì bella *indora e inostra*", *Ad.* 6,79,5 "e, del bel lembo che *s'indora e inostra*"; ritornano ai vv. 3 e 5 le parole-rima 1 e 5 *mostra* : 3 *inostra*).

Altri elementi concorrono alla rappresentazione dell'innamoramento. A più riprese si raccolgono ad esempio segni in grado di evocare delle sensazioni di piacevolezza: è il caso, fra l'altro, del luogo ameno ove Adone viene a trovarsi alle ott. 12–14. Particolarmente efficace è all'ott. 14 la riproduzione del gorgheggiare degli uccelli e dei suoni che provengono dai ruscelli e dalle aure, resi mediante una complessa partitura fonica in cui hanno parte preminente i nessi *g* gutturale + *o - e - a - i*, *g* palatale + *a - e*, la liquida *r*, la nasale *m* seguita da *or*, le fricative *f* e *v* e la sibilante *s*; un ruolo importante è anche assegnato alla fitta alternanza dei diversi timbri, nonché alle oscillazioni fra sonora e sorda, come pure alle rime interne, specie in -*ar* (14,1–8 "Il gorgheggiar de' garruletti augelli, / a cui da' cavi alberghi eco risponde; / il mormorar de' placidi ruscelli, / che van dolce nel margo a romper l'onde; / il ventilar de' tremuli arboscelli, / dove fan l'aure sibilar le fronde, / l'allettar sì, che 'nsu le sponde erbose / in un tranquillo oblio gli occhi compose."). Nella medesima ottava, caratterizzata da una intelaiatura sintattica ricca di parallelismi (spiccano in essa gli infiniti sostantivati insediati all'inizio di ciascun verso dispari), il Marino colloca l'immagine dell'eco, il cui effetto è attivato nell'ottava successiva per mezzo dei paronomastici ed onomatopeici 7 *Eoo*, 8 *Eto* e *Piroo*. D'altra parte, si deve constatare come all'ottava non sia estraneo il ricordo di *GL* 16,12,1–4: anche nel giardino di Armida "vezzosi augelli infra le verdi fronde / temprano a prova lascivette note; / mormora l'aura, e fa le foglie e l'onde / garrir che variamente ella percote", dove il *garrir* degli *augelli* tasseschi si ritrova in 1 *garruletti augelli*; il verbo *mormora* agisce in identica posizione, cioè all'inizio del v. 3; l'*aura* ricompare al v. 6 (*aure*); sono inoltre riproposte, con inversione degli estremi, le parole-rima tassesche 1 *fronde*: 3 *onde*: 5 *risponde*. E un altro passo appartenente allo stesso episodio può essere avvicinato a questa ottava: i vv. 3–4 di *GL* 14,67 "e con un dolce ventillar gli ardori / gli va temprando de l'estivo cielo" sono riecheggiati nel v. 5 "il ventilar de' tremuli arboscelli".[24] Un ulteriore fattore responsabile della propagazione, sull'arco dell'intero canto,

CANTO III: L'INNAMORAMENTO 43

di consimili sensi è il vezzeggiativo (prevale il suffisso -*etto*), utilizzato con una assiduità superiore a quella che si registra per i precedenti cc. 1 e 2 (rispetto al c. 2 v'è un raddoppiamento) e anche, proporzionalmente, per il c. 4. Apre la serie *tepidetto*, epiteto congiunto al sudore di Adone (9,5), la chiude *colonnetta* (168,2; è la colonnetta di una delle fontane del palazzo d'Amore); si susseguono nel mezzo *garzonetto* (10,3), *valletta* (11,4), *erbette* (12,8), *garruletti* (14,1), *arboscelli* (14,5), *giovinetto* (16,6), *semplicette* (19,3), *fioretti* (25,2) ecc.. Altri elementi che contribuiscono a raffinare la raffigurazione delle vicende amorose si possono riconoscere nei metalli e nelle pietre preziose che, con valenza metaforica, si succedono nel canto: *perle* sono le gocce di sudore sul volto di Adone (9,7) e i denti del giovane (96,2), *urna di gemme* la sua bocca (96,5), di *smeraldo* è il suolo sul quale egli riposa (13,6), d'*oro* sono le piume di Cupido (23,5) e le branche della fibbia posta sull'omero di Venere-Diana, il cui vestito è sospeso ad uno *zaffiro* (57,3.4), d'*argento* è Venere-Diana in fronte (63,3) e la nube che avvolge l'amplesso dei due innamorati (153,5), di *rubino* è la rosa di 67,4 e così via. L'ambiente è altrove sottoposto a rarefazione supplementare: può valere come esempio l'ott. 82, nella quale Venere invoca le Aure, sulla base di suggestioni in specie tassesche (*Rime* 175 e 756;[25] e, ancora, *GL* 16,10,5-6 "L'aura . . . / l'aura che rende gli alberi fioriti"); d'altro canto, gradevoli profumi sono percepiti talvolta dall'odorato: "a corre i molli e rugiadosi odori" (16,3), "odorato nembo" (25,5), "Aure odorate" (82,2), "dal puro odor di que' celesti fiati" (85,6), "odorifere erbette" (107,8).

Alle varie fasi della rappresentazione amorosa partecipa un sistema espressivo fondato sui colori, due dei quali compaiono con maggior frequenza nel testo: il bianco e il rosso.[26] Ricorrente è l'abbinamento di questi colori. Ciò si verifica già all'ott. 23, dov'è descritto Cupido (3 "né su la guancia ove *rosseggia* il *giglio*"); e, in particolar modo, nei punti in cui è descritta la puntura subìta da Venere e la terapia praticatale da Adone. Sono anzitutto coinvolte le ott. 66-67, all'interno delle quali si stabiliscono le opposizioni *pianta alabastrina-sangue-porpora* (66,3.4.5), *ostri-bianco lino, rosa-neve-rubino* (67,2.3.4), e, ancor di più, le ott. 117-119, per le quali si annoverano le opposizioni *sanguinosi avori* (116,2), *sanguigne rugiade, alabastri-cinabri, fonte eburneo-rivi vermigli, nevi-coralli, ostri-gigli* (117,4.5.6.7.8), *sangue-latte-rose-sangue* (118,1.2.3), *candido-insanguinato-minio* (119,1.2). In altri luoghi del canto si hanno accostamenti basati sulla coppia bianco-rosso: ne isolo uno, il palazzo d'Amore. Argomento che dà il titolo al c. 2, l'abitazione di Amore viene riproposta all'attenzione nella parte finale del c. 3, poiché è in essa che si recano Amore,

Venere e Adone. La presa di contatto da parte di Adone con questo luogo avviene per gradi (la ricognizione del palazzo è rimandata ai cc. 6–8), con una progressione che muove dal generale verso il particolare:[27] dapprima egli vede l'esterno fulgente, poi, all'interno, lo spazioso cortile, gli archi, le logge e i corridoi che lo circondano, i quattro settori in cui si divide il cortile, le quattro fontane, in séguito ciascuna fontana con i suoie, dettagli. Questa prima esplorazione consente ad Adone di accertare la presenza nella reggia d'Amore, oltre che di Amore e Venere, di Cupido (sonnacchioso, in linea con un motivo praticato, fra gli altri, dal Rota)[28] e delle Grazie, di Nettuno, di Piramo e Tisbe, di Ermafrodito e Salmace. Ma, è quanto ora interessa, egli nota che il cortile " . . . ha di pietre il suol candide e rosse. / Par che 'l pavese un tavolier somigli / scaccheggiato a quartier bianchi e vermigli" (164,6–8); entrambi i colori riappaiono alle ott. 167,4.8 ("fiume d'acqua lucente e cristallino", "argenti vivi") e 168,6.8 ("vino schietto", "purpurea manna"). Il bianco e il rosso, così saldamente connessi ai procedimenti di Venere e di Adone, non di rado in relazione il primo alla bellezza, il secondo al fuoco amoroso, sembrano dunque preesistere in un luogo immutabile (Amore è detto all'ott. 31,7 "coetaneo del tempo") e per così dire archetipico, il palazzo d'Amore, le cui strutture quaternarie, delineate nel c. 2,14,5–6 ("Ha quattro fronti e quattro fianchi intorno, / quattro torri custodi e quattro porte") e sulle quale qui l'autore insiste ("quadro è il cortile", "quartier bianchi e vermigli", 164,5.8; "quattr'archi", "quattro corridoi", 165,3.8; "quattro quarti", "quattro illustri fontane", 166,1.4; "quattro tritoni", 167,7), sembrano atte a custodire—suggerirebbero gli studiosi di simbologia—gli elementi primari della natura amorosa. Gli accadimenti amorosi che si producono al di fuori di questo palazzo appaiono insomma come delle proiezioni, delle attuazioni particolari di una realtà generale il cui principio attivo ha sede nella costruzione di Amore; Amore stesso pare assecondare questa interpretazione allorché dichiara ad Adone (172,5–8), con predilezione per termini come *incominciar, primi, principio* e *qui* ripetuto in anafora: "Qui già le dolci mie piaghe profonde, / qui, lasso, incominciar gl'incendi primi, / qui per colei, che preso ancor mi tiene, / fu il principio fatal dele mie pene". È comprensibile allora che proprio tra le mura di questo edificio siano ospitati prima (c. 4) il racconto esemplare della favola di Psiche, poi (cc. 5–8) l'insieme degli avvenimenti che conducono all'unione di Venere e Adone.

NOTE

1 Utilizzo il testo dell'*Adone* pubblicato in G.B. MARINO, *L'Adone*, a c. di G. POZZI, I–II, Milano 1976 (per le altre citazioni mi attengo, salvo avviso

CANTO III: L'INNAMORAMENTO

contrario, alle indicazioni esposte nel vol. II alle pp. 161–66; adotto, per le trascrizioni da edizioni antiche, i criteri elencati nel medesimo vol. II, pp. 149–50). Il c. 3 è preceduto da una redazione manoscritta (= *a*) anteriore al 24 aprile 1617, tràdita dai codd. it. 1516 della Bibliothèque Nationale di Parigi e 12894 della Biblioteca Nacional di Madrid (il secondo codice discende dal primo); cfr. su di essa le notizie riportate alle pp. 727–47 nel vol. II dell'ed. citata.

2 In particolare, sono riconducibili alla sfera propria di Amore termini e sintagmi quali "angue *s'asconde*" (2,6), "verme *celato*" (2,8), "con la luce *alletta*" (3,2; "*alletta* e noce" 4,5; "gli *allettamenti* suoi" 19,5), "*falsa* voce" (4,1), "altrui *tradisce*" (4,2; "arco *traditor*" 29,5), *lusinghier* (4,5; "*lusinghier* fanciullo" 27,8), *frodi* (6,4), *inganni* (19,4; *inganna* 20,6; "d'*inganni* pieno" 45,1), "*insidie* i vezzi" (19,6; "*insidia* ostile" 48,3), *finge* (20,6), *astuzia* (32,4); *furto* (48,3; "parto *furtivo*" 149,3), "luci tue *rapaci* e *ladre* (149,1), "*occulto* spettator" (152,8). Una parallela terminologia è collegata a Venere: "*finge*" (61,8; "al vero oggetto il *finto*" 125,6; "*fingendo* di coprir" 135,8), "*celatamente* investigando" (77,4), "pennel *furtivo*" (78,1; "*furtiva* madre" 149,3, "*furto* mio" 149,8), "a *lusingar* s'appresta" (81,3; "*lusinghiera* dea" 151,2), "*mentitrice* favella" (106,2), *nasconde* (109,6; "secreta *nasconda*" 126,5; "or non più mi *nascondo*" 129,1; "faville *ascose*" 118,4), "*astuta* mano" (126,2), "*rubatrice* del cor" (127,8). Da parte sua Adone, "*lusinghiero* amante", "con tai *lusinghe* . . . / la lusinghiera dea *lusinga* e prega" (151,1–2; Vulcano *lusinga* Venere all'ott. 51,7); ancora, è il luogo ameno all'ott. 14,7 ad *allettar* (e il bosco all'ott. 71,3 "ale gioie amorose . . . *alletta*").

3 Il motivo della calura, attestato nelle fonti classiche fra gli altri in Ovidio (*Met.* 3,151 e 10, 126) e, tra i contemporanei del Marino, ad esempio nel Campeggi (*Rime* 92: è ivi associato ai motivi del sudore, del sonno e del bacio), ricorre nell'*Adone* altrove (in specie 5,21.56.70.85; 19,37.75): cfr. G.B. MARINO, *L'Adone* . . . , II, pp. 226–61 (*Commento* al c. 3: in questa forma il medesimo commento sarà citato in séguito), part. 229–30. Il diffuso binomio amore-ardore è d'altronde ben rappresentato nella produzione mariniana a partire dalle *Rime* del 1602; cfr. G.B. MARINO, *Rime amorose*, a c. di O. BESOMI-A. MARTINI, Modena 1987, part. i sonn. 4–6 (*l' arsi et ardo, e la celeste e pura*; *Ardo, ma l'ardor mio grave e profondo*; *Ardo, ma non ardisco il chiuso ardore*) e relativo commento.

4 Si vedano per *La Salmace* i vv. 563–67: "Era ne la stagion, che 'l gran pianeta / de la fera nemea preme le terga, / e su l'alto meriggio / dal suo bell'arco acceso / del più cocente ardor gli strali avventa" (*Rime di Girolamo Preti, in questa quarta impressione dall'Autor corrette, ed accresciute, Bologna 1620*; l'idillio è alle pp. 154–92); come l'incontro fra Ermafrodito e Salmace, anche quello di Venere e Adone avviene, con ricordo di 564 "preme le *terga*" e 567 "*cocente* ardor", sotto la costellazione del Leone (3,7,7–8 "mentre che Febo al'animal feroce / che fu spoglia d'Alcide il *tergo coce*"). Altri collegamenti fra la *Salmace* e *L'Adone* sono proposti nella recensione di C. Delcorno a

G.B. MARINO, *L'Adone*..., "Lettere italiane", XXIX (1977), pp. 495–510, part. 502–3. Si aggiunga che un incipit simile ha il Marino stesso nella canzone (che rievoca un incontro amoroso pure ambientato nel pieno dell'estate) *Era nela stagion quando ha tra noi* (*La Lira*, p. III, 1614), edita in G.B. MARINO, *Amori*, a c. di A. MARTINI, Milano 1982, n. 45.

5 Si riferiscono ad Amore termini od espressioni quali, ad esempio, "nel fiero *incendio*" (2,3), "*fiamme* nel seno" (3,6; "la tua *fiamma*" 35,6; "d'altra *fiamma*" 42,4; "quella *fiamma*" 47,1), "*foco* coverto" (4,3; "porpora e *foco*" 24,8 ecc.), *face* (24,6 e 35,2; *facelle* 35,7), "non l'*arda*" (35,4; "ferisci ed *ardi*" 35,8; "m'*arde* il focile" 48,5; "spira l'*ardor*" 88,8; *arse* 174,8), *acceso* (42,4; 174,7); a Venere sintagmi come "qual *ardor*" (44,6; "languisco ed *ardo*" 45,6; "l'esca del suo *ardor*" 47,6; "*arde* e balena" 93,4; "*arde*, agghiaccia" 95,4; "*ardi*, ch'io *ardo*" 116,8; "l'*ardor* degli occhi belli" 133,8), "*incendio* ardente" (79,3), "l'interna *fiamma*" (81,8; "*fiamme* al cor" 105,8; "a *fiamma* vorace" 110,8; "tante *fiamme*" 114,1), "*foco* spira" (92,7; "*foco* del cor" 137,3); ad Adone espressioni quali "umidetto ed *arso*" (80,7; "*ardenti* / vostri lampi" 86,1.2; "chiari *ardori*" 90,3; "s'accese ed *arse*" 137,1; "'n vivo *ardor*" 146,4), "*s'accese*" (137,1; "non sen'*accenda*" 139,2), "*foco* del cor" e "l'*incendio* sparse" (137,3).

6 *Commento* al c. 3, pp. 234–35.

7 Su questo tema cfr. E. PANOFSKI, *Cupido cieco*, in *Studi di iconologia. I temi umanistici nell'arte del Rinascimento*, Torino 1975, pp. 135–83.

8 La lezione sostituisce la precedente "i nembi sega", che a sua volta subentrava a "il volo spiega" di *a*. Sui cambiamenti apportati dal Marino nell'Errata corrige cfr. G.B. MARINO, *L'Adone*..., II, pp. 747–54.

9 Cfr. nell'ed. 1623 il v. 4 "Or l'apre, or chiude, or le rivolge, or piega", che ritoccava la lezione di *a* "or l'apre or chiude, or le rivolge e or piega".

10 Sulla posizione subalterna di Adone cfr. G.B. MARINO, *L'Adone*.... II, pp. 34–38 e 226–27; e O. BESOMI, *Esplorazioni secentesche*, Padova 1975, p. 13. Adone si addormenterà anche al c. 5,147 assistendo alla rappresentazione del dramma di Atteone.

11 *Commento* al c. 1 e al c. 3, pp. 187 e 242.

12 In una composizione di undici ottave intitolate "Le bellezze d'uno uomo" e attribuita all'Altissimo (*Opere dell'Altissimo Poeta Fiorentino*..., Firenze 1572, cc. A4v–6r, inc. *Gli ha 'l piè piccol, veloce, destro e leve*) si ha una pratica equivalente: la mano è "bianca" e "alba qual neve" ([1],5), il collo è "bianco" e "gentile" ([1],8), le labbra "vermiglie" ([2],3), i denti "bianchi, rari, piccoli, orditi" ([2],4) ecc.; anche qui vi è l'accostamento fra il giovane e Amore ("Se fusse nudo, e di rubor consperto / ... / somiglierebbe il gentil Dio d'Amore", [5],1.8). Per altro verso, anche nella *Salmace* del Preti Ermafrodito rivaleggia in bellezza con Amore (vv. 217–270).

13 Numerosi componimenti su occhi femminili figurano tra le rime mariniane; cfr. per una esemplificazione G.B. MARINO, *Amori*..., part. i madrigali (tutti

CANTO III: L'INNAMORAMENTO 47

intitolati "Occhi") nn. 17–21 (*Occhi, s'è ver ch'uom saggio*; *Occhi dela mia vita*; *Luci belle e spietate*; *Chi vuol veder, chi vuole*; *Luci serene e liete*) e commento; G.B. MARINO, *Rime amorose*..., son. n. 8 ("Agli occhi della sua donna", *O de l'eterno sol vive fiammelle*) e commento. Documentazione sulla diffusione del motivo nella lirica di fine '500–inizio '600 è raccolta in O. BESOMI, *Ricerche intorno alla "Lira" di G.B. Marino*, Padova 1969, *ad indicem*.

14 *Commento* al c. 3, pp. 237–38.
15 Un comparante analogo è in Guarini, *Il pastor fido* 1,5,138–39 "Ed io vo pur, come sagace veltro, / fiutandola per tutto..."; cfr. il *Commento* al c. 3, p. 242.
16 Si è occupata di questo tema M. NOSEDA, *Il bacio di carta. La parabola di un topos tra rinascimento e barocco*, in *Thematologie des Kleinen. Petits thèmes littéraires*, hrsg. von E. MARSCH u. G. POZZI, Fribourg 1986, pp. 93–130. Rilievi sul medesimo tema, svolto dal Marino fin dagli inizi della sua attività poetica e di cui si ha una sorta di florilegio nel c. 8 dell'*Adone* (ott. 122–141), si trovano altresì in O. BESOMI, *Ricerche intorno alla "Lira"*..., *ad indicem*; e in G.B. MARINO, *Amori*..., part. alle pp. 178–80 (commento al son. "Madonna chiede versi di baci", *Le carte, in ch'io primier scrissi e mostrai*).
17 *Commento* al c. 3, p. 236.
18 Il passo presenta punti in comune con il *Basium I* dell'olandese Giovanni Secondo; cfr. M. NOSEDA, *Il bacio di carta*..., p. 113.
19 Non dissimili sono le reazioni di Salmace, nell'opera del Preti, di fronte a Ermafrodito: "Poi si pente, e si ferma, / e 'l piè sospeso in aria / resta in forse, o se vada, o pur se torni: / or s'arretra, or s'inoltra, / or sembra audace, e pur d'osar non osa" (vv. 722–26).
20 Sulla componente erotica in Marino cfr. F. GUARDIANI, *Erotica mariniana*, "Quaderni d'italianistica", VII (1986), pp. 197–207.
21 Tale andamento simmetrico manca nella redazione *a*, dove i discorsi di Adone prendono rispettivamente una, tre e sette ottave.
22 Il primo e il terzo comparante sono in fonti classiche (Catullo 62, 49–54 rispettivamente Orazio, *Epod*. 15,5–6), il secondo è, pare, inedito; cfr. il *Commento* al c. 3, pp. 257–58.
23 Cfr. su questo argomento, oltre al *Commento* al c. 3, G. POZZI, *La rosa in mano al professore*, Friburgo 1974.
24 *Commento* al c. 3, p. 232; e cfr. Poliziano, *Stanze* 1,113.
25 *Commento* al c. 3, pp. 244–45.
26 Sull'opposizione bianco-rosso in àmbito lirico cfr. G. POZZI, *La rosa*..., 44–53.
27 Cfr. in merito a questo tipo di procedimento visivo E. RAIMONDI, *La nuova scienza e la visione degli oggetti*, "Lettere italiane", XXI (1969), 265–305.
28 Cfr. i diciassette epigrammi intitolati "De Amore marmoreo dormiente" in *Bernardini Rotae... elegiarum lib. III, epigrammatum liber...*, Neapoli 1572, cc. 42v–43r (*Commento* al c. 3, p. 242).

CANTO IV: LA NOVELLETTA

Ottavio Besomi

Amore e Psiche in intarsio

I.[1]   A livello narrativo l'inserto della favola di Psiche trova giustificazione nel proposito di Amore di dimostrare ad Adone innamorato (c. III) che anch'egli può andar soggetto all'innamoramento ("e se m'ascolterai, vo' che tu vegga Che fui dal proprio stral ferito anch'io, E che del proprio foco acceso il core Ed arse e pianse innamorato Amore", III 174, 5–8). Il canto quarto assolve in tal modo la funzione di *exemplum* presentato in forma di novelletta: di qui il titolo che gli è preposto. Si tratta dunque di un racconto all'interno del racconto, fornito in prima persona da Amore ad Adone. Ai termini estremi del canto il Marino indica esplicitamente il destinatario della favola:

> Or ch'egli i tanti suoi strani accidenti
> Ti [Adone] prende a raccontar [Amore] con tali accenti:
>
> (IV 6, 7–8)

> Amor così ragiona, e l'altro [Adone] intanto
> Il suo parlar meravigliando ascolta.
>
> (IV 293, 1–2)

Nel corso della narrazione, poi, insieme ai molti indizi che forniscono lo statuto del narrare in prima persona (cfr. 38,1; 43,1; 86,1; 87,1) e definiscono identità e caratteristiche del narratore (tra l'altro quella di Amore-Marino in veste di *voyeur* di fronte a Psiche nuda; cfr. ott. 38–45 e 84–87) i pochi accenni al destinatario del racconto bastano a ricordare al lettore che la novella è primamente raccontata per Adone, e che il protagonista del poema è di fatto costantemente di fronte al protagonista (con Psiche) del canto.

> Pensa tu [Amore ad Adone] qual rimase e qual divenne
> Il suvr'ogni altro addolorato vecchio.
>
> (IV 51, 2–3)

Questo istesso palagio, ov'ora sei,
Come raccoglie te, raccolse lei.

(IV 88, 6–8)

E similmente imaginar ben puoi

(IV 194,5)

II. Tutto il canto quarto ricalca, nell'insieme e nei particolari, la favola apuleiana di Amore e Psiche, ma non solo o direttamente sull'originale latino, bensì anche sul rifacimento in ottave *La Psiche* di Ercole Udine:[2] il Marino utilizza i due testi in funzione della sua pagina facendo ricorso alla tecnica contaminatoria ed attuando una composizione ad intarsio secondo modi che sono da esaminare.

Un primo dato che si può avanzare riguarda l'estensione materiale dei testi. Se consideriamo Apuleio come archetipo e stabiliamo approssimativamente la sua ampiezza in un corrispondente di 200 ottave,[3] constatiamo come con le sue 446 (oltre il doppio) l'Udine sottopone il modello a una costante dilatazione con la tecnica dell'amplificazione e l'aggiunta di episodi e descrizioni, spesso prendendo lo spunto da un semplice cenno narrativo;[4] mentre il Marino, con le 286 del suo canto (293 meno le sei iniziali costanti introduttive) sembra attenersi più alla misura del precedente latino che a quella del poemetto contemporaneo.

Una lettura parallela dei testi lascia intendere che il Marino sia andato componendo il canto seguendo l'ordine del racconto fornito dai modelli e che lo ricalchi nella sua organizzazione generale. L'impressione riceve una conferma se la memoria del lettore, impegnata nel confronto (al cui servizio è intesa la tavola che segue) è aiutata da una segmentazione dei testi in sequenze poste in sinossi.

CANTO IV: LA NOVELLETTA

MARINO (n. ottave)	APULEIO (n. paragrafi)	UDINE (n. ottave)
ott. 1–6 (6) Introduzione		
1. 7–14 (8) Nascita di Psiche, creduta una nuova Venere per la bellezza	IV 28, 1–29, 4 (8)	I 5–10 (6)
2. 15–22 (8) Gelosia e ira di Venere per Psiche e proposito di vendetta	IV 29, 5–30, 3 (4)	I 11–12 (2)
3. 23–31 (9) Viaggio di Venere alla ricerca di Amore a) Amore parla di sé (2) b) Venere in Italia (7)	IV 30, 4 (1) (Venere chiama Amore)	I 13–48 (36) b) Venere in Italia 13–22 (10) a) Venere descrive Amore 23–28 (6) c) rassegna di donne famose della casa Gonzaga 33–47 (15)
4. 32–37 (6) Venere prega Amore di vendicarla nei confronti di Psiche trovandole un marito sgraziato; lo porta da lei per mostrargliela	IV 30, 5–31, 3 (4) IV 31, 4–7 (4) Descrizione di Venere tra le divinità marine	I 48–51 (4)
5. a) 38–42 (5) Descrizione delle bellezze di Psiche b) 43–47 (5) Amore si innamora di Psiche	 IV 32, 1–4 (4)	(cfr. n. 1) II 1–3 (3) II 4–5 lamento di Psiche

6. 48–52 (5)   IV 32, 5–33, 3 (5)   a¹) II 6–8 (3)
Il padre di Psiche   Lamento del padre
interroga l'oracolo di   b) II 9–12 (4)
Mileto. Responso.   a²) II 13–14 (2)
Dolore dei familiari   Lamento del padre

7. 53–68 (16)   IV 34, 1–35, 2 (7)   II 15–27 (13)
Psiche accompagnata in corteo funebre sulla montagna dove incontrerà lo sposo misterioso.
a) 53–54 (2) Corteo   a) IV 34, 1–2 (2)   a) II 15 (1)
b) 55–60 (5) Pianto del padre
c) 62–64 (3) Pianto di   c) IV 34, 3–6 (3)   c) II 16–18 e 20–23 (7)
Psiche
d) 65–68 (4) Descrizione   d) IV 35, 1–2 (2) Psiche   d) II 24–27 (4) Descrizione della montagna. Psiche abbandonata   abbandonata   ne della montagna. Psiche abbandonata
[II 28–30 (3)]

8. 69–79 (11) Psiche sullo scoglio
a) 69–71 (3) Psiche piangente
b) 72–77 (6) Lamento di Psiche all'indirizzo del mare
c) 78–79 (2) Il mare partecipa del dolore di Psiche

9. a) 80–83 (4)   IV 35, 4 (1)   II 31–37 (7)
Psiche è portata da Zefiro in un praticello   II 34–36 (3) Parole di Zefiro a Psiche
b) 84–87 (4) Bellezze di Psiche ammirate da Amore

CANTO IV: LA NOVELLETTA 53

10. a) 88–96 (9)   V 1, 1–3, 5 (15)   III 1–41 (41)
Psiche nel palazzo di   — Psiche verso una fonte
Amore   2–9 (8)
b) 89–92 (3) Ne ammira   — Descrizione del palazzo e del giardino 11–21 (11)
la bellezza
c) 93–95 (3) Invitata da   — Favole mitologiche scolpite sulla porta 23–33 (11)
una voce misteriosa, prende un bagno, si ciba e s'addormenta

11. a) 97–98 (2)   V 4, 1–5 (5) a^1) 42–46 (5)
Concubito di Amore e   Amore parla a Psiche
Psiche
b) 99–101 (3) Risveglio a^2) 47–48 (2) Concubito
di Psiche
    b) 49–51 (3) Risveglio

12. 103–107 (5)   V 5, 1–3 (3)   III 52–62 (11)
Per compiacere Psiche,   V 5, 4–6, 10 (13) Psiche si lamenta della sua solitudine ed estorce ad Amore il permesso di vedere le sorelle
Amore le permette di incontrare le sorelle, ma la prega di non rivelare la sua identità

13. 108–111 (4)   V 7, 1–8, 5 (11)   III 65–70 (6)
Visita delle sorelle a Psiche

14. 112–122 (11)   V 9, 1–11, 2 (19)   III 71–77 (8)
Invidia delle sorelle

15. 123–127 (5)   V 11, 3–14, 2 (6)   IV 1–12 (12)
Amore concede per la seconda volta a Psiche di rivedere le sorelle

16. 128–133 (6)   V 14, 3–15, 5 (8)   IV 14–21 (8)
Nuova visita delle sorelle a Psiche

17. 134–156 (23)   V 17, 1–21, 3 (23)   IV 22–39 (18)
Terza visita delle sorelle a Psiche

18.	157–165 (9) Psiche tenta di uccidere Amore, ma si punge con una freccia e se ne innamora	V 21, 5–23, 5 (13)	IV 40–48 (9)
19.	166–176 (11) Sentendosi scoperto, Amore fugge		
	a) 166–171 (6) Psiche tenta invano di seguirlo. Rimproveri di Amore	a) V 23, 6–25, 2	a) IV 49–53 (4)
	b) 172–176 (5) Lamento di Psiche abbandonata. Disperata, si getta nel fiume, che la salva ponendola sulla riva		b) IV 54–66 (13)
20.	177–184 (8) Incontro con Pan	V 25, 3–6 (4)	V 2–6 (4)
21.	185–195 (11) Per vendicarsi delle sorelle, Psiche lascia loro credere che Amore le ami. Loro morte	V 26, 1–27, 4 (12)	V 7–23 (17)
22.	196 (1) Amore dolorante nel letto della madre	V 28, 1 (1)	V 24 (1)
23.	197–200 (4) Venere sa della relazione tra Amore e Psiche da un uccello marino. Suo sdegno	V 28, 2–9 (8)	V 25–32 (8)
24.	201–209 (9) Rampogna di Venere all'indirizzo di Amore	V 29, 1–30, 6 (12)	V 34–40 (7)
25.	210–215 (6) Venere sollecita invano l'aiuto di Cerere e Giunone per catturare Psiche	V 31, 1–7 (7)	V 41–51 (11)

26.	216–224 (9) Psiche al tempio di Cerere. Chiede aiuto alla dea, ma ne ha risposta negativa	VI 1, 1–3, 2 (13)	V 52–68; VI 1–10 (27)
27.	225–228 (4) Psiche al tempio di Giunone. Nuovo rifiuto	VI 3, 3–4, 4 (7)	VI 11–25 (15)
28.	229–232 (4) Disperata, Psiche decide di rivolgersi a Venere	VI 5, 1–4 (4)	
29.	233–237 (4) Venere chiede e ottiene l'intervento di Mercurio. Editto per la cattura di Psiche	VI 6, 1–8, 4 (13) Descrizione del carro di Venere	VI 26–35 (10)
30.	237–246 (9) Psiche a colloquio con Venere. E' malmenata da Usanza, Tristezza e Cura, e quindi strapazzata da Venere	VI 8, 5–10, 1 (10)	VI 37–50 (14)
31.	247–252 (7) Prima prova di Psiche: montagna di semi di ogni specie da dividere. Interviene in aiuto la formica	VI 10, 1–11, 2 (9)	VI 51–52; VII 1–8 (10)
32.	253–259 (7) Seconda prova: ricerca del vello d'oro. Aiutante: la canna	VI 11, 4–13, 1 (8)	VII 9–19 (10)

33. 260–271 (12) Terza prova: ricerca dell'ampolla d'acqua di una fonte inaccessibile. Aiutante: l'aquila	VI 13, 2–16, 1 (11)	VII 20–28 (9)
34. a) 272–276 (5) Quarta prova: ricerca del belletto di Proserpina. Aiutante: la rocca	a) VI 16, 2–5 (4)	
b) 277–278 (2) Amore (Marino) rinuncia a raccontare i particolari della quarta prova	b) VI 17, 1–21, 2 (27) Narrazione particolareggiata del viaggio di Psiche negli Inferi	VII 29–57; VIII 1–4 (33) Narrazione particolareggiata del viaggio di Psiche negli Inferi
35. 279–280 (2) Amore in soccorso di Psiche	VI 21, 2–4 (3)	VIII 5–13 (8)
36. 281–287 (7) Psiche porta il belletto a Venere e chiede perdono		VIII 14–21 (8)
37. 288–292 (5) Amore da Giove per ottenere favori a Psiche. Amore sposa Psiche; nasce Diletto	VI 22, 1–24, 4 (14)	VIII 21–40 (20)
38. 293 (1) Amore conclude il racconto ad Adone	VI 25, 1 (1) Questo è il racconto della prigioniera alla vecchia	VIII 41 (1) L'anima che ha combattuto in terra gode Dio in cielo

Rilevo alcuni fatti macroscopici, che esamino partitamente ai punti 1. eliminazione nell'*Adone* di un episodio centrale nei modelli; 2. presenza nel Marino di segmenti narrativi assenti in Apuleio e nell'Udine, oppure in essi appena abbozzati; 3. omissione o riduzione di segmenti narrativi rispetto ai corrispondenti delle fonti; 4. diversa collocazione, in Marino, di motivi collegati per rapporto all'ordine loro assegnato da Apuleio e da Udine.

1. Nella favola di Apuleio e dell'Udine quattro sono le prove cui Venere sottopone Psiche prima che questa si riconcili con la persecutrice celeste, si ricongiunga ad Amore e diventi essa stessa immortale e divina.

CANTO IV: LA NOVELLETTA

a) scelta e separazione di semi diversi mescolati nel mucchio preparato da Venere; aiutante, la formica (segmento n. 31)
b) ricerca del vello d'oro; aiutante, la canna (n. 32)
c) urna da riempire con l'acqua della sorgente più profonda della montagna; aiutante, l'aquila (n. 33)
d) prova del belletto di Proserpina; aiutante, la torre; oggetti magici, focacce e monete; ma il superamento della difficoltà è soprattutto affidato alla forza di volontà di Psiche (n. 34).

La misura dei segmenti nei tre autori può essere indicata come segue:

	MARINO (n. ottave)	APULEIO (n. paragrafi)	UDINE (n. ottave)
a)	7	9	10
b)	7	8	10
c)	12	11	9
d)	2	27	33

Il Marino, che ha riferito in tutti i particolari le prime tre prove ricalcando i modelli anche nell'estensione data ai tre segmenti, si limita a riassumere gli elementi essenziali della quarta in due ottave, dove l'accenno alla volontà di tralasciare il racconto è esplicito.

Lascio di raccontar con qual consiglio
Scese d'abisso a le profonde conche,
Con quai tributi senz'alcun periglio
Passò di Pluto a l'intime spelonche
E, de' mostri d'Averno al fiero artiglio
Le forze tutte rintuzzate e tronche,
Per via, che 'ndietro mai non riconduce,
Ritornò salva a riveder la luce.

E taccio come poi le venne audace
Di quel belletto d'Ecate desìo.
Indi il pensier le riuscì fallace,
Ché 'l sonno fuor del bossoletto uscìo,
Onde d'atra caligine tenace
Le velò gli occhi un repentino oblìo
E, da grave letargo oppressa e vinta,
Cadde immobile a terra e quasi estinta.

(*Ad.* IV, 277-78)

Eppure in Apuleio e in Udine la quarta prova è la più ricca di particolari e costituisce il segmento narrativo più ampio, articolato in tre sequenze: previsione del viaggio nel discorso della torre (offerta della focaccia e delle due monete come oggetti aiutanti; incontro con l'asino; attraversamento dell'Ade e incontro con Caronte; vecchio morto nel fiume; vecchie tessitrici; cane trifauce; incontro con Proserpina; indicazioni del divieto di aprire la scatola); esecuzione del compito e fallimento dell'impresa per contravvenzione di Psiche al divieto; intervento liberatore di Amore.

Quale la ragione della rinuncia, da parte del Marino, a riferire intorno al lungo episodio della quarta prova, se si pensa che essa riveste la funzione più importante nelle vicende di Psiche, proprio tenendo presente il senso allegorico che il Marino stesso vuole riconoscere e assegnare alla favola?

Ci si può chiedere se, nel momento in cui esprime la volontà di non raccontare ("Lascio di raccontar"; "E taccio"), il Marino non voglia lasciar intendere che il lettore può trovare altrove i particolari della favola, ossia la storia di ciò che è effettivamente accaduto. Gli interessa aver dato il discorso di Amore ad Adone, che è il discorso del Marino narratore che riferisce la storia di Amore e di Psiche al lettore. Da questo punto di vista, la novità della maniera in cui gli avvenimenti sono raccontati rispetto ai modelli sta proprio nella particolare posizione dell'Amore mariniano, che è doppia: di co–protagonista (con Psiche) della vicenda, secondo i termini della favola; di relatore di tali avvenimenti. Probabilmente la risposta alla domanda che ci si è posta è anche più semplice e immediata: la riduzione del lungo episodio alla dimensione di un semplice rinvio può essere stata suggerita al Marino dalla fretta di concludere un racconto che aveva ormai assunto le dimensioni di uno dei canti più lunghi dell'*Adone*: 293 ottave contro le 170/180 dei primi tre, mentre solo tre canti del poema (il 14 = 407, il 19 = 424, il 20 = 515) lo superano in ampiezza, tutti collocati nella seconda metà del poema.

2. Di fronte al caso della riduzione di un lungo episodio dei modelli alla dimensione di semplice accenno, ne troviamo altri in cui assistiamo al processo inverso, nei quali cioè il racconto mariniano produce delle espansioni per rapporto a nuclei narrativi originali.

a) lamento di Psiche abbandonata sullo scoglio dove è stata accompagnata in corteo funebre secondo il responso dell'oracolo (n. 8; ott. 69–79)
b) descrizione delle nudità di Psiche scoperte dinanzi ad Amore dal vento (n. 9 b; ott. 84–87)
c) descrizione del serpente nel racconto che una sorella fa a Psiche nel tentativo di convincerla a rompere i rapporti con l'amante misterioso (n. 17a; ott. 136–43).

Il lamento di Psiche a) fa da eco al pianto del padre (ott. 55–60) e conosce un rapidissimo accenno in Apuleio IV 35, 4 ("Psychem autem

CANTO IV: LA NOVELLETTA 59

paventem ac trepidam et in ipso scopuli vertice deflentem . . .") e in Udine, II 28 ("Soletta Psiche e sconsolata resta, E i suoi partiti, cede loco al pianto. Piange e si duol . . ."); così c) (Apuleio V 17, 3 "immanem colubrum multinodis voluminibus serpentem, veneno noxio colla sanguinantem hiantemque ingluvie profunda . . ."; Udine IV 30. ". . . serpe . . . Tinto di sangue, e venenose spume Vome sovente . . . e sempre in bocca porta Carne di gente, ch'egli stesso ha morta"). b) ha un precedente in Udine, II 33–36, ma la novità del passo mariniano sta nella particolare posizione di *voyeur* assegnata ad Amore dinanzi alla donna.

3. Tra l'esempio ricordato in 1. e quelli raggruppati in 2., altri si incontrano in cui Marino riconduce a dimensioni più ridotte alcuni segmenti narrativi dei modelli; ciò si verifica specialmente (esempi b–d) a proposito dei rapporti (retti da amore e invidia) che intercorrono tra Psiche e Amore e tra Psiche e le sorelle, che in Apuleio e in Udine trovano una articolazione più ampia.
a) n. 10 a; ott. 89–92. Psiche nel palazzo di Amore. Il Marino rinuncia qui a dare una descrizione dettagliata del palazzo, perché essa è già stata fornita nel c. II, ott. 14 e seguenti, che a tale tema è dedicato. Il particolare delle favole mitologiche scolpite sulla porta del palazzo (pure nel canto II, 23–34) trova il corrispondente in Udine, III 23–33.
b) n. 12; ott. 103–107. Per compiacere Psiche, pur sapendo il pericolo che l'incontro comporta, Amore concede alla donna amata di rivedere le sue sorelle, dopo essersi fatto promettere di non rivelare la sua identità. In Apuleio, V 5, 1–6, 13, la concessione è strappata da Psiche, che minaccia di uccidersi, in due momenti, corrispondenti a due incontri notturni, intercalati da una giornata passata da Psiche tra lamenti.
c) n. 15; ott. 123–27. Passo parallelo al precedente. Amore prega di nuovo Psiche di non rivelare alle sorelle chi egli sia, e permette che la vengano a trovare. L'avvertimento è dato in forma rapida; in modo più dettagliato e motivato invece nei testi corrispondenti di Apuleio e dell'Udine.
d) n. 21; ott. 192–93. Morte della sorella maggiore di Psiche affidatasi invano a Zefiro per il trasferimento dalla montagna al palazzo d'Amore. Manca nel Marino, come del resto in Udine, l'accenno ai sotterfugi della donna per allontanarsi dal marito e andare da Amore (Apuleio, V 27, 1–5).
e) n. 23; ott. 197–200. L'uccello marino rivela a Venere il legame amoroso tra Amore e Psiche. Il Marino riassume velocemente nell'ottava 198 ([il mergo] "prende a raccontar . . . Scopre ch'io porto . . . Narra

... Conchiude . . ."), nella 199 (". . . nel cor di Venere s'aduna Fiamma di sdegno . . . Dimanda . . . Chi sia l'amica mia . . . Se tolta io l'abbia . . . ") e nella 200 ([il mergo] "Risponde non saver di quella cosa . . . E ch'egli [Amore] ama una tal che Psiche ha nome") il racconto dell'uccello e la risposta adirata di Venere, che trovano invece largo spazio nei modelli.

f) Con la stessa tecnica (n. 29; ott. 233–34) il Marino riduce a pochi tratti (ott. 233 "Rivolge il carro ver le stelle e poggia Su i chiostri empirei ove il gran Giove alloggia") i particolari del viaggio di Venere a Giove e della richiesta d'aiuto della dea a Mercurio (234, "Quivi Mercurio con preghiere astringe . . . Gli narra . . . Promette . . . Dichiara . . . Aggiungendo . . .").

g) Il Marino—come del resto Udine—abbandona del tutto la digressione (proprio perché sentita tale) che presenta Venere circondata dalle divinità marine dopo che ha indicato ad Amore la donna contro cui vuole vendetta (Apuleio, IV 31, 4–7; n. 4).

4. Minimi sono gli interventi del Marino rispetto ai modelli nel dare diversa collocazione ai motivi collegati della favola di Psiche. Si tratta, se vedo bene, di una differente disposizione dentro il racconto di sequenze che si ritrovano solo nell'Udine, o che comunque conoscono nel poemetto una evidenza che non è loro riconosciuta nel testo latino.

a) È il caso della bellezza di Psiche, suggerita da Apuleio più che descritta all'inizio della favola (IV 28, 1–29, 4) e unicamente per gli effetti che essa produce sugli ammiratori. In capo al suo racconto, il Marino aderisce al modello latino, mentre l'Udine dedica tre ottave (I 6–8) al catalogo delle bellezze della donna. Il Marino riserva però a sua volta un lungo spazio alla bellezza di Psiche in altra sede, alle ottave 38–42, dove al suggerimento dell'Udine si sovrappongono dati ormai canonici offerti dal petrarchismo. Ma qui la descrizione assume una funzione nuova e diversa: e per la particolare collocazione nel racconto, e per il fatto che essa è messa sulla bocca di Amore, il quale si trova dinanzi a Psiche. Riceve perciò rilievo e giustificazione l'esplicita allusione all'innamoramento di Amore che ne consegue (ott. 43–47), che capovolge le attese di Venere, la quale aveva provocato l'incontro per ottenere vendetta contro la giovane: particolare che conosce poca o affatto evidenza nei modelli.

b) Nel segmento del corteo funebre che accompagna Psiche sulla montagna, la parte centrale del testo mariniano è occupata dal pianto del padre (ott. 55–60), cui risponde quello di Psiche (ott. 62–64); si hanno le sequenze corteo, pianto del padre e della figlia, Psiche abbandonata. Nel brano corrispondente di Apuleio e di Udine, la sequenza centrale è dedicata unicamente al lamento della figlia. Manca nel testo latino il lamento paterno; Udine ha per contro, in corrispondenza delle sequenze n. 6 e 7, pianto di Psiche (II 4–5), pianto del padre (II 6–8), di nuovo pianto del padre (II 13–14). Il Marino non fa eco a questi lamenti nei passi paralleli del suo testo; ma accoglie il suggerimento dell'Udine quanto al doppio pianto, che però organizza nella sequenza del corteo funebre, evitando la dispersione e le ripetizioni che si hanno nel testo dell'Udine.

5. Un discorso a sé merita il lungo segmento della ricerca di Amore da parte di Venere (n. 3; ott. 23–31). Nel testo di Apuleio c'è un rapidissimo accenno alla chiamata di Amore: "Et vocat confestim puerum suum pinnatum illum et satis temerarium . . ." (IV 30, 4); e niente altro. Nel Marino, per contro, l'episodio della ricerca si distende sull'arco di sette ottave, 25–31, e il viaggio di Venere si colloca dentro coordinate geografiche ben precise: la dea passa dalla Grecia all'Italia ("Chè ben sa quanto in que' fioriti poggi Via più ch'altrove io [Amore] volentieri alloggi" (25, 7–8), seguendo un itinerario che la porta successivamente dalle coste adriatiche alla Liguria, alla Lombardia, al Piemonte, a Ferrara, alla Toscana, a Roma e infine a Napoli, dove trova Amore circondato da Ninfe. Il suggerimento del viaggio in Italia di Venere alla ricerca del figlio è sicuramente fornito al Marino dall'Udine,[5] nel quale l'inserto si giustifica con ragioni encomiastiche nei confronti della famiglia Gonzaga. Già nel poemetto, infatti (I 13–47) Venere lascia Cipro, elegge di scendere in Italia "Ch'è giardin lieto del mondo", e fa tappe successive a Napoli, a Roma, in Toscana, sulla costa adriatica, prima di approdare a Mantova, dove, dietro indicazioni di Ninfe e di pastori, riesce a scoprire Amore dentro un palazzo, intento ad ammirare i ritratti di donne famose della famiglia Gonzaga (I 34–47). È interessante notare che, mentre nell'Udine il viaggio va nella direzione sud–nord, e conduce a quella Mantova, e precisamente a quel palazzo del Te che ospita il ciclo pittorico della favola di Psiche, nel Marino il viaggio di Venere segue un itinerario inverso: dal nord al sud, con meta Napoli, città natale del Marino, alla quale sono legate le prime esperienze liriche della sua poesia.

III. Il modo mariniano di utilizzazione dei materiali preesistenti si può e deve misurare a livello delle riprese verbali, più che a quello di articolazione del racconto. Illustro dapprima separatamente esempi di prestiti mariniani da Apuleio e dall'Udine, descrivo poi l'operazione contaminatoria compiuta dal Marino.[6]

A. APULEIO

1. Si presentano nel c. IV casi di stretta adesione alla pagina d'Apuleio; ma il testo latino di Psiche non è mai meccanicamente ricalcato dal Marino.

E' par mi voglia ancor col peso [*immondo* del suo *tumido ventre* indur pietate, E mi prometta già, tronco fecondo, Gloriose propagini beate. *Felicissima me ch'avola* il mondo *M'appellerà nella più verde etate*, E 'l figlio d'una *vil serva* impudica *Fia che nipote a Venere si dica.* (*Ad.* IV 243)	"Et ecce" inquit "nobis *turgidi ventris sui lenocinio* commovet miserationem, unde me praeclara subole aviam beatam scilicet faciat. *Felix* vero ego quae in ipso *aetatis meae flore vocabor avia et vilis ancillae filius nepos Veneris audiet...* (AP. VI 9, 4-5)

Le due quartine in cui l'ottava si organizza corrisponde perfettamente all'andamento sintattico del passo apuleiano; ma mentre la seconda riflette quasi alla lettera il modello, la prima lo rielabora liberamente, con rinuncia alla traduzione più facile e immediata (*turgidus–tumido*), con sostituzione dell'astratto con il concreto e relativo mutamento semantico ("turgidi ventris sui lenocinio commovet"; "col peso immondo Del suo tumido ventre"), con ribaltamento dell'immagine dal germoglio al tronco e alle propaggini, e conseguente spostamento dell'aggettivo ("praeclara"; "gloriose") da Venere ai suoi discendenti.

Anche le ottave 221–22 ripetono l'andamento sintattico del testo latino (VI 2, 3–5). Tuttavia alcuni spostamenti, pur minimi, confermano l'osservazione iniziale. La replicazione del *per* causale, con la sua messa in evidenza in posizione anaforica e la moltiplicazione dei casi da quattro a nove, accentua un elemento retorico dell'invocazione già presente nel modello. Il testo mariniano sembra omettere l'accenno alla "dextera frugifera" apuleiana; in realtà esso è trasferito all'immagine delle ceste ("per tacita secreta cistarum") e affidato al verbo 'spandere' ("onde i tuoi semi spandi"). "Caerimonias laetificas" si sdoppia in "cerimonie e riti lieti"; analogo processo di sdoppiamento, questa volta dell'aggettivo, si ha per "terram tenacem", che produce "glebe fruttifere e tenaci": dove è da registrare ancora l'assunzione in questa sede di "frugifer", riferito in Apuleio alla destra di Proserpina.

CANTO IV: LA NOVELLETTA 63

2. Si dà il caso di utilizzazione di materiali verbali in segmenti paralleli, ma con diversa distribuzione rispetto al modello.

Che val pianger? (dicea) che più versate *Lagrime intempestive* e senza frutto? A che battete i *petti* ed oltraggiate Di livore e di sangue il viso brutto? Ah non più, no, di *lacerar* lasciate La canicie del crin con tanto lutto, Offendendo con doglia inefficace E la vostra *vecchiezza* e la mia pace (*Ad.* IV 62)	Quid infelicem *senectam* fletu diutino cruciatis? [...] Quid *lacrimis inefficacibus* ora mihi veneranda foedatis? Quid *laceratis* in vestris oculis mea lumina? Quid canitiem scinditis? Quid *pectora*, quid ubera sancta tunditis? (AP. IV 34, 3)

"Lacrimis inefficacibus" è reso con "lagrime intempestive e senza frutto," mentre *inefficaci* è dislocato accanto a *doglia*, che è messo in relazione con la vecchiezza del padre, dove assume la funzione che in Apuleio è attribuita alle lagrime. La stessa sorte tocca a "lacerare", riferito in Apuleio agli occhi, alla canizie nell'*Adone*; viene in tal modo a sostituire il verbo "scindere" del testo latino. Si può ancora osservare che ci troviamo di fronte a una soluzione opposta a quella data in 1 b; si assiste cioè a un rifiuto dello schema anaforico di *Quid* (ripetuto ben cinque volte) in favore di una organizzazione diversa dell'ottava, che poggia su due interrogative, diversamente formulate, e una imperativa ("Che val pianger? [...] A che battete i petti? [...] Ah non più, no! di lacerar lasciate [...]).

3. Riprese verbali da un unico contesto possono conoscere una utilizzazione in due momenti distinti e anche lontani del canto.
È il caso di Ap. V 23, 4, che offre al Marino materiali per le ottave 165 e 189. Lo sfruttamento in una doppia sede di elementi di uno stesso passo si giustifica: nell'*Adone*, la sequenza della lampada che brucia Amore mentre Psiche lo sta guardando è data due volte, una prima nel racconto di Amore e una seconda nel parlato di Psiche.
Nella sequenza del corteo che accompagna Psiche sul monte, il Marino utilizza in due momenti distinti immagini e materiali verbali collocati in un unico passo nel modello; in sede di descrizione, e nel pianto del padre per la disgrazia che ha colpito la figlia.

Raccoglie già con *querulo ululato*
La bella Psiche un cadaletto oscuro,
La qual non sa fra tanti orrendi oggetti
Se 'l talamo o se 'l tumulo l'aspetti.
In essequie funebri inique stelle
Cangian le nozze tue liete e festanti?
Le chiare tede in torbide facelle?
Le tibie in squille, e l'allegrezze in
                          [pianti?
(*Ad.* 53, 5-8; 56, 1-4)

Iam feralium nuptiarum miserrimae virgini choragium struitur, iam tedae lumen atrae fuliginis cinere marcescit, et sonus tibiae zygiae mutatur in *querulum* Ludii modum cantusque laetus hymenaei lugubri finitur *ululatu* et puella nuptura deterget lacrimas ipso suo flammeo. Perfectis igitus *feralis thalami* [...] et lacrimosa Psiche comitatur non nuptiae sed exequias suas.
(AP. IV 33, 4-5; 34, 1)

Nell'ott. 53 accoppia, con fortissimo effetto allitterativo dato dall'accostamento, due termini distanti tra di loro in Apuleio e ivi non correlati ("querulum Ludii modum" e "lugubri ululatu"); a solo due versi di distanza, "talamo tumulo" realizza nella paronomasia (quindi con l'efficace effetto che la figura stessa assicura, di massimo spostamento semantico con un minimo di mutamento fonico) l'opposizione dei concetti vita–morte, connotati da Apuleio attraverso i sintagmi "feralium nuptiarum", "feralis thalami", "non nuptias sed exequias", tradotti dal Marino anche con "nuzial feretro" (ott. 54, 3) e con l'antitesi "essequie–nozze" nell'ott. 56. Qui (il corteo è visto, come s'è già detto, attraverso il lamento del padre) le opposizioni sono replicate a ogni verso: chiare tede–torbide facelle, tibie–squille, allegrezze–pianti, crotali–tabelle roche, inni–applausi, preci–canti, lido–reggia, arena–letto.

B. UDINE

I modi di utilizzazione del testo dell'Udine ricordano da vicino quelli esaminati per il modello apuleiano: anche se, naturalmente, un rapporto diverso si istituisce per la Psiche dell'*Adone* e quella del poemetto, non sussistendo il problema della traslazione del testo da una lingua all'altra, né dalla prosa all'ottava.

1. Come per Apuleio, non pochi sono i passi del quarto canto che aderiscono in modo stretto alla pagina dell'Udine; ma pure qui s'impone l'osservazione preliminare intesa ad escludere un trasferimento meccanico dei dati preesistenti. Anche quando la ripresa si effettua per trasposizione quasi letterale del modello, uno scarto, pur minimo, segna l'abilità dell'operazione.

Mirasi punto incautamente il dito	E mentre ella si mira punto il dito
E si sente in un punto il cor ferito.	Si sente, e non sa come, il cor ferito.
(*Ad.* IV 164, 7-8)	(UD. IV 47, 7-8)

Più esplicitamente che nel testo di Apuleio (V 23, 1-3) è indicata in quello dell'Udine la contemporaneità della puntura fisica e di quella amorosa, della ferita causata dalla freccia sul dito e di quella provocata dalla bellezza di Amore sul cuore della donna. Tale situazione è ancora meglio precisata nell'*Adone*; vi concorre la ripetizione in zona centrale dei due versi del lessema "punto", che assume la doppia funzione di catalizzare l'attenzione del lettore per il suo contenuto fonico e di saldare i due versi pur rinviando a valori semantici diversi. Le osservazioni fin qui proposte ricevono conferma dalla lettura dei versi che precedono i due che ho riprodotti:

Mentr'ella in atto tal si strugge e langue,	Dice tra sé; poi vede a terra posto
Di toccar l'armi mio desìo la spinge,	L'arco e gli strali e la faretra insieme,
E con man palpitante e core esangue	A quelli baldanzosa si fa accosto
Le prende e tratta e le tasteggia e	Ne prende uno, e la punta a un dito
[stringe.	[preme,
Tenta uno strale, e di rosato sangue	La punta, ch'era d'oro, li punge tosto,
L'estremità del pollice si tinge:	E ne trae il sangue de le parti estreme.

Il particolare delle due ferite simultanee, consegnato nei due testi alla chiusa dell'ottava, è anticipato dal Marino nel binomio mano–cuore, v. 3, parallelo a dito–cuore del v. 8; e il tema dell'innamoramento è connotato, in sede vicina, da un gruppo nutrito di sostantivi, di aggettivi e di verbi (*strugge, langue, desìo, palpitante, esangue*). La serie fortemente allitterativa del v. 4 ("Le prende e tratta e le tasteggia e stringe", che corrisponde al sintagma di grado zero "si fa accosto" dell'Udine) fa tutt'uno semanticamente con la precedente.

L'*Adone* sottopone a un diverso (talvolta opposto) trattamento i materiali del modello, pure assunti in una forma vicinissima all'originale. Il Marino concentra ad esempio in due versi le indicazioni che l'Udine affida a una quartina:

Ma quant'ella però contenta vive,	*Ma quanto più contenta ella vivea*
Tanto menano i suoi vita scontenta.	*E tra maggior dolcezza e più contenti,*
(*Ad.* IV 102, 1-2)	*Tanto più vita sconsolata e rea*
	Facevan altrove i miseri parenti.
	(UD. III 54, 1-4)

Si dà il caso di brani ripresi dal Marino nella identica misura e negli analoghi ingredienti semantici e sintattici, ma disposti in modo totalmente diverso.

Da non veduta man sentesi in questa	Allor sentissi da invisibil mano
D'acque stillate in tepida lavanda	Spogliar le vesti et acquetossi e tacque,
Condur pian piano, indi spogliar la vesta	E si sentì guidar così pian piano
E i bei membri mollir per ogni banda.	Dentro a un bagno di chiare e
(*Ad.* IV 94, 1-4)	[tepid'acque.
	(UD. III 36, 1-4)

2. Talvolta il Marino organizza la sua ottava con le stesse componenti sintattiche e metriche dell'ottava che ha davanti. È il caso della 7, imperniata, come la corrispondente dell'Udine, sul *Ma* avversativo posto all'inizio del quinto verso, e identica in diverse altre parti: v. 1, "parenti regi"–"parenti eccelsi e regi"; v. 2, rispettivamente 3, "nacquer tre figlie"; v. 5, il già indicato "Ma versò"–"Ma sparso avea"; v. 6, r. 6-7, opposizione tra *minore* età di Psiche e *maggiore* bellezza a lei riservata dalla natura. Da rilevare è pure l'identità delle rime *regi egregi (pregi) fregi* ai versi 1, 3, 5.

Lo stesso fatto si riscontra anche nel giro di più ottave. In tal caso il Marino può assumere alcuni elementi nell'identica posizione e funzione che essi hanno nell'Udine, tralasciarne altri, oppure avvicinarli o allontanarli mentre nel modello si trovano accostati e viceversa. Così nel gruppo di ottave 191-93, corrispondenti a UD. 16-20.

3. Se ho visto bene, si hanno per l'Udine due casi in cui il Marino utilizza in due momenti distinti materiali che si trovano invece riuniti nel modello.

Lo sdoppiamento (come già per Apuleio) si produce perché una stessa scena (il tentativo di Psiche di uccidere l'amante, ormai convinta che si tratti di un mostro) è rievocata due volte: una prima da colui che ha subìto l'attentato (IV 159), una seconda da Psiche, che riferisce l'episodio alle sorelle (IV 187).

C. APULEIO E UDINE

Il Marino è andato via via utilizzando ora l'uno ora l'altro autore, in una operazione contaminatoria che possiamo definire a distanza e alternata, condotta quasi per successivi accostamenti ora all'uno ora all'altro testo. Ma non pochi sono gli esempi in cui la contaminazione si effettua in una zona ben delimitata, in ambito ristretto, ottava o gruppo di ottave: vero e proprio lavoro di intarsio che si realizza con l'utilizzazione di tessere spesso minute, provenienti di solito da passi paralleli dei due modelli.

CANTO IV: LA NOVELLETTA 67

Basteranno alcuni esempi.

1. a) Nell'ott. 244 (Psiche maltrattata da Venere) il Marino assume in proprio pochissimi elementi verbali da Udine e da Apuleio, in un testo peraltro liberamente organizzato. L'aggettivo *spurio* assolve l'identica funzione che ha nel testo latino: "per hoc spurius iste [filius] nascetur"; "Figlio nascer non può, spurio più tosto"; ma il termine *furto* è riferito dall'Udine direttamente al figlio (IV 49, 3–4 "d'Amor nascerà un figlio Di furto impresso"), nel Marino alle nozze illecite, tema sul quale insiste solo Apuleio ("Son [le nozze] illecite, ingiuste ed ineguali, Fur di furto contratte e di nascosto").

b) Il prelievo può ridursi a sole due tessere. Gli attributi della formica, aiutante di Psiche nel distinguere i grani del mucchio nella prova imposta da Venere, sono prelevati dal testo latino e da quello volgare, e collocati nel verso in una posizione identica a quella che hanno nel corrispondente passo dell'Udine.

Quando in soccorso suo corse veloce
L'*agricoltrice e provida* formica.
(*Ad*. IV 249, 1–2)

Tunc formicula illa parvula atque
[*ruricula*
(AP. VI 10, 5)

Co 'l picciol corpo, col manto nero
La vilanella e *provida* formica
(UD. VII 2, 3–4)

La stessa operazione può verificarsi per due sintagmi dislocati dalle due diverse sedi dentro una quartina dell'*Adone*.

Aspetta pur che del tuo *ventre cresca*
(Come già va crescendo) il peso in tutto.
Lascia che venga con più stabil esca
Di tua pregnanza a maturarsi il frutto.
(*Ad*. IV 144, 1–4)

[. . .] sed cum primum *praegnationem tuam* plenus *maturaverit* uterus, opiniore *fructu* praeditam devoraturum
(AP. V 18, 1)

Bada l'empio a scoprir la sua fierezza
Fin che più ti *s'accresca il ventre* e
['l seno.
(UD. IV 32, 1–2)

Ottave dell'*Adone* o parti di esse sono talvolta costruite mediante una precisa tecnica ad incastro. Due versi della 171, il terzo e il sesto, riproducono quasi alla lettera Apuleio (che suggerisce la netta distinzione tra punizione destinata alle sorelle e quella prevista per Psiche), il quinto fa eco al passo corrispondente dell'Udine.

Ma quelle egregie consigliere tue
La pena pagheran del lor fallire.
Giusto flagel riserbo ad ambedue,
Te sol con la mia fuga io vo' punire.
(*Ad.* IV 171, 3–6)

[. . .] sentiran martire
Le tue inique sorelle, ed il tuo danno
Con degna pena tosto pagheranno.
(UD. IV 53, 7–8)

Sed illae quidem consiliatrices egregiae tuae tam perniciosi dabunt acturum mihi poenas, *te vero tantum fuga mea punivero.*
(AP. V 24, 5)

2. Facendo ricorso alla tecnica ad incastro che s'è esaminata, il Marino assume talvolta particolari diversi ora dall'uno ora dall'altro testo di Psiche. Così integrando, fornisce di una sequenza particolari più ricchi o più completi di quanto non risulti nei singoli modelli, anche se, come nel caso che stiamo esaminando, in una forma più sintetica. Nella sequenza n. 21, ad esempio (Psiche dalle sorelle per vendicarsi dei cattivi consigli ricevuti da loro, che sono stati all'origine del tentativo di uccisione e quindi della fuga di Amore), si susseguono segmenti ricalcati ora sul testo latino ora sul poemetto. L'ottava 186 riassume in sé gli elementi che illustrano il procedimento: 1. desiderio di vendetta manifestato da Psiche (Udine; manca in Apuleio); 2. finto atteggiamento di allegrezza dimostrato da Psiche per farsi accogliere dalle sorelle (idem); 3. racconto del tentativo di uccisione dell'amante (Apuleio e Udine). Quanto ai punti 1. e 2., il Marino riassume nei versi 1 e 2–4 il testo consegnato dall'Udine rispettivamente alle ottave 8 e 9 del quinto canto. La seconda parte dell'ottava, segmento 3, è ottenuta con due versi trasferiti quasi pari pari dall'ottava 10 dell'Udine, mentre gli altri due riprendono, nella designazione d'Amore, l'espressione di Apuleio "mariti mentito nomine".

La già schernita, a vendicarsi accinta,
Seco d'amor le dimostranze alterna,
E d'allegrezza astutamente infinta
Vestendo il volto e l'apparenza esterna,
"*Dal tuo consiglio stimulata e spinta*
Presi il ferro, le dice, e la lucerna
Per uccider colui, che di *marito*
Usurpato n'avea nome *mentito.*
(*Ad.* IV 186)

(cfr. UD. v. 8–9)

Dal tuo consiglio, o mia sorella, spinta,
Presi la luce e strinsi il ferro in mano.
(UD. V 10, 1–2)

Meministi consilium vestrum, scilicet quo mihi suasistis ut bestiam quae *mariti mentito nomine* mecum quiescebat [. . .] ancipiti novacula peremerem.
(AP. V 26, 3)

IV. Il c. IV è tutto costruito con materiali preesistenti ben identificati;

CANTO IV: LA NOVELLETTA 69

non si dà altro esempio, nell'*Adone*, di un canto interamente esemplato su un testo precedente. Non credo che qui il Marino speculasse sulle proprie letture riposte, e quindi sull'ignoranza dei testi da parte dei contemporanei. La favola di Psiche, per la sua larghissima diffusione nell'originale latino o in traduzioni, così come per le sue frequenti traduzioni in linguaggio figurativo, veniva naturalmente ricondotta all'autore delle *Metamorfosi*. Facile quindi l'identificazione della fonte; ed Apuleio infatti figura nell'elenco stilato dal Brusoni degli autori utilizzati dal Marino.[7] Potrebbe sembrare del tutto diversa la situazione per il poemetto dell'Udine. Ma il libretto doveva essere noto alla cerchia dei letterati, come testimonia il suo successo editoriale; l'autore s'era fatto conoscere con una buona traduzione dell'*Eneide*, ora si faceva raccomandare da una presentazione di Angelo Grillo; l'allegoria che il notissimo letterato premetteva al poemetto era tale, e per l'impostazione e per il prestigio del nome che la sottoscriveva, da assicurare lettori nella schiera dei letterati e degli appassionati di testi pietistici o para-pietistici. Il Marino non poteva dunque pensare di evitare la facile possibilità di identificazione delle fonti della sua favola di Psiche. Egli stesso, implicitamente, rinvia nel canto ad altro testo, quando osserva di non voler narrare una parte della fiaba che supponeva perciò nota al lettore. C'è quindi da pensare che, in questo caso, il suo obiettivo fosse un altro: misurarsi su un preciso tema con due testi, l'originale latino e un rifacimento volgare contemporaneo, che tiene costantemente presenti e che anzi si concede di usare come ricchissima riserva di materiali.

Pochi gli interventi a livello di organizzazione del racconto; se si eccettuano le varianti maggiori (estrema riduzione della lunga sequenza della IV prova di Psiche, n. 34 della tavola; novità, non solo rispetto ad Apuleio, del viaggio di Venere in Italia alla ricerca di Amore, n. 3), si osserva che il racconto del Marino corre, nei suoi motivi collegati, parallelo a quello dei precedenti. L'abilità, la vena inventiva del poeta consistono qui nel trattare materia già di alta o buona qualità con le pinze dell'intarsiatore o del mosaicista, non nel lavorare col rampino. Sul testo di Apuleio o dell'Udine, il Marino interviene nei modi diversi che s'è cercato di descrivere. Anche nei casi in cui l'adesione al modello è tanto stretta da sembrare per alcuni particolari un calco, uno scarto, pur minimo, oppure la diversità del contesto in cui il dettaglio è inserito creano nuovi rapporti e assicurano originalità al risultato. Al che può concorrere anche una diversa collocazione o distribuzione di materiali verbali pur in segmenti paralleli, o l'utilizzazione in passi distinti o anche lontani del canto di riprese verbali da un unico contesto, quando una sequenza è data due volte e da due diversi punti di vista. La sensibilità del Marino nel prelevare e nel disporre i materiali si misura soprattutto nella contaminazione contigua della pagina di Apuleio e di quella dell'Udine. Il lavoro a incastro può consistere nel prelievo e nell'accostamento di poche tessere, aggettivi o altri elementi grammaticali; oppure nell'inserire, sull'impianto sintattico dell'ottava dell'Udine, rafforzata dalla riproduzione di alcune rime, materiali del testo latino, in una fusione che solo a una attenta analisi rivela la provenienza delle diverse componenti. Si può forse dire che il Marino abbia giocato e vinto proprio a questo livello la sua partita nel canto quarto, e proprio speculando sulla individuazione dei modelli da parte del lettore, del suo tempo e di oggi.

---

1 Ripresento in forma rimaneggiata il saggio *Composizione a intarsio nel c. IV dell'"Adone"*, uscito in *Esplorazioni secentesche*, Padova 1975, 9–52. Ad esso si rinvia per un esame dettagliato del canto; resta inteso che questa "lettura" non sostituisce quella. Preferisco d'altra parte rimandare (piuttosto che assumerne qui parziali elementi) all'analisi di B. PORCELLI, *Amore e Psiche da Apuleio al Marino*, in *Le misure della fabbrica. Studi sull'"Adone" del Marino e sulla "Fiera" del Buonarroti*, Milano 1980, 43–64.

2 *Avvenimenti amorosi di Psiche. Poema eroico del sig.* ERCOLE UDINE. Con l'erudita allegoria di ANGELO GRILLO, In Venezia, Presso G.B. Ciotti, 1599; ristampe nel 1601, 1617 e 1626. L'attenzione del Marino si rivolge anche all'allegoria del Grillo, come risulta da riscontri precisi (per cui confronta *Composizione* 10–11). Ha indicato per primo il testo dell'Udine a proposito di questo canto mariniano F. TORRACA, *Nuove rassegne*, Livorno 1894, 343–58; precedentemente era stato individuato il riscontro unicamente con il testo latino (F. MANGO, *Le fonti dell'Adone di G.B. Marino*, Torino–Palermo 1891, 91–98); e cfr. R. SIMON, *Notes sur quelques lectures de G.B. Marino*, "Studi secenteschi", 5 (1964), 63–68; C. COLOMBO, *Cultura e tradizione nell'"Adone" di G.B. Marino*, Padova 1967, 35–37 (rec. O. BESOMI, "Aevum" 43, 1969, 156–59).

3 La cifra è naturalmente approssimativa; è stata ottenuta calcolando la media delle parole nella edizione apuleiana delle "Belles Lettres", che è di 160 per pagina (per un totale di 60 pagine), mentre la media delle parole nell'*Adone* è di 50 per ottava.

4 Si vedano ad esempio le sequenze n. 9, 10, 14, 19 b, 26, 37 ecc. della tabella che faccio seguire.

5 Ha giudicato questo viaggio di Venere invenzione del Marino M. MENGHINI, *La vita e le opere di Giambattista Marino*, Roma 1888, 48, mentre il MANGO, *Le fonti. . .* , 94 ricorda in proposito il viaggio della Dea d'amore a Napoli nella *Secchia rapita*, X 1–26.

6 Limito drasticamente l'esemplificazione rispetto a *Composizione* 27–49, cui rinvio: il commento al c. IV nell'ed. Pozzi, da me fornito, mostra del resto

CANTO IV: LA NOVELLETTA 71

puntualmente il lavoro a intarsio eseguito dal Marino.
7 G. BRUSONI, *I sogni di Parnaso*, Venezia, s.d., 13–14; Apuleio è menzionato accanto a Ovidio, Stazio, Claudiano, Properzio, Ausonio, Luciano, Eliodoro e ad altri poeti italiani francesi e spagnoli del Quattro e Cinquecento (l'elenco è riprodotto dalla COLOMBO, *Cultura e tradizione...*, 14).

CANTO V: LA TRAGEDIA

Riccardo Scrivano

Amplificazione per ripetizione

Nell'universo mariniano dell'*Adone* il canto V è stato sentenziato con decisione come piccola costellazione marginale: luogo di "racconti secondi", come sarà, nella parte finale del poema, il XIX.[1] È una sentenza che comporta alcuni condizionamenti: che "la cucitura didascalica che lega i sei episodi appare ad occhio nudo imbastita malissimo o perlomeno con un punto di fattura sconcertante se si bada alle regole dell'arte";[2] che le cinque favole, narrate a Adone da Mercurio, mentre si inoltrano nel palazzo di Venere, con l'evidente scopo di persuadere il giovinetto rapito da Amore ad amare la dea, sono troppo varie per impostazione e per esito e di conseguenza non possono raggiungere lo scopo che si prefiggono, specie quella di Ganimede (str. 32–44), dove il protagonista non "mette alcunché" (di suo evidentemente), e quella di Ila (66–77) che approda ad una "disgrazia immotivata (o, peggio, motivata da un divieto assurdo)", al contrario delle altre, di Narciso, Ciparisso e Attide, che "derivano da un'infrazione ad una legge che viene esplicitamente ricordata"; che "la conclusione morale [del canto] sembra non possa esser altra che la seguente: l'arbitrio decide la sorte dell'uomo poiché le regole son tali e tante e perché l'effetto contraddittorio nasce dalla stessa fonte (Ganimede e Ila) così come l'effetto uguale da due fonti diverse (Ciparisso e Attide). Questo principio etico, cinico insieme e pessimistico, si ripete tale e quale come principio mentale strutturante la serie di questi racconti secondi . . . E poiché la ragione di questi racconti secondi è di illustrare la favola principale, il principio gnoseologico derivante dall'etico s'identifica a sua volta con la stessa dinamica del racconto, la quale s'inceppa e gira a vuoto proprio nel punto del suo avviamento".[3]

Quando si ripensano, poi, le sottolineature di varie incongruenze, quella, per esempio, dello smarrimento di Adone di là di una porta che non ha mai varcato (str. 9),[4] oppure dell'effetto soporifero che la rappresentazione della tragedia di Atteone ha su Adone (str. 147),[5] si resta sotto l'impressione di un verdetto negativo e duro, tanto più tagliente in quanto è uno dei pochi, anzi il solo (a mio sapere) giudizio circostanziato e ravvicinato sul canto in questione.

E tuttavia è da questo intervento critico che è d'obbligo riprender le fila d'un qualsiasi discorso concernente il V canto dell'*Adone*. Del resto vi sono in esso delle aperture, tali, perfino, da parere in contrasto con quel giudizio così apertamente negativo. In esse si possono riconoscere dei buoni appoggi per riconsiderare alcuni elementi sotto un segno positivo. Si vedano, in questo senso, le note spese intorno alle ottave 17–27, quelle della vicenda di Narciso confrontata con la fonte ovidiana di *Metamorfosi*, 3, 359–510; si tratta di un esemplare parallelo analitico tra un testo e la sua fonte, parallelo che presenta stimolanti passaggi e approdi, come questo: il "risultato ovidiano viene completamente stravolto dal Marino, benché egli faccia uso degli stessi mezzi, dimostrando ancora una volta di aver capito tutto del tessuto testuale dei suoi modelli". E dopo aver individuato le singole operazioni di abbreviazione e di corrispondenza tra segmenti narrativi e singole ottave e altri elementi, fonici, lessicali, retorici, conclude: "Il sistema appare regolato dal criterio dell'oscillazione irregolare (ora a chiasmo ora a serie alternate) e della chiusura"; "Ovidio risulta così non tradotto, ma sostituito".[6] Anche intorno ad un altro episodio di origine ovidiana (*Met.*, 10, 155–61), quello di Ganimede, la conclusione cui si perviene è fondamentalmente positiva e concerne le qualità narrative che Marino possiede: "La mancanza assoluta di artifici simmetrici . . . insieme con la struttura dell'ottava, sottolineano l'impostazione decisamente narrativa dell'episodio".[7] Di questo rapporto complesso con le fonti nel commento di Pozzi s'incontrano, proprio per il canto V, altri momenti ed esempi: sono osservazioni puntuali che contribuiscono non poco a sfatare la leggendaria inclinazione del Marino al furto e trasferiscono seriamente il discorso possibile sul piano di un universo letterario globale secondo la concezione di Curtius.[8]

Sul versante del positivo v'è poi un'altra indicazione almeno che non vorrei lasciar cadere. Si riferisce alla strofa 123, dove Marino suggerisce gli elementi che presiedono alla composizione (non all'esecuzione, si avverte qui giustamente) dello spettacolo tragico: è un luogo di grande importanza per questo canto, ma lo è anche al di là di esso e soprattutto al cospetto di quelle interpretazioni dell'*Adone* che ne fanno una collana di dichiarazioni di poetica, e insomma una *Poetica*. Dunque, andrà ripreso. Pozzi, da una parte, osserva non solo che "il genere della composizione è tragico", ma anche, e mi pare singolarmente importante—una sorta di riconoscimento di implicazioni di vocazione melodrammatica della natura epica dell'*Adone*—, che "è un pezzo in musica". (In realtà—vien da

CANTO V: LA TRAGEDIA

osservare subito per cercare di rendersi conto delle vere proporzioni di questa presenza—si tratta di uno spettacolo che, in concorrenza con la classicità, anzi proprio accogliendo e trasformando il dettato aristotelico della *Poetica*,[9] è accompagnato da musica, come lo è da luci, da gesti, da maschere, da un insieme insomma di elementi di appartenenza ai codici del teatro,[10] fuorché dalla parola). Dall'altra, dopo aver riconosciuto pertinenti secondo le regole dell'arte gli appunti contrari al Marino dello Stigliani ("Allo Stigliani si può rimproverare miopia pedantesca ed astio smisurato, ma non ignoranza d'arte poetica; ed il suo gioco nel mettere in luce gli equivoci, le confusioni e le ripetizioni presenti nel catalogo mariniano è corretto, al lume di canoni tradizionali allora vigenti"), conclude però: "Ma il punto di Marino sta proprio nel rovescio dell'assunto di Stigliani: trattandosi di una tragedia, cioè del componimento regolare per eccellenza, il suo intento polemico nei confronti di quei metri di giudizio traspare allora senz'ombra di dubbio. Ciò che è anche confermato dal modello di tragedia che subito egli ci presenterà".[11]

Qui è il varco che a me pare aprirsi nell'interpretazione/lettura di Pozzi: ché, sia pure, questo "intento polemico", "cinico e pessimistico" in quanto principio etico e, sia pure, perfino che il "principio gnoseologico derivante dall'etico ... s'inceppi e giri a vuoto proprio nel punto del suo avviamento", resta certo che l'assunzione di esso rende immisurabile il prodotto, insomma l'effetto, con le "regole dell'arte", quella della tradizione invocate da e con lo Stigliani. Marino le sconvolge, ora deformandole ora respingendole, sempre attuando un dettato che se ne ricorda solo per provare che ad esse non si sottomette, anzi che non le accetta passivamente ma solo in quanto vuole stravolgerle. L'intento polemico introduce bensì ad un'altra dimensione gnoseologica e questa ad un altro universo etico, il cui cinismo e pessimismo sta nel rifiuto, nella protesta manifestata magari per derisione verso la tradizione, le regole, il conosciuto, per affermare altro, il diverso, altri equilibri, nuove norme. Sicché si colgono qui, in una porzione minima del poema, ma forse non così marginale, due elementi utili, forse anche validi, per una valutazione storica di Marino: 1. che egli si trova in una condizione intricata, oggettivamente difficile, che è quella di disporre quasi unicamente di materiali che la tradizione gli ha trasmesso e ch'egli senza remore e senza ritegni usa con abbondanza, con un gusto propriamente di dilatazione, che si traduce in un principio che occorre aver chiaro nella mente per le analisi da fare, e con un'istanza di trasformazione di senso, condotta a destinazione davvero eccezionale; 2. che questo stravolgimento di funzione e d'uso dei materiali disponibili costituisce la sostanza del suo Barocco rispetto al suo Manierismo di matrice tutta tassiana (manierismo da vedere dunque come inventariazione e rinominazione dei depositi del magazzino delle arti; barocco come riqualificazione e rifunzionalizzazione di essi).[12]

Quando si riconosce, mi par giusto aggiungere subito, una valenza gnoseologica, ovvero di organizzazione del discorso e quindi del sapere, alla letteratura non molto significa una collegata imputazione di cinismo e neppure di pessimismo alle proposte del nuovo; il quale, nel caso, si manifesta anche per via di varietà nel collegamento delle strutture e loro porzioni (*variatio* a livello di *dispositio*), magari incorrendo in qualcosa di più che nel solo rischio di stridìo e di vuoti e di salti, bensì anche nella rottura dell'ordine logico e della successione sempre coerente e giustificata, che è poi la deliberata scelta del Marino, quella di scompigliare e rompere l'ordine, di sospingere le menti dei lettori verso il baratro del disordine. Allora se il racconto "s'inceppa e gira a vuoto", cioè i "racconti secondi" non giovano alla dimostrazione esemplificativa e pedagogica che con essi si vorrebbe raggiungere in ausilio alla trama principale, non è casuale, non è una caduta per mancanza di capacità, ma è una necessità intrinseca alla proposta della contemplazione del disordine, o forse si può azzardare, della "disarmonia prestabilita".[13] Va poi detto che questa successione di racconti e di tragedia collocata nell'"avviamento" della trama non esaurisce la sua funzione in questa collocazione. Alcuni almeno di questi "racconti secondi" anticipano e insieme velano, e cioè allontanano in una particolare prospettiva le conclusioni dell'intera trama, insomma del macrotesto. Anche in questo Marino risulta storicamente collocato in un tempo che è insieme della continuità e della rottura della tradizione, nel senso che, da una parte, l'*Adone* rinvia in ogni suo settore anche minimo, secondo il principio neoplatonizzante della corrispondenza puntuale e ineludibile tra micro e macrocosmo, al tutto, ogni elemento è prodotto e riflesso dell'insieme; ma, d'altra parte, insinua nello stesso rapporto, inverso rispetto a quanto solitamente accadeva nel passato, tra racconto principale e racconto collaterale uno sconvolgimento totale. Qui la trama principale lascia di continuo il passo alle deviazioni e i mille episodi in cui il discorso/narrazione si spezza, non solo i veri e propri racconti secondi, diventano essi la continuità, sommergendo e travolgendo l'altro: la deviazione è la trama. Ma poiché questa situazione si manifesta e si concreta per via di una particolare tecnica di amplificazione mediante ripetizione occorre, dopo questo tentativo di derivare dalla situazione critica consolidata i fili da svolgere, tornare indietro, a quello che avrebbe dovuto essere il vero principio.

Nel quale va contemplato panoramicamente il complessivo contesto del canto, che non può essere se non proposto in una sua geometria, per quanto arbitraria, poco o anche niente euclidea. Il canto si costituisce dall'aggregazione di sei tempi o fasi o episodi narratologicamente distinti, ognuno o quasi dei quali si articola in momenti diversi al di là di ogni simmetria e proporzione. Questi, tali tempi o fasi o episodi:

A. La premessa delle narrazioni: che svolge il tema delle facoltà persuasive del linguaggio umano, talvolta piegato a funzioni di mezzano (str. 5, 1) e paraninfo, talaltra addirittura di corruttore di "pensieri con dolci inganni" (6, 7), e che approda alla meraviglia di Adone per tutto quello che lo circonda (8), varco alle favole che Mercurio, nipote di Atlante, sceso apposta dall'arcadica Cillene,[14] s'accinge a narrargli. Quale parte assolve in ciò Mercurio, che "dall'etèrne rote Per scherzar con Amor spesso ne viene" (14, 3–4)? La domanda esclude una risposta sicura, proponendo infatti deliberatamente una sorta di anfibologia, non di figura, ma di logica del racconto, perché gli inviti di Mercurio a Adone hanno doppia natura e fisionomia, come inviti all'amore e inviti alla morte. È insomma Mercurio "Un mezzano eloquente, uno scaltro messo, Paraninfo di cori innamorati" (5, 1–2), oppure uno degli "Infernali Imenei, sozzi oratori, Corrieri infami, al'anime tradite Di scelerati annunzi ambasciadori" (6, 2–4)? Questa ambiguità è ovviamente un vezzo arguto e, come tale, ha senso per sé; ma come elemento narratologico non appartiene solo al sistema degli avviamenti, ma anche a quello delle conclusioni, mentre in ogni caso l'ambiguità di Mercurio, o sia data come oggetto di deliberazione del lettore, o sia data per provocazione d'autore (con una speciale identità, nel caso, Mercurio/Marino), ha bene un peso orientativo sul significato del racconto.

In questo primo tempo del canto le scansioni sono limpide e misuratissime: le prime quattro strofe sono uno smontaggio tecnico delle funzioni della lingua, distinta nelle sue due componenti di senso (1) e di suono (2), e sia pure con una sovrabbondanza descrittiva delle funzioni, che del resto non cessa quando (3) si passa a distinguere il bene o il male che può fare e a sottolineare (4) che in nessun caso è innocua, sempre lascia un segno, ha una conseguenza, mostra un potere. Questa esaltazione del potere della lingua, che apre il discorso alle considerazioni sull'eloquenza (5 e 6), oltre ad essere una dichiarazione tecnica di poetica sarà facilmente collegabile, e per senso intrinseco di contenuto e per opportunità di collocazione a quel luogo molto più avanzato del canto che è la dichiarazione di poetica circa la composizione della tragedia (123). V'è dell'altro: la lingua, che alla strofa 7 è personificata ma in una forma che resta astratta, che si identifica, detto altrimenti, con la funzione, si concreta nella strofa 14, nella figura di Mercurio, colui cioè che il linguaggio mette in azione, che trasforma l'oggetto materiale in discorso eloquente. Fin qui ci si trova di fronte all'aggregazione di materiali di così estesa derivazione che ogni rinvio si renderebbe legittimo. Nelle strofe seguenti, specie le 8-13, quelle della meraviglia di Adone, la mira di Marino si precisa, passando da Dante (*Purg*. I, 66-69), col recupero di un paragone che basta a Marino, pronto a raddoppiarlo con l'immagine di Colombo dinanzi al nuovo mondo,[15] al Tasso del giardino di Armida (XVI, 9-17). È una premessa che promette parecchio, mi pare, e certamente contiene ben più che marginalità male imbastite.

B. Le cinque narrazioni o favole raccontate: che, in linea di principio, s'oppongono alla favola rappresentata che dà titolo di genere al canto, la tragedia. Ma prima di questa opposizione va registrata la connessione che le cinque storie hanno, ciascuna e nell'insieme, con lo sterminato canto IV, "La novelletta" per titolo, ennesimo e puntiglioso rifacimento, in realtà, della favola di Psiche e Amore.[16] Che, come le cinque storie di questo canto, assolve ad un indiretto compito di metapedagogia del comportamento o comunque di evidenziazione dei rischi che nelle storie d'amore un errore anche piccolo può generare o infine di illustrazione degli ostacoli che un grande amore comporta. Di questa connessione molteplice l'elemento comune è la riproposizione mediante il principio della ripetizione, del racconto in sé, se non del contenuto del racconto, al fine evidente di ottenere narratologicamente un'amplificazione; è chiaro che questa funzione annulla largamente l'altra, di ammaestramento e minaccia ad Adone per via di esempi. I quali, per di più non sono così chiari e Pozzi lo ha mostrato sottolineandone, di là del senso di ciascuno, l'intersecarsi col caso di Adone e il venire meno della similarità:[17] non ripeterò, per economia, fatti ormai acquisiti. Ma non posso esimermi dal sottolineare, a mia volta, che, se non tutti sono tali da consentire al già confuso Adone di riconoscersi in essi, tutti riescono a far crescere nel lettore un senso di infelicità, di ineluttabilità anche non necessaria di esiti infelici: e questo ha senso solo se si connette ogni storia e il loro insieme alla conclusione dell'*Adone*.

S'è già accennato che una ricerca affrontata da Pozzi e dalla sua *équipe* con larghezza di orizzonte, di confronti interni e di particolareggiato esame di microstrutture, è quella delle fonti. Che, lasciando per ora da parte la vicenda di Atteone, ovvero della favola rappresentata che è anch'essa di origine ovidiana, ma pone problemi un po' diversamente stratificati, sono ovidiane in quattro casi su cinque e dalle *Metamorfosi* in tre di quei quattro: si tratta delle storie di Narciso (17–28), di Ganimede (32–44), di Ciparisso (49–64), mentre quella di Ati (81–97) deriva dai *Fasti*, e non ovidiana è quella di Ila (66–77), che deriva da Teocrito con interventi da Apollonio Rodio e Valerio Flacco.[18]

Sullo studio del rapporto fonte primaria, ovvero ovidiana,-testo non si appulcra verbo per l'intrinseca perfezione di quello studio. Mi pare necessario per altro aggiungere un particolare: su due di queste storie, quella di Narciso e quella di Ganimede, Marino aveva già avuto modo di riflettere, sicché si può parlare d'una sia pur piccola mediazione tra la fonte ovidiana—che però io credo fosse già allora abbastanza presente—e il testo dell'*Adone*. Sono le composizioni della *Galeria*, edita, come si ricorderà, per la prima volta dal Ciotti a Venezia nel 1619; tra esse quattro sono dedicate a Narciso e una a Eco; un'altra, ancora, a Ganimede, e tutte s'affiancano a quelle che hanno per argomento Adone stesso, quattro in tutto, di cui una però s'attaglia bene a un luogo di questo canto, come si vedrà. Narciso, dunque: rappresentato in *Galeria* 7, sonetto, e in 7a, madrigale, in base al notissimo quadro di Bernardo Castello, e ancora in 7b, sonetto, e in 7b[1], madrigale, in riferimento al meno noto quadro di Francesco Maria Vanni.[19] Nel sonetto per il quadro del Castello lo sfondo ovidiano è rivelato dal rapporto tra immagine e suono (9–11), mentre le strofe 22–23 dell'*Adone* non risultano altro che l'espansione della definizione del luogo, "là d'un liquido specchio in su la riva" (v. 3): al Castello invece, evidentemente, l'ultima strofa (vv. 12–14) che mostra Eco mentre fugge e nega all'acque il loro mormorio (suggestione ovidiana direttamente passata al pittore). L'epigramma invece riprende solo il motivo della verità della rappresentazione del vv. 6–6 del sonetto, "Non finto il fonte, e chi si mira in esso È vivo, e vero, e vera è l'onda, e viva", riprendendolo come gara tra tela e ruscello nel riflettere l'immagine di Narciso. Dunque un passaggio di Ovidio attraverso la *Galeria* per arrivare all'*Adone* si può certamente stabilire anche se nell'episodio d'arrivo si mescolano elementi d'altra estrazione, come nel v. 1, str. 22, "tra verdi colli in guisa di teatro", che è derivazione tassesca da *Lib.* XIX, 8, 5–7, "ritrovano l'ombrosa angusta valle Tra più colli giacer, non altrimenti Che se fosse un teatro". Nel sonetto del quadro di Vanni, mentre non si rinuncia alla personale arguzia ("E de l'arco d'Amor segno e saetta È ferito, e ferisce, amante amato", 3 4), torna il motivo del confronto suono-immagine, risolto con ricorso al linguaggio muto degli occhi ("la favella libera e perfetta Ch'a la lingua negasti, agli occhi hai dato", vv.7–8): dunque il richiamo ovidiano, seppure più indiretto non manca neppure qui. Si fa però più scoperto nell'epigramma, dove il riferimento è, con sfumata arguzia, a Narciso-Fiore ("cangiato allor t'avrebbe il troppo ardore In fiamma, e non in fiore", 8–9), che fa ricircolare quella dell'epigramma sul Castello: "non so dir, qual più vivace e bello Rappresenti il suo viso, O la tela, o 'l ruscello. Quello in me, questo in lui Tragge foco da l'onda, e dal pennello" (vv. 2–6). Ma anche il gioco tra "vagheggiar" e "vano" si rifrange dall'epigramma al v. 7–8 della strofa 27 dell'*Adone*: "Ed or per vagheggiar l'ombra tua vana Riprenderesti ancor la forma umana" (Madr., vv. 10–11); "Tal fu il destin del vaneggiante e vago Vagheggiator dela sua vana imago". In *Galeria* v'è poi anche un breve madrigale (8) per Eco su di un quadro di Ventura Salimbeni,[20] che ha sicuramente riflesso sulle strofe 17, 5–8, 18 dell'*Adone* V insistendo sul mancato rapporto tra efficacia dell'immagine e silenzio della voce ("ben sentiresti ancor le voci stesse, Se dipinger la voce si potesse", Madr., vv. 7–8; "Pur, seben la sua pena aspra e profonda Distinguer non sapean tronchi lamenti, Supplia, pace chiedendo ai gran martiri, Or con sguardi amorosi, or con sospiri", *Ad.* 18, 5–8), che d'altronde è elemento di derivazione ovidiana, come s'è visto.

La mediazione della *Galeria*, dunque. Che significa primariamente una costante presenza di certe figure e immagini nella mente del Marino, nella quale forse non conta tanto l'elemento visivo, così come questo conta in Tasso che lo amplia ad una vera e propria spettacolarità, ma certamente è rilevante la modalità di formazione del concetto attraverso un gioco di accostamenti fonici, di combinazione di suoni ed effetti linguistico-sintattici: insomma, di processo verso la definizione dell'acutezza e dell'arguzia. Il sistema della ripetizione, che è base certa per la realizzazione dell'amplificazione, non risulta così solo una dimensione retorica, ma prima una disposizione dell'intelligenza mariniana.

Le cinque favole, che nella loro struttura narrativa ripetono la tecnica della deviazione dal macrotesto, impegnandosi in dilatazioni di particolari o di momenti secondo un generale principio di arbitrarietà, sono tra loro collegate da brevi passaggi, la 'pessima imbastitura' cui ha accennato Pozzi. Si tratta, di fatto, di ricavare da ciascuna favola una morale o, più circostanziatamente, un insegnamento che valga ad irrobustire l'amore di Adone per Venere. Tra 28, 2 e 31, 4, per esempio, la favola di Narciso si correda di un'esaltazione di Venere e di un'ammonizione ad Adone circa la fortuna sua di essere amato da una tale deità. Il sistema dell'amplificazione trova qui buono e facile gioco, trattandosi appunto di esaltazioni e di lodi. Valga come esempio il culmine di questa 'morale' che segna anche il passaggio ad altre favole di Mercurio: "quella [detto, ovviamente, di Venere] che può bear l'alme beate Beltà del cielo e ciel d'ogni beltade"

(30, 7–8). E dopo un accenno alle molte altre favole, quella di Endimione amato da Diana (la "gelida luna") o di Titone, amato "dala bionda Aurora",[21] Mercurio s'avvia a narrare la favola della felicità, cioè quella di Ganimede.[22] Cui segue un'altra 'morale' non molto diversa dalla precedente quanto a significato (sia contento Adone della fortuna/felicità d'essere amato da Venere), se non fosse per la strofa 47 di intenso valore sentenzioso mescolato ad una speciale tonalità di morbidezza ("La fanciullesca età tenera e molle È quasi incauta e semplice fanciulla", 1–2), per il che il rampino mariniano è ancora una volta esercitato su Dante, *Purg.*, XVI, 85–90;[23] ma tutta questa parte finale di questa seconda 'morale' non fa che preparare il terreno alla terza favola, quella di Ciparisso, il cui tragico destino si determina per amore di cosa non importante: "Troppo talvolta a vani oggetti intenta Quelche rivela più, sprezza ed oblia, E così pargoleggia e si lamenta S'avien che perda poi ciò che desia" (48, 1–4).[24] Segue la terza 'morale': se Ciparisso avesse amato più quel Dio che l'amava che il suo cervo, non sarebbe incorso nel destino metamorfico "che poi l'oppresse". Così Adone, che tanto ama la caccia e gli animali, è avvertito di non dedicarsi troppo ad essi: ed è avvertimento che fa intravvedere il destino tragico che lo colpirà. Nel rallentamento degli avviamenti s'intravvede, insomma, a livello di microtesto la conclusione del macrotesto. La favola seguente può così immediatamente succedere con abbreviazione degli indugi. È ora la volta di Ila, "scudier del generoso Alcide" (66, 1), che, smarrito nelle selve in cerca di frescura viene trascinato e trattenuto dalle ninfe, "Driope, Egeria, Nicea, Nisa, Neera" (75, 3), sul fondo d'una fresca fonte. Ma qui la 'morale' competente è tagliata via a vantaggio di quella della seguente favola anticipata con una sentenza recisa, senza deviazioni, caso raro, si sa troppo bene, in Marino: "Non esser in amor foglia incostante Ch'al primo soffio è facile a cadere" (78, 3–4). E infatti la storia di Ati, amato da Cibele, è quella di un amante infedele.[25] Con la fine della quale le cinque narrazioni sono, d'improvviso, troncate alla strofa 97.

C. Colloquio tra Venere e Adone, strofe 98–111. Intermezzo, a sfondo patetico, che riassume (ulteriore ripetizione amplificativa) il succo delle morali svolte finora. L'intento principale è di presentare una situazione rovesciata rispetto a quella consolidata nella tradizione, di lode della caccia, della libertà che consente, della forza che permette di esercitare, del coraggio che richiede, della realizzazione, in una parola, di una condizione umana vitale contro l'amore, fatto di vincoli, di sottomissioni, di rinunce, di impegni. Venere dichiara la vanità della caccia, per di più rischiosa, pericolosa al punto di mettere a repentaglio la vita del cacciatore: "Soffrir dunque poss'io che dale braccia Rapita, oimé, mi sia tanta bellezza, Per darla a tal, che con l'artiglio straccia E col dente ferisce e la disprezza?" Ancora una volta si ha il preannuncio da molto lontano delle conclusioni del macrotesto. Di fronte a ciò le malizie di Venere sulla castità di Diana cacciatrice (strofe 104–105) appartengono davvero al settore delle marginalità, ad un insaporimento un po' plebeo, com'è nel gusto del Marino, del dettato. E tutta ragionevole, generosa e patetica è la risposta di Adone, che non solo rassicura Venere, ma esibisce complessi giochi sentenziosi-retorici: dapprima sfoggia un "O caramente cara, Certo a me quanto cara ingrata sei" (106, 1–2), poi trasforma in sentenze cognizioni del senso comune ("Sempre quel ch'è vietato e quel ch'è raro Più n'involgia il desire e più n'è caro", 109, 7–8), per slanciarsi, in 110, in un gioco di annullamento di sé, intricato di anafore, di strutture bimembre, di ripetizioni, di assonanze, che superano ogni tradizione lirica, pur tenendosi sul terreno materiale di essa: "quando il tuo sol mi verrà manco, Sarò qual ciel cui fosca notte adombra, Senz'occhi in fronte e senza core al fianco, Senz'alma un corpo e senza corpo un'ombra" (110, 3–6). Colla strofa 111 ci si dispone all'attesa della tragedia, non tuttavia senza un nuovo intermezzo che apra la strada al trionfo della meraviglia.

D. È questa la descrizione della sala dell'universo (strofe 112–120) che funziona da sala di teatro sulla quale s'apre la scena (121). Pozzi ha sottolineato "l'incongruenza dei dettagli narrativi col contesto; anche qui questo teatro non può essere iscritto nella struttura del palazzo d'Amore descritto al canto 2, 14–17".[26] È certamente così. Ma anche per Galilei tutta la costruzione della *Liberata* era malformata, disuguale, piena di strettoie, di divari tra i piani, scomoda a petto del *Furioso*. Non mi pare che il problema di questa sala sia di coerenza con la sua contenibilità nell'edificio: semmai è il principio della meraviglia che in quest'ultimo sia contenibile un locale così straordinario, un universo intero convenientemente ridotto in modo che ai due spettatori della scena che sta per aprirsi, Venere e Adone, esso appaia tutto anche nelle sue singole parti: il cielo, con le sue costellazioni e le sue divisioni; la terra, per simboli, di cui centrale è la figura di Atlante che sorregge robustamente il cielo/soffitto; il tartaro (115), che s'apre sotto un pavimento d'oro e che tra i molti e usuali lussi che son sparsi nella sala contiene cosa che più d'ogni altra può meravigliare: "Vedesi il re del tenebroso mondo; Seco ha l'orride dee di Flegetonte, Cui fa pompa di serpi ombra ala fronte" (115, 6–8; elementi di indiretta derivazione tassesca, forse, *Lib.* IV). L'ipotesi di Pozzi che "la fonte dell'ispirazione mariniana per la pianta così inconsueta del suo teatro" sono "le sfere armillari, che allora incontravano tanto successo", è del tutto attendibile, senza tuttavia che si possa escludere che soccorressero alla memoria contaminatoria di Marino un'infinita serie di sale meravigliose per diversi particolari che il gusto tardocinquecentesco manieristico ha inventato. Vero, dunque, che l'idea di Marino è che, "se il mondo [intendasi l'universo] è un teatro, il teatro sia costruito come il mondo"; ma vero anche che l'universo è pieno di luoghi reconditi che vanno scoperti, illuminati e illustrati, e che nelle loro particolari proporzioni ripropongono l'immagine dell'universo intero e reale. Anche in questo caso quindi non ci si trova dinanzi ad una divagazione: il programma di meravigliare rovesciando gli ordini logici e immaginativi s'incontra con la metacostruzione narrativa ed epica che è l'antica concezione del rapporto micro-macrocosmo trasformata in un gioco continuo di riflessi, di riprese, di ripetizioni che costituiscono la nuova trama/struttura narrativa. La narrazione non sta nello svolgimento di una vicenda qualsiasi, ma nella costituzione del macrotesto mediante le tessere del microtesto.

Ed ecco che nella sala si fa buio ("La Notte intanto al rimbombar de' baci Invida quasi, in ciel fece ritorno", 120, 1–2) e lo spettacolo ha inizio, o meglio subito s'apre la scena ("Erano i cari amanti entrati a pena... Quand'ecco aprirsi una dorata scena", 121, 1–3), passando però attraverso una sorta di teoria della composizione, come già s'è accennato.

E. Questa teoria della composizione o dichiarazione di poetica settoriale, cioè teatrale, occupa una sola strofa: la 123. Nella seguente quest'ordine compositivo "si fa", cioè si mette in azione. Naturalmente le figure della "poetica" teatrale mariniana sono numerose e, si dica pure, sovrabbondanti: Invenzione, Favola, Poema, Ordine, Decoro, Armonia, Facezia, Arguzia, Energia, Eloquenza, Poesia, Numero, Metro, Misura, Musica. Riprendono tutte quelle della *Poetica-Retorica* aristotelica, ma, non contento di una nominazione, Marino le raddoppia; invenzione e favola sono la stessa cosa agli orecchi di chiunque, studioso o studente, come lo sono poema e ordine, o anche armonia e eloquenza. Si ha cioè *inventio, dispositio, decor, elocutio*, cui, sempre con coerenza retorico-aristotelica si aggiungono *actio* (energia?), *memoria, musica*; in più, marinianamente, possono ben comparire facezia e arguzia. L'effetto della provocazione è pienamente ottenuto: gli ordini soliti sono scompigliati, la mente deve orientarsi in un labirinto, ad ogni tratto una nuova esplosione fantastica.

F. Segue la rappresentazione, che occupa la maggior parte (strofe 124–

147, 4) della conclusione del canto. Giustamente Pozzi sottolinea che si tratta di un comune spettacolo di corte, con sfoggio di intermezzi e perfino di un rinfresco (str. 137), non senza un intento polemico verso la tragedia, "superata dall'interesse per il balletto", e con un'esaltazione dell'eccellenza ingegneresca della macchina teatrale.[27] Mi par giusto precisare che l'intento polemico è, forse, meno storicizzabile e viceversa più riconoscibile nella prospettiva del genere. La favola rappresentativa si costituisce nell'illustrazione, minuziosa ma meno amplificante ed enfatica che non sia di solito in Marino, come dimostrazione della superiorità del raccontare sul rappresentare. Come dire: ogni spettacolo può essere raccontato, non ogni racconto rappresentato. Sia detto fuori d'ogni oltranza: anche Calvino sosteneva, all'inizio di *Se una notte d'inverno un viaggiatore*,[28] che la lettura dà un'intimità, un raccoglimento, una confidenza di sé con il testo scritto, che nessun altro testo può dare. Perché ciò si attui occorre naturalmente che la rappresentazione in questione sia priva di parola, si concreti in puro mimo.

Pozzi[29] ha sostenuto che v'è un preciso parallelismo tra corrosione del poema eroico e corrosione della tragedia, in polemica con gli istututi fondamentali della situazione letteraria cinquecentesca. A me pare che occorra distinguere l'una corrosione dall'altra: quella del poema eroico è una normale metamorfosi culturale, è l'esaltazione del raccontare sul rappresentare, è un implicito rifiuto, o revisione manieristico/barocca, del dettato aristotelico/oraziano che restava a fondamento delle poetiche umanistico-rinascimentali: quella della tragedia è un disinteresse per questo tipo di finzione necessariamente mediata, un rifiuto del teatro per l'autonomia assoluta del poeta. Ma è solo un'ipotesi che andrebbe altrimenti esplorata e verificata.

Certo è invece che il dramma di Atteone, più di qualsiasi altro di questo canto, passa attraverso altre fasi mariniane di meditazione/riflessione. Vien prima il madrigale 15 della *Galeria* sul quadro di Bartolomeo Schidoni rappresentante "Attheone divorato da' Cani" e suggerente a Marino una riflessione morale: "Quanti, oh quanti Attheoni Più miseri di quello Ch'esprime il tuo pennello Si trovano, Schidoni? L'ingorde passioni, I mordaci appetiti De' nostri sensi umani, Che altro son, che Cani Da noi stessi nutriti, Onde siam poi feriti?"[30] Succede l'idillio secondo della *Sampogna* (la cui prima edizione è Parigi 1620), che svolge dentro una struttura narrativa continua la storia che in *Adone* V si vede, anzi intravvede, per momenti e per quadri: in 125 Atteone armato per la caccia, in 126 l'avvio di questa, in 138 (dopo una lunga divagazione sull'eccezionalità della macchina teatrale, che consiste in una scena girevole su di un perno—strofe 127–130—, e sulla seconda scena, dove tra "spelonche opache", "foreste amene", "piagge fresche" e altre bellezze naturali si vede Apollo circondato dalle Muse danzanti, nonché sull'"intermedio"— str. 134-136—che è di fatto doppio, rappresentando prima Cinzia, cioè Diana, che scende nella valle Gargafia per bagnarsi nuda "tra le pure e cristalline linfe", 137, 7, quindi una giostra, o finto combattimento da spettacolo, di Centauri) Atteone stanco che si concede un riposo 'imboscandosi', ovvero entrando nel bosco, in 143 (ancora una volta, dopo non meno lungo intervallo rappresentante una battaglia navale fino all'apparire di Iride serenatrice, str. 139–141) "tra molte sue seguci ignude Stassi Atteone a vagheggiare Diana", che, sdegnata, "gli toglie dopo il cor la forma umana" (143, 6). Che è l'ultimo dei quadri veduti da Adone sulla storia di Atteone. Infatti, dopo un terzo intermezzo che contempla una ricca mensa rallegrata da musici, cori, "mute di ninfe e sinfonie d'amori" (146, 8), egli si addormenta in grembo a Venere (147).

Come si vede, s'incontrano nell'*Adone* immagini improvvise e di breve durata: il racconto della storia di Atteone manca, perché il racconto vero è il metaracconto dello spettacolo, che, come si è accennato, Marino vuol far vedere nella sua inferiorità, parzialità, facilità, concentrazione, rispetto alla narrazione. Tutto il contrario nell'idillio, che tuttavia è parso, ad un critico bene attrezzato per accostare Marino come il Pieri, "un *continuum* verbale fonico ritmico metrico, che si realizza per blocchi ed incastri, pura sequenza materica senza disegno".[31] Dal punto di vista narratologico, se tale è l'idillio narrativo, figurarsi cosa può essere la rappresentazione raccontata!

Non seguiremo qui lo svolgimento dell'idillio, come cosa già fatta compiutamente, anzi *ad abundantiam*, da Pieri. Ricorderemo solo che, ad una presentazione di Atteone, della sua attività di cacciatore, delle sue vittorie, subito succede il compianto per il destino drammatico che attende l'eroe: "Cacciatore infelice, oh quanto meglio Ad altre cure, in altri studi avresti Rivolto il core, essercitato il piede . . . Non de l'investigar con traccia accorta De le fere i covili L'alta sagacità punto ti valse, sì che in Cervo mutato Non fossi alfin da' tuoi voraci cani Fieramente smembrato" (vv. 46–48 e 56–61). Da questo punto in poi, conclusa, data per scontata la storia di Atteone, si assiste nell'idillio ad altri eventi: la lunga, ansiosa ricerca del figlio da parte della madre, l'inconoscibilità del figlio non più ravvisabile nei miseri resti animali che i cani hanno lasciato dopo averlo sbranato, la disperazione della madre e del vecchio Cadmo, la preghiera infine che oniricamente Atteone rivolge alla madre di non uccidere i suoi assassini: e così via. Di tutto questo Marino nell'*Adone* s'è servito in un'economia di concentrazione. La conclusione della vicenda di Atteone, i lamenti della madre e del padre, quelli del nonno, si contraggono in un cenno: "con che strazio doloroso e reo Venne sbranato il giovane a morire"; "d'Autonoe i lamenti e d'Aristeo"; "del'antico Cadmo i pianti" (149, 3–5). Il punto centrale della narrazione/rappresentazione, che è la metamorfosi di Atteone, dai venti versi (543–563) dell'idillio si contrae un due: "Con pelo irsuto e con ramose corna Il miser cacciator cervo ritorna" (7–8). Tra la fonte primaria, ovidiana, e il testo mariniano d'approdo la mediazione della *Sampogna* si costituisce come autocitazione, rinvio a se stesso. Pieri ha spiegato che la via dell'*Adone* si apriva al Marino nel momento del rifiuto del melodramma cui conduceva la pratica idillica della *Sampogna*.[32] Non il melodramma, dunque, doveva entrare nella narrazione dell'*Adone* nel caso di Atteone, ma una rapida successione di quadri che per suggestione consentisse d'intuire le conclusioni attraverso la concentrazione o il rinvio al già sperimentato. Ancora una volta nel tessuto di un canto, come altre volte era successo e succederà, il microtesto preannuncia il macrotesto.

Adone non vede la fine del dramma di Atteone perché s'addormenta: "Onde in grembo a colei che gli è vicina Sovravinto dal sonno il capo inchina" (147, 7–8). V'è anche qui la ripresa d'un madrigale della *Galeria* composto per un quadro di Giacomo Palma, "Adone, che dorme in grembo a Venere":[33] e dunque ancora una volta Marino procede da un'autocitazione. Metatestualmente è rilevante; ma da sottolineare è soprattutto il fatto che, mentre il lettore viene a sapere, o intuisce, o almeno è preavvertito, Adone non deve sapere ancora che nel suo sonno è fatalmente contenuta l'immagine della sua morte mediata per ora da quella di Atteone.

NOTE

1 G. POZZI, *Prefazione* a G.B. MARINO, *L'Adone*, Milano 1976, tomo II, pp. 21–23.
2 *Id. Commento*, p. 300.
3 Sono tutte riprese del luogo cit., pp. 300–301.
4 Ivi, p. 302.
5 Ivi, p. 322.
6 Ivi, pp. 303–304.
7 Ivi, p. 311.
8 E.R. CURTIUS, *Europaïsche Literatur und Lateinisches Mittelalter*, Bern 1948, p. 20.
9 Cfr. *Poetica* 1450 ab, dove, dopo aver elencato favola, caratteri, pensiero, dizione, come elementi indispensabili della tragedia, aggiunge: "Restano altri due elementi non letterari: la composizione musicale, che degli abbellimenti

CANTO V: LA TRAGEDIA 87

esterni di una tragedia è il più importante, e l'apparato scenico; il quale ha senza dubbio una grande efficacia su l'animo degli spettatori, ma non ha che far niente con la nostra ricerca su l'essenza della tragedia, e nemmeno con la poetica in generale. Perocché il fine proprio della tragedia è conseguibile anche senza rappresentazione scenica e senza attori; dirò di più, che per fornire un bell'apparato scenico è più adatta l'arte dello scenografo che non quella del poeta". Circa la "composizione musicale" come "abbellimento esterno" e l'"apparato scenico", che "non ha che far niente con la nostra ricerca su l'essenza della tragedia, e nemmeno con la poetica in generale", lo stesso Valgimigli osserva nell'*Introduzione*, op. cit., p. 7: "'Lo spettacolo scenico' e la 'composizione musicale' non sono essenziali alla tragedia in quanto opera di poesia, bensì solo in quanto rappresentazione teatrale; quindi non riguardano la poetica direttamente".

10 T. KOWZAN, *Littérature et spectacle*, La Haye-Paris, 1975.
11 POZZI, *cit.*, *Commento*, II, pp. 320–321.
12 Su Manierismo e Barocco in Marino, nonché per tali voci per se stesse, la rete dei rinvii bibliografici è ormai enorme: occorre cominciare da G. Pozzi stesso nell'*Introduzione* alle *Dicerie sacre* del Marino, Torino 1960, pp. 13–65; cfr. riassuntivamente A. QUONDAM, *Problemi del Manierismo*, Napoli 1975.
13 Il rinvio è naturalmente al "barocco" C.E. GADDA, "Come lavoro" (1950), in *I viaggi la morte*, Milano 1958, pp. 9–26. Su cui R. SCRIVANO, "Risposte di Gadda ai suoi critici", in "Il lettore di provincia", fasc. 24, apr.-giu. 1976, pp. 39–46.
14 Un soprannome di Mercurio è appunto Cillenio.
15 Questi quattro versi di 8, 5–8, trovano poi rispondenze in 7, 187 nella battuta contro lo Stigliani ("un che celebrar volse il Colombo E d'India, in vece d'or, riportò piombo") e in 10, 45, dove Colombo è associato alla grandezza di Galileo. E naturalmente mette a frutto una tradizione esaltativa che ha forse inizio in *Morgante*, XXV, 227–31, e culmine in *Liberata*, XV, 30–32.
16 Sulla "novelletta" si v. O. BESOMI, *Esplorazioni secentesche*, e B. PORCELLI, *"Amore e Psiche" da Apuleio al Marino*, in "Studi e problemi di critica testuale", 1979, pp. 135–152. Sull'intera e triplice—letteraria, teatrale, figurativa—fortuna della favola apuleiana v. i miei appunti, "L' 'Asino d'oro' nel Rinascimento tra racconto scritto e racconto figurato", in "Modi del raccontare", vol. misc., Palermo 1987, pp. 45–52.
17 V. Pozzi, *cit.*, *Commento*, II, p. 300.
18 Ivi, p. 312. Sulle "fonti" mariniane, importanti le prospettive comprese in C. COLOMBO, *Cultura e tradizione nell'Adone di G.B. Marino*, Padova 1967, parte I, pp. 11–84.
19 Per la *Galeria* mi valgo dell'ediz. a c. di M. Pieri, Padova, 1979, tomo I (i componimenti per Narciso e Eco sono a pp. 13–15 e note in vol. II, pp. 6–8; quello per Ganimede a p. 18 e note II, p. 11). Notizie su B. Castello e F. M. Vanni ivi, II, rispettivamente p. 213 e 239.

20 Su cui cfr. ivi, II, p. 233.
21 Questo, non Cefiso, padre di Narciso, come vuole Pozzi, cit., *Commento*, II, p. 308, mi pare il riferimento di *Ad*., V, 31, 7–8.
22 Sulla quale non indugio per l'ottima analisi che si trova in Pozzi, cit., ivi, pp. 308–309. Ma varrà la pena di notare la conclusione di questa analisi: "Nell'economia generale del poema i racconti secondi del c. 5 hanno la funzione di mostrare come una situazione narrativa iniziale identica porti a conclusioni opposte: perciò, per il caso particolare, il M. viene a provare che l'effetto opposto non deriva solo da una causa apparentemente uguale, ma sta nella stessa radice delle cose che apparentemente si assomigliano". Che mi pare un'ulteriore, indiretta prova della "disarmonia prestabilita" cui s'è accennato qui sopra.
23 Per puro aiuto della memoria trascrivo: "Esce di mano a lui che la vagheggia Prima che sia, a guisa di fanciulla Che piangendo e ridendo pargoleggia, L'anima semplicetta che sa nulla, Salvo che, mossa da lieto fattore, Volentier torna a ciò che la trastulla".
24 Anche qui rilevantissima ed esaustiva l'analisi di Pozzi, cit., II, pp., 310–311.
25 Per le fonti e la conseguente strutturazione mariniana dell'episodio cfr. Pozzi, cit., II, pp. 312–313.
26 Ivi, p. 319.
27 Ivi, p. 322.
28 Torino 1979, cap. I, pp. 3–9.
29 Pozzi, cit., II, p. 322.
30 *Galeria*, ed. cit., I, p. 18, e II, p. 10; sullo Schidoni, ivi, pp. 234–235.
31 M. PIERI, *Per Marino*, Padova 1976, p. 277.
32 Ivi, pp. 305–307.
33 *Galeria*, ed. cit., p. 12.

CANTO VI: IL GIARDINO DEL PIACERE

Vania De Maldé

"Il mondo in nove forme trasformato"

L'autonomia dei canti VI–XI nel corpo del poema maggiore non era sfuggita a Luigi Foscolo Benedetto che, in margine ai propri studi sull'*Hypnerotomachia Polyphili* di Francesco Colonna, ne rinveniva una stupefacente quanto intempestiva imitazione nella capricciosa architettura dei canti centrali dell'*Adone*.[1] Nel confermare la fonte narrativa, stilistica e repertoriale, il moderno editore del romanzo umanistico e del poema[2] non poteva che ammettere l'estraneità dello stesso blocco di canti "nei confronti dello sviluppo narrativo e dello stile" che qualifica il resto dell'opera.[3] Stravaganti, in questa sequenza, la materia, la struttura, le fonti utilizzate e persino l'instabilità formale che ne accompagna, nelle lettere e nei fogli aggiunti all'edizione parigina, la pubblicazione. In una posizione che la tradizione epica voleva di rilievo, ma contro ogni necessità narrativa, Marino introduce qui, infatti, il tema dell'iniziazione sensitiva e intellettuale di Adone, mediante l'espediente neo-duecentesco di una ricognizione del palazzo di Venere,[4] la cui architettura barocca disegna un doppio *technopaegnion*, verticale e orizzontale, sulle pagine del poema.[5] Gli studi strutturalisti di Giovanni Pozzi e Francesco Giambonini hanno bene illustrato la planimetria del palazzo, costituito "da un quadrato di portici, tagliato in quattro giardini, con quattro torri quadrangolari sugli angoli e una torre rotonda nel mezzo" e perfettamente coincidente con la struttura binaria dei canti VI e VII (in cui si passano in rivista, con i giardini perimetrali, i sensi, rispettivamente, della vista e dell'odorato, dell'udito e del gusto) e con quella circolare del canto VIII, interamente dedicato al tatto.[6] La specularità tematica e strutturale dei canti IX e X–XI, circolare il primo, bipartiti i secondi, suggerisce, con l'idea "magnifica e nuova di un mondo psichico a specchio di quello dei sensi",[7] il sospetto, se non proprio il disagio, di un'eccessiva rigidezza, quasi di un poema minore incastonato nel fluire, per accumulazioni ed ellissi, della narrazione epica. Lo scarto è evidente sin dal prologo del canto VI: deversando in questo giro di canti la materia, già altrove trattata secondo un tutt'altro progetto, degli *esameroni*,[8] Marino fa qui eccezionalmente ricorso a un'autorità scritturale e a un catalogo biblico di "belle, impudiche e scellerate" in un'apostrofe contro l'amor sensuale apparentemente slegata dal contesto narrativo del canto VI. Con i temi della riflessione cosmogonica, l'uso esclusivo di un lessico scientifico altamente specializzato e aggiornato,[9] la cadenzata ricorrenza, di suggestione tassiana, di invocazioni e apostrofi, dunque, Marino ottiene in questi canti un'unità tonale assai vicina alla "diction magnifique" che era cifra del poema rivale del Du Bartas: "une phrase haut-levée, un vers qui marche d'un pas grave et plein de magesté",non certo "errené, lasche, effeminé, et qui coule lascivement ainsi qu'un vaudeville, ou une chansonnette amoureuse",[10] come tanta poesia dell'"altro" *Adone*.

A tanta complessità e omogeneità di ispirazione fa tuttavia riscontro l'inquietudine variantistica che, in via del tutto eccezionale, accompagnò la pubblicazione di questi canti: dalle lettere nn. 136, 157, 161 e 165, databili tra la fine di gennaio 1620 e l'autunno del 21,[11] si ricavano i segnali di un'attenzione particolarissima, mentre l'*errata corrige* dell'edizione principe porta, con un elenco, per questi canti singolarmente nutrito, di varianti stilistiche ed erudite, l'aggiunta delle ottave VI, 95 e VIII, 34, 75.[12] Riguardo a questo punto è legittimo domandarsi se il rimpinguamento di una struttura narrativa a cui avevano contribuito, in egual misura, il "compasso e lo squadro", sia semplice sintomo, come vuole Pozzi, di una tardiva composizione dei canti VI–XI o non, piuttosto, spia del faticoso adattamento di un testo allotropo alla compagine narrativa dell'*Adone*. La seconda ipotesi, a suo tempo scartata dall'editore del poema in base a considerazioni d'ordine strutturale,[13] potrà essere ripresa in esame alla luce di un'indagine che tenga conto, relativamente al canto VI, dei dati di cronologia interna e variantistica. In margine al commento mondadoriano dell'*Adone*, si vuole così offrire qualche scheda di precisazione bibliografica, archivistica e letteraria.

2. Qualche elemento per fissare la data di composizione del canto VI, nella sua integrità o in parte, può essere ricavato dalle citazioni esplicite di libri e personaggi, allora tanto noti da essere facilmente riconoscibili da qualsiasi lettore, che legano questo canto all'attualità del dibattito culturale e mondano del tempo. A VI, 41, 6–8 *fanno giochi tra lor di tante sorti / quante suol forse celebrarne apena / nele vigilie sue la bella Siena*, è chiarissimo il rinvio, segnalato a suo tempo da Vittorio Rossi, al *Dialogo de' giuochi che nelle vegghie Sanesi si usano da fare* del Materia-

le Intronato (cioè Girolamo Bargagli, e non, come alcuni hanno creduto, Scipione, accademico Intronato con il nome di Schietto),[14] pubblicato a Siena, presso il Bonetti, nel 1572. Il libretto, ristampato a Venezia e a Mantova almeno sei volte tra il 1574 e il 1592, nel Seicento ebbe una sola edizione, apparsa a Venezia, per i tipi di Paolo Bertano, nel 1609.

Più oltre (VI, 54, 5–6: *Il mio Castel, che del conquisto santo / fregia le carte al gran cantor toscano*) dà lustro al pittore Bernardo Castello l'edizione illustrata della *Gerusalemme* tassiana, stampata a Genova, presso il Bartoli, nel 1590.[15] Marino poteva difficilmente riferirsi alla seconda o terza serie di illustrazioni del genovese, approdate alle edizioni in –12°, del 1604, in carta turchina e con gli argomenti di Vincenzo Imperiali, e del '17, perché parafrasa qui il diffuso giudizio critico che salutò la prima edizione in –4°, le cui venti tavole, incise a bulino da Agostino Caracci e Giacomo Franco, erano state disegnate appunto dal Castello entro il 1586.[16] Approvate da Tasso e considerate dai contemporanei la più fedele traduzione dei versi del "Thosco Omero" o "Thoscan Marone", a Bernardo erano valse il titolo di "Ligure Apelle" (come nel sonetto *Movon qui duo gran Fabri arte contr'arte* della *Galeria*), qui deviato sul Paggi.[17]

Dalla letteratura critica, e precisamente dal sonetto di Cesare Rinaldi *Pittura e Poesia suore e compagne*, stampato nel 1602 in un volumetto miscellaneo in morte del pittore bolognese Agostino Caracci,[18] è tratto pure il verso VI, 57, 5 *Caracci, a Febo Caro*, la cui formula nominale è unica nel lungo catalogo dei pittori contemporanei che, occupando le ottave 53–57, fa da contrappunto agli antichi di *Dicerie sacre*, 93. L'indizio stilistico, pur suggestivo, è troppo debole per annettere alla lista dei pittori viventi alla data di composizione di queste ottave, il Caravaggio, deceduto nel 1610 e qui indicato con normale formula verbale. Sicché dalle sole citazioni esplicite comprese nel canto VI non si ricavano elementi cronologici posteriori al 1602.

3. Più proficuo lo scandaglio delle fonti coperte, tutte egualmente aggiornate. Tra i poemi della creazione utilizzati da Marino nelle *Dicerie sacre* e nell'*Adone* VI–VIII, un posto importante occupa la *Création du Monde* del protestante Guillaume Salluste Du Bartas, segnalata sin dal 1959 da Giovanni Pozzi.[19] L'opera, apparsa a Parigi, presso Jean Feurier, nel 1578 e subito tradotta in latino da Jean Édouard du Mounin nel 1579, ebbe fortuna anche italiana nella traduzione in sciolti di Ferrante Guisone, contando ben sei edizioni tra il 1593 e il 1613.[20] Rinvenendo tracce della versione italiana, più che dell'originale francese, già nella terza *Diceria*, composta tra il 16 marzo 1609 e il 25 aprile 1610, Pozzi daterebbe agli

anni torinesi l'incontro tra Marino e il mantovano Guisone.[21] Ora, l'impronta del Du Bartas è già avvertibile in un idillio, *Il rapimento d'Europa*, composto da Marino tra il gennaio e la fine di settembre 1607,[22] e apparso a stampa con il titolo *Della Sampogna / del sig. Gio. / Battista Marino / idillio XXXV* a Lucca, presso Ottaviano Guidoboni, nello stesso 1607. I versi 1-19 di *Europa*, infatti, rinviano, oltre che a Virgilio, *Georgiche*, I, 43-6 e II, 330-35, e a Claudiano, *De raptu Proserpinae*, II, 88-92, al Du Bartas, *Création*, III, 657-75 e IV, 715-27 (cc. 50r e 69r della traduzione del Guisone del 1593), passi a cui Marino tornerà nella composizione dell'idillio *Orfeo*.

Sull'autenticità dell'edizione lucchese di *Europa* (di cui si conosce un solo esemplare, rinvenuto, in anni recenti, da Edoardo Taddeo)[23] si è sollevato più di un dubbio. Secondo Carlo Delcorno, questo precocissimo esperimento nel genere idillico, a cui seguirà, solo nel 1620, la raccolta della *Sampogna*, non sarebbe che "un abilissimo colpo editoriale" di Marino, come comproverebbe anche "il fatto che non scrisse mai trentacinque idilli".[24] Ma l'ipotesi della retrodatazione, ad opera di Marino, di un testo a stampa, che di necessità doveva essere sottoposto al visto ecclesiastico del lucchese Offizio sopra le Scuole (dal 1549 al 1629 preposto alla "revisione delle cose da imprimersi"),[25] è, a dir poco, romanzesca. Può certo salvaguardare la tesi tradizionale di un Marino plagiario, o della precedenza dell'ambiente bolognese nell'invenzione dell'idillio mitologico,[26] ma volontariamente ignora, con le leggi che governavano, in anni tanto sospetti, la tipografia lucchese, la storicità e il calibro dei personaggi cui l'idillio mariniano era dedicato. Firmata da Ottaviano Guidoboni, tipografo pubblico e vescovile, con data *Di Lucca alli 30 settembre 1607*, la dedicatoria si riferisce, con ogni evidenza, alla promessa di matrimonio stipulata tra Chiara di Stefano Buonvisi, cui la *plaquette* è offerta, e quel Lorenzo di Bartolomeo Cenami, erede di una ricca famiglia mercantile, uomo d'arme, diplomatico, finanziatore di re e repubbliche e prodigo mecenate, a cui ancora nel 1614 Marino dedicherà la canzonetta *Spenta dunque, e sparita*, in morte della madre, e il sonetto augurale *Dala fontana d'or ch' en larga vena*, a stampa nella parte terza della *Lira*. Le nozze Cenami-Buonvisi, celebrate, come testimonia il manoscritto del Baroni *Notizie genealogiche delle famiglie lucchesi* conservato presso la Biblioteca Governativa di Lucca (ms. 1110, p. 126), solo il 14 giugno 1609, saranno ancora salutate da un epitalamio latino di Guido Vannini, pure stampato dal Guidoboni.[27] Fu dunque probabilmente lo stesso Marino ad ispirare la prima edizione di *Europa*, mai da lui sconfessata, benché la patina linguistica toscanizzante, inconciliabile con il suo *usus scribendi*, e il gran numero di errori, dimostrino l'estraneità dell'autore alla pubblicazione. Quanto al titolo programmatico *Della Sampogna* / ... / *idillio XXXV*, certo allusivo a un'opera di vaste dimensioni (ancora millantata nella dedicatoria della *Lira*) da cui l'idillio sarebbe stato stralciato, il termine di riferimento immediato, con l'*Arcadia* sannazariana, la cui ultima prosa si intitolava appunto alla *Sampogna*, è l'opera dello Pseudo-Teocrito che, dall'edizione del 1531, con versione latina di Elio Eobano, sino alla revisione critica dell'Estienne del 1566, contava trentasei idilli, tra cui *Europa*, poi attribuito a Mosco, in ventesima posizione. L'autenticità, credo incontrovertibile, dell'edizione lucchese di *Europa*, ha corollari inediti: con altro occhio si dovranno leggere le prefatorie della *Lira* e della *Sampogna* in cui Marino lamenta di essere stato defraudato dell'invenzione dell'idillio, dal momento che precise memorie dell'*Europa* mariniana sono nella *Salmace* del Preti, scritta nel 1608, come, nel 1615, nella *Selva di Parnaso* di Antonio Bruni.[28] Per quanto riguarda invece il poema sacro del Du Bartas, che nei versi iniziali di *Europa* offre coloriture barocche alla primavera di Virgilio e Claudiano, non si potrà che notare, con l'utilizzazione di una medesima fonte in testi coevi, la singolare contemporaneità degli interessi letterari del Marino e del Murtola, allora impegnato nella composizione della sua *Creazione del Mondo* (1608), ricalcata sul poema francese e sul *Mondo creato* tassiano, la cui edizione integrale (Viterbo, Discepolo, 1607) era fresca di stampa.[29] Analogamente, nell'*Adone* VI, 25 e 36, collimante con *Dicerie sacre*, 256 e 351, la fonte del Du Bartas, VI, 509-10 e 583-84, già segnalata da Pozzi,[30] si ammanta di cadenze tassiane, dal *Mondo creato*, VII, 561-67, oltre che dalle *Rime*, ed. 1590, n. 154, riecheggiata anche a VI, 1, 1-3. Curiosamente, la contaminazione tra il poema protestante e il cattolico, sicuramente facilitata dalla comunanza delle fonti patristiche,[31] si attua, in modi diversi, anche nell'editoria di questi anni: Giovan Battista Ciotti, primo editore italiano del Du Bartas e probabile tramite con Marino, illustrerà l'edizione del 1608 del *Mondo creato* con sei delle sette tavole incise da Cristoforo Paolini per la ristampa del 1595 della *Divina settimana*.[32]

Di questo giro di anni è un'altra fonte letteraria, abilmente occultata da Marino alle ottave 137-45 del canto VI: si tratta della miscellanea di rime latine e volgari, già esaminata da Carmela Colombo, intitolata *Rime di diversi eccellentissimi autori in lode del fiore della granadiglia, altrimenti della Passione di nostro Signor Gesù Cristo*, stampata a Bologna, da Bartolomeo Cocchi, con data erronea del 1509. La data di pubblicazione del libretto, che la studiosa aveva lasciato in sospeso,[33] può essere con sicurezza fissata, sulla scorta del *Thesaurus literaturae botanicae* (Lipsia,

1851, s. v.), al 1609, anno in cui uscirono, sempre presso il Cocchi, il *Fiore della Granadiglia* di Simone Parlasca e, a Venezia, la *Copia del fiore et frutto che nasce nelle Indie Occidentali* del Rasciotti, ristampato nel 1612, '13, '19 e '22, a testimonianza della larga fortuna secentesca del fiore della passiflora. Il 1609 vale dunque come sicuro *terminus post quem* per la composizione delle ottave in lode della granadiglia, la cui autonomia era già stata rilevata dai contemporanei.[34] Questa data, pur ricorrente nella presente rassegna, non potrà essere estesa a tutto il canto VI che sulla base del riconoscimento, nel brano citato, di schegge provenienti dall'idillio *Europa*, utilizzato, alla stregua di una redazione anteriore, per tutta l'ampiezza del canto.

4. È ormai noto che Marino impiega "i propri materiali nello stesso modo col quale tratta i materiali altrui, quelli che preleva dalle cosiddette fonti".[35] A VI, 59–63, nella rassegna delle pitture, per il ratto d'Europa si avvale di un abile compendio dell'idillio, stampato, si è detto, una prima volta nel 1607, quindi, in redazione aumentata e rielaborata, nella *Sampogna* del '20. Nell'*Adone* l'episodio è riportato alla natura di *ecfrasis* che già rivestiva, per citare le fonti dell'idillio, nelle *Dionisiache* di Nonno, nel *Floridante* di Bernardo Tasso e nello *Stato rustico* di Gian Vincenzo Imperiali. Di conseguenza *Europa*, trattato alla stregua di un cartone preparatorio, viene potato delle parti propriamente drammatiche, derivate da Nonno Panopolita, come del catasterismo del toro che chiude l'idillio, mentre intere sequenze narrative sono compendiate grazie alla figura classica dell'*hysteron proteron*. Si veda, ad esempio, a VI, 59, 1–2 *Vedi Giove (dicea) là 've s'aduna / schiera di verginelle ir con l'armento*, da *Europa*, 154–68 (inganno ordito da Giove e Amore),[36] mentre a VI, 60, 5–6 *Ella il vezzeggia e 'ntesse al'aspra testa / di catenate rose alto lavoro*, e 61–7 *Su 'l mar piovono i fior nel grembo accolti*, il rinvio è a *Europa*, 44–47 (raccolta dei fiori) e 286–91 (pioggia di rose), con inversione della sequenza fiori-rose che in *Europa* trova giustificazione nella gara tra i fiori dei versi 48–149. Del testo immissario viene colta tutta la strumentazione retorica: acquistano particolare rilievo, nella sintesi adonia, inizi e clausole di versi. A VI, 61, 2 *Quel prende allor per entro l'acque il corso*, conserva la parola rima di *Europa*, 245 *Verso il mar si ritragge, indi a gran corso*, mentre le clausole dei versi 240 *Sovra gli salta* e 265 *in sé ristretta accoglie* dell'idillio, diventano gli *incipit* di VI, 61, 1 *Sovra gli monta* e 5 *Cogliesi tutta e tutta in sé romita*. Viceversa, a VI, 61, 3 *e sì sen porta lei, che sbigottita*, Marino pone in fine di verso l'aggettivo, usato assolutamente, di *Europa*, 256 *Sbigottita, tremante e già pentita*,

amplificazione di Nonno, *Dyon.*, 1, 56–7 . . . *puella / timore perculsa,* ancora riecheggiato in *Adone,* VI, 93, 5 *sbigottite, tremanti e fuggitive.* Altre schegge dell'idillio sono a VI, 79, 2–3, da *Europa,* 51–2 e 103, 120, dove il tema dell'emulazione tra i fiori, svolto ai versi 118–49, rinvia al Murtola.[37] La descrizione primaverile delle ottave 101, 7; 102, 8; 107, 3 e 108–9 dipende, soprattutto per la terminologia fecondativa (comune al registro pastorale dell'*Egloga* II, 189–96 e dei *Sospiri d'Ergasto,* 7, 1–4), da *Europa,* 6–10 e, per il tema della Natura pittrice, 10–19. A VI, 132, in un'ottava tutta desunta dalla prima redazione dei *Sospiri d'Ergasto,* 43, l'idillio fornisce la variante del verso 8: *Sol per amor la violetta langue* diventa *Tinta d'amor* per l'innesto del verso 67 di *Europa, D'amoroso pallor tinta la guancia* (già sperimentato nelle *Rime,* II, 63, 30–32). Il tema dell'omaggio floreale di VI, 146 e 147, poi, deriva dalla collana di madrigali di *Europa,* 55–117, che al v. 54 ha, in clausola, un *votive offerte,* ripreso a VI, 147, 3, con *variatio,* in *affettuose offerte.* Nel passo citato sulla granadiglia, infine, i versi 138, 6–8 *quasi bei fogli apre le foglie un fiore, / fiore anzi libro, ove Gesù trafitto / con strane note il suo martirio ha scritto,* rinviano alla descrizione del giacinto di *Europa,* 109–11 *Il giacinto vezzoso / libro della Natura / ne' fogli delle foglie...* , dove, per suggestione del verso 111, ha origine la metafora, già del Du Bartas,[38] del libro della Natura.

Se Marino utilizza, anche dopo il 1609 (*terminus post quem* delle ottave 137–45), l'idillio *Europa,* è però certo che si servì non della prima redazione lucchese, ma della seconda, approdata alla stampa del 1620: a VI, 60, 1–2 *Ala ninfa gentil che varie appresta / trecce di fiori ale sue trecce d'oro* Marino utilizza i versi 41–2, aggiunti in seconda redazione, dell'idillio, che legge *desiosa d'ordire / ghirlande e serti ale dorate chiome.*[39] Così a 62, 5–6, i delfini che guizzano intorno al toro derivano dai versi 316–19 di *Europa,* pure aggiunti. Della seconda redazione, poi, vengono colte, a VI, 60, 7 la clausola *le terga abbassa* di *Europa,* 205 (dove la correzione dell'originario *incurva* si iscrive, con l'eliminazione del verso successivo *e le ginocchia umilemente inchina,* nella smorzatura della fonte da Mosco, *Idyl.,* 2, 93–4 e 99), e, a VI, 62, 1–2 si raccoglie, enfatizzandolo, quell'accusativo alla greca, introdotto nella seconda redazione del verso 277, che avrà tanta fortuna letteraria: *Iva la bella Europa / Sparsa le bionde trecce, il mar solcando;* e nell'*Adone: Solca la giovinetta il salso regno, / sparsa il volto di neve, il cor di gelo.*

Sulle date di composizione degli idilli della *Sampogna* si sa ancora poco: dopo la primizia del 1607, al '15 risalirebbe l'idillio *La bruna pastorella* primo dei *Pastorali,* mentre, da una notizia del Marino, il manoscritto per la tipografia sarebbe stato copiato entro l'agosto del '19. Non sarà dunque la seconda redazione di *Europa*, compresa tra il 1607 e il '19, a datare i versi corrispondenti dell'*Adone*, ma, viceversa, quest'ultimo potrà fornire un utile *terminus ante quem* per la revisione dell'idillio da parte del Marino. Per tutta l'estensione del canto, infatti, a Europa si affiancano materiali giovanili, già impiegati nella composizione dell'idillio o definitivamente dismessi dopo l'impiego adonio: l'*Egloga* II, 497-542 (e particolarmente i versi 501–12), rielaborazione di Virgilio, *Georg*., III, 56 e 209–41, è utilizzata per la descrizione del toro di VI, 59, 3–8; le ottave 66–67 derivano invece dall'*Egloga* III, 59, 77–78, 160–71 e 178–79, mentre dalla prima redazione dei *Sospiri d'Ergasto*, come nota Pozzi, sono tratte le stanze 69–72 e 132. Opere tutte databili tra il 1594 e il 1605.

D'altro lato, vi sono significative convergenze fra i canti VI–XI dell'*Adone* e le *Dicerie sacre*. Alle prime due prediche profane, scritte, secondo il loro editore, tra il 1607 e il '13,[40] rinviano, in particolare, i canti VI–VII: le coincidenze sono tematiche, lessicali e di fonti. Relativamente al canto VI, è acquisizione da ascrivere alle *Dicerie*, ad esempio, il tema del micro-macrocosmo della stanza 13 (*D.S.*, 235, 239) o, all'ottava 141, quello del Dio-pittore (*D.S.*, 86), mentre appaiono senz'altro come autocitazioni, ma sottratte al contesto argomentativo ed erudito, le ottave VI, 6 e VII, 3 (da *D.S.*, 293); VI, 11 (*D.S.*, 234); 23 (*D.S.*, 256); 33–37 (*D.S.*, 351); 145 (*D.S.*, 131) e 161 (*D.S.*, 350). Come rileva acutamente Pozzi, alcune delle metafore e dei concetti citati, sconosciuti alle fonti delle *Dicerie*, hanno origine sulle pagine delle prediche in prosa, per essere poi trasferite nei testi coevi della *Lira* e nell'*Adone*: è il caso, ad esempio, della metafora del corpo-nave delle *Dicerie sacre*, 243, poi in *Adone*, VI, 10.[41] Si dirà che la motivazione del trasferimento all'*Adone* di temi e soluzioni espressive già sperimentate nelle *Dicerie* I e II sia da ricercare nella comune materia cosmogonica. Ma, si potrà allora replicare, quali ragioni avrebbero determinato un analogo impiego nel registro lirico della contemporanea *Lira*? Se la prosa argomentativa delle *Dicerie* è dunque il punto di partenza per le variazioni nei registri lirico e didascalico, la data di composizione della *Pittura* e della *Musica*, fungendo da *terminus post quem* interno, non potrà che confermare i dati cronologici desumibili dalla rassegna di fonti esplicite, implicite e interne, portandoci con buona approssimazione agli anni torinesi, non oltre comunque il primo quindicennio del secolo. In questa direzione vanno, si è detto, i riferimenti alla letteratura specialistica o di intrattenimento, il gusto a sperimentare, nei diversi registri della prosa e del verso, temi e modelli letterari vulgati nel primo decennio del secolo e, infine, l'utilizzazione dei materiali giovanili, accanto a una rosa di testi coevi (dalla seconda redazione di *Europa* alle prime due *Dicerie*) accomunati da fonti, temi e soluzioni espressive.

5. La collocazione per via d'ipotesi dei versi cosmogonici entro gli interessi e le tensioni sperimentali del periodo torinese comporta un ripensamento globale della loro natura e funzionalità nel poema. Per quanto riguarda il secondo punto, Pozzi esclude che i canti VI–VII (e probabilmente IX–XI) fossero annessi all'*Adone* all'altezza del manoscritto parigino It.1516, databile tra il marzo 1616 e il 25 aprile 1617.[42] Nella redazione in tre canti, infatti, il palazzo di Cupido, descritto a III, 7, ha *cento fronti e cento fianchi* e non la laboriosa architettura della redazione definitiva (II, 14–18 e VI–VIII). "Vuol dire", scrive l'editore, "che il palazzo di Cupido non era ancora concepito come palazzo dei sensi e quindi che i canti 6–7 e quella parte dell'8 che parla del tatto non erano ancora composti, o almeno non erano inclusi nell'*Adone*".[43] L'introduzione dei canti VI–IX, relativi all'iniziazione sensitiva e intellettiva di Adone, dunque, sarebbe avvenuta successivamente al 1617, ma entro il gennaio-febbraio 1620, data della lettera n. 136 a Lorenzo Scoto in cui Marino cita in questo blocco di canti l'invettiva contro lo Stigliani di *Adone*, IX, 184-85. Un anno dopo, secondo Pozzi, dovevano ancora mancare il canto II e parte del XVI: lo testimonierebbe la lettera n. 157, del 5 gennaio 1621, in cui Marino riferisce a Giulio Strozzi l'episodio del "nascimento d'Amore, descritto da me nel sesto canto, se ben di passaggio, secondo che lo cavai da Nonno". Poiché non al canto VI si riferisce qui il Marino, ma al VII, 141–48, Pozzi avanza l'ipotesi che il poeta abbia inserito il canto II dopo quella data, il che "aggiusterebbe mirabilmente la citazione e concorderebbe con lo stato del poema quale ci è rivelato dalla redazione intermedia".[44] L'ipotesi è plausibile e seducente: ma come eliminare il sospetto, prima dell'edizione critica dell'epistolario, che il rinvio al canto VI in luogo di VII, sia dovuto a una semplice svista o a difetto della memoria numerica? Lo proverebbe la lettera n. 161, di poco posteriore, dove Marino commette l'errore contrario, indicando come XI il canto X dell'*Adone*.[45] Il che contraddice definitivamente l'assenza del canto II e lo slittamento in altra posizione che la definitiva dei canti VI–XI. E infatti il prologo del canto VI, apparentemente stonato, in realtà sottolinea la struttura ternaria e binaria del poema: mentre rinvia, per opposizione, a III, 1–6, a cui lo legano precise memorie lessicali (si veda, ad esempio, la clausola VI, 1, 5 *perfido signore* che rinvia a III, 1, 1 *Perfido è ben Amor* e a 5, 5 *Crudo signor*; si confrontino quindi VI, 1 con III, 5, 1–2;

VI, 4, 2 con III, 5, 2, oltre la citazione di San Paolo, esplicita a VI, 2, 7 e 3, 3-4, implicita a III, 5, 4), incornicia perfettamente i tre tempi dei sei canti d'iniziazione. L'apostrofe contro l'amor sensuale del dittico VI-VII (da *D.S.*, 293), infatti, ingloba, con la lode dell'amore intellettuale (X-XI), il dispiegarsi ariostesco dell'amor profano di VIII e IX.[46] Il che confermerebbe, con il dato della compattezza, letteraria e architettonica dei canti VI-XI, il sospetto di una loro faticosa armonizzazione, narrativa e tonale, nella laboriosa fabbrica dell' *Adone*. Quanto alla data dell'inserimento, difficile ora resistere alla tentazione di riproporre l'ipotesi che, sola, potrebbe render ragione della natura di questi canti. Alludo alla loro identificazione con il poema delle *Trasformazioni*: che, citato per la prima volta nella prefatoria della *Lira*, del 1º aprile 1614, quindi nella lettera al Ciotti premessa alla *Sampogna*, del gennaio 1620, è descritto, tra gli altri, dallo Stigliani come una "peregrinazione di Cupido inteso . . . per lo calore che camina per tutto l'universo ed è principio di tutte le generazioni".[47] Già Pozzi aveva rilevato la stretta relazione tra la descrizione del poema cosmogonico fatta dalla Stigliani e il contenuto dei canti VI-VIII. A quelle considerazioni si aggiunge, ora, la convergenza dei dati esterni e interni, nel fissare una cronologia alta, per lo meno coeva all'anticipo del Claretti nella *Lira*, per la composizione di questi canti. Se Marino deversò effettivamente nel poema uno stralcio delle *Trasformazioni*, l'inserimento sarebbe avvenuto, dunque, nell'anno che separa la lettera al Ciotti che apre la *Sampogna*, dove ancora se ne fa menzione come di un poema separato dall'*Adone*, dalla citata lettera allo Strozzi del gennaio 1621. Quasi in un cartiglio, le ottave 5-6 del canto IX fisserebbero allora il rimpianto per il definitivo abbandono del progetto:

Se fossi un degli augei saggi e canori,
ch'oggi innanzi ala dea vengono in lite
e 'n que' vitali e virtuosi umori
osassi d'attuffar le labra ardite,
io spererei non pur de' vostri onori
note formar men basse o più gradite,
ma con stil forse, a cui par non rimbomba,
cangiar Venere in Marte, il plettro in tromba;

e 'l duce canterei famoso e chiaro
che, di giusto disdegno in guerra armato,
vendicò del Messia lo strazio amaro
nel sacrilego popolo ostinato;
e canterei col Sulmonese al paro
il mondo in nove forme trasformato;

CANTO VI: IL GIARDINO DEL PIACERE

ma poich'a rozzo stil non lice tanto,
seguo d'Adone e di Ciprigna il canto.

NOTE

1 L.F. BENEDETTO, *Altre fonti dell' "Adone" di G.B. Marino*, in "Giornale Storico della Letteratura italiana" LVI (1910), pp. 121-46 e 123, nota, per la scarsa fortuna del romanzo umanista nel Seicento.
2 Sull'influsso dell'*Hypnerotomachia Polyphili* nel Marino, vedi G.B. MARINO, *L'Adone*, a cura di G. POZZI, Milano 1976, *ad indicem*, oltre a C. COLOMBO, *Cultura e tradizione nell' "Adone" di G.B. Marino*, Padova 1967, pp. 31-5.
3 POZZI, *Adone*, II, pp. 324.
4 Per il gusto neostilnovista di Marino, dopo il rinvio al *Temple de Cupido* di C. Marot suggerito da A. GASPARY sul "Giornale Storico della Letteratura italiana" XV (1890), pp. 306-9, si veda P. CHERCHI, *Tessere mariniane*, in "Quaderni d'italianistica" III (1982), p. 204, mentre per un interesse analogo per la poesia delle origini si segnala, negli stessi anni, la raccolta *Li Provenzali, overo alcuni sonetti fatti all'antica* (Venezia 1617) di G. MURTOLA.
5 POZZI, *Adone*, II, pp. 324-26.
6 *Ibid.*, p. 324, preceduto da G. POZZI, *Ludicra mariniana*, in "Studi e problemi di critica testuale" VI (1973), pp. 141-62, e F. GIAMBONINI, *Il compasso e lo squadro nelle architetture del Marino*, in "Strumenti critici" XXV (1973), pp. 324-41.
7 POZZI, *Ludicra*, p. 155.
8 Si veda G.B. MARINO, *Dicerie sacre e La strage degl'Innocenti*, a cura di G. POZZI, Torino 1960, p. 37 e POZZI, *Ludicra*, pp. 153-55.
9 Vedi COLOMBO, *Cultura*, pp. 89-96. Per il linguaggio scientifico nei poemi della creazione, cfr. T. TASSO, *Il Mondo creato*, edizione critica con introduzione e note di G. PETROCCHI, Firenze 1951, p. XXXVI.
10 G. DE SALLUSTE, Seigneur DU BARTAS, *Brief Advertissement sur sa première et seconde Sepmaine*, in *La seconde Sepmaine, ou Enfance du Monde*, Paris 1584.
11 G.B. MARINO, *Lettere*, a cura di M. GUGLIELMINETTI, pp. 235, 292, 301, 309. La cronologia della lettera n. 136 è fissabile, su basi interne, a poco dopo il 22 gennaio 1620; del 5 gennaio 1621 è la n. 157, a cui segue, probabilmente nel febbraio dello stesso anno, la 161 (legata alla 159, posteriore al 28 gennaio 1621) e, a una certa distanza, la 165, ordinata dall'editore dopo la lettera a N. Strozzi dell' 8 novembre 1621.
12 POZZI, *Adone*, II, pp. 747-54.
13 Dall'ipotesi sui tempi di composizione dell'*Adone* (II, pp. 110-21), POZZI deduce che i canti VI-VIII siano tra gli ultimi redatti (*ibid.*, p. 754).
14 L'erronea attribuzione di V. ROSSI, in "Giornale Storico della Letteratura italiana" XIX (1892), p. 148, passa al commento di POZZI, *Adone*, II, p. 333.

15 *La Gierusalemme Liberata di T. Tasso, con figure di Bernardo Castello*, Genova 1590, in -4° (non 1585 come, per errore, nelle *Lettere*, p. 32, n. 1). L'edizione fu ristampata, nel 1599, anche dall'editore veneziano del Marino, G.B. Ciotti.
16 Si veda il catalogo *Torquato Tasso tra letteratura, musica, teatro, arti figurative*, a cura di A. BUZZONI, Bologna 1985, alle pp. 209-24 (firmate da Gianluigi Arcari). Il Castello fu presentato a Tasso da A. GRILLO (*Lettere*, Venezia, Giunti-Ciotti, 1612, p. 90) nel maggio 1584.
17 G.B. MARINO, *La Galeria*, a cura di M. PIERI, Padova 1979, I, p. 261, v. 14. Cfr. anche *Adone*, VI, 54, 1-2.
18 Il sonetto, che ai versi 13-14 legge: *Tolto v' ha il gran Carraccio un colpo solo / che fu carro, ed auriga al vostro lume*, è citato nella *Galeria*, II, p. 210. Secondo POZZI, *Adone*, II, p. 337 si tratterebbe di Ludovico Caracci, morto nel 1619.
19 G. POZZI, *Una nuova fonte del Marino: G. Saluste du Bartas*, in "Italia medievale e umanistica" 2 (1959), pp. 517 ss.
20 Così risulta dal frontespizio dell'edizione del 1613 stampata da G.B. Ciotti, primo editore del Du Bartas. Altre edizioni da me rinvenute, oltre alla *princeps* del 1593, quella illustrata del 1595 e altre del 1599 e 1601.
21 POZZI, *Dicerie sacre*, pp. 20-2 e 37-42, dove si ipotizza, se non un incontro diretto tra Marino e Guisone, auspice il Cardinal Aldobrandino al cui seguito Marino si era recato a Mantova nel 1608, il tramite della Corte piemontese.
22 Il *terminus post quem* qui si desume dalla dedicatoria dello *Stato Rustico* (Genova, Pavoni, 1607) di G.V. IMPERIALI, fonte dell'idillio; l'*ante quem* dalla dedicatoria dello stampatore O. Guidoboni, datata 30.9.1607. Per questo e i dati seguenti relativi agli idilli della *Sampogna*, faccio riferimento all'edizione critica con commento che sto preparando sotto la direzione di G. Pozzi.
23 E. TADDEO, *Studi sul Marino*, Firenze 1971, p. 67, nota 10.
24 C. DELCORNO, *Un avversario del Marino: F. Carli*, in "Studi secenteschi" XVI (1975), p. 78, nota 30.
25 *Inventario del Regio Archivio di Stato di Lucca*, Lucca 1872, p. 222.
26 A DELCORNO è cara la precedenza della *Salmace* di G. Preti, composta, secondo il curatore C. Sorani, ai primi di settembre 1608: *art. cit.*, p. 78, nota 30.
27 G. VANNINI, *Epitalamium Laurentii Cenamii et Clarae Bonvisiae Patriciorum Lucensium*, Lucca 1609.
28 Per l'esaustiva esemplificazione, che ragioni di spazio non consentono di riportare in questa sede, mi permetto di rinviare al Commento della *Sampogna* che uscirà per le mie cure.
29 *Le sette giornate del Mondo creato* furono immediatamente ristampate a Venezia, nel 1608 e 1609, da B. Giunti e G.B. Ciotti, già editore, nel 1600, de *I primi due giorni* (la stampa, avviata dall'Ingegneri, fu presumibilmente interrotta per l'intervento di Cinzio Aldobrandini: A. SOLERTI, *Bibliografia delle opere minori in versi di T. Tasso*, Bologna 1893, p. 99, nota 1).

CANTO VI: IL GIARDINO DEL PIACERE 101

30 POZZI, *Adone*, II, pp. 329-30 e 331-32.
31 PETROCCHI, *Mondo creato*, pp. XLIII–XLIV, nota 2. Tasso conosceva il Du Bartas in traduzione latina, come risulta dalla lettera pubblicata da G. RESTA e datata alla fine di settembre 1594: *Una lettera inedita del Tasso e il "Mondo Creato"*, in "Convivium" XXV, 1 (1957), pp. 78–81.
32 La notizia riportata da P. CAMERINI, *Annali dei Giunti. Volume I: Venezia, Parte I e II* (Firenze 1962–63) deve essere così corretta: l'edizione del 1608 del *Mondo creato* riproduce, con l'eccezione della quinta, le tavole che fregiavano l'edizione del 1595 del Du Bartas, mentre l'edizione del 1609 ha una serie nuova di illustrazioni (esemplari di Bergamo, Biblioteca A. Mai, segn.: Tass. A.44 e A.5.48).
33 COLOMBO, *Cultura*, p. 47, nota 3.
34 *Ibid.*, p. 46 e nota 1.
35 POZZI, *Adone*, II, p. 767.
36 Come B. TASSO, *Floridante*, 3, 58, 1–8, Marino si discosta da Mosco per attribuire ad Amore, e non a Venere, l'innamoramento di Giove per Europa.
37 G. MURTOLA, *Era la Primavera*, in *Rime*, Venezia 1604, p. 32.
38 DU BARTAS, *Sepmaine*, I, 177–86 (c. 7v della traduzione del Guisone, Venezia 1593).
39 Marino introduce i due versi, derivati dal passo, contestualmente utilizzato, di Sannazaro, *Arcadia*, P.4,25 sopprimendo l'originario 129bis (*Trahendola a compor ghirlande e treccie*) e variando la prima redazione del v. 44 *Scegliendo ad un ad un per l'auree* (poi, 42 *dorate*, per evitare ripetizione con il v. 47) *chiome*.
40 POZZI, *Dicerie*, pp. 22–29.
41 POZZI, *Adone* e *Dicerie, ad indicem*.
42 POZZI, *Adone*, II, pp. 727–747, part. 738.
43 *Ibid.*, p. 112.
44 *Ibid.*, pp. 113–20.
45 *Lettere*, p. 301.
46 POZZI, *Adone*, II, pp. 392–95.
47 Nell'*Occhiale* lo Stigliani rilevava contraddizione tra l'ottava IX, 6 dell'*Adone*, dove il poeta dice "di non voler più comporre" le *Trasformazioni*, e "la lettera della *Sampogna* dove pur se ne millanta": citato da POZZI, *Adone*, II, pp. 115–19, che crede una svista il riferimento alla *Sampogna*. In realtà la lettera al Ciotti (*Lettere*, n. 138, p. 258) segue la famosa all'Achillini.

CANTO VII: LE DELIZIE

Valeria Giannantonio
Natura e arte nelle "Delizie"

1. Punto centrale del blocco pressoché compatto rappresentato dai canti VI–VIII, incentrati sul tema dell'iniziazione di Adone alla conoscenza sensitiva, il canto VII dell'*Adone*[1] risulta articolato in una varietà di elementi, che dal livello compositivo a quello più propriamente tematico scandiscono le linee di un disegno circolare, segnato al suo interno da momenti intermedi in cui i diversi motivi si vengono definendo.

Non giova insistere tanto in questa sede sulla tarda elaborazione da parte del poeta di questi tre canti,[2] che pure è elemento non trascurabile nel processo di graduale chiarificazione del progetto iniziale di esecuzione del poema, quanto piuttosto sul processo elaborativo del canto VII,[3] che viene attestando in maniera emblematica la tensione dell'autore verso un'organica sistemazione dei motivi che lo compongono, e quindi del materiale narrativo e descrittivo. Sia nel caso di "incidente nell'esecuzione della stampa", sia nel caso "di un'aggiunta posteriore del poeta",[4] il lavoro di collazione condotto dal Ferrero tra i diversi esemplari dell'edizione parigina si è rivelato per gli studiosi mossisi sulla sua scia di estrema importanza, in quanto ha consentito di focalizzare l'attenzione su alcuni punti nodali del canto (l'episodio dell'usignolo, l'esaltazione di Amore, la presentazione di Musica e Poesia), che risultano rilevanti non solo ai fini di un'equa distribuzione dei "blocchi materiali",[5] ma anche a quelli della corrispondenza individuabile tra elementi compositivi e nuclei tematici.

Il canto VII si presenta indiscutibilmente costruito su uno schema binario, che per il Pozzi risponderebbe a precise esigenze allegorico-simboliche,[6] mentre per il Porcelli obbedirebbe a ragioni di isometria e proporzionalità.[7] Al di là della pur giusta scomposizione degli elementi del canto, effettivamente impostato su ben precisi criteri di rispondenza simmetrica delle parti e su acclarate leggi di equilibrio interno, ci preme procedere a una lettura fondamentalmente tematica dello stesso, attenta a cogliere la realizzazione da parte del Marino di un percorso unitario suggerito sin dalle battute iniziali nei suoi principali motivi.

2. Con due versi riecheggianti quelli del Ronsard: "La poesie et la musique soeurs / Qui noz ennuiz cherment de leur douceurs")[8] si apre il canto VII, che nelle sei ottave introduttive viene affrontando un tema largamente dibattuto ai tempi dell'autore, quello cioè della consanguineità delle due arti "sorelle", la Musica e la Poesia per l'appunto, e imposta, nel contempo, l'argomento centrale del canto, che è quello del rapporto strettissimo esistente tra la natura e l'arte. Il primo tema risulta appena accennato nella prima ottava, mentre il secondo occupa le cinque ottave successive, in cui il Marino si dilunga sugli effetti dannosi del "metro lascivo", suscitatore di nocive passioni e di "vani appetiti".

Se a prima vista i due motivi potrebbero apparire separati, essi in realtà si rivelano intimamente correlati alla luce della considerazione delle ottave 66–71, forse aggiunte dal poeta a pubblicazione già avvenuta dell'*editio princeps*,[9] in cui non solo viene resa esplicita la primitiva affermazione della consanguineità delle due arti "sorelle", bensì si definisce il loro diverso e specifico campo di azione ("l'una attrae l'intelletto, e l'altra il senso" (ott. 66,8)],[10] riconoscendo alla poesia una posizione di preminenza nella scala delle espressioni artistiche dello spirito umano ["e l'arte del crear trae dagli Dei" (ott. 67,4)].

Il tema dell'affinità delle due arti è svolto dal Marino in linea con le teorie espresse già nella seconda metà del Cinquecento e in particolare nelle dedicatorie premesse ai libretti di Marc'Antonio Mazzone da Miglionico e di Luzzasco Luzzaschi, in cui si rivendica alla poesia un'indiscussa priorità nei confronti della musica, che sempre segue ed "emula" le parole.[11] Tale motivo, inoltre, non si esprimeva soltanto sul piano teorico, ma affondava altresì le sue radici nella fortuna di un genere, quello madrigalistico, che nel Cinquecento soprattutto aveva raggiunto le sue punte massime di realizzazione.

La poesia per il Marino deve attingere dalla musica principalmente "i ritmi" (ott. 67,6) e si presenta perciò fondata su leggi di ordine e armonia,[12] mentre al contrario la musica apprende dalla poesia "gli accenti e le parole" (ott. 68,5), sostanziandosi in tal modo di passione e affetti. La dichiarata consanguineità di musica e poesia nulla toglie, comunque, all'autonoma e specifica azione delle stesse su due sfere ben distinte dello spirito, ossia il senso e l'intelletto, correlate sì, ma comunque separate.

In apparente contraddizione con quanto dichiarato dal poeta in queste ottave risultano le ottave introduttive, in cui, per la descrizione degli effetti dei "morbidi versi" sul senso, sembrerebbe operata una sorta di *reductio ad sensum* della poesia e una sua conseguente assimilazione all'arte del suono. Se, infatti, altrove il Marino aveva considerato in principal modo gli effetti riprovevoli di certa musica, "la qual con numeri lascivi, con note laide e con accenti brutti e disconvenevoli provoca gli animi umani a movimenti disordinati e disonesti" e che risulta tanto più dannosa "quando con la poesia oscena è congiunta",[13] in queste ottave introduttive, invero, l'autore concentra la propria attenzione esclusivamente sul "metro lascivo", senza punto accennare alla complementarità dell'accompagnamento musicale.

In realtà, a ben vedere, il principio di correlazione riconosciuto alle due arti "sorelle", insieme alla valorizzazione del carattere naturalistico e sensistico del motivo amoroso, agiscono come filtro per l'approfondimento e la conversione di una tesi poeticamente realizzata in un particolare contesto narrativo.

La considerazione, cioè, nelle ottave iniziali di un aspetto specifico dell'arte poetica risulta emblematica ai fini della definizione del tema di fondo del canto e indicativa dell'ottica dell'autore nella trattazione dell'argomento principale.

Tutto il canto, infatti, sembra ruotare intorno a questo nucleo centrale dell'esaltazione dell'armonia della natura e quindi dell'amore, concepito nella sua forza istintuale e come sostanziale attrazione dei sensi, cui si presenta strettamente congiunto l'altro motivo, quello del potere catartico della musica, agente sul rasserenamento degli animi e sul naturale dispiegamento delle passioni. Tale centralità assegnata alla musica rispetto alle altre arti nella mirabile espressione della concordia che regna nell'Universo è ribadita altresì sul piano lessicale dal frequente uso di termini legati alla sfera semantica del suono ed è agevolmente dimostrabile attraverso la stessa scelta degli episodi che, a guisa di commento favolistico alla tesi centrale del canto, ne impreziosiscono la trama narrativa.

Così si noti la ricorrenza pressoché costante di certi vocaboli, come *concento, melodia, armonia, armonico/che, suono, canto*,[14] per non dire dell'impiego isolato di altri termini quali *sinfonia* (ott. 18), *accordo* (ott. 29), *contrapunto* (ott. 35), *concerto* (ott. 81), rimarcanti l'idea della ricomposizione attuata nella musica, e quindi nell'arte, di tutti i contrasti e le dissonanze del creato. Similmente la scelta degli episodi appare ispirata dall'intento di correlare i due motivi individuati, e cioè l'esaltazione della musica e dell'amore, riprovato quest'ultimo nei suoi attributi di licenziosità nelle sei ottave introduttive e al contrario oggetto di lode da parte di Talia nell'inno conclusivo per la carica sensoriale in esso implicita.

Si trattava, in definitiva, di due modi differenti e dicotomici di affrontare uno stesso tema trasposto "dal registro mistico a quello erotico",[15] cui non sarebbe estraneo anche un proposito di dilatazione sul piano compositivo di un percorso tematico impostato sull'opposizione delle sequenze narrative. Ne consegue che il canto sembra circolarmente richiudersi su se stesso nella riproposta del motivo iniziale, evocato in una forma che il Pozzi definirebbe "antifrastica", risolvobile nel "giuoco del diverso e dell'identico, del diritto e del rovescio".[16] Tale procedimento oppositivo può essere facilmente rintracciato in tutto il canto, in cui ben tre sono gli inni all'amore [intonati rispettivamente il primo da una schiera "di damigelle e di garzoni" (ott. 76–80), il secondo dalla Lusinga (ott. 90–93) e accompagnato il terzo con la lira dalla Musa Talia (ott. 232–249)], intervallati da altri episodi in cui si nota la realizzazione di un itinerario inverso, che muove dall'amore per giungere all'esaltazione della musica o dell'armonia universale [Amore creatore della musica (ott. 57–62); nascita di amore e glorificazione dell'armonia della natura (ott. 141–148)].

Volendo procedere a una sintesi dei motivi or ora indicati si ottiene lo schema seguente:
1. Musica e Poesia e riprovazione dell'amore lascivo   1–6
2. Amore creatore della musica   57–62
3. Inno a Venere   76–80
4. Inno della Lusinga all'amore   90–93
5. Nascita di Amore e glorificazione dell'armonia della natura   141–148
6. Inno di Talia ed esaltazione dell'amore   232–249

3. L'organo preposto alla ricezione della musica è l'orecchio, "De la bella armonia . . . / . . . il Duce", e perciò "servo" (ott. 9,1–3) d'amore, dal Marino elogiato per il suo valore strumentale di tramite tra il "dolce suon" (armonia esterna) e l'esplosione del sentimento amoroso (armonia interna). A differenza di quanto era avvenuto nel canto precedente, in cui solo nelle ultime due ottave riservate alla descrizione dell'occhio (37–38) il poeta aveva sottolineato l'ufficio espletato dall'organo di viatico del sentimento amoroso, il motivo della rispondenza tra l'agente esterno e l'effetto prodotto viene subito introdotto nelle due ottave iniziali dedicate all'udito (9–10).

A lungo gli studiosi hanno dibattuto il problema della subalternità dell'udito alla vista,[17] già ravvisabile nella stessa priorità assegnata dal poeta all'occhio nella scala degli organi del senso, e ancor più dimostrabile attraverso l'esame comparativo delle ottave dedicate rispettivamente alla descrizione dei loro caratteri anatomici (25–38 per l'occhio; 9–17 per l'orecchio).

Al di là di tale pur giusta precisazione, ridimensionabile peraltro alla luce delle stesse dichiarazioni avanzate dal Marino all'ottava 12:

Perché sempre la voce in alto monta,
però l'orecchia in alto anco fu messa,
e d'ambo i lati, emula quasi, affronta
degli occhi il sito in una linea istessa.
Né men certo è de l'occhio accorta e pronta,
né minor che nel'occhio ha studio in essa:
in cui tanti son posti, e ben distinti
acquedotti, e recessi, e labirinti.

e in un punto delle *Dicerie sacre*,[18] questa sezione del canto si presenta di notevole interesse ai fini dell'equazione ivi stabilita tra la natura e l'arte e dell'individuazione nella stessa natura di un principio sovrano, direttamente riconducibile alla sfera dell'"arte", e intrinsecamente connesso all'atto stesso della creazione:

Vedi quanto impiegò l'Amor superno
in un fragil composto ingegno ed arte
sol per poter del suo diletto eterno
almen quaggiù communicargli parte! (ott. 17, 1-4)[19]

L'arte, dunque, è definita non nella sua alterità rispetto alla natura, ma viene riscoperta nella sua valenza di principio regolatore di un universo che veniva investigato con curiosità nuova e con l'ebrezza della scoperta dalla mente e dalla fantasia degli uomini del Seicento. Concordiamo, pertanto, con la tesi del Taddeo, per il quale "la ricerca del particolare anatomico perfetto nelle sue minuscole dimensioni, come dello strumento abilmente congegnato [. . .] è uno stupore dinanzi alla prodigiosa varietà e complicatezza dell'universo, che le scoperte geografiche e scientifiche hanno enormemente dilatato".[20] E tanto più mirabile risulta l'effetto della creazione se si passa a considerare il fine sotteso all'atto generatore, che è quello di rendere possibile la comprensione dell'armonia universale, insita nelle diverse forme d'arte e in special modo nella musica.

Il passaggio ai due episodi successivi dell'"uccellaia" e dell'usignolo si giustifica entro questo stesso proposito dimostrativo dell'altezza dell'opera creatrice della natura, che ha generato degli esseri come i volatili, capaci di una tensione verso l'emulazione dell'armonia dei suoni umani, e perciò dei più alti gradi della perfezione cosmica. "Niuna altra voce è più molle e flessuosa, niuna più agevolmente si piega, si torce, si spezza, niuna con maggiore attitudine si rivolge nel canto infino alla imitazione degli uccelli istessi, onde nasce una incredibile varietà genitrice della dolcezza" affermava il Marino nelle *Dicerie sacre*,[21] unitamente all'altro principio della "natura maestra dell'arte" e dell'"arte emula della natura"[22] a ulteriore chiarificazione della riduzione operata dall'autore dei due concetti ad una comune matrice interpretativa. La successione degli uccelli è distribuita, come ha avuto già modo di osservare felicemente il Porcelli, secondo un gioco complesso di "rapporti proporzionali", per cui i primi diciannove non cantano, mentre gli altri trenta risultano canori[23] e mirerebbe per il Pozzi a una valorizzazione dell'elemento visivo rispetto a quello acustico, che figura al contrario presente nelle ottave del canto precedente, riservate alla enumerazione degli affreschi della galleria.[24] In realtà l'episodio appare diviso dalle ottave 24–25 in due sequenze isometriche (18–23; 26–31) rispettivamente impostate, quasi a voler riproporre il problema dei rapporti tra il senso della vista e quello dell'udito, la prima sulla visualizzazione dei gesti degli uccelli, la seconda sulla descrizione del loro canto. Le ottave 24–25, con l'invito rivolto da Venere ad Adone ad ascoltare "il canto e l'ali" espletano una funzione di raccordo tra le due sequenze e pausano il racconto introducendo una nota di sospensione ben sintetizzata nel verso "E qui tacendo, ad ascoltar si stanno" (ott. 24,8), che funge nel contempo da preludio al popolamento della "spaziosa uccellaia" con gli uccelli canori. L'osservazione da parte del Marino di un principio di equa distribuzione della materia è altresì ravvisabile nella stessa disposizione di alcuni volatili, che nelle *Dicerie sacre* figurano elogiati per l'uso straordinario della voce (storni, usignoli, tordi, gazze, aquile, pappagalli), nelle due sezioni dell'episodio individuate, per cui lo storno, il tordo e l'usignolo sono accolti nella seconda sezione, a differenza dell'aquila, del pappagallo e della gazza che invece sono compresi nella prima.[25]

Dall'enumerazione si passa alla descrizione del canto di un solo uccello, l'usignolo, che primeggia sugli altri volatili, perché più leggiadri sono in lui "il canto e 'l volo" (ott. 32,2), e perché dotato dalla natura di una voce tanto potente e tanto melodiosa da riuscire ad entrare in competizione con quella umana. Al pari dell'orecchio, mirabile prodotto dell'"Amor superno" che adoperò ogni "ingegno ed arte" per creare un organo capace di percepire l'armonia universale, l'usignolo, "di Natura infaticabil mostro" (l'appellativo "mostro" è ripetuto per ben due volte dall'autore alle ottave 33 e 46), attesta la grandezza della natura, che concentrò in un "atomo sonante" (ott. 37,4) virtù tali da rendere possibile l'emulazione della più nobile delle creature dell'universo. Così i versi:

> Mirabil arte in ogni sua bell'opra
> (ciò negar non si può) mostra Natura;
> ma qual Pittor che 'ngegno e studio scopra
> vie più che 'n grande, in picciola figura,
> ne le cose talor minime adopra

CANTO VII: LE DELIZIE 109

diligenza maggiore, e maggior cura. (ott. 39, 1–6) sono strategicamente collocati dal Marino a cavallo tra la semplice descrizione del canto dell'uccello e l'episodio della tenzone tra il suonatore e l'usignolo, cui sarebbe sotteso l'intento dimostrativo dell'assoluta superiorità dell'uomo su tutte le creature e, conseguentemente, della totale imperfezione di ciò che rientra nella sfera dell'emulazione e della simulazione. In un luogo delle *Dicerie sacre* così tra l'altro il Marino sostiene: "Ma chi crederà cotale imitazione esser perfetta? Niuno ch'io stimi, perché quantunque sì fatte voci articolate sieno, umane però non sono, ma finte, simulate, adombrate più tosto che vere, non avendo la lor loquela concetto di significanza alcuna, per essere formate non da ingegno arguto, ma da lingua irragionevole, onde né sanno, né intendono, né capiscono ciò che garriscono".[26]

Dunque l'uomo è posto al centro dell'universo, in quanto unico essere capace di percepire il divino "concento" della natura. Perciò lo stesso ricorso alla mitologia nell'episodio seguente, fondato sul racconto della creazione della musica ad opera del dio Amore, interessa soprattutto come umanizzazione di un tema, quello della creazione, di cui il Marino va rimarcando il rapporto strettissimo con le forze travolgenti delle passioni e dei sentimenti. Il riconoscimento della reversibilità dei due principi di natura ed arte è d'altronde dal Marino avanzato in un altro luogo delle *Dicerie sacre*, in cui egli viene puntualizzando: "Fu ricercata nel convito di Plutarco la cagione, perché da quell'antico poeta Greco fusse stato detto: *Musicam docet Amor*. E per molte ragioni si conchiuse non esser cotal proverbio senza buon fondamento di prova. Ma qui son ora io costretto a dire il contrario: *Musica docet Amorem*".[27]

Una perfetta corrispondenza di temi e di immagini lega i due episodi del canto dell'usignolo e della tenzone con il suonatore, in cui le componenti visive si combinano felicemente con quelle acustiche, dando vita ad un intreccio di piani e ad una modulazione di toni, che si equilibrano in risultati di estrema perizia artistica.

Già nel primo dei due episodi, infatti, viene dato grande risalto ai due "stromenti" di quella straordinaria "officina"[28] che è la bocca, e cioè la gola e la lingua, singolari artefici della composizione armonica dei suoni graduati, come in una "ben lunga e articolata scala", tra i due estremi dell'acuto ("in alto essala") e del basso ("alfin si cala") [ott. 35]. Parimenti nella zona del secondo episodio "dove prevale il tema dell'alternare",[29] il poeta dà rilievo all'ostinazione dell'usignolo a secondare il canto del suonatore con "la linguetta garrula e feconda" (ott. 47,7), modulata sulla dilatazione e sulla contrazione della voce del rivale ["e secondo che l'altro o cala, o cresce, / labirinti di voce implica e mesce" (ott. 48,7–8)].

Le ottave 33–36, dunque, vengono impostando alcuni motivi successivamente ripresi nelle ottave 46–49, che figurano comprese tra le cinque ottave iniziali (41–45), imperniate sulla descrizione dell'avvio della gara, e le cinque ottave conclusive (50–54), in cui rapidamente l'azione precipita verso il finale. Protagonisti assoluti di una concitatissima competizione, i due rivali si fronteggiano nell'assenza assoluta della partecipazione della natura, poeticamente evocata invece nelle cinque ottave iniziali e, ancor più, a conclusione dell'episodio (ott. 55), dove perde ogni funzione di cornice per acquistarne una di lirico commento al triste epilogo della vicenda. La fuga in lagrime delle stelle e l'apparizione del sole espletano una funzione di dilatazione dello spazio scenico, cupamente risolto, nel corso dell'episodio, in una silente atmosfera notturna, e nel contempo di riequilibrio della narrazione, che torna a svolgersi in pieno clima diurno.

Così il racconto prosegue con la ripresa, attraverso l'episodio di Amore generatore della Musica, di un tema già presente nelle *Dicerie sacre* ("E quinci verace si conosce la sentenza di colui che disse che 'l vero maestro della musica è Amore né altri ch'Amore la 'nsegna altrui: poiché non altro spirito ch'amoroso detta al sonator di questa divina sampogna le sette bellissime e affettuosissime canzonette, ch'egli sopra la Croce compone e canta"),[30] cui fanno seguito i due inni incentrati sull'esaltazione dell'amore e della giovinezza, che chiudono la prima parte del canto. Essi sono posti, altresì, a suggello di due episodi, in cui si assiste rispettivamente a un repentino ampliamento della prospettiva scenica e a un altrettanto improvviso restringimento del piano d'azione.

Secondo un procedimento ben ravvisabile pure nella seconda parte del canto, dove al binomio della descrizione degli alberi-anatomia dell'organo succede la descrizione delle due sculture, e quindi poi la partecipazione di Venere e Adone al convito con l'arrivo improvviso di Momo, anche nella prima parte del canto l'autore immette i due personaggi in un gruppo corale di persone subito dopo l'episodio della gara tra l'usignolo e il suonatore, in cui l'attenzione appare concentrata su due entità ben distinte (l'usignolo e il suonatore; i due vasi). Similmente poi il Marino ricompone le fila del racconto soffermandosi su un solo personaggio, lì Talia e qui la Lusinga, inneggiante al godimento delle delizie dell'amore.

Questo movimento alternato, che dal molteplice (gli uccelli e gli alberi, le danze delle due ninfe e "di damigelle e garzoni" che circondano Adone e il convito con l'apparizione di Momo) al singolo (la tenzone tra il suonatore e l'usignolo e la descrizione dei due vasi, gli inni di Talia e della Lusinga) attraversa tutto il canto scandendolo in sezioni ben precise,

CANTO VII: LE DELIZIE

presenta l'indubbio vantaggio di un rapido spostamento del punto di vista del lettore, coinvolto nell'osservazione di spettacoli non solo variati nella materia, ma diversificati per l'opposta entità numerica dei personaggi. Si tratta in definitiva della realizzazione di una simmetrica disposizione degli elementi della *fabula* secondo uno schema oppositivo, che nulla leva alla linearità del racconto, ma conferisce dinamismo alla narrazione.

Dunque le due ninfe simboleggianti la Poesia e la Musica muovono incontro ad Adone e giungono ad un "verde piano" dove "di lieta gente un lungo cerchio e folto" fa "corona" al gruppo, anzi "teatro intorno" (ott. 72). Singolare ed emblematico appare l'uso di un termine come "teatro", che bene evidenzia il passaggio ad una condizione di viva spettacolarità, sottolineata dalla descrizione delle danze nelle tre ottave successive, che si concludono mirabilmente con un richiamo analogico a un motivo assai caro alla sensibilità del poeta, quello cioè dell'evocazione dell'armonia dei pianeti realizzata attraverso l'umanizzazione del motivo platonico:

> che forse al suon de le rotanti sfere
> soglion lassù men rapide e men belle
> per le piazze del Ciel danzar le stelle (ott. 75, 6–8).

Dall'armonia delle immagini si passa a quella del canto, intonato dal gruppo in lode di Venere "bella universal madre e nudrice" (ott. 76,2), e quindi all'episodio conclusivo di questa prima parte del canto, cioè la presentazione della Lusinga.

L'apparizione del "fantastico mostro" si svolge secondo modalità affini a quella della sirena seduttrice del XIV canto della *Gerusalemme liberata* (ott. 60), per cui alla comparsa del "biondo crin" fa seguito la presentazione del volto, ma la concisione tassiana appare subito diluita dal Marino nella resa particolareggiata dei dettagli, sicché la descrizione viene occupando ben sei ottave (82–84; 86–88), interrotte dalla sola ottava 85 di chiarificazione, in cui appunto si viene precisando l'identità dello strano personaggio.

Ancora una volta è dato riscontrare una esatta rispondenza tra le prime tre ottave (82–84) e le altre tre (86–88), nelle quali si assiste all'approfondimento di alcuni motivi precedentemente impostati, come quello del "biondo crin disciolto", e dove nel contempo viene introdotto il tema del canto, che si distenderà nelle ottave immediatamente successive (90–93). E sempre in merito alla valutazione dei rapporti ravvisabili nell'episodio con il Tasso, si noti come nell'ottava 89 l'imitazione nei primi due versi di *G.L.* XVI 13, 7–8 ("Tacquero gli altri ad ascoltarlo intenti, / e fermaro i sussurri in aria i venti") rappresenti solo lo spunto iniziale di una divagazione intorno al *topos* dell'ascolto da parte della natura del mirabile canto della Lusinga.

I temi dell'attesa risultano così oltremodo prolungati, in straordinario contrasto con l'attacco del canto della Lusinga, che subito introduce in un clima di sofferta considerazione dello svanire della giovinezza e quindi della dissoluzione del tempo. A differenza di quanto era avvenuto col Tasso, che nel canto del pappagallo del giardino di Armida (XVI, 14–15) aveva svolto lo stesso tema dell'invito al godimento della giovinezza secondo una ben precisa progressione cronologica, per cui dalla descrizione radiosa della nascita della rosa era passato a quella del suo repentino appassire, il Marino inverte i piani del raccconto, esortando le "Anime liete" a cogliere, finché si è in tempo, "fresca la rosa in su l'aprir d'Aprile" (ott. 90) e facendo della conclusione del canto del pappagallo l'esordio di quello della Lusinga. Alla perizia descrittiva del Tasso si viene sostituendo così un intento parenetico, che punta alla rimarcatura del motivo della caducità dell'esistenza umana, secondo un procedimento apprezzabile nello stesso impiego di termini, che nella *Gerusalemme liberata* figurano riferiti alla "fama" (XIV 63, 5–8) e che qui diventano indicativi del rapido trascorrere della vita (Un lampo è la beltà, *l'etate un'ombra*; Rapido *il tempo si dilegua e sgombra*).

Si trattava in definitiva della ripresa del motivo ovidiano del *Tempus edax rerum* (*Met*. 15, 234), assolutizzato all'interno del calco dei due episodi tassiani del canto del pappagallo e della sirena ed evocante per converso il tema del piacere e del godimento amoroso, dal momento che "nella fenomenologia erotico-mitologica dell'*Adone* l'idea dello scambio simbolico, della compresenza della vita e della morte, si definisce nel *topos* allegorico dell'incontro di Amore e Morte".[31] Così il canto della Lusinga si conclude con due versi radiosi inneggianti all'amore, nei quali si condensa una visione vitalistica dell'esistenza, propria di un'età la cui grandezza risiede "in questa connessione tra la morte e la storia, tra il nulla e le opere":[32]

> Anima in cui d'Amor cura non regna,
> o che non vive, o ch'è di vita indegna (ott. 93, 7–8).

4. Con l'arrivo di Venere e Adone alla quarta porta, quella del gusto, e con la descrizione delle piante del giardino, lo scenario del canto torna nuovamente a popolarsi. Un principio di armonia sovrintende alla distribuzione operata dal Marino delle piante (tredici, infatti, risultano sterili e diciannove fruttifere)[33] e regola altresì la stessa realizzazione poetica del tema, risolto non già come nei modelli classici e umanistico-rinasci-

CANTO VII: LE DELIZIE

mentali[34] in puro descrittivismo, bensì rivissuto dal poeta in termini di equazione natura-arte e di trionfante umanesimo.

La descrizione degli alberi del giardino non risulta, infatti, condotta tanto secondo un oggettivo rilevamento delle loro qualità naturali, quanto piuttosto secondo il punto di vista specifico di Adone, che attonito considera le "meraviglie" che "il terren produce e serba" (ott. 99). Così la sequenza delle immagini punta all'evidenziazione della straordinarietà del mondo vegetale, tanto perfetto da richiamare comportamenti propri del mondo umano, evocati attraverso l'impiego di similitudini:

> Quasi per mano stretti e 'n danza accolti
> ginebri e faggi, e platani ed abeti
> si condensan così, ch' ordiscon molti
> labirinti e ricovri ermi e secreti (ott. 101, 3–6),

o di sottili analogie:

> Da la madre ritorta e pampinosa
> pende la dolce e colorita figlia (ott. 103, 1–2);

> Stringe il marito, e gli s'appoggia appresso
> la Vite, onde la vita è sostenuta (ott. 108, 3–4).

Tutto l'episodio, dunque, palpita di un'animazione particolare, che non si traduce in una semplice quanto scontata umanizzazione del tema della natura, ma si definisce nell'ambito di un'ulteriore ripresa del principio sotteso al canto della "natura maestra dell'arte" e dell'"arte emula della natura", in tale contesto ribadito attraverso la correlazione istituita tra le "meraviglie" del mondo vegetale e i caratteri propri dell'*humanitas*.

Altro mirabile artificio della natura è la bocca, di cui Cillenio, riprendendo alcuni concetti dal Marino già espressi nelle *Dicerie sacre*, tesse l'elogio nelle ottave 124–130. Delle due funzioni principali riconosciute nelle *Dicerie sacre* a quest'organo, deputato sia all'"uso della musica" che alla degustazione del cibo ("In questa, oltre l'uso che possiede del parlare, è collocata la sede del gusto, tribunale supremo delle vivande e delle bevande"),[35] Cillenio sottolinea soprattutto l'importanza della seconda, precisando che la lingua fu creata con determinati attributi "se non perché del nutrimento umano, / che dal gusto provien, stromento fusse". L'approfondimento di questo motivo si giustifica peraltro all'interno della sede particolare del canto, in cui si colloca l'elogio della bocca, mentre invero per l'autore "il principale ufficio" dell'organo "non si può negar che peculiarmente non sia formar d'aria la voce, trasformar la voce in parole e le parole informar d'armonia".[36]

La natura, cioè, ancora una volta risulta per il Marino al servizio dell'arte, la quale d'altro canto si risolve in un principio immanentistico, che vede nell'uomo la fonte generatrice dell'atto creativo e quindi il principale emulatore dell'armonia universale. La reversibilità e, nel contempo, l'identificazione dei due principi di natura e arte rappresentano uno dei segni più tangibili della conversione e della trasposizione sul piano sensistico del teologismo informante lo stesso sistema conoscitivo tassiano, ancora impostato sulla verticalità del rapporto uomo-Dio, e in Marino trasformato nell'orizzontalità delle relazioni istituite tra la natura e l'uomo. Questa equazione tra la natura e l'arte si fonda e si traduce nella prevalenza assegnata tra tutti i sentimenti umani all'Amore, principio universale di armonica composizione della realtà contrastativa e al tempo stesso effetto del sommovimento operato negli animi delle forze "divine" dell'arte.

In tale contesto l'inserimento subito dopo la descrizione anatomica dell'organo della bocca dell'espisodio incentrato sulla descrizione delle sculture intagliate sui due vasi riproducenti le nascite di Venere e Amore,[37] si giustifica nel suo valore di riproposta del "tema dell'amore universale inteso come accensione sessuale di ogni creatura"[38] e come forza primordiale sottesa all'equilibrio totale della natura. Così le due ottave conclusive dell'episodio interessano sopattutto come adattamento di un mito, quello dell'età aurea, ad esemplificazione del rasserenamento delle passioni operato dal dominio assoluto del'amore. L'autore, infatti, non si sofferma a considerare il diverso comportamento degli animali nell'era di Saturno in contrapposizione alle discordie dell'età presente, ma, sulle orme di Nonno, attinge al mito trasformandolo in elemento dimostrativo della naturalizzazione del *topos* dell'amore, liberato da ogni implicazione metafisica e condotto "ad un risultato pansessualistico",[39] tanto più convincente in quanto fondato su una sorta di *coincidentia oppositorum*, per cui gli esseri si attraggono non già sulla base delle loro affinità, ma in virtù dei loro caratteri opposti.

Nell'episodio successivo del convito il Marino immette subito nel tema centrale del canto, per cui:

Natura de le cose è dispensiera,
l'Arte condisce quel ch'ella dispensa (ott. 152, 1-2).

Nella prima parte dell'episodio, dedicata alla presentazione dei pesonaggi che vengono allestendo la mensa, il Marino dimostra la veridicità dell'affermazione enunciata nel primo dei due versi, mentre nella seconda parte isola i due personaggi di Venere e Adone, partecipanti al banchetto, passando da toni puramente descrittivi al registro dell'azione. L'ottava

CANTO VII: LE DELIZIE 115

160 segna il punto di sutura delle due parti e funge da connettivo tematico per l'intero episodio, risultando Amore insignito del ruolo di signore assoluto e di arbitro indiscusso del convito. Così, attraverso una progressione semantica attenuta con la ripresa anaforica per versi alterni dello stesso termine *Amor*, il dio espleta le funzioni dapprima di "paggio e scudier", poi di "scalco e coppier" e infine di "ordinator del pasto". Venere e Adone si fronteggiano un tripudio di luci e splendori, intrecciando i propri movimenti e attingendo vicendevolmente alla stessa coppa di vino, sicché alfine Adone "resta ebro di vin, ma più d'amore" (ott. 166,8). Una forza comune e nascosta muove i loro animi e fa sì che tra i due si stabilisca una perfetta corrispondenza di desideri e di comportamenti, per cui l'episodio si conclude con due ottave occupate dalla descrizione dei gesti e delle reazioni emotive dei due alla reciproca esplosione del sentimento amoroso.

Dal'atmosfera idillica, che avvolge i due personaggi isolati nel silenzio della natura circostante, si passa decisamente, attraverso l'arrivo improvviso di Momo, al registro della burla, in cui il Marino fonde abilmente i modelli classici (Luciano, Omero e Ovidio) con quelli umanistico-rinascimentali (Alberti e Aretino), raggiungendo esiti di acuta comicità nell'irrisione sarcastica del mondo mitologico.

Giustamente il Porcelli ha sottolineato lo stretto vincolo che lega questo *excursus* con l'altro del canto della Lusinga, dal momento che "Pasquino, re della satira mordace, è l'opposto esatto della Lusinga", mentre "Talia ricompone l'opposizione in una superiore unità."[40] In realtà, a ulteriore dimostrazione della tesi pozziana, secondo la quale nell'*Adone* "il corrispettivo di ogni cosa ne è anche l'opposto",[41] i due *excursus* non risultano semplicemente antitetici, ma si corrispondono sul piano della centralità assoluta riconosciuta al *topos* dell'amore, interpretato nella sua carica di erotismo e di seduzione dei sensi. L'invito al godimento della giovinezza, nel mentre risulta in contraddizione con l'ironica lettura di un canto del poema di Pasquino condannante l'adulterio commesso da Venere ai danni di Vulcano, rappresenta altresí il completamento del secondo *excursus*, dilatando sul piano descrittivo la bipolarità di motivi suggeriti all'inizio e alla conclusione del canto, rispettivamente imperniati sulla riprovazione dell'amore lascivo e sull'esaltazione dell'amore cosmogonico.

La concatenazione così stabilita tra piano descrittivo e piano narrativo, oltre che rendere ragione dell'attuazione di un preciso schema alternante e oppositivo,[42] induce a polarizzare l'attenzione su due aspetti dicotomici di una medesima realtà, quella dell'amore sensuale, la cui riprovazione da parte del Marino va ridimensionata all'interno dell'uso strumentale del tono satirico, che traduce in commedia e toglie ogni animosità alle parole di Momo. Così l'ira manifestata da Venere in reazione al lungo racconto del "Critico Nume" vale a ricondurre l'episodio nell'ambito di un'equilibrata *medietas*, e a ristabilire un clima di serietà da cui potrà prendere le mosse il melodioso inno di Talia all'amore platonico.

5. I problemi esegetici connessi all'ultimo episodio riguardano i suoi rapporti con alcune ottave della prima redazione dei *Sospiri di Ergasto*,[43] che fungono da premessa ideale al canto della musa Talia, nonché con la tradizione classica e, ancor più, petrarchista di età umanistico-rinascimentale.

Assai acutamente il Pozzi ha colto in quest'ultima parte del canto, nella trattazione del tema dell'amore platonico e universale "un distacco dalla pratica poetica che svolgeva il tema erotico in un ambiente pastorale (la linea dell'*Aminta* e del *Pastor fido*)" e al contrario "un interesse per l'altra linea, che fa capo al Tansillo, al Molza, al Bembo, al Poliziano".[44] Non solo, infatti, nel Marino vengono fusi i due motivi dell'amore platonico e dell'amore universale, ma lo stesso inno si leva in un ambiente che non ha nulla della mitizzazione arcadico-pastorale, e si inquadra invece in un'atmosfera di trionfante erotismo. Il capovolgimento di prospettiva è ben ravvisabile già nella *variatio* del tema dell'amore platonico, risolto nelle prime due ottave nella distinzione tra l'aspetto puramente contemplativo ("Amor desio di bel") e quello propriamente edonistico ("Amor è fiamma"), interagenti e cooperanti nella direzione di una tessitura compatta dei diversi attributi: "sommo ben, sommo bel, sommo diletto" (ott. 232–233).

Per tali vie l'amore si identifica in principio di armonia universale nella misura in cui si concretizza nel dispiegamento delle energie fisiche, che naturalmente attraggono e coinvolgono non solo gli animali, ma le stesse piante e i tre regni del creato, in un gioioso afflato dei sensi.

Se è vero che "Amor dunque sostegno è di Natura", anche vero risulta il contrario, che cioè la natura è l'essenza dell'amore e insieme la tangibile espressione della conversione operata dal Marino, in direzione sensistica, dei concetti di arte e creazione, risolti all'interno di un'ottica immanentistica attenta a cogliere la complementarietà del semplice e dell'artificioso nel "caos" di una realtà considerata a misura d'uomo.

NOTE

1 Non esiste, allo stato attuale degli studi mariniani, un lavoro unitario sul canto VII dell'*Adone* (a parte quello ormai superato di F. MANGO, *Le fonti dell'Adone*, Torino-Palermo 1891, pp. 119–140), oggetto piuttosto di trattazioni

CANTO VII: LE DELIZIE 117

marginali, ma non perciò meno penetranti, di lavori incentrati sull'intero poema. Tra i più interessanti e recenti interventi si vedano almeno: C. CALCATERRA, *Il Parnaso in rivolta* (con introduzione di E. Raimondi), Bologna 1961[2], *passim*; M. GUGLIELMINETTI, *Tecnica e invenzione nell'opera di Giambattista Marino*, Messina-Firenze 1964 (cap. III: *L'Adone poema dell'Arte*); G. POZZI, *Ludicra mariniana*, in "Studi e problemi di critica testuale" VI (1973), *passim*; F. GIAMBONINI, *Il compasso e lo squadro nell'architettura del Marino*, in "Strumenti critici" VIII (1974), pp. 323–344; C. DELCORNO, *Rassegna mariniana*, in "Lettere italiane" XXVII (1975), n. 1, pp. 91–109; M. PIERI, *Per Marino*, Padova 1976, *passim*; G. POZZI, *Commento* a G.B. MARINO, *L'Adone*, Milano 1976, II; B. PORCELLI, *Le misure della fabbrica*, Milano 1980, *passim*. Quanto all'individuazione delle fonti utilizzate dal Marino nel canto si veda, tra gli altri interventi più aggiornati, C. COLOMBO, *Cultura e tradizione nell'Adone di G.B. Marino*, Padova 1967.

2 Il Pozzi, già nel suo saggio *Metamorfosi di Adone*, in "Strumenti critici", V (1971), pp. 334–356, sulla base delle notizie attinte in principal modo all'epistolario mariniano, aveva individuato nel 1605, 1614 e negli anni compresi tra il 1615 e il 1623 le tappe salienti del progressivo arricchimento dei versi del poema (il saggio è utilmente sintetizzato dal Delcorno nell'*op. cit.*); in seguito lo studioso in base all'esame condotto su ulteriore materiale documentario, quale le due redazioni dei *Sospiri di Ergasto* e la redazione dell'*Adone* in tre canti contenuta nel ms. 1516 del fondo italiano della Biblioteca nazionale di Parigi, confermò ed approfondì le tesi precedentemente esposte, precisando altresì che i cc. 6–8 furono sicuramente introdotti tra il 1617 e il 1620 (cfr. *Commento* cit. all'*Adone*, pp. 112–113).

3 Oltre che dalle correzioni apposte dal Marino nell'*Errata corrige* dell'*editio princeps* (riportate dal Pozzi alle pp. 749, 751–752 del *Commento* cit. all'*Adone*), gli interventi successivi dall'autore sul canto sono documentati dalle varianti testuali che presentano alcuni esemplari dell'edizione parigina del 1623 e che sono riportate da G.G. FERRERO, *Marino e i Marinisti*, Milano-Napoli 1954, pp. 7–8. Sull'argomento sono intervenuti G. POZZI, *Commento* cit. all'*Adone*, pp. 755–756 e B. PORCELLI, cit., pp. 81–85. Si tratterebbe di venti ottave mancanti in uno dei due esemplari conservati alla Nazionale di Roma (41, 46, 49–53; 57–63; 66–71) e nell'esemplare della Nazionale di Torino (54–73) e invece presenti nell'edizione Sarzina della stesso anno.

4 Cfr. G. POZZI, *Commento* cit. all'*Adone*, p. 755.

5 *Ibid.*, p. 324.

6 Già la distribuzione della materia nei canti VI–VIII forma per il Pozzi "una specie di gigantesco *technopaegnion*" riproducente gli ambienti del Palazzo dei cinque sensi, con cinque torri (di cui quattro quadrangolari e una rotonda nel mezzo) e cinque giardini, in quanto il tatto occupa l'intero canto VIII, mentre agli altri quattro sensi sono riservati, a due a due, i canti VI e VII. Identici sono i nuclei tematici dei canti VI e VII, pur se non figurano disposti nella

stessa successione: 1. apparizione dei guardiani e loro iconologia; 2. descrizione dell'organo dei sensi; 3. presentazione dell'ambiente; 4. iniziazione alla conoscenza sensitiva rapportata al singolo senso. Tali nuclei riprodurrebbero, sempre per il Pozzi, la forma quadrata delle torri, mentre i quattro episodi descrittivi che seguono per ciascun senso la tematica di fondo or ora indicata (nel caso del c. VII, per l'udito l'episodio della Poesia e della Lusinga, per il gusto la descrizione dei due vasi), riprodurrebbero i quattro giardini. Sia il canto VI che il canto VII, infine, si concludono ciascuno con due *excursus* (per il VII Momo e Pasquino e l'inno all'amore di Talia), che, opponendosi ai quattro sensi, definirebbero i quattro spazi di torre-giardino (le tesi sono riassunte da C. DELCORNO, *cit.*, pp. 94–96). Cfr. anche G. POZZI, *Ludicra cit.*, pp. 150–151; *ID. Commento cit.* all'*Adone*, pp. 324–325; F. GIAMBONINI, *cit., passim*.

7 Il Porcelli riprende la tesi del Pozzi dello "schema a partizione binaria" dei canti VI e VII, "dedicati alla descrizione dei giardini quadrangolari ed esterni alle rispettive torri", opposto "allo schema tripartito a pianta centrale del canto VIII, che descrive l'unico giardino diverso dagli altri, perché di forma circolare e contenuto dalla torre" e individua un rapporto di proporzionalità tra le due parti del canto VII che si corrispondono non solo per il numero degli episodi trattati (6 e 6), ma anche per il numero delle ottave in cui ciascuna delle due sezioni si viene articolando (74 e 71). Cfr. B. PORCELLI, *cit.*, pp. 31–34.

8 Cfr. P. RONSARD. *Hymme de France* 175–176; la fonte è individuata dal POZZI, *Adone cit.*, p. 355.

9 Cfr. n. 3.

10 Tale affermazione rappresenta comunque una evidente semplificazione di una tesi ben più ampia discussa nelle *Dicerie sacre* in cui il Marino sottolineava la mirabile complessità dell'arte del suono agente su tutte le facoltà umane (cfr. *Dicerie sacre*, a cura di G. Pozzi, Torino 1960, pp. 238–239).

11 Cfr. M.A. MAZZONE, *Il primo libro de' madrigali a quattro voci*, Venezia 1569; la dedicatoria premessa al libro di madrigali di Luzzasco Luzzaschi è riportata da F. LIPPMAN, *Studien zur italienisch-deutschen Musikgeschichte*, Koln-Wien 1970, VII, pp. 170 sgg. Sull'argomento si veda altresì l'interessante saggio di L. BIANCONI, *Il Cinquecento e il Seicento*, in "Letteratura italiana", Torino 1986, VI, pp. 319–363.

12 Evidente in tale affermazione anche l'influsso delle dichiarazioni espresse dal Bembo in alcuni punti del secondo libro delle *Prose della volgar lingua*, punto di riferimento obbligato per i trattatisti e i teorici dell'arte poetica del Cinquecento e del Seicento.

13 Cfr. *Dicerie sacre, cit.*, pp. 292–293.

14 Per *concento* cfr. ott. 10, 45, 61, 89, 230; per *melodia* cfr. ott. 10, 33, 250; per *armonia* cfr. ott. 9, 35, 38, 52, 57, 94; per *armonico/che* cfr. ott. 8, 44, 250; per *suono* cfr. ott. 10, 13, 14, 15, 40, 41, 43, 51, 59, 62, 68, 73, 75, 140; per *canto* cfr. ott. 24, 32, 36, 37, 44, 50, 53, 55, 62, 65, 73, 81, 88, 123, 226, 231.

15 Cfr. G. POZZI, *Commento* cit. all'*Adone*, p. 55.
16 Cfr. G. POZZI, *Ludicra* cit., p. 143.
17 Sull'argomento cfr. l'ampio e fondamentale saggio di E. RAIMONDI, *La nuova scienza e la visione degli oggetti*, in "Lettere italiane" XXI (1969), n. 3, pp. 265-305. Tra gli studiosi recenti il Pozzi ha insistito più degli altri sull'adesione del Marino ai principi della scienza galileiana, dimostrando come la priorità della vista e dell'udito rispetto all'odorato e al gusto rientrerebbe in una ben precisa progressione dalla conoscenza astrattiva alla concretezza (cfr. *Ludicra* cit., pp. 159-160; *Commento* cit. all'*Adone*, pp. 332-333 e 356-357). Per il Renucci, invece, la disposizione dei cinque sensi si giustificherebbe alla luce "della teoria epicurea della conoscenza, quale poteva essere dedotta dai documenti riprodotti da Diogene Laerzio e dal *De rerum natura* di Lucrezio" (P. RENUCCI, *Il Seicento*, in "Storia d'Italia", Torino, Einaudi, II, pp. 1381-1387). Il Delcorno, infine, attribuisce una spiegazione scolastica alla *dispositio sensorum*, per cui il tatto, che è il più utile dei sensi, si trova al centro del Palazzo, mentre la vista e l'udito risultano preferiti agli altri in quanto sensi "maxime cognoscitivi" (C. DELCORNO, *cit.*, pp. 96-97).
18 Discorrendo della bocca e della magnificenza dell'opera della natura, che le assegnò una sede "regale", il Marino dichiara: "Primieramente fu questa da lei collocata nel capo, cioè nella rocca e nella reggia di tutto il corpo, dove la Mente Reina abita, regna e risiede quasi in suo trono reale: acciochè là dove gli occhi, esploratori e spie degli oggetti visibili, tutte le cose osservano, dove l'orecchie, guardiani e sentinelle dei suoni, stanno intente alla custodia, e dove gli altri sensi, di essa Imperadrice uscieri e ministri, vigilanti le servono ed ubbidiscono; quivi anche la bocca sia situata, onde la voce che vi si cria, meno s'allontani da quella, a cui serve d'interprete e messaggiera." (*Dicerie sacre* cit., pp. 256-257).
19 Si veda quanto il Marino aveva similmente affermato a proposito della vista: "Oh quanto studio, oh quanta industria mise / qui l'eterno Maestro, oh quante accoglie / vene, arterie, membrane, e 'n quante guise / sottili aragne, e dilicate spoglie!" (VI 32, 1-4).
20 Cfr. E. TADDEO, *Studi sul Marino*, Firenze 1971, p. 123. Per le fonti utilizzate dal Marino in questo episodio cfr. C. COLOMBO, *cit.*, pp. 94-96, mentre per l'elogio dell'organo cfr. anche *Dicerie sacre* cit., pp. 265-266.
21 Cfr. *Dicerie sacre* cit., p. 263.
22 *Ibid.*, p. 254.
23 Cfr. B. PORCELLI, *cit.* p. 35, n. 32.
24 In proposito cfr. G. POZZI, *Ludicra* cit., p. 143 e *Commento* cit. all'*Adone*, p. 359.
25 Cfr. *Dicerie sacre* cit., p. 264: "So che gli Storni e i Lusignuoli sono stati alle volte sentiti parlare in Greco e in Latino linguaggio. So che i Tordi, le Gaze, i Corvi, l'Aquile, e soprattutto i Pappagalli non solo le parole, ma le membra e le periodi intiere, secondo l'uso degli uomini recitando, hanno Imperadori e

Prencipi grandi in lor favella salutati". Evidente anche nella diversa distribuzione dei volatili nel canto VII l'influsso del *Morgante* del Pulci, felicemente individuato dalla Colombo come fonte dell'episodio (*cit.*, pp. 39-42).
26 Cfr. *Dicerie sacre* cit., p. 264.
27 *Ibid.*, p. 338.
28 I termini sono tratti dalle *Dicerie sacre* cit., p. 256.
29 Cfr. G. POZZI, *Commento* cit. all'*Adone*, p. 369.
30 Cfr. *Dicerie sacre* cit., p. 218.
31 Cfr. M. MONCAGATTA, *Barocco e reversibilità simbolica*, in "Critica letteraria" XIV (1986), f. IV, n. 53, p. 777.
32 Cfr. M. PERNIOLA, *La società dei simulacri*, Bologna 1980, p. 96. Sull'argomento si vedano anche A. HUXLEY, *Variations on a Baroque Tomb*, in *Themes and Variations*, London 1954, pp. 159-173; A. CHASTEL, *Le baroque et la mort*, in *Retorica e barocco*, Atti del III Congr. Intern. di Studi Umanistici, Roma 1955, pp. 23-46; N. JONARD, *Le théme du temps dans la poésie baroque*, in "Studi secenteschi" VII (1966).
33 In proposito cfr. B. PORCELLI, *cit.*, p. 35, n. 32,
34 L'episodio appare esemplato sulla descrizione del giardino di Alcinoo (*Odissea* VII, 141-170) e di Armida (*Ger. lib.* XVI, 9-11). Ulteriori connessioni sono da ravvisare con le *Stanze* del Poliziano (I, 70-72) e con l'Ariosto (*Orl. fur.* VI, 20-22)
35 Cfr. *Dicerie sacre* cit., pp. 255-256 e 258.
36 *Ibid.*, p. 258.
37 La fonte acclarata è rappresentata dalle *Dionysiaca* di Nonno (XLI, 92-142), nonché, per l'episodio della nascita di Venere, dalle *Stanze* del Poliziano (I, 99-103). In proposito cfr. G.F. DAMIANI, *Nuove fonti dell'Adone di G.B. Marino*, in "Giornale storico della letteratura italiana" XVI (1898), vol. XXXII, pp. 370-394.
38 Cfr. G. POZZI, *Commento* cit. all'*Adone*, p. 55.
39 *Ibid.*, p. 55.
40 Cfr. B. PORCELLI, *cit.*, p. 34, n. 31.
41 Cfr. G. POZZI, *Commento* cit. all'*Adone*, p. 41.
42 *Ibid.*, pp. 78-83.
43 La prima redazione fu pubblicata nelle *Ecloghe boscherecce* nel 1626; la seconda, invece, venne stampata nella *Sampogna* nel 1620. Per i rapporti della prima redazione con l'*Adone* cfr. E. TADDEO, *cit.*, pp. 43-61 e G. POZZI, *Commento* cit. all'*Adone*, pp. 756-768.
44 Cfr. G. POZZI, *Commento* cit. all'*Adone*, p. 389.

CANTO VIII: I TRASTULLI

Marziano Guglielminetti

L'arte nel gioco della lascivia

Il canto VIII dell'*Adone*, ultimo di quelli dedicati ai giardini dei sensi (il tatto nella fattispecie), gode di un'introduzione che delinea il pubblico dei lettori di questa compatta sezione del poema:

> Giovani amanti e donne innamorate,
> in cui ferve d'amor dolce desio,
> per voi scrivo, a voi parlo, or voi prestate
> favorevoli orecchie al cantar mio (1,1–4).

Si è voluto, nel commento del Pozzi, ricordare l'ariostesco "gioveni vaghi e donne innamorate", che fa parte di una delle famose ottave che descrive la "verginella simile alla rosa" (I,42,7), tanto più che poco dopo (4,4) a quel fiore si farà cenno ("sul cor la spina e rifiutar la rosa"). Ma in entrambi i casi Marino intende altra cosa. La similitudine ariostesca non mira, come qui, alla determinazione di un pubblico ideale di lettori per la celebrazione, ultima e conclusiva, del congiungimento di Venere e di Adone, protratto nei canti VI e VII attraverso i precedenti giardini della vista, dell'odorato, dell'udito e del gusto. Per di più i "giovani amanti e le donne innamorate", appellati al vocativo (e basta questa variazione a diminuire di molto la memoria suggerita), prendono ulteriore rilievo attraverso l'opposta figurazione dei vecchi che non sentono più amore:

> Esser non può ch'a la canuta etate
> abbia punto a giovar quel che cant'io.
> Fugga di piacer vano esca soave
> bianco crin, crespa fronte e ciglio grave (1,5–8).

E via di questo passo, per un'ottava ancora, sino a quando s'identificano nei vecchi quanti dannano come immorale l'ispirazione del Marino. È normale il passaggio, che fa dei vecchi invidiosi dei giovani, perché a loro è concesso di provare l'"ultima dolcezza" (2,3), i persecutori della stessa poesia amorosa; ma è attraverso il loro diniego che Marino ha modo di definire, una volta ancora, l'originalità del suo "accomodarsi all'umore del mondo" prendendo "stile morbido, vezzoso ed attrattivo". Così nella famosa lettera da Torino del 15 febbraio 1609 a Carlo Emanuele I, dopo l'attentato del Murtola, ma questa volta non si contenta più di "alcun cenno di metafora, la qual con misteriosa allegoria alluda a qualche lascivo sentimento, appena però penetrabile dagl'intelletti svegliati ed arguti". Ora appare rivendicata pienamente la sua vocazione ad una poesia "molle" e "lusinghiera", "tenera" e "lasciva":

> Lunge deh lunge, alme severe e schive,
> da la mia molle e lusinghiera musa,
> da poesie sì tenere e lascive
> incorrotta onestà vadane esclusa.
> Ah non venga a biasmar quant'ella scrive
> d'implacabil censor rigida accusa,
> la cui calunnia con maligne emende
> le cose irreprensibili riprende (3,1–8).

Non erano certo questi il momento e il luogo nei quali stendere, finalmente, quella "lunga apologia" del proprio poetare promessa da Marino in quella celebre lettera su siffatta materia; e mai portata a termine: neppure quando, uscito l'*Adone* ed armatasi la censura ecclesiastica contro di esso, sarebbe stato quanto mai opportuno provvedervi rapidamente. Qui, in un contesto ritagliato e prolungato non senza fatica (ad inizio del canto VI, il primo di quello dei sensi, si leggeva un invito a guardarsi da Amore e da Venere che addirittura è parso "misogino" al Pozzi), Marino non può che limitarsi prima a variare, e poi a riproporre il classico detto di Marziale: "Sia modesto l'autor; che sien le carte / men pudiche talor curar non deve", dice una volta, e subito dopo: ". . . s'oscena è la penna, è casto il core" (6,1–2,8). Quel che importa, se mai, è la ricerca di un lessico non metaforico, adeguato e conveniente all'ispirazione amorosa rivendicata; ed ecco allora, oltre agli attributi già menzionati, il rifiutare di doversi addossare qualche "colpa" per "l'uso de' vezzi e 'l vaneggiar de l'arte", con una presa in carico di nozioni e termini estetici certamente estranei alla tradizione del "poema". Perché proprio di questo genere si tratta, nell'avvertenza che Marino ritiene necessario anteporre alla sua auto-difesa sulla scorta dell'appena citato Marziale ("lasciva est nobis pagina, sed vita proba", 4,1):

> Di poema moral gravi concetti
> udir non speri ipocrisia ritrosa,
> che notando nel ben solo i difetti

CANTO VIII: I TRASTULLI

suol cor la spina e rifiutar la rosa (4,1–4).

La possibile ribellione al "poema moral" si attenua tosto, e smorza nella pratica di un "gioco" allusivo che non celebrerà la violenza, e tanto meno quella erotica:

> So che, fra le delizie e fra i diletti
> degli scherzi innocenti, alma amorosa
> cautamente trattar saprà per gioco,
> senza incendio o ferita, il ferro e 'l foco (4,5–8).

Rifiuto di "metafore" e di "allegorie" per dire "qualche lascivo sentimento", allora, ma non per questo rappresentazione degli eccessi dell'atto amoroso. Di che "gioco" si tratti, lo verremo a sapere gradatamente.

Attraverso un'ottava di raccordo con il canto precedente, che racconta con eleganza e giochi di parole ("mappe"-"nappi") la fine del convito celebrato nel giardino del gusto, Venere introduce Adone "verso l'ultima torre". Mercurio, sinora loro guida, sembra esautorato. Ma ha ancora una funzione da compiere, prima di congedarsi: non soltanto quella d'illustrargli il "tatto", che si limita a presentare come "del vero / fido ministro, e padre de' diletti", differenziandolo dagli altri sensi perché, "con atto universal distende / le sue forze per tutto e tutto il prende" (20,3–4,7–8), quanto soprattutto quella di unire Venere e Adone in matrimonio. L'officiante, prima di procedere al rito, "con un cenno cotal di ghigno astuto / si rivolse a Ciprigna" (22,1–2), avendo nel frattempo commentato così la situazione: "... Io so che 'n tanta gioia / qualunque compagnia ti fora a noia" (21,7–8). Si dica pure, allora, che il matrimonio "in tempi di così stretta censura serviva sul piano narrativo per riguardo ai temi erotici" o anche che, in questo modo, "il racconto iniziato con l'incontro qui concluda la sua virtualità di macchina narrativa", come vuole il Pozzi. Ma si aggiunga che Marino comincia adesso quel "gioco" cui ci è parso essersi avviato. Quello in corso di celebrazione è un finto matrimonio, e il lettore come tale se lo deve godere, quale esito di un'accettazione, né concorde né neutra, della duplice convenienza additata testé. Insomma: questo matrimonio non conclude la 'macchina' narrativa messa in moto, se mai ne rappresenta uno dei due vertici (l'altro sarà, ovviamente, rappresentato dalla morte di Adone); o neppure copre in qualche modo quel che dovrebbe accadere, di lì a poco, tra i due coniugi, non a caso uniti sbrigativamente:

> Ma pria che desse l'ultimo saluto
> ai duo focosi amanti in su 'l partire,

de l'un e l'altro in pegno di mercede
giunse le destre e gl'impalmò per fede (22,5–8).

Nel frattempo, Venere ed Adone avevano incontrato l'"ostier de l'amenissima magione" del tatto. Eccolo:

> Ignudo ha 'l manco braccio, e l'unghia torta
> v'affige dentro e stringelo un falcone.
> Le talpe, le testudini e l'aragne
> son sempre di costui fide compagne (8,5–8).

"Anche qui—commenta Carmela Colombo—il poeta riunisce le immagini presentate in modo sparso dal Ripa—nell'*Iconologia* II,224 e 230—: il falcone avvinto al braccio nudo, la testuggine, le ragnatele. La talpa soltanto non figura nel Ripa, che per contro attribuisce al tatto l'ermellino". In nota la medesima studiosa segnala che Jan Brueghel "dipinse, verso il 1618, sette quadri . . . nei quali possiamo rilevare alcuni tratti vicini al Marino", e più particolarmente "nella rappresentazione del tatto vediamo che il personaggio allegorico accarezza una talpa". Perché l'insettivoro sostituisca il carnivoro, non mi pare domanda di difficile soluzione; più avanti la Lascivia "di canuti armellin guarda una schiera" (29,4), sì che non è neppure il caso di citare Eliano (II,37), il cui racconto è costitutivo dell'opposta identificazione dell'ermellino con l'innocenza e la purezza. Tutt'altro, insomma; e perché non ricordare, allora, che un quadro celebre di Leonardo presenta una giovane che accarezza un ermellino (lo si può vedere a Cracovia, museo Czartoryski), obbligandoci sempre di più a considerare omologabili i due animali? Quanto alla talpa non vorrei davvero far uso incongruo di un testo ben più in là, nel tempo, dell'*Iconologia* del Ripa, quale è il *Bestiario tosco-veneziano*. Ma mi piace trascrivere che cosa vi significa la "topinaria", *alias* talpa, perché, senza moralismi e senza spaventi, suppongo che Marino facesse qui riferimento ad un codice culturale ancora più radicato di quello suggerito dal Ripa: "et intendese per la topinaria che vive pur de tera e non vede lume con li occhi che l'è una generazione di omini e di femine che si dileta in le terene deletazion e non cura de piar alcune norigamento de le cose celestriale; et pòse dire che questi tali non vede lui perché li non sono aluninadi de li zelestrial desideri, che lo desiderio tereno si aziega l'omo che se 'n deleta".

Il giardino del tatto, raccolto intorno alla torre "maestra", ha forma circolare, sì che "vien un teatro sferico a comporre" (9,2 e 6). Appare tosto, ad Adone, come un "locus amoenus" di genere tutto speciale:

> Non fu mai d'atto molle osceno oggetto

che quivi agli occhi suoi non si dipinga.
Sembianti di lascivia e di diletto,
simulacri di vezzo e di lusinga,
trastulli, amori, o fermi il guardo o giri,
gli son sempre presenti ovunque miri (10,3-8).

Ma la rivelazione della sua vera natura è progressiva. Per ora, come si è visto, conviene (lessicalmente) alla tematica erotica rivendicata ad apertura di canto. Succedono poi, come di consueto nei canti degli altri giardini dei sensi, gli abitanti: una serie di figurazioni allegoriche di vari elementi della passione d'amore (il Sospiro, il Guardo, il Riso, lo Scherzo, il Gioco, ecc., ma anche, dall'altro versante, la Lussuria, l'Infamia, la Fraude, ecc.), lungo una serie d'ottave che hanno ancora qualche sporadico contatto col libro del Ripa, ma soprattutto, annota il Pozzi, "con la schiera che accompagna Venere" nelle *Stanze* di Poliziano (I,73-76), "e di conseguenza anche con la fonte del Poliziano", il poemetto epitalamico di Claudiano *De nuptiis Honorii et Mariae*, 152-158. Inoltre, un'ottava, la sedicesima, che effigia la Lussuria con "l'esca e il focile in man", l'Infamia "nuda" in atto di applaudirla e la Fraude con la "chioma orrida e brutta" coperta di "serpi", la lingua velenosa, "richiama a figurazioni che compaiono nella famosa rappresentazione di Venere ed Amore del Bronzino a Londra", riferimento cronologicamente accettabile, questa volta, e tale da suggerire con maggiore pertinenza di quello al Brueghel, di cui sopra, l'ipotesi di una suggestione iconografica. La quale, per altro, non riscatta in alcun modo un elenco piuttosto sciatto. Un'ulteriore descrizione del giardino dovrebbe, alla buon'ora, rendere ragione del perché ad inizio dell'elenco stesso e subito dopo l'ottava 10, sopra riferita, esso aveva potuto essere scambiato, quel "felice e dilettoso loco", per "pien d'angelica festa un paradiso". Si trattava di un'espressione superlativa convenzionale; e tale rimane anche ora, quando maggiore è lo sforzo di Marino di fare del giardino del tatto un paradiso in terra, personificandone gli elementi naturali:

Ride la terra qui, cantan gli augelli,
danzano i fiori e suonano le fronde,
sospiran l'aure e piangono i ruscelli,
ai pianti, ai canti, ai suoni Eco risponde.
Aman le fere ancor tra gli arboscelli,
amano i pesci entro le gelid'onde,
le pietre istesse e l'ombre di quel loco
spirano spirti d'amoroso foco (18,1-8).

Scampoli di pezze ormai consunte di poesia lirica, cavalleresca e pastorale si accumulano in un verseggiare siffatto; e non molto di più si deve dire per le ottave successive al congedo di Mercurio, ove è dipinto il bagno del giardino e sono delineate le figure dei suoi custodi, Piacere e Lascivia. Forma il bagno un "amoroso ruscel, . . . di mèle, / pien di quanta dolcezza il gusto brama"; accanto, però, scorre un altro, "di tosco e fèle", pur avendo la medesima origine (25,2–4). Quanto al Piacere, la Colombo ribadisce che il suo ritratto "quale fanciullo dai capelli ornati di rose e mirto, di lacci e ami, con un'iride attorno al capo, addormentato fra l'erba e con accanto la corazza, lo scudo e l'elmo" è "simile a quello fatto dal Ripa" nell'*Iconologia*, II,147–148. Quanto alla Lascivia, raccoglie attorno e su di sé una serie oltremodo eloquente di animali e oggetti, quasi tutti preziosi, soliti nella pittura contemporanea ad accompagnare il profilo della seduttrice, per non dire dei suoi sguardi e dei suoi gesti 'lascivi' per antonomasia, e delle sue vesti convenientemente trasparenti:

di viti e d'edre i capei d'oro allaccia,
di canuti armellin guarda una schiera.
Un capro a lato, e con la destra abbraccia
il collo d'una libica pantera.
Regge con l'altra ad un troncon vicino
ammiraglio lucente e cristallino.

Da l'ali de l'orecchie in giù pendente
di due perle gemelle il peso porta.
Sostiene il peso, di fin or lucente,
sferica verga in picciol'orbe attorta.
Di smeraldi cader vezzo serpente
si lascia al sen con negligenza accorta;
e de la bianca man, ch'ad arte stende,
d'indiche fiamme il vivo latte accende.

Da l'estivo calor, che mentre bolle,
le 'nfiamma il volto d'un incendio greve,
schermo si fa d'un istromento molle
di piuma vie più candida che neve;
e per gonfiar di sua superbia folle
con doppio vento il vano fasto e lieve
v'ha di cristallo oriental commessi
duo specchi in mezzo e, si vagheggia in essi (29,3–8;33;34).

Vengono ancora una volta alla mente le parole definitive del Getto

CANTO VIII: I TRASTULLI

sull'intero poema, "di lusso e di lussuria: in cui il lusso degenera per fastosa opulenza in sensualità, e la lussuria si tempera per lisciatura di morbidi toni in voluttuosa raffinatezza". Ma se questo è l'esito estremo cui perviene ripetutamente il poema, quasi il succo che se ne spreme a più riprese, l'episodio dell'incontro di Adone con la Lascivia, si presta pure a proseguire lo svelamento del"gioco" cui s'impronta il canto. Le seduzioni della Lascivia, quelle che animano il suo ritratto, non lasciano insensibile Adone; tanto più che comportano l'invito diretto a "venirsi a sollazzar ne' chiusi chiostri", nel "beato tetto". La conformità col celebre invito di una delle "natatrici ignude e belle", che accolgono Carlo ed Ubaldo alla ricerca di Rinaldo, ospite e prigioniero del regno di Armida, è palese, se pure Marino eviti, una volta tanto, di farsi cogliere con la mani nel sacco. In gioco è, anche per Marino, il raggiungimento del piacere ("Questi è quei, se nol sai, ch'altrui concede / ogni ben che può far gli uomini felici", 37,1–2), da Tasso ricondotto all'età dell'oro: "questo è il porto del mondo; e qui il ristoro / de le sue noie, e quel piacere si sente / che già sentì ne' secoli de l'oro / l'antica e senza fren libera gente"(XV,63,1–4). Nell'*Adone*, invece, il Piacere, fatto cittadino celeste, è addirittura scambiato in terra con il Dolore, o Affanno, da parte di chi ignora che è raggiungibile attraverso la Lascivia:

> Io son poi sua compagna, io son colei,
> che volgo in gioia ogni travaglio e duolo,
> da noi soli aver puoi, se saggio sei,
> quel piacer de' piacer ch'al mondo è solo (40,1–4).

Che è ancora un modo di ricalcare, alla lontana, parole della "natatrice" ("Noi menarenvi anzi il regale aspetto / di lei che qui fa i servi suoi beati / che v'accorrà nel bel numero eletto / di quei ch'a le sue gioie destinati", 64,3–6); e così pure dicasi del successivo invito a lavarsi nelle acque del bagno:

> Qui lavarti conviene. A ciò t'invita
> il loco agiato e la stagion cocente.
> Nostra legge il richiede, e la fiorita
> tua bellezza ed etate anco il consente.
> Ma più quella beltà, che teco unita,
> teco, o te fortunato, arde egualmente.
> Non entra in questa casa, in questo bosco
> chi non vaneggia e non folleggia nosco (41).

"Ma pria la polve in queste acque deporre / vi piaccia, e 'l cibo a quella mensa tòrre" 64,7–8), aveva affermato sempre la "natatrice". Senonché il parallelismo segnalato non può andare oltre. I "vezzi" delle "natatrici" sono "perfidi e bugiardi, e Carlo ed Ubaldo, convenientemente addottrinati dal mago d'Ascalona, non vi consentono. Vivono in un contesto fiabesco, che Marino può per un tratto simulare, ma non accettare, nella misura in cui non una fiaba, ma un "poema" morale, sia pure alla rovescia, sta portando avanti. Adone, con qualche resistenza, dettata da inesperienza, si lascia spogliare,"e salvo un lento vel, che 'l copre a pena, / nudo si trova da la testa al piede"; si volta verso Venere, "e nuda anco la vede" (43,3–4,6). "L'atteggiamento di Venere—ha scritto il Pozzi—richiama ... il Tasso, tanto Sofronia di "non sai ben dir s'adorna o se negletta / se caso od arte il bel volto compose" (*G.L.* 2,18,5–6), quanto Armida la cui bellezza ". . . or dal bianco velo / traluce involta or discoperta appare" (*ibid.* 4,29). "L'Armida tassesca—prosegue—e la Venere mariniana fanno un parallelo perfetto; non così Sofronia. Il richiamo quasi letterale dall'*Adone* nel v.6—dell'ottava 44: "sembra caso ogni gesto ed è tutt'arte"—alla *G.L.* 2,18,6, se nelle intenzioni del citante è volutamente antifrastico e al limite dissacratorio, rivela anche quale riserva di sensualità racchiuda la figura virginea delineata nella fonte". Non si poteva dir meglio, anche perché è colta, contemporaneamente, la novità della figurazione mariniana, ovvero la partecipazione della natura alla discoperta del nudo, la traslazione dell'"impeto vitale dello stimolo sessuale" da Adone (implicito) al sole e ad un albero (esplicito):

> Copriala a prova ogni arboscel selvaggio
> con braccia di frondosa ombra conteste,
> però che 'l Sol con curioso raggio
> spiar volea quella beltà celeste.
> Videsi di dolcezza ancor il faggio,
> il faggio, onde pendean l'arco e la veste,
> non potendo capir quasi in se stesso,
> far più germogli e divenir più spesso (45,1–8).

"Dove in passando le vestigia ei posa / par ch'ivi scaturisca o che germoglie", aveva per altro detto Tasso di Rinaldo nella foresta incantata; ma era subito chiaro trattarsi di metamorfosi magica: "e sovra e intorno a lui la selva annosa / tutte parea ringiovenir le foglie; s'ammolliscon le scorze e si rinverde / più lietamente in ogni pianta il verde", sino a riproporre una falsa età dell'oro, un'illusoria prospettiva edenica: "Rugiadosa di manna era ogni fronda, / e distillava de le scorze il mèle" (XVIII,23,1–2,5–8;24,1–2). E quando la nudità di Venere si manifesta attraverso le chiome e il seno, proprio come nel caso di Armida, a differenza della versione tassiana, non contempla la presenza di un pubblico seducibile

CANTO VIII: I TRASTULLI 129

e tosto sedotto (i cavalieri cristiani). Perché Marino non implica alcuna operazione magica nel figurare, nuda, la dea:

> Ella pur cerca or il leggiadro seno
> velarsi, or il bel tergo, or il bel fianco.
> Ma le fila de l'or tenersi a freno
> su l'avorio non san, lubrico e bianco;
> e quel che di coprir la man si sforza,
> audace venticel discopre a forza (48,3–8).

Infine, Adone e Venere "vanno al gran bagno" (49,1), come rapidamente Marino indica, negandosi, per dir così, ogni possibilità di scandire ritualmente l'immersione nelle acque dei due protagonisti. Subito dopo, difatti, è la volta di una lunga e dettagliata descrizione delle "canne", delle "conche", delle "trombe", del "portico", dei "marmi", della "testudine" di "smalti", attraverso i quali o dentro i quali l'acqua lustrale corre o si deposita. È uno dei tanti trionfi che l'Arte celebra sulla Natura nel corso del poema, com'ebbi l'ingenuità di predicare anni addietro; per l'intanto, la lunghezza dell'inserto architettonico (dall'ottava 49 alla 56) risponde ad una concezione mondana dell'iniziazione amorosa che si nega qualsiasi memoria rituale. L'immersione di Dante, ad opera di Matelda, nel Lete (*Purg.*, XXXI,91 e ss.) non esercita alcuna suggestione qui (non dico nel lessico, che qualcosa si trova di comune, sia pure poco), ma nell'invenzione. Non di un secondo battesimo si tratta, capace di liberare l'anima del peccatore dopo il riconoscimento dei peccati d'amore commessi, prima tappa verso la purificazione e l'ascesa tra i beati; e di conseguenza, neppure il più consentaneo 'tuffo' di Ameto nella *Comedia delle ninfe fiorentine* (XLIV) ad opera di alcune "ninfe", sì da poter mirare Venere nella sua bellezza, può essere utilmente evocato, se non per instaurare un confronto didascalico scontato. Estraneo, infine, del tutto è il ricordo del bagno lustrale di Orlando, prima del recupero del senno, grazie all'iniziativa di Astolfo (XXXIX, 56,1–4). Del resto, il bagno non è preparazione di altro se non del congiungimento ormai imminente. "Su la sponda d'un letto" (si legge ad inizio dell'ottava 58) Adone scorge "libidinoso satiro e lascivo / ch'a bellissima ninfa in braccio attorto / il fior d'ogni piacer coglie furtivo" (1–4). "È un motivo galante diffusissimo nelle arti figurative", garantisce il Pozzi, che aggiunge: "inaugurato probabilmente dal *Polifilo* (cfr. il commento all'ed. *Pozzi-Ciapponi*, 63 n.2) passa nella grande pittura (Correggio, Tiziano, Lotto, Rembrandt, Poussin), e si diffonde enormemente nelle stampe", attraverso le quali quasi certamente Marino corroborò un'ispirazione, per altro, congeniale. Opportunamente il Pozzi rammenta la lettera a Simon Carlo Rondinelli da Parigi, del 1622 (data probabile), dove si legge: "le ricordo che mi deve alcune stampe di satiri lascivi, le quali mi disse essere tra l'altre sue bagaglie". Ma nel raggiunto piacere, da parte del satiro e della ninfa, pur ritrosa, non è chi non veda pure il rovesciamento di celebri episodi dell'*Aminta* e del *Pastor fido*, dove, bene o male, alla ninfa era concesso sottrarsi alle voglie del satiro:

> Del bel tenero fianco al suo conforto
> palpa con una man l'avorio vivo,
> con l'altra, ch'ad altr'opra intenta accosta,
> tenta parte più dolce e più riposta.
>
> Tra noderosi e nerboruti amplessi
> del robusto amator la giovinetta
> geme, e con gli occhi languidi e dimessi
> dispettosa si mostra e sdegnosetta.
> Il viso invola ai baci ingordi e spessi,
> e nega il dolce, e più negando alletta;
> ma mentre si sottragge e gliel contende,
> ne le scaltre repulse i baci rende.
>
> Ritrosa a studio e con sciocchezze accorte
> svilupparsi da lui talor s'infinge,
> e 'ntanto tra le ruvide ritorte
> più s'incatena e più l'annoda e cinge,
> in guisa tal che non già mai più forte
> spranga legno con legno inchioda e stringe;
> Flora non so, non se Frine o Taide
> trovar mai seppe oscenità sì laide (VIII,58-60).

Né meravigli il commento finale. Non è moralistico, ma, piuttosto, sottolinea, se non la novità, l'efficacia della posizione raggiunta dai due copulatori. Si aggiungano le lusinghe di Venere, la quale dubita maliziosamente di poter trovar "tanto / . . . cortese"(63,1-2) il suo *partner*; né si trascurino le iniziative della Lascivia, sebbene appena suggerite ("spargea dal suo focil mille incentivi", 63,8), e non ci si dovrebbe meravigliar troppo della mutazione di Adone:

> Già di se stesso già fatto maggiore
> drizzar si sente al cor l'acuto strale,
> tanto ch'omai di quel focoso ardore
> a sostener lo stimulo non vale;
> ond'anelando il gran desir, che 'l core
> con sollecito spron punge ed assale,

CANTO VIII: I TRASTULLI 131

e bramoso di farsi a pien felice,
pur rivolto a la dea la bacia e dice . . .

―Tosto ch'a dolce guerra Amor protervo
mi venne oggi a sfidar con tanti vezzi,
tesi anch'io l'arco, ed or già temo il nervo
per soverchio rigor, non mi si spezzi . . . (65,1–8; 67,1–4).

Non è un parlar coperto, e nemmeno più metaforico, anche se Apuleio, nelle *Metamorfosi*, fa discorrere in maniera siffatta ed in analoga condizione il protagonista davanti a Fotide, la Venere di quel libro: "Miserere, inquam, . . . arcum meum et ipse vigorate tetendi et oppido formido non nervus rigoris ninietate rumpatur" (2,16). Perché tosto l'atto cancella ogni ambiguità:

Così parlando e de la lieve spoglia
la falda alquanto in languid'atto aperta,
l'impazienza de l'accesa voglia
senz'alcun vel le dimostrò scoverta (68,1–4).

Ma è tuttora Apuleio a suggerire il gesto esibizionistico ("inguinum fine lascivia remota, impatentiam veneris Photidi mese monstrans"), sì che ci si avvia con simili scorte ad una conclusione ormai scontata, ma che per Marino, contro Apuleio, può aver senso soltanto se ritardata e, per dir così, rinforzata. Venere stessa se ne fa sentenziosa portavoce: "Ritardato piacer, portalo in pace / ne le dilazion cresce non poco" (69,1–2). Il bagno, inoltre, non ha svelato ancora tutte le sue riserve afrodisiache. Appena fuori dai suoi "chiusi alberghi attraverso più "usci" si perviene "a l'ampia corte", dove "scritta de le stanze in su le porte / d'ogni lavanda la virtù si vede" (72,1–4). In altri termini, le acque del bagno, "gelide o fumanti", "torbidette" o "chiare", "dolci", oppure "salse ed . . . amare" che siano (73,6–8), tutte hanno dentro di loro sostanze stimolanti, vegetali in specie:

La tempra di quell'onde, ove fu posta
la bella dea con l'idol suo gradito
del fonte insidioso era composta
che congiunse a Salmace Ermafrodito,
e 'n sé tenea proprietà nascosta
di rinfiammare il tepido appetito,
oltre l'erbe ch'infuse erano in essa
dotate pur de la virtute istessa.

V'era il fallo e 'l satirio in cui figura

oscene forme il fiore e la radice,
la menta che salace è per natura,
l'eruca degli amori irritatrice.
E v'era d'altri semplici mistura
già di Lampsaco colti a la pendice (74,1-8; 75,1-6).

Se dal canto VI in avanti, attraverso i vari giardini dei sensi Marino aveva cercato d'attenersi al "codice botanico" degli aromi, che "informa la mitologia" di Adone, come ha affermato e dimostrato brillantemente il Detienne, non erano però mancate le inserzioni di piante anche eccitanti al coito; io stesso ho avuto agio di farlo vedere in un contributo ispirato alla ricerca del Detienne. Qui, nell'elenco degli afrodisiaci ispirato, annota il Pozzi, da Plinio (satirio, 26,96; eruca, 10,182), da Dioscoride (menta, 3,35) e indirettamente da Marziale, essendo forse soprattutto sua la responsabilità di pensare a Lampsaco come a terra dove si fanno versi priapei (perché lì era nato quel dio) e si onorano membri maschili ragguardevoli (XI,16,3 e 51,1-2), si annida un "fallo" non meglio individuato, e non si dà retta che la menta è pure "un abortivo", stando sempre al Detienne. Non era il caso, comunque, d'ospitare in qualche modo elementi non omogeni in un contesto ormai evidente; tanto più che la descrizione (finalmente) del bagno di Venere, dopo alcune incertezze provocate da enfasi metaforica ("e nel bel sen per entro un mar di latte", si vedono, persino, "tremolando nuotar due poma intatte", 78,7-8), conosce ancora una situazione parallela alla battaglia d'amore (appena rinviata), al fine di accendere sempre di più Adone:

> Parea, battuta da beltà sì cara
> disfarsi di piacer l'onda amorosa,
> e bramava indurarsi e spesso avara
> in sen la si chiudea, quasi gelosa.
> Chiudeala, ma qual pro, s'era sì chiara,
> che mal teneala al bell'Adone ascosa?
> Però che traluce nel molle gelo
> come suol gemma in vetro o lampa in velo.
>
> O qual gli move al cor lascivo assalto
> l'atto gentil, mentre si lava e terge!
> Or ne l'acque s'attuffa, or sorge in alto,
> or le vermiglie labra entro v'immerge,
> or di quel molle e cristallino smalto
> con la man bianca il caro amante asperge,
> ora il sen se ne spruzza ed or la fronte,
> e fa d'alto piacer piangere il fonte (80,1-8; 81,1-8).

CANTO VIII: I TRASTULLI 133

La possibilità di leggere questa sequenza come anticipatrice dei giochi d'amore, che avranno luogo fra poco, è tanto maggiore quanto Marino non rinuncia, già prima, ma soprattutto d'ora in avanti, a lasciare ad Adone la possibilità d'intervenire oralmente e di commentare quanto vede ed attende. Nascono sulla sua bocca iperboli, metamorfosi, arguzie, similitudini illustri, antitesi, 'adunata': il tutto per un gruppo di ottave (83-88) che rallentano alquanto la tensione accumulata via via nello sforzo di raggiungere una poesia erotica che anticipi, senza consumare, il congiungimento dei due amanti. Ed è rallentamento decisivo, nella misura in cui non vuole Marino descrivere quel congiungimento facendo di nuovo ricorso alla maniera, un tantino 'voyeuristica', del satiro e della ninfa. Discutendo di quella scelta, il Pozzi ha pensato ad una "riprovazione", da parte di Marino, del "modo letterario di stile comico e di livello basso in cui quel soggetto veniva realizzato", ed aggiunge che quel "tema può venir accettato a livello pastorale, poiché il satiro richiama infallibilmente all'*Aminta*, o al livello di certa poesia neolatina che contrabbandava sotto spoglie mitologiche i sapori più forti dei temi osceni" (il Bembo del *Faunus*, ad esempio). Ritiene, inoltre, che l'epitalamio fosse il genere a cui Marino poteva rivolgersi per rappresentare l'accoppiamento; ma lui stesso è costretto ad ammettere che di origine e fruizione epitalamica, nelle ottave che si dipartono dalla 91 in avanti, rimangono la descrizione della camera nuziale (una "cameretta riposta", dove non petrarchescamente, "consperse / olezzan l'aure d'aliti soavi" e dove "di fino cristallo e mura e travi" (91,1-2,6), adempiono una ben nota funzione eccitante) e la pittura del letto fastoso e meraviglioso (al di sopra dei suoi "sostegni" di forma arborea alcuni uccellini automatici possono intonare un "concerto angelico", 94,8). "Assolutamente identica è la compaginazione dell'epitalamio *Il letto*, rincalza il Pozzi, per poi convenire che a differenza di quel componimento, brevissima qui è la rappresentazione del congiungimento". Ed è, per di più, la ripresa del ben noto luogo tassiano che identifica, mentitamente, il giardino d'Armida con "il porto del mondo" (*G.L.*, XVI,63,1), il luogo poco sopra richiamato:

> Questo fu il porto, che tranquillo accolse
> la nobil coppia dal dubbioso flutto.
> Qui del seme d'Amor la messe colse,
> qui vendemmiò dei suoi sospiri il frutto;
> qui, tramontando il sol, Vener si tolse
> d'Adon più volte il bel possesso in tutto;
> e qui per uso al tramontar di quello
> spuntava agli occhi suoi l'altro più bello (95,1-8).

Tutto qui, perché dopo si discorre della continuità temporale e della diversità spaziale che caratterizzano i rapporti di Venere e di Adone, ivi comprese qualche divagazione venatoria di entrambi e qualche ombra di gelosia in Venere, che teme Borea, Giove, la Notte, l'Aurora, la Luna, in un crescendo non privo di suggestione: "odia, come rival, l'aura importuna, / gli augelli, i tronchi, i fior l'empion di gelo. / Ha quai gelosia de' propri baci, / de' propri sguardi suoi troppo voraci" (103,5–8). Si esce così dalla "cameretta" all'aperto, in una cornice da "libero amore" come ha detto il Pozzi, con ironia suppongo. Per un certo tratto Venere si occupa di Adone come Armida di Rinaldo, cioè senza trascurare del tutto le sue mansioni abituali (". . . e se per caso / di necessario affar talvolta il lascia", 97,3–4; e Tasso: "Ella per uso il dì n'esce e rivede / gli affari suoi . . . ", XVI,26,3–4). Però Venere non ha ristretto agli "orti" e al "tetto", come lascia intendere il Tasso, lo spazio dei "trastulli" con l'amante. Dispone di una grotta romita e nel contempo preziosa dove, vedi caso, si fa "Arte" la "Natura", sì da non sfigurare del tutto nel confronto col bagno e con la camera che hanno già fatto da sfondo ad amori tanto intensi. Un'eventuale memoria della "spelunca", in cui si celebrano le nozze di Didone e di Enea (*Aen.*, IV,165–168), non si accampa neppure in questa circostanza. Nessun urlo di ninfe accompagna i ripetuti congiungimenti di Venere e di Adone ("summoque ululărunt vertice Nymphae", aveva scritto Virgilio), perché "eran de' sonni lor l'aure nutrici, / cortinaggi le fronde e l'erbe piume, / secretarie le valli e le montagne, / e l'erme solitudini compagne" (106,5–8); ed ancora, poco oltre: "Mossi da l'aure vane e vaneggianti / con alterni sussurri abeti e faggi / pareano dire, e lingua era ogni fronda: / —più ne nutrisce Amor che 'l sole l'onda—" (107,5–8). Non poi troppo diversamente Tasso, terminate le celebri ottave sulla rosa intonate dal pavone, aveva introdotto un "coro" di "augelli", di "baci" di colombe, ed infine di alberi: "par che la dura quercia e 'l casto alloro / e tutta la frondosa ampia famiglia, / par che la terra e l'acqua e formi e spiri / dolcissimi d'amor sensi e sospriri" (XVI,16,5–8). Se questa memoria ha funzionato, allora, l'attributo di "secretarie" alle "valli" era un segnale da non trasurare: non a caso proveniva da un luogo virgiliano celeberrimo della *Gerusalemme* (VI,103,7). Ed in più non è per nulla difficile continuare a leggere l'episodio del vagheggiamento di Adone attraverso quello analogo di Rinaldo: vi riappaiono il "grembo" femminile, gli "occhi", il "seno", i "baci", il "riso", i "vezzi", i "sudori", i "fiori", gli "errori", (e delle "chiome" di Armida, e degli "aurei capei" di Adone). Manca lo specchio, tramite di sguardi e di argutezze eleganti fra la maga e il cavaliero, ma già sappiamo che Marino ne aveva previsto un impiego

CANTO VIII: I TRASTULLI

più largo e più edonistico. Le ottave, dove i riscontri accennati si fanno palesi a quanti rammentano le ottave 17 e ss. del canto XVI della *Liberata*, andrebbero citate per intero, ma solo per consentire al lettore di accorgersi lui della rielaborazione mariniana, la quale va dalla 108 alla 111 e si arresta con un dialogo, abbastanza scontato, fra i due innamorati. Adone giura fedeltà, con una formula a dir poco infelice, ma prendiamola per quel che è: "S'altro che 'l ver ti giuro, o bella mia, / di superbo cinghial preda mi sia" (113,7–8). Venere risponde con un invito a "godersi" ed "amarsi" e lo rafforza, secondo il Pozzi, con la ripresa di un verso delle *Rime* del Tasso: "Viviamo, amiamci, o mia gradita Ielle" (380) che, è ovvio, traduce alla lettera una celeberrima esortazione catulliana (5,1). La quale non è da porsi in non cale, dal momento che il successivo "da mihi basia mille, deinde centum" e via di seguito è nulla al confronto del profluvio di ottave, dalla 122 alla 147, che in varia forma, narrativa e dialogica, sono dedicate al bacio (in minor misura agli occhi). "Se al gruppo delle ottave trattanti direttamente del bacio (ott. 124–140)—scrive il Pozzi—aggiungiamo le due dedicate alla bocca (ott. 122–123), otteniamo un blocco di diciannove ottave, cioè di diciannove variazioni su quel tema: ora è questo proprio il numero dei *Basia* di Giovanni Secondo: la coincidenza sarà puramente casuale?". È un interrogativo cui non so dare risposta, bastandomi i raffronti fra i due testi proposti, in specie a proposito dell'ottava 140, un autentico calco del quarto componimento del poeta dell'Aia, tanto ammirato da Ronsard e dai poeti della Pléiade. Ma il nome di Secondo non è l'unico ad essere avanzato. Vi torna il Tasso, vi si affaccia il Guarini delle *Rime* (per le ottave delle comunicazioni dell'anima attraverso i baci, 131 e ss.), e giustamente è ricordata in questo reprertorio l'antecedenza di Pontano. Forse (ma non è possibile, di fronte a siffatta dovizia, farlo impunemente) bisognerebbe tentare di scordarsi delle tante e tante radici che abbarbicano queste ottave alla lirica amorosa latina e volgare del Cinquecento. Bisognerebbe abbandonarsi spontaneamente (ma viene quasi da vergognarsi a dire certe parole) al tentativo del poeta di affidare alla voce dei suoi protagonisti l'espressione canora e musicale dei loro trasporti. Ad Adone appartiene quest'ottava, che non stonerebbe in un duetto madrigalistico:

> Per mezzo il fior de le tue labra molli
> Amor, qual augellin vago e vezzoso,
> con cento suoi fratei lascivi e folli,
> vola scherzando e vi tien l'arco ascoso.
> Né vuol ch'io le mie fami ivi satolli,
> de le dolcezze sue quasi geloso,

che tosto ch'io per mitigar l'ardore
ne colgo un bacio, ei mi trafige il core (138,1–8).

Soffermandosi sull'ottava precedente, osserva maliziosamente il Pozzi che, talora, Marino "pone sulla bocca di Adone degli inviti erotici che converrebbero meglio al dire di donna e di conseguenza al fare di maschio"; e riferisce un particolare nell'ottava 137, un "pungi, ferisci, uccidi e svenir fammi". Ma la catena verbale così costituita chiama in causa anche la lingua di Venere, e perciò l'ambiguità è meno tipica del solito della femminilità di Adone, "caratteriale" dice il Pozzi. Nell'ottava trascritta la presenza di un "augellin vago e vezzoso" complica molto di più le cose, a parer mio. Ma se non ci si vuole perdere negli scambi impossibili, resta il fatto che, se ogni ottava del dialogo instaurato fra Adone e Venere tende a riecheggiare un madrigale, il quale, ricorda il Pozzi, "era un genere per così dire di consumo orale piuttosto che destinato alla lettura silenziosa", in quanto "fatto per canto e per la recita", alla fin fine l'attribuzione all'uno piuttosto che all'altro personaggio non era tanto rilevante. Voglio dire che la qualità canora e musicale di queste ottave finisce per bruciare anche la loro appartenenza ad una vicenda sofferta e narrata. Non a caso il canto termina con una notte che è soprattutto, spegnimento di voci: "Già cede al grillo la cicala e cede / il rosignuolo a la civetta il canto, / che garrisce le stelle e dice oltraggio / del bel pianeta al fuggitivo raggio".

NOTA BIBLIOGRAFICA

Il testo è quello stabilito da G. Pozzi, eccezion fatta per il rispetto dell'"uso mariniano di unire le preposizioni articolate senza raddoppiamento, . . . i pronomi relativi *quale* e *che* all'articolo o al dimostrativo, . . . il riflessivo rafforzato" ed "altre combinazioni" (Tutte le opere di Giovan Battista Marino, vol. II, *L'Adone*, t. I, Milano 1976, pp. 423–462); ivi, anche, al t. II il commento, pp. 392–413, utilizzato ampiamente, congiuntamente alla "Guida alla lettura", segnatamente alle pp. 96 e ss. Le lettere sono cit. dalla mia ed., sebbene un tantino invecchiata (Torino 1966, pp. 84, n. 48, e 321, n. 170). Di Carmela Colombo si cfr. *Cultura e tradizione nell'Adone di G.B. Marino*, Padova 1967, pp. 28–30. Dei miei lavori, oltre al semplice e "celebrato" secondo il Pozzi *L'Adone poema dell'Arte* in *Tecnica e invenzione nell'opera di Giambattista Marino*, Messina-Firenze 1964, pp. 107–141, richiamo il più complesso e del tutto ignorato *Il codice botanico dell'Adone*, in "Sigma", XIII (1980), pp. 106–107. Di Giovanni Getto ricordo l'introduzione alle *Opere scelte* di Marino, Torino 1949, p. 55, leggibile anche in *Barocco in prosa e in poesia*, Milano 1969, p. 56. Per il procedimento di "differenziazione di un elemento nella serie dell'Adone", operante nel canto, rinvio al saggio così intitolato di Bruno Porcelli, nel vol. dello stesso *Le misure della fabbrica. Studi sull'"Adone" del Marino e sulla "Fiera" del Buonarroti*, Milano 1980, pp. 89–101. Ed infine, *Ein Tosco-Venetianisch Bestiarius*, a cura di M. Goldstaub e R. Wendriner, Halle 1892, p. 24 (devo la segnalazione di questo testo ad Eleonora Vincenti).

CANTO IX: LA FONTANA D'APOLLO

Guido Baldassarri

Il Marino, ovvero la Poesia

Nella persona di Fileno, nome derivato dall'amore, il poeta descrive sestesso con gran parte degli avvenimenti della sua vita. Fingesi pescatore per aver egli il primo, almeno in quantità, composte in volgar lingua poesie marittime. La fontana d'Apollo in Cipro altro non importa che la copia della vena poetica, laquale oggidì sovrabonda pertutto, massime in materie liriche ed amorose. L'armi intagliate in essa son simulacri di nove famiglie d'alcuni prencipi principali d'Italia, protettori delle muse italiane, cioè Savoia, Este, Gonzaga, Rovere, Farnese, Colonna, Orsino e precisamente Medici; sicome l'insegna de' gigli scolpita a piè d'Apollo istesso rappresenta lo scudo della casa reale di Francia. La lite de' cigni esprime il concorso d'alcuni buoni poeti toscani che gareggiano nella eccellenza, cioè Petrarca, Dante, il Boccaccio, il Bembo, il Casa, il Sannazaro, il Tansillo, l'Ariosto, il Tasso ed il Guarini. Nel gufo e nella pica si adombrano qualche poeta goffo moderno e qualche poetessa ignorante.[1]

Varrà la pena di soffermarsi un attimo, in apertura, sull'*Allegoria* del canto, se non altro per rilevarne la singolarità all'interno della sequenza del poema: l'unica (seguìta a qualche distanza da quella premessa al c. XX) a non recare tracce di una lettura "moralizzata", e a offrire soltanto chiavi di decifrazione piuttosto precise delle molteplici allusioni alle ragioni dell'elogio e della committenza, delle polemiche letterarie e delle prospettive in senso lato "storiografiche", in materia di poesia, dell'autore.[2] Quale che sia, in termini generali, il rapporto ipotizzabile fra quest'ultimo e l'estensore delle *Allegorie*, ne risulta quanto meno confermato *ab origine*, per il canto, lo *status* di sostanziale sospensione del racconto suscettibile di "moralizzazione" (gli amori di Venere e Adone), e in termini che non trovano adeguato riscontro né nel gruppo di canti "didattici" funzionali al "matrimonio" dei protagonisti (VI–VIII) né nei successivi cc. X–XI, l'ascesa ai cieli della Luna, di Mercurio e di Venere, a loro volta sospensivi della sequenza della "fuga", della "prigione", degli "errori".[3]

Chiuso fra il nuovo "sole", tutto amoroso, dell'invocazione di apertura agli "occhi" della sua donna, e la splendida e conclusiva ottava sul venire della notte che segna il termine della giornata e dell'"azione" che ad essa si riferisce, secondo gli schemi non usuali nella partitura complessa e variata dell'*Adone*[4]

(Sorgea la notte intanto e l'ombre nere
portava intorno e i pigri sogni in seno.
Del'immortali sue lucenti fere
tutto il campo celeste era già pieno
e di quelle stellanti e vaghe schiere
per le piagge del ciel puro e sereno
la cacciatrice dea che fugge il giorno
l'orme seguia con argentato corno),

il c. IX si qualifica intanto come "singolarità", come non appartenente a un "gruppo locale" di canti, come invece richiederebbero strategie altrove ben collaudate dal Marino.[5] La centralità della funzione d'autore, giustificata *in limine* sin dall'*Allegoria*, garantisce dal canto suo il senso dell'operazione: privilegiamento, in posizione forte, del canto, non sua parenteticità rispetto alla sequenza narrativa del poema.

La "dismisura" dell'*Adone*, nel suo insieme e nelle sue parti, come nei rapporti multipli e tutt'altro che univoci che queste ultime intrattengono fra di loro, è evidentemente tale da condizionare funzioni e uso dello strumento stesso della "lettura" come "genere" collaudato di approccio critico ai testi: non potrà dunque stupire un ulteriore indugio su livelli multipli di coincidenze e di parallelismi indubbiamente calcolati con luoghi del poema debordanti rispetto alla misura del canto. È caratteristico infatti che, sul piano delle funzioni narrative, il c. IX rinvii, e per le stesse ragioni, ai cc. I e XX, e insomma ai luoghi deputati all'apertura e alla conclusione del poema: nel primo caso in virtù di un'ovvia analogia fra il ruolo dell'*otium* di Fileno/Marino e quelli di Clizio/Imperiali, nel secondo grazie all'introduzione nei giochi adonii delle due coppie Fileno/Lilla e Clizio/Filli, nonché della funzione di testimone/reporter assunta da Fileno nell'ottava conclusiva del poema, evidentemente correlata a puntuali inviti in tal senso rivoltigli da Venere appunto nel c. IX.[6] Non si tratta naturalmente di coincidenze superficiali, di scontati ritorni dei medesimi personaggi all'interno della narrazione: se non altro perché (come si è giustamente osservato specie a proposito di *Adone* XX, 515), il Marino procede in questi luoghi a drastiche innovazioni dei collaudati istituti del racconto in genere e del poema narrativo in particolare, da un lato provvedendo senza mediazioni altrove consuete (cicli figurativi, profezie e simili) a una sovrapposizione diretta fra il tempo del racconto e il tempo del narratore[7] (Marino e l'Imperiali, con le loro precise marche spazio-temporali, introdotti come personaggi di primo piano che interagiscono con le vicende e i movimenti nel poema di Venere e Adone), dall'altro separando con brusca dicotomia la funzione dell'io narrante dalla funzione di autore/reporter, affidata per l'appunto a Fileno. Dal canto suo, il binomio Marino/Imperiali, e insomma la doppia presenza nel poema di Clizio e di Fileno (non a caso "riepilogata" in virtù della comune partecipazione ai giochi adonii proprio nel c. XX), è apparsa indicativa di una gerarchia, oltre e più che di valori poetici individuali, di livelli stilistici e di generi letterari di riferimento, con netta distinzione fra il "poema epico di pace" e la tradizione bucolico-pastorale dello *Stato rustico*, e insomma fra le scelte del Marino e la pur prestigiosa linea *Aminta-Pastor fido*, con conseguenze di assoluto rilievo circa la genesi e il progetto dell'*Adone*, cui pure il c. IX, il canto di Marino/Fileno e della poesia, non può evidentemente non fare riferimento.[8] Se si aggiunge che punti non tutti esteriori di contatto quest'ultimo intrattiene con la dedicatoria a Maria de' Medici, e nel nome del comune elogio della "reciproca scambievolezza che lega insieme i prencipi e i poeti, gli scettri e le penne, le corone dell'oro e quelle dell'alloro", e in virtù della comune esaltazione di entrambe le "maestà", Luigi e Maria[9] (operazione come si sa tutt'altro che pacifica, stanti le vicende della corte francese e la condizione del Marino a Parigi), di contro al differenziato bilanciamento dei contigui cc. X–XI,[10] l'assunzione da parte del c. IX di funzioni altrove delegate al proemio non potrà che apparire confermata e precisata[11] anche oltre il rilievo di una sua propedeuticità proprio ai cc. X–XI, che godono dal canto loro di autonoma e tanto più puntuale introduzione nelle ottave 1–6 del decimo, l'invocazione alla musa Urania, con esplicita e non precisamente usuale profferta, oltretutto, di due illustri precedenti, quello, scontato, del *Paradiso* dantesco, e l'altro, tanto più significativo, del *Furioso*.[12]

Sequenza narrativa unica, secondo le ricognizioni a vasto raggio del Pozzi,[13] nel senso che la "visita" di Venere e Adone alla fontana di Apollo è in grado di esaurirne per intero l'azione (confinata per i più, come si è visto, entro i limiti precisi di una sola giornata: ott. 7 e 200), il c. IX, e i connessi discorsi mariniani sulla poesia, si articolano però secondo un percorso frastagliato, con calcolate duplicazioni al loro interno. Basti qui segnalare l'esempio vistoso della descrizione delle fontane e degli stemmi gentilizi, da cui si diparte la lunghissima "profezia" di Venere sulle sorti della poesia "toscana" (letta sul versante della committenza signorile e principesca), e della meno estesa rassegna degli uccelli/cigni/poeti, funzionale invece a una rilettura di quelle stesse vicende *sub specie auctorum*, in una prospettiva per dir così "storiografica" tutt'altro che ingenua o disattenta,[14] che approda poi alle "fischiate" mariniane nei confronti del gufo/Stigliani e della pica/Sarocchi.[15] Parallele, queste ultime, dal canto loro, alla rievocazione partigiana delle dispute non solo e non proprio letterarie col Murtola, nel lungo discorso autobiografico di Fileno (e si ricorderà che un preannuncio della fontana d'Apollo appare già all'altezza del c. VII, oasi di approdo del perseguitato Pasquino e della vena polemico-satirica mariniana, persuasivamente identificata in primo luogo proprio con gli attacchi antimurtoliani degli anni torinesi):[16] discorso autobiografico che poi—contraddizione altrove, ma non nella testura dell'*Adone*—si traduce in trascrizione a fosche tinte della situazione del poeta di corte, non senza riferimenti più che precisi alle vicende biografiche del Marino e a città e signori che la successiva "profezia" di Venere si incaricherà di rievocare all'interno dello stesso canto all'insegna dell'elogio, della munificenza come del mecenatismo nei confronti dei poeti.[17] E certo, se la via delle individuazione delle contraddizioni interne del poema risultasse almeno in via d'ipotesi fruttuosa e percorribile, sarebbe facile rilevare, sempre nell'episodio di Fileno, l'apparente divisione dei compiti fra la "musa molle" che presiede al c. VIII (il "matrimonio" di Venere!) e gli ideali poetici, ma anche di vita, apparentemente più dimessi del pescatore/Marino (*vita*—e pagina—*proba*), e insieme l'esibizione volutamente oscena della prassi poetica ad essi concretamente riferita:[18] controprova invece di una pratica della contraddizione come "inganno" delle attese del lettore (quasi compenso per gli esiti invece scontati della "favola", della sequenza narrativa principale) e come calcolata infrazione della norma *conveniens*, se non proprio del "decoro", tradizionalmente adibita all'interno del poema narrativo. Ma per la verità, per tornare intanto alla pluralità prospettica del canto, qualche connessione con il tema centrale della poesia—anche se meno precisabile in virtù di un'allegoresi anch'essa tutt'altro che univoca—non può non avere l'episodio della pesca delle perle,[19] che alla *trouvaille* naturalistica di matrice pliniana associa infatti corrispondenze sospette: funzionali, certo all'introduzione del pescatore Fileno, ma pure indicative per altra via della connessione centrale per tutto il canto fra la poesia e l'amore.[20] Varrà comunque la pena di osservare, a titolo conclusivo, e ben oltre i confini dell'*ysteron proteron* ("confusione de' tempi") identificato sin qui nel discorso "autobiografico" di Fileno (la successione invertita fra la prigionia torinese e l'attentato del Murtola),[21] un uso insistito e indubbiamente abile dell'anacronismo in tutti i dettagli del canto: se l'*otium* del pescatore al riparo delle corti può e deve essere

CANTO IX: LA FONTANA D'APOLLO

inteso come un ritorno, pur dopo l'esperienza di Francia, al Sebeto, sede della poesia come dell'amore,[22] e alle "poesie marittime" della giovinezza, è anche vero che Venere gli affiderà poi la fedele registrazione dei propri "amori", preannunciando quindi la presenza alla corte di Luigi di un cantore napoletano in termini non molto distanti da quelli esibiti per Maria de' Medici nel c. XI, cui del resto già qui si rinvia.[23] Non c'è che dire: se ipotesi più generali sull'*Adone* possono formularsi a partire da questo canto, caratteristica delle insistite simmetrie mariniane è la loro mutevolezza a ogni cambiamento di scala, a ogni passaggio dall'insieme del poema ai "gruppi locali" di canto, sino al canto singolo, ai suoi episodi e ai dettagli di ciascuno; non solo di "disfunzionalità narratologica" rispetto alla collaudata tradizione del poema narrativo si tratta, ma di qualcosa di più, di una pratica illusionistica calcolata, di un miraggio programmato e d'autore.[24]

Occorrerà qui osservare, in termini anche più generali, che, pur dopo le ampie e ambiziose ricognizioni compiute dagli anni Settanta in poi sul poema mariniano,[25] proprio i rapporti dell'*Adone* con la tradizione del poema narrativo specie cinquecentesco appaiono paradossalmente sottostimati. Reazione ovvia degli studi recenti, più intenzionati a mostrare l'apertura ampia del Marino nei confronti di tradizioni *autres* di "generi", e poco propensi a riaprire una questione che, dalla "prefazione" dello Chapelain in poi, e specie nelle polemiche italiane successive, tanto spesso è venuta storicamente a coincidere con esteriori *querelles* attributive dell'*Adone* alla tradizione "epica", con conseguenti fraintendimenti a catena della genesi e della "novità" del poema.[26] E tuttavia, ormai superati almeno in via di principio i rischi di uno schiacciamento di quest'ultimo su di una prospettiva cinquecentesca che non gli compete,[27] sarà pure il caso di confermare che—modelli grecolatini alternativi a parte: il caso di Ovidio[28] e Nonno—il riferimento più immediato per le complesse manipolazioni mariniane non può che essere la tradizione del poema narrativo, quale che sia l'ampiezza (innegabile) del rifiuto—strutturale, narratologico prima ancora che linguistico—del modello tassiano e la predilezione semmai per taluni ritorni, essi stessi "partigiani", verso soluzioni in senso assai lato "ariostesche".[29] E questo non solo per le ragioni ovvie che quella tradizione condizionava comunque l'orizzonte delle attese del pubblico (conferma ne siano le discussioni appunto e le polemiche sull'*Adone*, ma pure le tensioni quasi sempre inappagate dei marinisti, anche di seconda generazione, verso la misura "lunga" del poema "cavalleresco"),[30] ma anche nel senso più generale che ogni "rivoluzione", e perfino quella marinista, avviene *all'interno* di istituti letterari consolidati, rispetto ai quali occorre poi valutare esiti e intenzioni, pena il fraintendimento non solo dei connotati complessivi dell'operazione, ma della stessa lettera del testo, che, come nel caso dell'*Adone*, a quei precedenti e persino a quella *koiné* linguistico-stilistica non può non fare riferimento.[31] Il c. IX per la verità meno di altri si presta a conferme esplicite in questa direzione (salvo che sul piano appunto stilistico-linguistico, per il quale evidentemente non ha responsabilità proprie, separabili, specie in questa sede, da un discorso più generale e tanto più impegnativo sull'*Adone* nel suo complesso): anzi, la chiamata in causa di moduli sperimentatissimi dalla tradizione cinquecentesca (dalla "profezia" ai cicli figurativi, qui nella fattispecie particolare della rassegna per blasoni nobiliari)[32] non può essere disgiunta stavolta dal rilievo di forme compositive assai più generali nei complicati equilibri dell'*Adone*.[33] Le occorrenze "tassiane" del canto non modificano da questo punto di vista la situazione;[34] e tuttavia uno dei compiti cui un attraversamento pur rapido della *Fontana d'Apollo* non può sottrarsi è proprio quello di additare l'opportunità di una ridiscussione dei rapporti più generali di questo poema con la tradizione cinquecentesca, se non altro in virtù di dichiarazioni esplicite del Marino al riguardo, che converrà in futuro indagare con pazienza, pur dopo le indicazioni puntuali dell'ultimo decennio. Chiuso fra la *recusatio* iniziale di possibili e concorrenti progetti "epici" (la *Gerusalemme distrutta*, le *Metamorfosi*[35] e le finali "fischiate" contro lo Stigliani e la Sarocchi (che chiamano in causa, si badi, proprio due poemi "narrativi", il *Mondo nuovo* ma anche la *Scanderbeide*), il canto della poesia, non casualmente coincidente col canto ("autobiografico") di Marino/Fileno, a tutt'altro può riuscire funzionale che a una presa delle distanze dall'epica nel nome di una poesia "amorosa" senza aggettivi. La via non tassiana, o antitassiana, dell'*Adone* non significa per nulla un chiamarsi fuori o un rigettare la tradizione del poema narrativo; pur nel suo taglio apologetico e partigiano, la difesa preventiva della "prefazione" dello Chapelain perderebbe molte delle frecce al suo arco se non in riferimento a un percorso alternativo e tuttavia possibile all'interno di quel "genere" letterario, magari estremizzando consapevolmente posizioni teoriche tuttavia in corso nel tardo Cinquecento, la congruenza ad es. fra gli "eroici" e gli "amori".[36] A guardar bene, anche la prima rassegna di poeti, per blasoni nobiliari e dunque per committenti (a prescindere per il momento dalla nozione assai speciale di committenza che il Marino qui e altrove propone, all'insegna di una "uguaglianza" fra principe e poeta assai diversa dalla "servitù" cinquecentesca, e che assegna dunque significati specifici alla polemica altrimenti topica nei confronti della corte),[37] offre in questa prospettiva indicazioni non trascurabili, se l'elogio delle diverse casate

CANTO IX: LA FONTANA D'APOLLO   145

nobiliari e principesche approda poi—selezione di rilievo—all'evidenziazione di una sola tradizione recente, che è poi quella estense dell'Ariosto e del Tasso. Compenso di non poco conto, e proprio in questo canto deputato alla poesia, dell'eclissi di Ferrara da altri altrove rilevata:[38] e tanto più rispetto alla genericità degli stessi elogi medicei, o al produttivo anacronismo che assegna un Virgilio alla casata Gonzaga.[39] L'impazienza polemica del c. IX non solo nei confronti degli sgraziati epigoni dell'Ariosto e del Tasso (fra cui principalissimo il solito Stigliani), ma anche dei tentativi cinquecenteschi di un'epica che invano aspira a rinnovare i grandi modelli di Omero e di Virgilio non può insomma significare molto più che il rigetto di tentativi pretenziosi quanto inerti, ligi a modelli inarrivabili per le forze degli autori in campo, che a un minimo di novità associano difettive energie: votati dunque all'insuccesso, nell'ottica mariniana, in grado persino di recuperare all'indietro topiche condanne di matrice oraziana.[40] Sembra lecito concludere che, più che a Napoli, sede di una tradizione prestigiosa di poesia d'amore in qualche modo contrapposta a quella cinquecentesca della linea Ariosto-Tasso ("arme" e "amori"), il mito della centralità del Sebeto, per altra via anticipato nei cc. I e IV,[41] guardi piuttosto—e più semplicemente—alla poesia mariniana: evidentemente "amorosa", come con cifra "ovidiana" e non senza agganci significativi quanto problematici con altre zone del poema viene definita nell'antefatto della diegesi autobiografica del c. IX:[42] ma proprio in virtù di una congruenza generale fra "poesia" e "amore"[43] che, più che interferire con partizioni di "generi" e loro ipotetiche gerarchie, costituisce semmai una generalizzazione, dalla poesia mariniana alla Poesia. Tutta incentrata sul Marino, con *interpretatio nominis* non desueta né nel poema né—ma con tono di beffa—in ottave quasi loro malgrado celebri del *Mondo nuovo*,[44] era del resto, a guardare all'indietro verso la celebre lettera premessa alla *Sampogna*, la stessa invenzione della "sirena" napoletana, rovesciamento polemico quanto compiaciuto di altrettanto noti attacchi stiglianeschi; e certo, anche con l'occhio alla dottrina di questo canto circa la peculiarità della tradizione poetica nelle tre lingue "classiche", greca, latina e "toscana",[45] difficile sarebbe comprendere, al di là dell'"illusionismo" strutturale di fondo, il significato e la funzione della compresenza del profilo "autobiografico" di un Marino poeta per vocazione e natura e della doppia rassegna dei poeti se non in virtù di una non tanto dissimulata coincidenza tra la "fontana d'Apollo" e il Marino ("la copia della vena poetica, laquale oggidì sovrabonda" di cui parla l'*Allegoria*). L'invocazione di apertura agli occhi della sua donna, anomala in questa sede ma non senza riferimento, nel rinvio ad un amore "eterno", a situazione ad es. ariostesche,[46] acquista stavolta un significato non solo esornativo: luogo improbabilmente autobiografico, e insieme, nel nome del Marino, coincidenza compiuta fra "amore" e "poesia".

NOTE

1 *Adone*, a c. di G. POZZI, in G. B. MARINO, *Tutte le opere*, a c. di G. P., II, I, Milano 1976, p. 463. L'edizione, i cui criteri specie per quel che riguarda la grafia non sempre paiono irrefutabili, è corredata com'è noto di un fondamentale commento (II, II) che rappresenta il punto di partenza costante della presente "lettura". Nel seguito, per semplicità, si citerà il testo del Marino senza rinvio al volume, il commento con rimando al tomo (II).

2 Per l'*Allegoria* al c. XX, che solo in apertura allude brevemente a una lettura "moralizzata" del canto, cfr. ivi, pp. 1255–1256. Da rileggere in questa direzione, oltre a luoghi assai noti del poema (cfr. ad es. I, 10: ivi, p. 31), sarà la stessa dedicatoria a Maria de' Medici (ivi, p. 9, prg. 35): "[. . .] per avere io ridotto il suggetto che tratta, come per l'allegorie si dimostra, ad un segno di moralità che peraventura si ritrovi fra tutte l'antiche favole, contro l'opinione di coloro che il contrario si persuadevano, giudico che ben si confaccia alla modesta gravità d'una prencipessa tanto discreta". Indicazioni pur provvisorie sui rapporti fra l'*Adone* e le *Allegorie* ai canti, e prima ancora sulla collaborazione a questo fine fra il Marino e Lorenzo Scoto, sono offerte dal commento cit. (II, p. 173).

3 Una complessa analisi narratologica dell'*Adone* è offerta dal commento suddetto (ivi, II, pp. 16–42 *L'istituto narrativo*). Fra gli studi successivi, e senza entrare in discussioni esorbitanti rispetto agli scopi e all'estensione della presente "lettura", da segnalare almeno B. PORCELLI, *Le misure della fabbrica. Studi sull'"Adone" del Marino e sulla "Fiera" del Buonarroti*, Milano 1980. Giudizio diverso sulla collocazione del c. IX all'interno delle strutture complessive dell'*Adone* dà il Pozzi nel "commento riassuntivo" del canto (II, p. 416), ma sulla scorta di analogie formali che non paiono incontrovertibili.

4 *Adone*, ed. cit., pp. 465–466 e 515 (IX, 1 ss. e 200): naturalmente ha ragione il Pozzi a rilevare (ivi, II, p. 415) che le prime sei ottave adempiono alle consuete funzioni proemiali, mentre l'"alba", nella "favola", è alle ott. 7–16: ma quel che importa è qui la calcolata sovrapposizione, come si dirà meglio in seguito, fra il "sole" (con i connessi miti di Apollo e della poesia: *La fontana d'Apollo!*) e "amore". Un'analisi dettagliata delle coincidenze fra le "giornate" dell'"azione" e la scansione dei canti nel commento cit. (II, pp. 29–30).

5 Per cui rinvio intanto agli studi ricordati qui sopra alla n. 3.

6 *Adone*, ed. cit., pp. 476–487, 82–89, 1275–1276, 1385, 479 rispettivamente (IX, 47–91; I, 133–161 ss.; XX, 72–78 e 515: "[. . .] 'l pescator Fileno, / che presente ascoltò quant'egli [Apollo] disse, / quanto diss'egli e tutto il filo apieno / di que' tragici amori in carte scrisse"; IX, 56–58: "Fortunato cantor, la nobil arte / quanto più gradirei del tuo concento, / se i diletti e i dolor spiegassi

CANTO IX: LA FONTANA D'APOLLO 147

in carte / che per costui, non più sentiti, io sento [. . .]", con ovvio richiamo—ott. 58: "[. . .] nel felice drappel de' cigni miei / ti porrò, candid'ombra, alma beata [. . .]"—al successivo episodio della rassegna dei cigni/poeti). Cfr. poi le indicazioni in tal senso offerte dal commento (ivi, II, pp. 68–69, 201–202, 700–701, 28 rispettivamente).

7 Ivi, II, pp. 28 e 71–72.
8 Ivi, II, pp. 201–202 e 387–390 (specie in riferimento all'episodio di Talia: VII, 229 ss.).
9 Ivi, I, pp. 3 e 8–9, prgg. 1 e 31 ("Per riparare adunque alla disconvenevolezza di cotale sproporzione [*fra il 'dono' del poema e i 'pregi di S. M.'*], io mi sono ingegnato di ritrovare un mezzo potente, e questo si è introdurre il mio dono per la porta del favore di V. M., anzi all'una e all'altra Maestà farlo commune [. . .]"). Indicazioni puntuali sulle oscillazioni mariniane a monte della dedicatoria del poema nel commento (ivi, II, p. 167).
10 Ivi, pp. 565–583 e 626–635 (IX, 187 ss. e specie 203 ss.; XI, 135 ss.), e II, pp. 453–455 e 466–467.
11 Su cui opportunamente richiamava l'attenzione M. GUGLIELMINETTI, *Tecnica e invenzione nell'opera di G. B. Marino*, Messina-Firenze 1964, p. 107.
12 *Adone*, ed. cit., pp. 519–520 ("Tu, che di Beatrice il dotto amante / già rapisti lassù di scanno in scanno / e 'l felice scrittor, che d'Agramante / immortalò l'alta ruina e 'l danno, / guidasti sì che su 'l destrier volante / seppe condurvi il paladin brittanno [. . .]"), e II, pp. 437–438.
13 Ivi, II, p. 775.
14 Ivi, pp. 488–505 e 506–512 (IX, 94–163 e 164–189: e cfr. II, pp. 414–415). Dell'attenzione con cui il Marino costruisce questa seconda rassegna, di "cigni"/poeti, è testimonianza sufficiente il gruppo delle ottave 177–183 (in essa centrali, non solo perché destinate ai "più moderni / del'italica lingua onori eterni": ott. 174, ma perché debordanti rispetto alla misura della nuda "rassegna", come segnalano agli estremi opposti le ott. 176 e 183, la pur *sui generis* invocazione—ad Aristofane!— e il conclusivo "sbucar" del gufo/Stigliani, che mette fine alla "nobil gara"): concluso dall'indicazione dei tre "ferraresi" Ariosto, Tasso e Guarini all'insegna di una contiguità per area geografico culturale, estense, che fa premio sulla tradizione di genere (Ariosto-Tasso *vs* Guarini) e sulla nascita (il Tasso "napolitano" dell'ott. 182!), magari non senza il sospetto di un più complesso e tutto implicito rapporto (*Furioso-Liberata, Aminta-Pastor fido*), aperto da un *a solo* petrarchesco (ott. 178); e con al centro tre ottave bipartite: l'Alighieri e Boccaccio (ott. 178; certo nel nome della *pietas* dantesca del certaldese), il Bembo e il Casa (ott. 179; che è poi—al di là della tutta mariniana contrapposizione tra "cardinale" e "vescovo": "purpureo" e "verde"—riconoscimento di non poco rilievo della bipartizione cinquecentesca della tradizione lirica), infine il Sannazaro e il Tansillo (ott. 180: due "napoletani" che non a caso individuano ascendenze tutt'altro che generiche della stessa poesia mariniana: "un altro figliuol de la Sirena"). Per tutta la questione, anche

con prospettive parzialmente diverse, cfr. poi il commento (II, pp. 433–434).
15 Ivi, pp. 511–512 (IX, 183–188): su cui cfr. M. PIERI, *Per Marino*, Padova 1976, pp. 133–138.
16 Ivi, pp. 401–406 (VII, 168 ss. e specie 185–188), e II, p. 385. Non a caso oggetto delle "frecciate" (ott. 187) di Pasquino è nel c. VII precisamente lo Stigliani.
17 Ivi, pp. 481–487 (IX, 64 ss., e specie 74–87): ne risultano coinvolte le corti di Roma e di Torino e quella regia di Francia; almeno le due ultime sono poi ben presenti a titolo elogiativo, e in posizione chiave, nella successiva rassegna di Venere, che anzi si incaricano di aprire e concludere (ivi, pp. 495–505: IX, 120 ss. e 154 ss.: sottile la soluzione prospettata dal Pozzi, II, pp. 414–415). Per l'atteggiamento mariniano nei confronti della corte di Roma, qui e altrove, cfr. poi il commento, ivi, II, pp. 68–69, 125–126, 383–386, 696–697, e, per i Savoia, ivi, p. 129. Per la polemica anticortigiana dell'*Adone*, sarà poi intanto da ricordare, oltre al luogo parallelo, ben noto, del c. I, 144 ss. (ivi, pp. 85–89), riferito alla condizione di Clizio/Imperiali, il c. X, 78 ss. (ivi, pp. 538–540), con la connessa ripresa del tema della "calunnia di Apelle" (per cui cfr. ivi, II, p. 445).
18 Ivi, pp. 425–426 (VIII, 1–6: "Lunge, deh!, alme severe e schive / da la mia molle e lusinghiera musa! / da poesie sì tenere e lascive / incorrotta onestà vadane esclusa. / [. . .] / Di poema moral gravi concetti / udir non speri ipocrisia ritrosa, / che, notando nel ben solo i difetti, / sol cuor la spina e rifiutar la rosa. / [. . .] / Sia modesto l'autor; che sien le carte / men pudiche talor, curar non deve. / L'uso de' vezzi e 'l vaneggiar del'arte / o non è colpa, o pur la colpa è lieve. / Chi, dale rime mie, d'amor cosparte, / vergogna miete o scandalo riceve, / condanni o scusi il giovenile errore, / ché, s'oscena è la penna, è casto il core"), e 476–487 (IX, 47–91, e cfr. specie 88–91: "Qui mi vivo a mestesso, e 'n quest'arena / che cosa sia felicità comprendo, / e qui purgando la mia rozza vena, / da' tuoi candidi cigni il canto apprendo/ [. . .] / Vena povera certo ed infeconda, / ma schietta e natural com'è quest'onda. [. . .] / Uom ch'anelante a vani acquisti aspira / e 'n cose frali ogni suo studio ha messo, / fa qual turbo o paleo che mentre gira / la sepoltura fabrica a sestesso [. . .] / [. . .] / Il meglio è dunque in questa vita breve / procacciar contro morte alcun riparo, / e poiché 'l corpo incenerir pur deve, / rendere almeno il nome eterno e chiaro. / Chi da fortuna rea torto riceve / specchisi in me ch'a disprezzarla imparo. / Sol beato è chi gode in ore liete / tra modesti piacer bella quiete"; e, per la "poesia marittima" di Fileno/Marino, 48–51 sui cui precedenti cfr. il commento, ivi, II, p. 420). Opposto, sulla base dei risultati di un'analisi narratologica e stilistica, il giudizio del Pozzi sui rapporti fra i cc. VIII e IX (ivi, II, pp. 417–418).
19 Ivi, pp. 471–475 (IX, 27–40); diversamente il Pozzi (II, p. 414).
20 Dal momento che la nascita e la pesca delle perle chiama in causa, oltre alla "sirena", Venere e i suoi colombi.
21 Ivi, pp. 484–486 (IX, 78–79 e 80–85 rispettivamente), e II, p. 422.

CANTO IX: LA FONTANA D'APOLLO 149

22 Ivi, p. 476 (IX, 44-46), con precisi riscontri (ott. 46 "Dal'ossa dela vergine canora, / che 'n quel terren celeste ebbe l'avello, / spirto di melodia pullula ancora / [. . .] / Più d'una lira vi si sente ognora, / e più d'un bianco mio musico augello") col c. I, 102-103 (ivi, p. 74: "Giacque in te la Sirena [. . .] / [. . .] / Padre di cigni e lor ricovro eletto [. . .]") e col c. IV, 31-32 (ivi, p. 196: "e vede irne tra lor pomposo e lieto / degli onori di Bacco il bel Sebeto"; e cfr. IX, 45: "a cui cinto di colli il mar fa piazza, / ch'a Nettuno è teatro, a Bacco è tazza"). Per gli antecedenti di questa mariniana "centralità" del Sebeto (funzionale per altro, com'è ovvio, *in primis* alla definizione e all'elogio della musa "napolitana" e amorosa del Marino), utili indicazioni fornisce il commento (ivi, II, pp. 195-196; ma si depenni il rinvio a T. TASSO, *Rime*, n. 573—in *Opere*, a c. di B. MAIER, I, Milano 1963, pp. 581-583—: riecheggiato bensì dal Marino (I, 102, v. 3: "picciolo sì": "O del grande Apennino / figlio picciolo sì [. . .]") ma evidentemente allusivo del Metauro, ricordato nell'*Adone* al c. IV, 29).
23 Ivi, pp. 479 e 505 (IX, 56-58—per cui cfr. qui stesso la n. 6—e 162-163: "Tra molte e molte cetre, onde rimbomba / de' tuoi vanti immortali il chiaro grido, / dal Sebeto traslata odo una tromba / dela tua Senna al fortunato lido [. . .]") e 634-635 (XI, 167-168; da notare, in apertura del canto, la sostanziale equazione fra Venere e Maria: ivi, pp. 593-594: XI, 1-6). Cfr. poi ivi, p. 503 (IX, 152-153: "Ma dele lodi sue basti sol tanto; [. . .] / che qual proprio ella siasi e come e quanto / vinca di pregio ogni memoria antica, / in parte, ov'io condur ti voglio in breve, / esserne l'occhio tuo giudice deve").
24 Ivi, II, II, p. 23.
25 Sia qui sufficiente il rinvio alla bibliografia mariniana di M. GUGLIELMINETTI, *s. v.*, in *Dizionario critico della letteratura italiana*, diretto da V. BRANCA, Torino 1986[2], III, pp. 86-96.
26 Per tutta la questione, mi limito qui a rimandare a F. CROCE, *Tre momenti del Barocco letterario italiano*, Firenze 1966, e, in altra prospettiva e con riferimento alle polemiche più immediatamente a ridosso dell'*Adone*, a M. PIERI, *Per Marino*, (ivi, una più ampia bibliografia).
27 Sintomatica in tal senso, per le stesse *Dicerie sacre*, la nuova cautela di G. POZZI in *Adone*, ed. cit., II, p. 156, e la netta reazione di M. GUGLIELMINETTI, *voce* cit., pp. 92-93, a ogni ipotesi di un Marino "manierista".
28 Tante volte del resto chiamato in causa nelle discussione cinquecentesche sul *Furioso*, e più in genere a proposito della *vexata quaestio* dell'"unità" del poema.
29 Per cui rinvio ancora al commento cit.
30 Rapidi accenni in tal senso in un mio capitolo della "Storia della cultura veneta", 4/1 (*Il Seicento*), Vicenza, Neri Pozza 1983, pp. 223-247 (*"Acutezza" e "ingegno": teoria e pratica del gusto barocco*; e cfr. specie le pp. 234-236).
31 Per la *koiné* cinquecentesca del poema narrativo, mi permetto di rinviare al mio *Il sonno di Zeus. Sperimentazione narrativa del poema rinascimentale e tradi-

zione omerica, Roma 1982, pp. 129–173. Un esempio fra i molti, relativo al lessico stesso dell'*Adone*: i "gran compassi" di perle di IX, 9 (ed. cit., p. 467: per cui il commento, II, p. 417, chiama in causa non persuasivamente autonome sperimentazioni mariniane: "compassi, giri, circoli: uso inconsueto del vocabolo, in seguito a un suo impiego metonimico"; ma cfr. del resto *Adone*, p. 294: V, 116, e II, p. 319), rinviano evidentemente a una tradizione quattrocinquecentesca ben attestata dal Boiardo in poi (cfr. ad es. *Orlando innamorato*, a c. di A. SCAGLIONE, Torino 1951, I, p. 334: I, viii, 4: "[. . .] di qua, di là son logie in bel lavoro / con relevi e compassi azuro e de oro"): termine quasi tecnico delle sequenze "figurative" di quella tradizione (per cui rimando alle considerazioni già da me svolte in *"Ut poesis pictura". Cicli figurativi nei poemi epici e cavallereschi*, in *La corte e lo spazio: Ferrara estense*, a c. di G. PAPAGNO e A. QUONDAM, Roma 1982, II, pp. 605–635). Sul piano più generale della stessa organizzazione temporale della "favola" del poema, d'altronde, la "durata" dell'*Adone*, persuasivamente individuata in un anno dal Pozzi (ed. cit., II, p. 29), è del resto, almeno sul piano teorico, tutt'altro che una "novità" ("La durata di un anno equivale alla misura delle ventiquattro ore fissata da Aristotele per la tragedia; e quindi una vera e propria traslitterazione da un genere letterario a un altro che, per la sua novità, dovrebbe esprimere un preciso intento del poeta"), rinviando a discussioni bene in corso nel Cinquecento, e proprio in margine all'estensione e all'adattamento all'epica della norma aristotelica pertinente alla tragedia (per cui cfr. *Quasi un picciolo mondo. Tentativi di codificazione del genere epico nel Cinquecento*, a c. di G. BALDASSARRI, Milano 1982; e cfr. specie il contributo di A. CHEMELLO, *Tempo circolare* vs *tempo lineare. La codificazione del "tempo epico" nel Cinquecento*, pp. 57–90 e specie 70). Che il "poema epico di pace" non possa non guardare, almeno per la via di un rovesciamento prospettico, *anche* a quella tradizione è del resto confermato (ma qui il discorso dovrebbe vistosamente debordare dai confini e dagli ambiti propri della presente "lettura") dal legame inverso che rapporta il c. XX (*Gli spettacoli*, e insomma i giochi funebri) all'insieme del poema: apertura *anche* alla vita quotidiana, e insomma alla "pace", nella tradizione epica da Omero in poi, apertura anche alla "guerra", altrove del tutto assente, nel poema mariniano. Diversa, e al solito acuta, l'interpretazione del fatto proposta dal Pozzi nel commento cit. (II, pp. 695–697).

32 Per la tradizione quattrocinquecentesca, rinvio, oltre al cit. *"Ut poesis pictura. . . ,"* a un mio studio in corso di stampa negli "atti" del seminario internazionale di studi sul poema rinascimentale tenutosi presso la Freie Universität Berlin nel marzo 1987 (*Tradizione cavalleresca e trattatistica sulle imprese. Interferenze, uso sociale e problemi di committenza*). Cfr. poi *Adone*, ed. cit., pp. 495–505 (IX, 120 ss.); ma non trascurabili in questa direzione sono anche le ott. 9–11 (ivi, p. 467), dove ritorna una reminiscenza quattro-cinquecentesca sintomatica (Poliziano e Tasso: "e di materia e di lavor n'è vinto", v. 4: per cui cfr. *"Ut poesis pictura. . . ,"* cit., p. 623 e n. 40: *Gerusalemme liberata*, a

c. di L. CARETTI, in T. TASSO, *Opere*, a c. di L. C., I, Milano 1957, p. 350: XVI, 2, v. 6; A. POLIZIANO, *Stanze per la giostra*, a c. di V. PERNICONE, Torino 1954, I, 95, v. 4), sostituita con altra eco tassiana contigua, pertinente però ad altra situazione (*Liberata*, cit., p. 352: XVI, 9–10), al c. II, 22 (p. 100: "Vero il finto dirà, vero ed espresso / uom che v'abbia le luci intente e fise. / L'opra è del'arte e quasi spira, / com' opra di sua man, Natura ammira"; non puntuali stavolta i rinvii nel commento cit., II, p. 209).

33 Cfr. ad es. *Adone*, ed. cit., p. 98–103, 293–294, 317–323, 391–396, 660–662, 1231–1233, 1378–1385 (II, 13 ss.—e sintomatica sarà l'ott. 32: "Pien di tant'arte è quel lavor sublime / che nel muto metallo il suono esprime", per i cui antecedenti quattrocinquecenteschi cfr. ancora "*Ut poesis pictura*...," cit., pp. 624–626—V, 112 ss., VI, 51 ss.— ott. 51: "[...] benché tutti muti abbian le lingue, / il silenzio e 'l parlar vi si distingue"; ott. 58: "di mute poesie, d'istorie liete / imaginata tutta e colorita"—VII, 131 ss., XII, 44 ss., XIX, 338 ss.—ott. 341: "Lo scultor che l'ha finte in cotai guise, / fa che ciascuna pianga e si quereli / e per farle spirar dona e comparte / de l'istessa Natura il fiato a l'Arte": per cui cfr. il luogo parallelo di II, 22 alla n. precedente—XX, 485 ss.—ott. 485: "ogni figura sua vivace e bella / poco men che non spira e non favella"—).

34 Segnalate nel commento cit. (II, pp. 417–418); e si aggiunga, per IX, 27, vv. 1–2 (ivi, p. 471: "L'onda intanto gorgoglia ed ecco allora / sirenetta leggiadra in alto s'erge [...]"), *Gerusalemme liberata*, ed. cit., pp. 327 (XIV, 60–61: "Il fiume gorgogliar fra tanto udio / con nuovo suono [...] / e quinci alquanto d'un crin biondo uscio") e 347–348 (XVI, 57 e 59 ss.: "Una intanto drizzossi [...]").

35 *Adone*, ed. cit., p. 466 (IX, 5–6), e, per il commento cit., II, p. 417. Ivi, II, pp. 113 ss., una più ampia discussione sulla concomitanza di quei progetti letterari con l'ideazione e la stesura stessa del poema.

36 Per la *Lettre ou discours* dello Chapelain (ivi, pp. 11-45), oltre che al commento cit. (II, pp. 167–172), rinvio a M. PIERI, *Una preface in baroco*, in *Quasi un picciolo mondo...*, cit., pp. 22–28. Per la congruenza cinquecentesca fra poema epico e "amori", significativa per la sua lucidità è ad es. la posizione di un Tasso (*Discorsi del poema eroico*, in T. TASSO, *Discorsi dell'arte poetica e del poema eroico*, a c. di L. POMA, Bari 1964, pp. 103–108; dove notevole è il rinvio a una serie non breve di tentativi classici e "moderni", dai greci a Valerio Flacco, da Boccaccio a Bernardo Tasso: testimonianza almeno della praticabilità cinquecentesca della via del poema erotico-mitologico totalmente separato dalle "armi".

37 Si pensi solo alle ottave proemiali del c. I (ed. cit., pp. 49–51), dove il rapporto di committenza viene ipotizzato in termini di "parità" del tutto ignoti alla tradizione (ott. 7: "allor, con spada al fianco e cetra al collo / l'un di noi sarà Marte e l'altro Apollo"). Più ampia, e persuasiva, la ricognizione del Pozzi nel commento cit. (II, pp. 69 ss.).

38 Ivi, p. 196 (IV, 28), e II, p. 67; ma si badi che l'allusione di Amore ("poi tra Secchia e Panara io cangiai sede", v. 8) è indicativa della devoluzione di Ferrara alla Chiesa e del conseguente spostamento della capitale del ducato estense a Modena.
39 Ivi, pp. 501–502 e 497–498 rispettivamente (IX, 147–150 e 130–133). Alla genericità dell'elogio dei poeti toscani (ott. 150: "[. . .] molti ingegni a nobil volo alzarsi / su l'ali di colui che da me nacque [Amore], / e con chiari concenti addolcir l'aura / dietro ai cantor di Beatrice e Laura") fanno riscontro formule non meno vaghe per l'*entourage* dei Gonzaga (ott. 132: "[. . .] il Mincio con eterno vanto / popolate di cigni avrà le rive [. . .]"), con l'unica eccezione, appunto, della chiamata in causa di Virgilio (ott. 133), "il maggior cigno / che darà vita al mio Troian pietoso". Diverso come si è detto il caso della Ferrara estense (ivi, pp. 496–497: IX, 125–129), per la quale il Marino allude con precisione a una linea Ariosto-Tasso (ott. 129: "[. . .] s'altr'aquila in ciel conversa in stella / d'una cetera sola adorna il petto, / questa [l'aquila estense] n'avrà fra l'altre in terra due / possenti ad eternar le glorie sue").
40 Ivi, pp. 559–560 (X, 161–166); per la lettera premessa alla *Sampogna* (ora in G. MARINO, *Lettere*, a c. di M. GUGLIELMINETTI, Torino 1966, pp. 239–256, e specie 240–242) e il parallelo rinvio polemico ai "Buovi" e ai "Drusiani" (quanto a dire a una tradizione ormai screditata, rimessa involontariamente in corso dal goffo, pedantesco e antiquato Stigliani), cfr. il commento cit., II, p. 453 (e in tal senso andrà rettificato il commento delle *Lettere* cit., p. 255). Cfr. poi *De Arte poetica*, in ORAZIO, *Opera*, ed. F. KLINGNER, Lipsia 1970[5], p. 299, v. 139 (ott. 165: "così figliano i monti e 'l topo nasce").
41 Cfr. qui sopra la n. 22.
42 *Adone*, ed. cit., pp. 478 (IX, 54, vv. 5–6: "io diedi forza al tuo affannato ingegno, / svegliandolo a cantar teneri amori") e 416 (VII, 229, v. 8: "Talia dotta a cantar teneri amori"). Cfr. poi OVIDIO, *Tristia*, ed. S. G. OWEN, Oxford 1969[7], IV, 10, 1 ("tenerorum lusor amorum". Su *Adone*, VII, 229 ss. cfr. poi il commento cit., (II, pp. 387–390), per cui cfr. anche, qui sopra, la n. 8.
43 Ivi, pp. 478–480 (IX, 54 ss. e 59 ss. e specie 62). Significativo anche un luogo del c. VII (ivi, p. 376: ott. 71): la poesia e la musica "là nel mio ciel [*di Mercurio*] con altre giovinette / abitan come dee sempre beate. / [. . .] / Qui con Amore a trastullarsi intente / dal'eterna magion scendon sovente".
44 *Adone*, ed. cit., p. 634 (XI, 167: "Dal mare ancor costui fia che s'appelli, / per in parte adeguar l'alto suggetto [. . .]"; e, insomma, "Marino" come "Maria" de' Medici: ivi, p. 628: XI, 140, e p. 51: I, 9; e cfr. il commento cit., II, p. 178, e anche, qui sopra, la n. 23). Cfr. poi la lettera mariniana premessa alla *Sampogna* (ed. cit., p. 242: "Ch'io mi sia figliuolo della Sirena nol nego, anzi me ne vanto"), e, per il "pesciuom" [. . .] detto altrimenti il cavalier Marino", cfr. il *Mondo nuovo*, XIV, 34–35.
45 *Adone*, ed. cit., pp. 493–494 (IX, 114–117); i cui precedenti teorici sono ben cinquecenteschi. Che la "dotta cetra argiva" alluda ("di sacre cose innebriar

le menti", ott. 114 alla sola tradizione mitologica è del resto ipotesi poco persuasiva (così il commento cit., ivi, p. 428), come mostra un pur sommario confronto con l'*incipit* della dedicatoria a Maria de' Medici (ivi, p. 3 prg. 1: "La Grecia, di tutte le bell'arti inventrice, laqual sotto velo di favolose finzioni soleva ricoprire la maggior parte de' suoi misteri, non senza allegorico sentimento [. . .]"), che accenna a un'interpretazione allegorica e "misterica" dei miti e dello stesso Omero tutt'altro che ignota (sulla scorta soprattutto del pur tardo Porfirio) anche in ambito cinquecentesco. Quanto al "Cefiso" di IX, 114 (ivi, p. 493), si noti, a integrazione del commento cit., che il Cefiso di Beozia nasce alle pendici del Parnaso; ma io penserei piuttosto al Cefiso dell'Attica, il fiume di Atene, insomma, in cui fra l'altro sfocia quell'Ilisso assunto già nel tardo Cinquecento, e con riferimento a Platone, a simbolo della cultura della Grecia classica (cfr. ad es. T. TASSO, *Dialoghi*, a c. di E. RAIMONDI, Firenze 1958, II, p. 699, prg. 35).

46 *Adone*, ed. cit., pp. 465–466 (IX, 1 ss.) e 144 (III, 6: "[. . .] e di me che fia, pria che 'n prigion dura / vivo e scioglier del cor non spero i nodi, / finché quel nodo ancor non si discioglia, / che tien legata l'anima ala spoglia?"); per l'Ariosto, basti qui il rinvio alle notissime ottave proemiali del poema (I, 2: *Orlando Furioso*, a c. di L. CARETTI, Milano-Napoli 1954, p. 3).

CANTO X: LE MARAVIGLIE

Giorgio Fulco

Pratiche intertestuali per due *performances* di Mercurio

Il canto decimo è, non da ieri, un nodo nevralgico sul quale insistono, ora integrandosi, ora scontrandosi, con suggestioni e apporti di rilevante interesse, le interpretazioni dell'*Adone*.[1] L'edizione Pozzi lo ha dotato di un commento ampio e penetrante, imprescindibile pur nell'inevitabile perfettibilità di ogni operazione fondativa. L'azzardo generoso del progetto complessivo di "lectura Marini", cui partecipa questo contributo, in una situazione rischiosamente privilegiata di tal genere, nella quale la soluzione del bilancio, della discussione dei risultati già raggiunti, pare imporsi, mentre ormai angusti o difficilmente praticabili sembrano i margini per ulteriori acquisizioni, per l'individuazione di reagenti nuovi che tengano aperto alla tensione della ricerca il dibattito, evitando ogni cristallizzazione, esige tuttavia uno sforzo teso a fornire, per piccoli che siano, dati e spunti originali al servizio di una più approfondita intelligenza di ambiti particolari e generali. Mi si perdonerà, spero, se questo tentativo mi porterà ad eludere panoramiche, a restringermi ad un percorso testuale circoscritto, anche se non periferico, trascurando zone della mappa che meriterebbero anch'esse scandagli, faticosi ma rivelatori. Nel montaggio delle schede, per limiti di spazio o per i contorni ancora poco nitidi e troppo provvisori di certi aspetti e momenti della biografia intellettuale del Marino, le sequenze potranno essere brusche ed ellittiche, allusive, o rallentate, confrontate alla moviola, per afferrare, in un caso e nell'altro, minime certezze, congetture legittime o semplici dubbi capaci di innescare future verifiche.

Partiamo da un'affermazione astiosa dello Stigliani:

non è [. . .] vero, che quello [il Marino] in Francia abbia formatamente studiato lo scienze, come affermano tutto 'l dì i suoi partegiani, mentre non possono negare, che quando egli era in Italia sapeva poco.[2]

L'Aleandri, confutando quest'accusa, fornisce, sia pure riferendo testimonianze altrui, indicazioni preziose. Per gli anni romani fanno ineccepibilmente fede autorevoli Gesuiti:

> Quando il Marini si tratteneva in Roma prima della sua andata in Piemonte, e poi in Francia, io in età quasi fanciullesca studiava fra' convittori del Seminario Romano, né ventura hebbi di conoscerlo. Ben mi ricordo d'haver più volte udito da que' buoni e dotti Padri della Compagnia, e fra gli altri dal Padre Stefonio, che nell'occorrenze de' ragionamenti il Marini francamente parlava di tutte l'arti, e scienze.[3]

Per il periodo trascorso a Parigi l'attestato viene dal Nunzio Roberto Ubaldini:

> Dopo il suo ritorno di Francia, non essend'io mai capitato a Roma, o dove egli si fosse, altro non posso dire, se non che quelli, che l'hanno pratticato, ampia testimonianza rendono di non piccolo acquisto fatto da lui nelle lettere, e nell'erudittione. Non che veramente fra' loici foss'egli sovrano loico, fra' filosofi sovrano filosofo, fra gli astrologi sovrano astrologo, fra' teologi sovrano teologo, ma che di ciascuna di queste, e d'altre sì fatte arti, e scienze si mostrava oltra la mediocrità perito. E chi ode il dottissimo nostro Legato (io do volentieri questo titolo al Cardinale Ubaldini, parendomi, che niente meno li convenga di quello d'illustrissimo) non può restar con dubbio alcuno di detto acquisto fatto del Marini in Francia, dove l'istesso Cardinale lo prattico domesticamente nel tempo della sua Nuntiatura [. . .].[4]

Accostiamo a questa traccia un brano prelevato da un'opera dialogica interdetta:

Alex.: Sed cur celerius crescunt femellae quam mares?
I.C.[5] : An quia (inquiunt) rariores sunt, rariora autem facilius excrescunt.
Alex.: Hoc accipio.
I.C.: Illud vero ego pernego, cum enim magis compacta sint carne, rariores esse haud existimo.
Alex.: An quia humidiores?
I.C.: Perobscurum est, namque in femella plus humoris calorem vincet, qui auctor est incrementi. Rectius dicemus, caloris esse satis, eius vim agere in humidum, non in illud quidem nimium, sed foecundum tamen, itaque celeres fieri augmenti progressus. An, inquit Ioannes Baptista Marinus Eques Sabaudici ordinis, Italorum Poetarum Princeps, et familiaris meus unice colendus, celerius capessunt femellae incrementum, quia finem habent propinquiorem propter imperfectionem, opus enim quod in eis natura intendit, non est adeo perfectus prout in mari, ideo in re minus elaborata citius expeditur.

Dai riferimenti generici sull'ampliarsi (in spessore e in estensione) delle esperienze intellettuali del Marino in Francia, un'affermazione che trova ormai pieno riscontro nel corredo esegetico del poema, anche se possiamo intuire in misura limitata, per carenza d'informazione, programmi tempi occasioni e stimoli di quell'arricchimento, siamo passati ad un episodio singolo, ad una prova concreta carica di problematicità. Ci viene incontro una figura scomoda, che aveva potuto consultare pur essa a Parigi l'agguerrito patrimonio librario del responsabile *in loco* della diplomazia romana ("Ego [. . .], qui ab Illustrissimo D. meo Cardinali Ubaldino omnium bonarum disciplinarum instructissima Bibliotheca facultatem obtinui" dirà infatti l'*alter ego* dell'autore in un altro passo dell'opera). Ciò che ci sorprende non è tanto l'esuberante professione d'amicizia e di stima verso il Cavaliere, quanto la circostanza che determina la sua inattesa inserzione nel contesto: la citazione di un'opinione mariniana (vera o presunta) espressa nel corso di una discussione filosofico-scientifica sui fenomeni della crescita nell'uomo (*De Hominis Augmento*).

Si sarà compreso che stiamo parlando di Giulio Cesare Vanini[6] e che abbiamo prelevato i brevi lacerti dal *De admirandis Naturae Reginae Deaeque mortalium arcanis*, apparso a Parigi nel 1616[7] per finire, dopo pochissimo tempo nel corso dello stesso anno, vietato dal Consiglio della Facoltà Teologica dell'Università di Parigi per "quosdam errores contra communem fidem" (dopo aver ottenuto, forse con raggiro, l'*imprimatur*.[8] Il sospetto gettava retroattivamente la sua ombra sull'*Amphitheatrum aeternae providentiae*, stampato a Lione l'anno prima.[9]

La maggiore delle schegge autobiografiche riportate,[10] testimonianza unica finora, cui, come si sa, corrisponde un totale silenzio del poeta, si riporta qui integralmente per la prima volta, credo, sul versante degli studi sul Marino, mentre è ben nota ai biografi del filosofo di Taurisano.

La percezione della virtuale rilevanza dell'incontro fra due personalità, certo ben diverse su moltissimi piani, eppure avvicinate da esperienze di formazione intrise dei fermenti del pensiero meridionale, da parabole esistenziali irrequiete, travagliate, lambite pericolosamente per sfrontate curiosità, eccessi, infrazioni, dalla morsa inquisitoriale, mentre colla loro captante intelligenza seducono mecenati e adepti, dalla condizione comune di esuli per i quali il successo mondano non placa la nostalgia, non ha ancora prodotto un'adeguata messa a punto, evidentemente per il comprensibile imbarazzo di non riuscire ad allargare la base documentaria e per la difficoltà di controllare persuasivamente, nei sostrati ideologici della poesia mariniana, i sospetti di precise tangenze intellettuali, di riconoscibili sintonie libertine, magari favorite dal terreno di cultura transalpino.[11]

Sono irrimediabilmente ingiallite le pagine del Borzelli[12] in cui c'è stato il massimo sforzo in questa direzione. Le sue ipotesi a tentoni sulla possibilità d'anticipare i primi contatti fra l'autore dell'*Adone* e il pensatore, più giovane di sedici anni, che, tra le fiamme tolosane del 1619, avrebbe fatto rivivere all'Europa il trauma del rogo di Giordano Bruno,[13] non convincono. Le supposizioni (Padova, dopo il 1606; Venezia, entro il 1608–1609; Genova, fine 1613–inizio 1614), assai congetturali, invero, già per il Marino, sono spiazzate, rese labili e poco economiche dalle nuove acquisizioni biografiche per il Vanini, tranne l'ultima, l'incontro nell'*entourage* dei due Doria q. Agostino, Giacomo e Giovan Carlo, che, pur contratta ormai ad una breve sosta all'inizio dell'estate del 1614,[14] forte di un tenace fraintendimento, sembra dura a morire tra i cultori dello sfortunato Salentino.[15]

Il preteso *background*, poi, di vaniniana *voluptas* evocato con commossa partecipazione per lo stupendo epitalamio offerto a Giovan Carlo Doria e Veronica Spinola di Ambrogio nel 1608,[16] appare indicazione difficilmente sostenibile sul piano cronologico,[17] da riportare invece, non senza ammettere complessi e differenziati viraggi, ad un reticolo di genealogie comuni ascrivibili al Rinascimento meridionale.

La partita coll'*Adone* è tutta da giocare e intuiamo fin da ora che ogni eventuale impronta non metabolizzata di un rapporto così compromettente non potrebbe non essere dissimulata, mascherata. La spregiudicatezza sorniona del Vanini, che, per toccare solo la più macroscopica delle sue tattiche e strategie scrittorie, fagocita assiduamente senza dichiararlo pagine intere da una rosa ristretta di testi filosofico-scientifici per riversarle ad intarsio, febbrilmente, spesso mettendole in corto circuito, alterandole, deformandole fino a ribaltarne il senso,[18] eleva al quadrato il coefficiente di ambiguità.

Col viatico di queste avvertenze tenterò, tra poco, di evidenziare un presumibile limitato transito mariniano su itinerari di fresco praticati dall'amico. Prima però non sarà inutile indugiare con qualche riflessione sul contesto nel quale inscrivere il tributo vaniniano al Marino nel *De admirandis* ed esibire due documenti che integrano la conoscenza delle contigue vicende dell'*Adone* nel suo penultimo stadio di crescita, appena al di qua della soglia oltre la quale scatterà la svolta strutturale cui si deve l'innesto della materia esameronica.[19]

Mi riferisco, per entrambi gli aspetti, al capitolo Concini,[20] anch'esso bisognoso di una più puntuale attenzione, d'indagini particolari in un rigoroso ripensamento della biografia del poeta.

L'omaggio ricevuto dal letterato svela, a prescindere dal grado di autenticità, profondità e reciprocità dei sentimenti espressi, che il Marino è più

CANTO X: LE MARAVIGLIE 159

forte, protetto dal potente favorito fiorentino, forse capace di agevolare il consolidamento della posizione del Vanini, di aprirgli nuovi spazi nell'alta società e a Corte.[21] La stessa angolazione inedita (il poeta napoletano che sa interloquire in un complicato quesito filosofico) può non essere una trovata occasionale, una delle imprevedibili sorprese di una singolare prassi di assemblaggio, ma una più sottile operazione di coinvolgimento e di autopromozione.

I sogni o i calcoli, però, vanno in fumo per la fuga da Parigi imposta al filosofo dalla condanna dei suoi libri, e quell'elogio scritto potrebbe diventare compromettente per chi ne è stato destinatario. Ma ci vuole ben altro per mettere in difficoltà il Cavaliere. Chi non ricorda, proprio in quel torno di tempo, il compiacimento esibizionista della famosa lettera a Fortuniano Sanvitale, nella quale si dà il poema "in procinto di stamparsi"?[22]

Ebbene, per l'opera le cose si stanno davvero muovendo. Disponiamo di una controprova che ben si allinea con la missiva e con quanto ci dice il manoscritto parigino.[23] Dall'Ubaldini, tanto diffidente col Vanini, quanto complice delle abili geometrie diplomatiche e cortigiane dello scrittore, parte il 17.11.1616 il seguente dispaccio per il Cardinal Borghese, segretario di Stato:

Il cavalier Marino fa stampare qui un Poema intitolato l'Adone, e lo dedica al Signor Marescial d'Ancre suo Mecenate in questa Corte, il quale m'ha instantissimamente pregato d'impetrargli col favore di V.S.Ill.ma dalla Santità di Nostro Signore un privilegio, che nello Stato di Santa Chiesa persona non possa imprimere detto Poema senza espressa licenza del Cavaliere per spatio di X anni, officio che non ho potuto negare all'intercessione di detto Maresciallo, et al merito del Cavaliere che ogni giorno più avanza se stesso.[24]

Pur nell'assenza di reperti epistolari del Marino per tutto il 1617 e di ogni sua allusione, era fin troppo chiaro che lo sconvolgente abbattimento del Concini (24 aprile 1617), se aveva risparmiato l'autore, aveva compromesso la realizzazione di quel disegno[25] e creato i presupposti di mutamenti radicali.[26]

Al riguardo si legga ora, per concludere la digressione, un brano tratto da una lettera inedita a Crescenzio Crescenzi[27] del 16 luglio di quel fatidico anno. Stato di avanzamento del progetto editoriale e cause del suo abbandono assumono contorni più nitidi, ma è altro che ci colpisce: sui sentimenti (onore, paura, sollievo per lo scampato pericolo) è quasi completamente scesa una maschera raggelata fatta di disincanto, di cinismo forse, come detta un lucido istinto di sopravvivenza.

Non mi diffondo in raccontarle gli accidenti horrendi occorsi qui ne' giorni passati perché mi persuado, che sì fatte novelle costì dovranno hoggimai esser vecchie. Mi basterà dirle solo, ch'io con la perdita de' miei partialissimi Protettori non ho punto perduto del favore di questa Corona, anzi Sua Maestà mi ha cresciuta la pensione alla somma di dumila scudi. È vero, che posso dire essermi caduta di mano una notabile quantità d'oro, già depositata per me da quella infelice memoria del Maresciale per la impressione del mio Adone, della quale io era già alla metà. Ma la Regina madre vuole ch'io seguiti la stampa con promessa di risarcire i miei danni. Vedrò per questo verno di cavarne ciò che si può [. . .].[28]

* * *

E come potuto avrebbe il Cielo difendersi e ripararsi dall'avida cupidigia d'Alessandro, il quale di non avere più che un sol mondo conquistato si lagnava? o come nascondersi e chiudersi al sagace ingegno di Colombo, il quale per intentati mari un altro nuovo ed incognito ne ritrovò, s'Iddio a ciò proveduto non avesse con involarlo alla industria de' mortali e con farlo in guisa a noi inaccessibile, ch'altri non potesse, se non solo con l'ali di Zoroastro, Intelletto e Volontà, volando pervenirvi?[29]

Non so individuare avvio più pregnante ed emblematico alla ricognizione che intendo fare, la quale avrà come aree interrelate d'analisi l'esordio, lo svolgimento dei due temi dottrinali (materia celeste, ott. 13–22; macchie lunari, ott. 33–41) e la celebrazione di Galilei col suo telescopio (ott. 42–47), di questo passo enucleato da un testo che, come osserva acutamente il suo editore, non è tematicamente "nient'altro che un allegorico" trattato della sfera.[30] La diceria *Il Cielo* è una *performance* che, con tutto il suo retroterra di letture filosofiche ed esameroniche non dichiarate,[31] costituisce una riserva cui attingere per l'elaborazione poetica di spunti affini richiesti dal disegno definitivo di ristrutturazione dell'*Adone*.

Cronologicamente il *Sidereus Nuncius* è alle porte[32] e il brano mariniano, mentre recita l'accettazione di una volontà divina di preservare gli astri dall' "industria de' mortali", sembra quasi presentire le novità imminenti e tradire la fiducia nel balzo verso gli spazi siderali. Alessandro Magno e soprattutto Colombo, per topico che sia qui il loro ricorrere, non sono solo scialbe immagini di repertorio se entrambi, con Ercole e Cesare, dovevano essere protagonisti delle *Trasformazioni*[33] e se il secondo vanta presenze dalle *Rime*[34] alla *Galeria*[35] (non solo nei due madrigali, ma in una proiezione autobiografica della dedica delle *Sculture*)[36] al nostro canto. Quando agli ascoltatori sabaudi si sostituiscono i lettori,[37] *Il Cielo* resta scolasticamente ancorato, nel suo impianto di studiate corrispondenze retoriche, alle vecchie indispensabili certezze, senza lasciar trasparire non dico teorie nuove, ma inquietudini interne al vecchio sapere. La brusca accelerazione delle conoscenze imposta dalle scoperte galileiane, tutta-

CANTO X: LE MARAVIGLIE

via, ha già, sicuramente, catturato l'interesse del Marino. È inutile, però, in questa direzione, interrogarci sui progetti di poesia scientifica allora in ebollizione, poi abortiti, perduti o riciclati nell'*Adone*.[38] Se il sonetto della *Galeria*[39] mostra il destarsi (o l'eco vivida) dell'attenzione, sarà forse la prudenza, una preoccupazione di coerenza interna, a far escludere Galilei, l'artefice che con il suo prodigioso strumento di conoscenza egemonizza la curiosità dei contemporanei, dall'elenco che nel 1613, nella più tarda diceria *La Pittura*, esalta gli *"inventores rerum"*.[40] I tempi, evidentemente, non sono ancora maturi per questa irruzione, ma intanto la creatività e l'intraprendenza umana sembrano (lo si è visto sopra) non conoscere barriere se non nei supposti—e allora già infranti—divieti divini. Esse si qualificano ora, sempre guardando al mistero della creazione, come conseguenze della somiglianza dell'uomo con Dio,[41] come emulazione sui malcerti confini etico-religiosi del conoscere e dominare le cose, dell'imitarle artificialmente, del crearne nuove. Due sole le coincidenze, ancora, con gli eroi delle *Trasformazioni* (Alessandro e Cesare[42]), dieci le figure citate una o più volte proprio nel decimo dell'*Adone*,[43] talora come segnali forti che liberano la loro energia nella peculiare tramatura allegorica del canto. E stavolta ci sarà tra di loro Galilei a rivendicare con la sua calcolata comparsa il diritto a contraddire, a fondare il nuovo.

L'inizio del viaggio ultraterreno di Adone viene così a proporci, con studiata tensione costruttiva, a distanza di pochi densissimi anni, decisivi per il pensiero moderno, il dilemma non tra sistemi, ma tra il grado di fiducia da concedere teoricamente e pragmaticamente ad un sistema ormai tutt'altro che compatto e inossidabile e l'apertura ai dati sperimentali, che giorno dopo giorno, in un susseguirsi disorientante, ne vengono irrimediabilmente corrodendo, con linguaggio entusiasta ma concreto, sottoposto al collaudo delle formule matematiche, l'impalcatura concettuale, alla quale tuttora si appoggiano tanto i valori e i simboli della fede, quanto l'astrologia, la scienza medica, la stessa suppellettile secolare dell'immaginario poetico.

Esaurita questa primissima prospezione di motivi occorre ricapitolare e dire schematicamente quali ipotesi di lettura vanno alla verifica testuale preannunciata: a) il Marino che elabora *Le Maraviglie* guarda alla prosa de *Il Cielo* come ad un lavoro già compiuto, ad un'esperienza che ha comportato la sistemazione di un insieme di letture e la sua formalizzazione, ma sa che quell'esposizione è manualistica, datata rispetto alle sue accresciute esperienze intellettuali, sterilizzata sotto il profilo dell'ortodossia; b) il testo d'appoggio prescelto per riesporre con maggiore densità e all'altezza di un dibattito moderno i problemi filosofici, di alveo ancora aristotelico, della materia celeste sembra essere il vaninano *De admirandis*; la "lezione" filosofica che ne viene compendiosamente mutuata, per quanto l'oltranza vera e originale del Salentino sia da ricercare altrove e balugini solo a tratti nelle tematiche che c'interessano, comporta inevitabili operazioni di manipolazione e di mascheramento delle posizioni specifiche attraverso omissioni, velature, interpolazioni incoerenti nel contesto, ma in funzione di raccordo rispetto ai *topoi* radicati nell'universo poetico mariniano; c) la nota dominante, intellettuale e poetica, quella che salda con fili plurimi, palesi o sotto traccia, gli impegnativi segmenti iniziali del canto X che m'appresto a indagare all'altro nodo strategico della "casa dell'Arte" con "lo studio delle varie scienze, la biblioteca de' libri segnalati, l'officina de' primi inventori delle cose",[44] è l'impronta fortissima di Mercurio, della sua identità mobilissima, carica di valori simbolici vitali, anche se ambigui e contradditori.

Non temerò [. . .] con la scorta della bella Urania, fra l'altre Muse la più sublime, di porre (sicome il volgar detto risuona) audacemente la bocca in Cielo, delle proprietà di esso Cielo ragionando [. . .].[45]

La situazione torna, istituzionale, in X 1–6,[46] liberando nel nuovo contesto, si è fatto notare, allusioni all'ingresso in una dimensione caratterizzata e delimitata nell'immenso spartito poetico.[47] Certo, ma non vorrei che si perdesse o si abbassasse ingenuamente a mera *routine*, a *déja vu* dell'emporio barocco, il martellante *leit-motiv* della novità che permea il campo semantico delle ott. 2–5 insieme a quello della sfida, dell'audacia che scommette sugli strumenti umani. Fondamentale per l'esatta valutazione della produzione di senso affidata agli accorgimenti della regia si rivela l'ott. 3. Vede bene il Pieri quando, memore degli sviluppi del canto, sottolinea la "presenza carismatica" di Tifi e l'aggregarsi non fortuito del Marino al pilota degli Argonauti, a Orfeo, a Dedalo e a Prometeo.[48] Saranno "stolte e temerarie" le loro "imprese" (ott. 3, v. 6), saranno "insane" le "voglie" che "senso" e "intelletto" destano nel poeta, spingendolo a tentare "insolite vie" (ott. 4, vv. 1–2, 4), ma dietro queste espressioni inautentiche, compunti conformismi, contraddizioni strumentali, scampoli depistanti, sta, prima ancora che Mercurio venga in scena per il suo *show*, la comparsa di suoi speciali adepti, di "*inventores rerum*" appunto, evocati una prima volta sul proscenio a precedere il costruttore di poesia che si concentra sui suoi mezzi, consapevole di poter emulare e superare i modelli della *Commedia* e del *Furioso* (ott. 6).

Tralascio i giuochi intestestuali con Dante ed Ariosto per passare subito a quelli col Vanini. Li individuo nei due blocchi di ottave in cui Mercurio sale in cattedra, trattando *quaestiones de Caelo* e *de facie in orbe Lunae*, per riferirci a classici punti di riferimento aristotelici e plutarchiani.[49] Dalle pubblicazioni universitarie ai poemi esameronici ai "quisiti" dei colti dilettanti[50] tali temi non cessavano di essere di moda, di intrigare, ora capziosamente, sul filo del *divertissement* erudito o dell'ingorgo sillogistico, ora con assillo, quando pensatori inquieti si scontravano con enunciati rigidi ed erano costretti a operare aggiramenti, a escogitare congetture faticose. Mi sono dilungato in questa precisazione perché avverto acuto il disagio, mentre rischio un'indicazione puntuale di fonte in ambito filosofico, di non possedere la bussola indispensabile della competenza specialistica, in quel ginepraio, poi, che è il tardo aristotelismo italiano ed europeo, nel quale il commento, la controversia fanno proliferare all'infinito, impaginati in parallelo, enunciati spesso difficilmente distinguibili negli elementi di effettivo scarto speculativo, colla conseguenza, per un lettore prensile ed abile come il Marino, che i prelievi risultino generici o ibridati, e come tali impossibili da localizzare, rinviabili ad un *mainstream* sfuocato.

Il controllo sul Vanini è scaturito spontaneo dalle connessioni messe in luce in precedenza, dalla certezza che quel testo doveva essere ben conosciuto dal Cavaliere e che, stando alle date, diventava, per l'*Adone* post-Concini, un'attraente *summa*, subito pericolosa da maneggiare, ma fruibile, con le dovute cautele, per quei circoscritti argomenti. Penso al "rampino" più che al cripto-omaggio, ma la valutazione resta aperta. Anche perché, come in un giuoco di specchi, c'è una complicazione, sempre all'insegna di Mercurio, se il patronato della divinità sui ladri si estende a chi allunga vistosamente le mani sui testi altrui, con o senza deliberate alterazioni di significato. In larghissima misura quanto il Marino utilizza del *De admirandis*, passato all'implacabile lente positivistica del Corvaglia (oggi per altro ridimensionata negli esiti accusatori eccessivamente sommari, sia per una più matura comprensione storica della fenomenologia della citazione, sia per la scarsa disponibilità metodologica a valorizzare la portata innovativa di riscritture apparentemente minime o di altre aggressioni all'integrità concettuale dei materiali disinvoltamente riciclati), rinvia alle pagine dell'*Exotericarum exercitationum liber XV de subtilitate ad Hier. Cardanum* di Giulio Cesare Scaligero.[51]

Mentre c'interroghiamo sulle possibili fonti mariniane, ci si pongono innanzi coassialmente, semplificando, almeno tre strati: quello delle conoscenze dei testi base, Aristotele *in primis*, raggiungibile attraverso i trattati della sfera, dei quali in piccolo già *Il Cielo* è diligente derivazione; lo stadio scaligeriano, di riesame non passivo né ostinatamente ortodosso delle linee portanti del pensiero dello Stagirita (anzi propenso, nel calore della polemica col Cardano, a sfiorare talora l'eterodossia);[52] quello vaniniano, riconoscibile per il capovolgimento di alcune asserzioni scaligeriane (dove si discute, p.e., se la materia celeste sia più nobile della terrena) o nell'affacciarsi di una visione meccanicistica.

Preso come riferimento il *De admirandis* ci troveremo a registrare coincidenze, più o meno cogenti, ascrivibili a quei tre livelli: ciò che il Marino già sapeva, per il carattere di enunciato fondamentale del pensiero aristotelico; ciò che avrebbe potuto leggere in Scaligero, un autore molto noto in tutta Europa, che aveva trascorso in Francia l'ultima parte della sua vita (ma ho trovato solo una traccia minima per sostenere che il Marino poteva aver letto quell'umanista e filosofo ed essere a conoscenza dei debiti vaniniani); ciò che ha una riconoscibile marca vaniniana.

Il constatare che le due lezioni di Mercurio (la seconda fino all'utilizzazione diretta del *Sidereus Nuncius*, che Vanini non cita, né mette a frutto, mentre mostra di sfuggita di conoscere la *Dissertatio* kepleriana sul testo galileiano)[53] rispettano, selezionando, la sequenza espositiva del dialogo, tranne un caso, dà maggior forza al sospetto del transito. Ma è meglio dare spazio ai fatti.

In toni danteschi Adone, al muoversi del carro che lo porterà a visitare la Luna, Mercurio e Venere, chiede alla sua guida di sciogliergli "un nodo" che "forte implica" il suo "dubbioso ingegno": "è fors'egli corporeo ancora il cielo, / poiché può ricettar corporeo velo?" (ott. 13, vv. 5–8). L'ottava successiva spiega col petulante e precipitoso sillogizzare di chi vuole esibire un'infarinatura filosofica l'aporia che ne deriverebbe.

> Se corpo ha il ciel, dunque materia tiene;
> s'egli è material, dunque è composto;
> se composto me'l dai, ne segue bene
> ch'è de' contrari ale discordie esposto;
> se soggiace a' contrari, ancor conviene
> ch'ala corrozzion sia sottoposto;
> e pur, del ciel parlando, udito ho sempre
> ch'egli abbia incorrottibili le tempre. (ott. 14)

In realtà il Marino gli ha deliberatamente fatto commettere un'ingenuità per consentire la replica con le sue puntualizzazioni. È arbitrario, infatti, assolutizzare ancora il nesso materia-corruzione. È proprio quello che vizia, per Vanini (Scaligero), il ragionamento di Averroè nel *De substantia orbis*. Parla Iulius Caesar, al quale andranno sempre riferiti i passi utilizzati dall'amico poeta:

Materia [...] est subiectum contrariorum, igitur et corruptionis. At in coelo corruptio nulla, nec materia igitur.[54]

Lo sbocco del pensatore arabo, che distingue corpo da materia, pare superato già nella premessa del ragionamento di Adone, che provoca ad un chiarimento sul concetto di materia e sulla convenzionale distinzione tra materia sublunare e sostanza celeste (vv. 7–8). Astuzie a parte, siamo indubbiamente al primo livello sopra citato. La risposta prende gradualmente una via dimostrativa complessa.

> Tace e'n tal suono ai detti apre la via
> il dotto timonier del carro aurato:
> —Negar non vo' che corpo il ciel non sia
> di palpabil materia edificato,
> ché far col moto suo quell'armonia
> non potrebbe ch'ei fa mentr'è girato;
> è tutto corporal ciò che si move
> e ciò ch'ha il quale e 'l quanto, il donde e 'l dove. (ott. 15)

L'esordio del "dotto timoniere" (vv. 3–4), condizionato da quella domanda, è un 'ammissione guardinga, costruita come una prima concessione legata (vv. 7–8) a notissime griglie concettuali aristoteliche—si veda il tecnicismo di v. 8 ripreso nell'intera ott. X 131—, e che tuttavia necessita di urgenti precisazioni (ciò che accadrà nell'ott. 16 introdotta da un'avversativa). Credo che il suggerimento possa essere venuto al Marino da questo brano, ancora di polemica contro gli Averroisti, rielaborato sul *De subtilitate* scaligeriano:

[...] in ipsorum Averroistarum scholis trita est haec regula: Nihil movetur praeter corpus. At coelum movetur, igitur corpus est et per consequens materiae non expers.[55]

Il movimento logico è disarticolato, perché qui il poeta sfrutta la possibilità d'interpolare, incuneandolo come prova, prima di quelle coerenti, il tema pitagorico e platonico a lui caro dell'armonia degli astri (vv. 5–6), già presente nelle *Dicerie sacre*[56] e ricorrente nell'*Adone*, in questo medesimo canto[57] e altrove.[58] L'intromissione crea filamenti di raccordo, attenuando la distanza tra l'*exploit* dottrinario e il variegato *background* culturale dell'opera, e ad un tempo diluisce e svisa la matrice vera del discorso. È l'unico caso in cui non si conserva la successione delle argomentazioni nella progressione vaniniana.

> Ma sappi che non sempre è da natura
> la materia a tal fin temprata e mista

perch'abbia a generar cotal mistura[59]
quelche perde mutando in quelch'acquista,
ma perché quantità prenda e figura
e del corpo ala forma ella sussista,
né di material quanto è prodotto
dee necessariamente esser corrotto.

Qui la vicinanza al Vanini (Scaligero) si fa stringente:

Materia enim non est subiectum omnium contrariorum necessario, sed contrarietatis tantum, quae est secundum ubi. A Natura enim data fuit materia, non ob transmutationem ad generationem primo et per se, ut, ubicumque sit, ibi etiam sit generatio et corruptio, quae ex contrariis infertur, sed ad subsistendum formae corporeitatis in substantia et recipiendum quantitatem et figuram [. . .].[60]

Minime le differenze testuali tra il filosofo di Taurisano e la sua fonte per questo segmento. L'espressione "A Natura", però, è solo nel *De admirandis*, dove il passo è immediatamente successivo a quello addotto per l'ott. 14, di cui è confutazione. L'interpolazione ha reso meno visibile la corrispondenza.

L'ott. 17 ha un tasso minimo di caratterizzazione. Il suo compito è quello d'introdurre il tema della materia celeste, ricordando l'incongruenza delle antiche tesi cosmologiche. Il Marino lo ha già fatto nella diceria del 1609;[61] lo fa anche il Vanini nel suo dialogo, dal quale segnalo i seguenti due lacerti, esenti da plagio:

Ex aqua et igne constat coelum secundum Caldaeorum Hebraeorumque deliria, et deliria quidem, namque, si vera esset eorum sententia, continua foret in coelestibus corporibus pugna [. . .].
Is [Plato *scil.*] in coelesti illo Timaeo docuit coelum ex terra et igne factum esse.[62]

non inutilmente rapportabili ai vv. 3-6:

chi fabricata la celeste mole
di foco e fumo tien, chi d'acqua e terra;
s'arrivassero al ver sì fatte fole,
sarebbe quivi una perpetua guerra.

Oltre la pausa torna la densità concettuale.

La materia del ciel, seben sublima
sovra l'altre il suo grado in eminenza,
non però dala vostra altra si stima:
nulla tra gl'individui ha differenza.
Ogni materia parte è dela prima,
sol la forma si varia e non l'essenza;

varietà tra le sue parti appare
secondo ch'elle son più dense o rare. (ott. 18)

Vediamo cosa c'è dietro:

[...] asserere non verebor materiam coeli eandem esse cum hac nostrate. Individua namque materia prima est et rerum principium. Ex ea igitur constant coeli, quemadmodum et nostratia. Sunt coeli partes materiae primae, veluti haec inferiora. At pars a parte non differt essentia.[63] Non plures esse in coelo materias, sed plus materiae in una coeli parte quam in alia, quare densitate et raritate, non materiei diversitate, coeli partes differre mihi credendum duco. Aristotelis namque sum alumnus [...].[64]

Il secondo punto, riferibile ai vv. 7–8, è, come dichiara il Vanini stesso, di stretta osservanza aristotelica e quindi, da solo, non illumina ulteriormente la derivazione dal *De admirandis*. Non così per il primo, in cui la forma perentoria del rifiuto di differenze distacca il Vanini dalle esitazioni, se non opposizioni teoretiche dello Scaligero nei *loci* corrispondenti.[65] Si ponga attenzione, però, all'inciso dei vv. 1–2 ("seben sublima / sovra l'altre il suo grado in eminenza"): qui il Marino che sa che nell'immediato prosieguo si trova un'originale, riconoscibilissima impennata dell'amico, propiziata da una battuta del suo interlocutore

Alex.: Verumenimvero, vir ingeniosissime, vide quid inferas, nam si eadem esset coelorum ac pulicis seu scarabei materia, ut asseris, coeli vilescerent.

I.C.: Nequaquam: humanum siquidem corpus, subiectum cum sit divinae substantiae, quae dicitur intellectus, non est minus nobile quam coeleste; hoc non informatur ab Intelligentia, illud autem informatur ab intellectu. Hominis tamen materia alia non est a materia stercoris asinini, id quod in compositi dissolutione per formae absentiam conspicitur. Quis enim in Sanctorum Innocentum vel Divi Sulpitii cimiterio a murina et vermiculari materia humanam discernere vere valeat? Nemo prorsus.[66]

per timore o per dissenso tradisce lo spirito del testo, ne mina la coerenza. E per scrollarsi di dosso ogni sospetto di tesi oltranziste, ben sapendo l'ironia con cui poco prima proprio il Vanini aveva liquidato il concetto aristotelico di quintessenza,[67] recupera da vicino, subito dopo, una pagina de *Il Cielo*.

Bastiti di saver che peregrina
impressione in sé mai non riceve
la perfetta natura adamantina
di quel corpo lassù lubrico e lieve;
paragonarsi, ancorché pura e fina,
qualità d'elemento a lei non deve:

un fiore scelto, una sostanza quinta,
da cui di pregio ogni materia è vinta. (ott. 19)

Ma so che l'altro [Aristotele] fabrica queste immense volte che ci cuoprono non di contrarii (che perciò forano di lor natura dissolubili) ma d'una sostanza corporea d'incomposta simplicità. E comeché da alcuni sia il Cielo nominato quinto elemento, non è egli però che dagli elementi e nella specie e nell'individuo e nella materia e nella forma differentissimo non sia. [. . .] I corpi composti d'elementi sono del continuo combattuti da guerra intestina, che delle loro alterazioni cagionatrice, col tempo finalmente gli conduce a morte: ma il Cielo né scema, né cresce, né per tempo si logora, né per uso si consuma. Per la qual cosa ferma opinione ha da portarsi che quella regione lucente sia del fiore d'una quinta natura, o diciamo quinta essenza formata, molto da queste cose inferiori diversa, e molto più degli elementi pura e preziosa, materia semplice, inalterabile, e d'ogni avversità e peregrina impressione libera: onde perciò non solo come immortale giamai perire non debba, ma sia alla corrozzione inabile e della morte incapace: se non quanto il medesimo fabro [. . .].[68]

Come per l'ott. 15 si hanno riecheggiamenti e l'effetto è di mascheramento.

La sua figura è circolare e tonda,
periferia continua e senza punto;
termin non ha, ma spazio egual circonda,
il principio col fin sempre ha congiunto;
linea ch'apien d'ogni eccellenza abonda,
ala divinità simile apunto,
e la divina eternitate imita,
perpetua, indissolubile, infinita. (ott. 20)

Torniamo, per l'attributo della circolarità del cielo, ad un accorciarsi delle distanze tra la formulazione classica degli enunciati basilari della tradizionale interpretazione del cosmo, già posseduta nell'orazione per l'ingresso fra i cavalieri dei SS. Maurizio e Lazzaro, e quella che Iulius Caesar nel *De admirandis* mutua dallo Scaligero. Isolatamente presa, quest'ottava è dunque un anello debole e piuttosto neutro per chi intenda controllare se sussistono indizi persuasivi di un'utilizzazione dell'opera del 1616. Si raffronti la prosa mariniana

[. . .] che al Cielo la figura fusse dal suo gran fabricatore data non quadrata, piramidale o cilindrica, ma circolare, molte ragioni l'approvano e molte dimostranze lo manifestano. Argomentasi dal nome, imperoché dalla sua orbicolare ritondità Orbe fu dagli antichi uomini chiamato il Mondo. Provasi dalla somiglianza, ché non avendo il Mondo Archetipo principio né fine, conforme a quello conviene adunque che sia parimenti il celeste. Dimostrasi dalla capacità, poiché più dell'altre tutte cotal figura è capevole, come quella che la forza in sé di tutte l'altre figure contiene. Confermasi dalla simplicità, perché dove l'altre sono da più d'una superficie terminate, questa per esser circoscritta da una linea sola, è di gran lunga più semplice. Persuadesi dal movimento, percioch'ella è più girevole ed agile, onde se in altro modo fusse stato formato il Cielo, non si potrebbe in giro volgere ugualmente. Conchiudesi dalla perfezzione, essendo (secondo gli aritmetici) la sferica di tutte l'altre forme la più perfetta, sì perché in sé non dimostra principio né fine, dando a vedere il suo mezo da qualunque parte si giri, sì perché da essa, come dall'altre linee imperfette, non si dà in altra misura passaggio, sì perché nulla le manca e nulla le si può aggiugnere, essendo di tutti i numeri e di tutte le parti compiuta.[69]

con questi tasselli del dialogo, che, se non sviluppassero concetti largamente diffusi, vedremmo più vicini, forse, alla fluida versione poetica:

[. . .] coelestis illius animalis aeternitati atque divinitati convenientissima erat aeterna divinaque figura, qualis est sola circularis. [. . .] est enim continua et unilinea, neque punctum habet cognitum aut ita designatum, ut sit principium dissolutionis [. . .]. [. . .] id quod in circulo [. . .] ubique enim est principium et finis [. . .]. [. . .] ad infinitum accedit. Finitum enim spatium est quod concluditur; infinitum quod non terminatur, quare finitur illud quavis figura. Hoc autem extra figuram per lineam quoquo versum rectam. Nam circularis in se recurret, aut se secabit, aut intra se desinet; recta autem non. Quamobrem, ea quoque figura, cuius termini omnes accedent propius ad rectam lineam, participabunt aliquo modo naturam illius infiniti. Huiusmodi autem est circuli extremitas, quia una est, sicut linea recta una.[70]

Or, a questa del ciel materia eterna[71]
l'anima che l'informa è sempre unita;
questa è quella virtù santa e superna,
spirto che le dà moto e le dà vita;
senza lei, che la volge e la governa
fora sua nobiltà troppo avilita;
miglior foran del ciel le pietre istesse
se la forma motrice ei non avesse. (ott. 21)

La spiegazione di Mercurio torna adesso a toccare nodi concettuali controversi, carichi delle risonanze del dibattito filosofico del Rinascimento maturo e dei suoi sviluppi. In controluce (si osservi la polemica implicita nei vv. 5–8) sta l'opposizione anima (riformulazione moderna del valore aristotelico) vs. intelligenze motrici (di ascendenza neoplatonica), riscontrabile, con matrici non del tutto sovrapponibili,[72] nel *De subtilitate ad Hier. Cardanum*, come nel *De admirandis*, che pure dall'altro strumentalmente compie i soliti prelievi occulti. Se conduciamo la consueta verifica sul testo del Salentino i risultati non mancano, e neppure i problemi.

In coelo materiam esse iam supra probavimus, quae sola cum non subsistat, necesse est [...] informari ab aliquo, sed non ab Intelligentia. Ea enim in materia nullo modo est, verum ab anima, quae coelo dat esse, vitam et motum. Alioquin, si in illa materia esset forma non movens, nullam supra vermiculos, imo nec supra crocodilli stercus formulae dignatione sibi arrogaret commendationem.[73]

Le connessioni (non si badi agli epiteti intrusi "santa e superna", v. 3) sono piuttosto forti e il dettato, stando ai raffronti del Corvaglia, è, sia pure per sfumature, più vicino alla resa mariniana di quanto non lo sia il testo cinquecentesco. Beninteso tranne il v. 7, dove il Marino sembra attenuare i forti contrasti, le immagini crudamente realistiche del Vanini. Dico "sembra attenuare", perché quello che potrebbe configurarsi come ennesimo depistaggio o come sostituzione imposta da *standards* stilistici che non ammettono simili strappi, è invece ripresa del testo scaligeriano ("Nam, si in illa materia esset forma non movens, corpus coeleste ignobilius lapide") che usa qui (o riusa?) aristotelicamente "pietra" come esempio di sostanza inanimata sublunare e tuttavia, quando precipita al suolo, dotata di quella spontanea naturale attività che non avrebbero i cieli se condizionati da un'entità esterna.

Basta questa piccola prova a dimostrare che il Marino teneva d'occhio anche Scaligero, conoscendo la bibliografia sottesa al *De admirandis*? O addirittura a farci abbandonare l'ipotesi Vanini a favore di un rinvio diretto e continuato al *De subtilitate* dell'umanista? Credo che alcune precise spie (un'altra sta per aggiungersi), oltre al rapporto provato Marino-Vanini, debbano indurre ad escludere la seconda ipotesi. La prima, se reggerà alla verifica degli esperti una paternità scaligeriana dell'effato argomentativo, è più interessante, più vicina all'onnivora e abilissima fisionomia del poeta.

Dopo un segnale di possibile accostamento allo Scaligero, affiora subito un'ultima *liaison*, molto suggestiva, col Vanini più originale.

Alludo alla visione meccanicistica dell'universo materialistico vaniniano, che si affida, in un notissimo passaggio del *De admirandis*, all'immagine dell'orologio, del tutto assente nel *De subtilitate ad Hier. Cardanum* e poco attestata, almeno nella sua accezione forte, nella letteratura filosofica anteriore e coeva.[74] Colpisce osservare che quasi negli stessi anni—e con esiti straordinariamente fecondi per l'interpretazione moderna della meccanica celeste-Keplero, proprio partendo dalle pagine scaligeriane, giungesse per vie autonome al mutamento della visione del cosmo da *instar divini*

animalis a *instar orologii*, col conseguente trapasso (che in Vanini non matura) dal concetto di "anima" a quello quantificabile di "vis".[75] L'ott. 22, che suggella in crescendo, con sapiente e non fortuito spiegamento di congegni sonori, l'alta esposizione dottrinaria di Mercurio, non rivela soltanto, in forma più fusa, le consuete stratificazioni incrociate di materiali, ma documenta forse, stavolta, oltre la lettura e l'utilizzazione di una sintesi critica del pensiero aristotelico, il consenso del Marino per un'intuizione vaniniana.
L'ott. 22 va letta come svolgimento e conclusione della precedente.

> Questa, con lena ognor possente e franca
> dela machina sua reggendo il pondo,
> le rote mai di moderar non manca
> di quel grand'oriuol che gira a tondo;
> per questa, in guisa tal che non si stanca,
> l'organo immenso ond'ha misura il mondo,
> con sonora vertigine si volve
> né si discorda mai né si dissolve. (ott. 22)

È sfuggito che questa rappresentazione poetica rinvia all'ott. 71 del canto settimo (l'unico a noi noto, apparso postumo) della *Gerusalemme distrutta*, il poema incompiuto la cui gestazione risaliva alla gioventù del Marino e che l'*Adone* non manca qui di recuperare, insieme ad uno spunto delle *Dicerie sacre*, nei suoi giuochi di memoria poetica:

> Altri dotato da' possenti raggi
> del sovrano Motor di lena eterna
> i regolati e sferici vïaggi
> de la volubil machina governa,
> e con misure musiche i passaggi
> varia, e le pause a l'armonia superna.
> Così portando i curvi globi a tondo
> tempra i registri a gli organi del mondo.[76]

Nessun dubbio che sia riconoscibile in questi versi, nella già elaborata e impegnativa raffigurazione dei moti astrali, tanto la materia da riplasmare, quanto una precoce riprova di quell'affascinata attenzione del Marino alle "machine" che lo predispone alla sintonia con la soluzione vaniniana.[77] Si notino in particolare le corrispondenze puntuali: "possenti" (v. 1)/ "possente" (X 22, v. 1); "lena" (v. 2) / "lena" (X 22, v. 1); "machina" (v. 4) / "machina" (X 22, v. 2); "a tondo": "mondo" (vv. 7–8) / "a tondo": "mondo" (X 22, vv. 4, 6); "organi" (v. 8) / "organo" (X 22, v. 6). I vv. 5–8, col tema da noi già incontrato in X 15, vv. 5–6 dell'armonia delle sfere, passano, contraendosi, in ott. 22, vv. 7–8 attraverso uno spunto omologo della diceria *La Musica*, "rapida vertigine",[78] che diventa "sonora vertigine" (v. 7).

L'ingresso della metafora del "grand'oriuol" (v. 6) configura, credo, la novità (non dico la rottura) che spinge in avanti, per chi sappia intenderlo, il significato dell'ottava rispetto al colto sincretismo di spunti tradizionali. Nel *De admirandis* il Vanini vi giunge sempre polemizzando con la tesi delle Intelligenze motrici:

I.C.: [. . .] coeli molem a propria forma gyro agitari [. . .].
Alex.: At quomodo coeli certis statisque legibus moventur, si divinae Mentes illae motrices, primae participes sapientiae, non adsistunt?
I.C.: Quid mirum? Nonne in vilissimis horologiorum machinulis ab ebrio Germano elaboratis, certa stataque motus lex viget [. . .]?[79]

L'ipotesi che da questo brano, importantissimo ma non vistoso, il Marino abbia mutuato un traslato che non resta episodico, anzi torna, con valore emblematico in Ad. XX 2, vv. 1–3, come ha originalmente sottolineato il Pozzi,[80] a questo punto dell'ampia, e neppure terminata, concatenazione d'indizi, mi pare avere un buon coefficiente di persuasività.

Il concentrato *excursus* poetico "de caelo" che ho provato a ricostruire, pur restando tutt'interno al bacino aristotelico-tolemaico ed in consonanza coi molteplici affioramenti dell'inevitabile, anche se non esclusiva, "intelaiatura [. . .] peripatetica"[81] dell'*Adone*, esprime in filigrana, a chi è in grado di neutralizzare simulazioni e dissimulazioni, segnali di un aristotelismo inquieto, di crisi, che, chiamato a discutere, non si arrocca sempre, come negli epigoni più ottusi, in formule ripetitive, ma continua ad interrogarsi sui fondamenti concettuali (e solo concettuali) dell'organizzazione del cosmo. A questo credo filosofico pur sempre deduttivo, di regola ostile verso i dati non assimilabili offerti dall'esperienza, ma meno lineare, puro ed omologato di quanto ritenesse il Calcaterra nelle sue classiche pagine,[82] il Marino si appresta ora a giustapporre, con pungente ed arguta percezione delle contraddizioni di portata storica appena esplose, la seconda *performance* di Mercurio.

Le macchie lunari non erano un luogo obbligato dell'immaginario popolare e poetico? Il "quesito" sulle macchie lunari non era stato *ab antiquo* per gli enunciati teorici un *test* avvincente, alla fine dominabile, nell'incertezza della percezione sensoriale, per vie sillogistiche, con argomentate confutazioni e congetture? Dante, con l'Ariosto uno dei due modelli indicati nell'invocazione ad Urania, non s'era impegnato, proprio su questo tema, in un famoso saggio di poesia filosofico-scientifica?[83] Certo, ma a rafforzare il gusto dell'inserzione c'era un motivo più eccitante: da pochi anni il *topos* scientifico e letterario era diventato improvvisamente una falla aperta, una provocazione: la vista, potenziata da un forte ausilio ottico, aveva cominciato a smantellare i postulati astratti e a fornire nuove, sorprendenti spiegazioni fisiche; né si era fermata a sciogliere quel suggestivo dubbio: altre inattese osservazioni avevano sconvolto l'immagine cristallizzata del cielo. Non erano mancate e non mancavano certo, accanto ad entusiastiche adesioni, a pensose e circoscritte accettazioni, a rese tattiche, accanite resistenze, ora semplicemente misoneistiche, ora sottilmente scettiche per perplessità di metodo, alle verità giovani del telescopio. Mercurio, dando fondo alla sua vitale ambiguità, completa a proprio modo il dittico speculativo. Prende le distanze dalle teorie dell'intelletto a favore dei sensi, poi simula continuità con la prima lezione, per pervenire inaspettatamente ad un ribaltamento pragmatico, che lascia in sospeso, visibili ma non denunciati, gli elementi irriducibili di frizione ormai emersi tra nuovi dati sperimentali e vecchi assiomi: nella dialettica dell'avanzamento del sapere sulla sclerosi del sistema, necessario, ma coincidente ormai con un'egemonia inerziale, di transizione, che finisce semmai per sfrangiarsi in posizioni ibride o eterodosse, piuttosto che rinnovarsi a contatto col reale, vince dunque l'astronomo del *Sidereus Nuncius*, l'ultima creatura d'eccezione della sua scuderia, che modifica profondamente nei fatti il quadro delle conoscenze e costringe il pensiero umano a mettersi in discussione e progredire.

Se non perdiamo il contatto col precedente discorso sulla materia celeste e continuiamo a tener d'occhio il *De admirandis*, che per la sua breve rassegna di posizioni sulle macchie lunari può, almeno in certa misura, aver ancora agevolato il parallelo svolgimento mariniano (il *Sidereus Nuncius*, tuttavia, con la pubblicistica fiorita intorno ai suoi avvisi, aveva riattivato la letteratura sull'argomento, fornendo al poeta, se voleva, innumerevoli occasioni di documentazione), possiamo cercare di cogliere i movimenti sinuosi, le decezioni che accompagnano un'opzione intellettuale coraggiosa e convinta.

L'autonomia del Marino nel gestire le proprie letture è misurabile proprio rispetto allo strano atteggiamento del Vanini. Nel *De admirandis* quella delle macchie lunari è, per ragioni non chiare, una chance clamorosamente mancata. Sottovalutazione di una questione sentita come oziosa e lisa? Autocensura dettata da preoccupazioni personali? Il filosofo di Taurisano è inspiegabilmente appiattito sul disinteresse scaligeriano, ricalcato quasi *ad verbum*:

Alex.: [...] Sed cur habet luna maculas?
I.C.: Pervulgata est haec quaestio, in qua nulla iucunda subtilitas.[84]

Egli, almeno indirettamente, sa dell'opera di Galileo, ma l'apporto del 1610 è ignorato; ricordate e confutate alcune vecchie ipotesi, Iulius Caesar non dà una propria soluzione e trascorre subito ad altro.

Nell'*Adone*, invece, le tensioni del presente non vengono eluse; il testo poetico, anzi, vi s'insinua con consumata malizia: così, dopo la rituale campionatura di supposizioni e il correlativo contrappunto di smentite e di commenti, il tutto intonato ad un tradizionale andamento argomentativo, le ott. 39–41 accolgono, con una versione letterale fin troppo scoperta del *Sidereus Nuncius*, la stridente rivelazione del telescopio, per lasciare subito il posto alla lode del Pisano, per le meraviglie dischiuse dal suo strumento.

Il nuovo dubbio di Adone si esprime efficacemente in un giuoco contrapposto d'immagini: la "guancia pura" della Luna, il suo "vago volto" (ott. 34, vv. 2, 6), sembrano deturpati da "alcune ombrose macchie", da un "immondo contagio", da "brutte stampe" (ott. 34, vv. 1, 5, 6). Come va d'accordo questa patologia che evoca l'imperfezione sublunare coll'incorruttibilità della materia celeste dell'astro?

La risposta al "bel quesito" (ott. 35, v. 2) anticipa—ed è ammissione notevole, anche se si bada a circoscriverla al tema specifico, in funzione di un imminente sviluppo del discorso—un primato delle sensate esperienze ("ma di ciò la ragion ti dirà poi / l'occhio vie meglio assai che l'intelletto", ott. 35, vv. 3-4) sulle inutili motivazioni razionali addotte in concorrenza dai filosofi (ott. 35, vv. 5–8). Tre ottave (36–38) offrono altrettanti esempi di tentativi falliti. La prima e la terza trovano riscontro nel *De admirandis* dove sono riecheggiamenti fedeli del *De subtilitate* scaligeriano:

> Afferma alcun che d'altra cosa densa
> sia tra febo e febea corpo framesso,
> laqual delo splendor ch'ei le dispensa
> in parte ad occupar venga il reflesso.
> Ilche se fusse pur, com'altri pensa,
> non sempre il volto suo fora l'istesso,
> né sempre la vedria chi'n lei s'affisa
> in un loco macchiata e d'una guisa. (ott. 36)

I.C.: Alii, ut refert Averroes, putarunt inter solem et resse aliquot corpora, quorum obiectu lumen intercipiatur.
Alex.: Plausibilis sane sententia.
I.C.: Facillime tamen abolebitur et evanescet. Non enim idem semper esset lunae

aspectus, at est.[85]

Altri vi fu ch'esser quel globo disse
quasi opaco cristal che' piombo ha dietro
e che col suo reverbero venisse
l'ombra dele montagne a farlo tetro.
Ma qual sì terso mai fu che ferisse
per cotanta distanza acciaio o vetro?
e qual vista cerviera, in specchio giunge
l'immagini a mirar così da lunge? (ott. 38)

Alii asserunt in lunae globo, tamquam in speculo, species montium receptas repraesentari.[86]

Come si vede, la corrispondenza si limita qui all'ipotesi. In Vanini segue il riferimento all'opinione affine dell'imperatore Rodolfo, ricordata da Keplero nella sua *Dissertatio cum Nuncio Sidereo*,[87] e il rigetto dell'interpretazione del fenomeno con un argomento che non coincide con la difficoltà mariniana della distanza:

Alex.: Pace salva tanti Principis, opinio haec iniucunda et falsa mihi videtur, varius enim esset semper lunae aspectus, at non est.[88]

Ma una spiegazione del diverso ragionamento di Mercurio potrebbe venire dalle battute immediatamente successive:

I.C.: Recte quidem, ut supersedeam a Cardani confutationibus.
Alex.: Legi in libro III, ni fallor, De subtilitate.
I.C.: Ita est, in capitulo de coelo.[89]

Se il Marino ha seguito questa indicazione bibliografica vaniniana, ha trovato l'imbeccata precisa per la sua amplificazione poetica:

Nec tam procul imago seu species aliqua in speculo videri potest.[90]

Non solo. Cardano, così raggiunto, può avergli ispirato i quattro versi iniziali dell'ottava intermedia interpolata per depistare, *more solito*. Si confronti infatti il testo latino:

Est etiam Lunae peculiare maculam habere: unde maxima apud antiquos quaestio orta est, existimantibus non paucis Lunam participem esse elementaris naturae, et ob id affici.[91]

con X 37, vv. 1–4

Havvi chi crede che, per esser tanto
Cinzia vicina agli elementi vostri,

dela natura elementare alquanto
convien pur che partecipe si mostri.

Ma dove lo scienziato rinascimentale si limitava asciuttamente ad obiettare
Nos vero illam, si corpus aeternum sit, participem esse mortalitatis negamus.[92]
il "fisico divin" (ott. 33, v. 2), sul punto, quasi, di rivelare che la superficie
della Luna presenta aspetti del tutto simili ai terrestri, richiama spudoratamente i toni dell'ott. 19, assumendo la maschera risentita e rigidamente
ortodossa di un Lagalla:[93]

Così la gloria immacolata e 'l vanto
cerca contaminar de' regni nostri,
come cosa del ciel sincera e schietta
possa di vil mistura essere infetta. (ott. 37, vv. 5–8)

Leggendo l'ott. 39 è come se vedessimo riprodotti in sequenza rapida
due momenti contigui a noi noti, quel brano mariniano della diceria del
1609 che voleva il cielo precluso "alla industria de' mortali" (cfr. ott. 39,
vv. 1–4: "Egli è dunque da dir che più secreta / colà s'asconda ed esplorata invano / altra cagion, che penetrar si vieta / all'ardimento del'ingegno
umano") e, proprio a ridosso, le pagine trionfanti del *Sidereus Nuncius*,
che qui, nella *fictio*, cominciano ad essere svelate da Mercurio stesso al
giovinetto amato da Venere (ott. 39, vv. 5–8, e poi ott. 40, vv. 1–4 e 41,
vv. 3–6), in anticipo sul tempo, poi profetizzato, della scoperta galileiana.

Per sancire, senza per altro sottolinearne le implicazioni, la fine della
diversità incolmabile tra materia sublunare e celeste, viene introdotta una
ripetizione ravvicinata: "ha, non men che la terra, e valli e rupi" (ott. 39,
v. 8); "La superficie sua mal conosciuta/ dico ch'è pur come la terra
istessa" (ott. 40, vv. 1–2), ma l'eccesso di verità pretende subito, nello
snodarsi ambiguo del discorso, un bilanciamento in direzione della fantasia: il resoconto astronomico di Galileo si trasforma (ott. 40, vv. 5–8; 41,
v. 6) nell'immaginosa poesia del suo amato Ariosto (*O.F.*, XXXIV 72,
vv. 1–4).[94]

Preparata dall'allusione di ott. 35, vv. 3–4, e dalla citazione (trasparente per un lettore contemporaneo) del *Sidereus Nuncius*, sta per librarsi
nella forma solenne della profezia l'entusiastica celebrazione del cannocchiale e dell'astronomo che con la sua messa a punto dischiuderà nuovi
impensabili campi di conoscenza.

Le ott. 42–47 hanno destato, proporzionalmente alla loro oggettiva importanza, una particolare attenzione critica, della quale ben si conoscono le
acquisizioni (p.e. il convertirsi della fascinazione tecnologica in sperimen-

tazione poetica),[95] gli stimoli a nuovi percorsi di approfondimento (come per la suggestiva traccia bruniana di X 45),[96] le proposte sulle quali siamo chiamati ad interrogarci (il Marino percepisce la concretezza, la forza di rinnovamento della scienza sperimentale galileiana, ma resta "in bilico" tra vecchio e nuovo sapere, "ricorrendo a sincretismi ingegnosi"?[97] Prevale decisamente sul valore di una possibile scelta di campo scientifica la riduzione ad emblema, come per il resto dell'immaginario mariniano, dell' "organo celeste"?[98] Oppure le novità annunciate—non solo sulla superficie lunare, ma sui satelliti di Giove (ott. 44)—sono pienamente, consapevolmente accolte, vuoi come dati astronomici dirompenti, ma non ancora necessariamente letti in una chiave copernicana,[99] vuoi come spie di una più complessa e matura adesione all'assetto eliocentrico, spinta fino a possibili tangenze con la meccanica celeste kepleriana, la cui controprova si svela nelle strutture profonde del poema?[100]

Sarebbe incauto e velleitario, da un angolo prospettico così circoscritto come quello qui assunto, e in spazi ormai ridotti al minimo, pretendere di esprimere esaurientemente il grado di consenso o di dissenso rispetto ad una delle tesi appena ricordate, ad alcune delle quali, per altro, si è finora guardato, nel condurre l'analisi, senza pregiudiziali neutralismi, ma privilegiando una lettura originale e puntigliosa di spessori e movenze testuali. Meglio sarà dunque concludere con qualche annotazione volta a problematizzare ulteriormente un dettato poetico già ricchissimo d'implicazioni.

Il Vaccalluzzo in una pagina lontana, ingenua e viziata dalla convinzione infondata che tutto il c. X fosse sotto le insegne di Galileo, postulava una stesura delle ottave delle *Maraviglie* all'altezza del 1610: non si sarebbe spiegato, altrimenti, l'assenza di riferimenti alle osservazioni, non meno eclatanti e discusse, sulle macchie solari (1613) e all'esplicitarsi, negli interventi dello scienziato, della tesi eliocentrica.[101] Anche l'Aquilecchia, in una tavola rotonda londinese di dicci anni fa, per le sole "ottave galileiane", ha creduto con finezza di poter ipotizzare che "almeno nella loro concezione originale" esse "vadano fatte risalire [. . .] a una data immediatamente successiva alla pubblicazione del *Sidereus Nuncius*": giuocherebbero a favore della congettura il fatto che "esse partecipano dell'entusiasmo pro-galileiano" e il "recupero aggiornato [a quella data] del paradigma bruniano Tifi/Colombo/Nolano" (assunto consapevolmente nel suo valore emblematico, intriso com'è, nella *Cena de le Ceneri*, dell' "ultra-copernicanesimo" del filosofo), che, vista la rapida usura del *cliché* nei componimenti proliferati, "sarebbe potuto risultare inventivamente fin troppo scontato una decina d'anni più tardi".[102]

Ma è davvero necessario, specie se si tien conto che l'iniziazione conoscitiva di Adone dovrebbe appartenere all'ultima fase redazionale, che giunge quando da un anno si è formalizzata la condanna ecclesiastica delle teorie copernicane, con l'ammonizione a Galileo di astenersi dal difenderle e propagandarle, ricorrere a datazioni alte, prossime agli avvisi celesti del 1610, per spiegare il restringersi del discorso alle acquisizioni iniziali del telescopio, o per giustificarne l'afflato e percepire la pregnanza nascosta di una suppellettile encomiastica entrata velocemente nell'uso comune? La ricontestualizzazione di un non improbabile abbozzo precedente chiederebbe comunque di essere apprezzata negli esiti propri. Ebbene in quella due dati contrastanti sembrano prolungare il già osservato alternarsi di sfide e cautele: la simpatia intellettuale è genuina e palpabile e vale ancora di più perché si esprime, in attrito con le tesi tradizionaliste, in tempi difficili, in cui l'onda encomiastica ha lasciato il posto alle continue schermaglie polemiche, ai silenzi, ai voltafaccia, al minaccioso alt teologico; ma intanto, quando il *dossier* Galileo ha ormai assunto la sua fisionomia inconfondibile, le virtualità eversive del cannocchiale sono ufficialmente congelate alla commozione delle prime scoperte e il resto sembra sfumare nel vago come promessa generica ("scoprirai nove luci e nove cose", ott. 45, v. 8).

Credo anch'io che sia strategica per più aspetti proprio l'ott. 45. Mi pare che segnali precisi, nella tramatura del canto, rimbalzino dall'ott. 3 a quest'ottava, per rinviare, dopo una lunga campata, alla "casa dell'Arte" e al suo messaggio carico di lieviti moderni.[103] Alla prima folgorante anticipazione, attraverso figure carismatiche che Adone vedrà poi glorificate tra gli *"inventores rerum"*, dei valori messi sotto l'egida di Mercurio— e il Marino se ne avvale, nell'invocazione ad Urania, per rivendicare la sua aspirazione a militare, come poeta, in quella schiera di arditi, di sperimentatori del nuovo—, ne segue, con le ottave galileiane, una seconda, felicissima, che consente di drammatizzare, con intensa allusività, la più recente delle grandi svolte conoscitive della storia, evitando una più scontata e frigida collocazione del Pisano nel Pantheon dei seguaci di Hermes.[104] Tifi è il *trait-d'union*, Colombo, anch'egli assente poi, a voler essere pignoli, nella rassegna "mercuriale", vi appartiene di diritto, e già ne abbiamo saggiato la presenza attiva nell'immaginario mariniano. Per chi abbia dubbi non si dimentichino le parole esplicite del dio: "sotto gli auspici miei" (ott. 44, v. 3).

Segnali, reticenze, astuzie, contraddizioni: prima ancora di entrare nella sua sfera, di combaciare coi suoi influssi, quello che abbiamo documentato dimostra che il dio è già in scena come un irresistibile impudente mattatore. Il "parlator facondo e saggio" (ott. 108, v. 7), sarà tra poco il "garrulo dio" al quale (lo dice Venere per rassicurare Adone, al quale, a richiesta, Mercurio ha fornito con esattezza un oroscopo infausto) non si deve "[. . .] creder tanto,/ però ch'egli è ben saggio, a dirne il vero,/ ma vie più fraudolento e menzognero" (c. XI 184, vv. 6–8). La vitalità di questa figura mitologica affascinante e imprevedibile nelle sue sfaccettature positive e negative, il suo spazio simbolico tra Rinascimento e Barocco, i modi specifici della sua presenza in tutto l'*Adone*, richiederebbero una trattazione diffusa, feconda d'illuminazioni, che purtroppo non può entrare in questa sede. Impossibile, comunque, non intuirvi dentro una proiezione autobiografica almeno parziale del poeta. Con la maschera ambigua e mobilissima di Mercurio, nelle *performances* del c. X, si esibisce e si occulta, provoca e finge di rientrare nell'ordine, una personalità forte e smaliziata, libertina senza vocazioni al martirio, curiosa e prensile senza inibizioni, narcisista senza autoindulgenze, con qualche arguto lampo d'autoironia. Ma è un discorso che andrà ripreso.

NOTE

1 Cfr. C. CALCATERRA, *Il Parnaso in rivolta*, Bologna 1961 (1a ed. Milano 1940), in part. pp. 11–127; M. GUGLIELMINETTI, *Tecnica e invenzione nell'opera di Giambattista Marino*, Messina-Firenze 1964, pp. 107–141; S.N. PETERS, *A Mirror to the World: The Use of Image of the World-Theatre in the 'Adone' of G.B. Marino*, in "Barroco", II (1970), pp. 19–36; ead., *The Anatomical Machine: A Representation of the Microcosm in the 'Adone' of G.B. Marino*, in "Modern Language Notes" 88 (1973), pp. 95–110; H. GRUBITZSCH-RODEWALD, *Die Verwendung der Mythologie in Giambattista Marinos 'Adone'*, Wiesbaden 1973, in part. pp. 65–71, 94–97, 103–4, 236–37 e passim ; G. POZZI, *Ludicra mariniana*, in "Studi e problemi di critica testuale", n. 6, aprile 1973, pp. 132–62; F. GIAMBONINI, *Il compasso e lo squadro nelle architetture del Marino*, in "Strumenti critici", VIII (1974), pp. 323–44; P. RENUCCI, *Marino* (paragr. 7 del cap VI [*Il Seicento: dalla selva barocca alla scuola del classicismo*] del contributo *La cultura*) in *Storia d'Italia*, coord. da R. Romano e C. Vivanti, II 2 (*Dalla caduta dell'Impero romano al sec. XVIII*), Torino 1974, pp. 1381–87; C. DELCORNO, *Rassegna mariniana (1969–1974)*, in "Lettere italiane" a. XXVII n. 1, gennaio-marzo 1975, pp. 91–109; M. PIERI, *Per Marino*, Padova 1976, in part. pp. 250–58, 279–80, 308–11 (Poscritto dedic. alle pp. cit. del Renucci); G. POZZI, "Guida alla lettura" e commento al canto decimo, in G.B. MARINO, *L'Adone*, a cura di G. POZZI, Milano 1976, in due voll. (d'ora in poi chiamerò quest'ed., che utilizzo anche per le citazioni testuali, *Adone, I*; *Adone, II*; mentre per i rinvii all'opera userò la forma *Ad.* seguita senza virgola dall'indic. del canto in num. romano, dell'ottava in num. arabo e, dopo la virgola, dal/dai verso/-i), II, rispettivamente pp. 11–140 e pp. 436–65; M.A. RIGONI, *L'"Adone" del Marino*

come poema di emblemi, in "Lettere italiane", a. XXIX n. 1, gennaio-marzo 1977, pp. 3–16; G. POZZI, *Presentando l'"'Adone"*, in *Paradigma* 2, Firenze 1978 (Ist. di Letteratura italiana moderna e contemporanea, Univ. di Firenze, Facoltà di Magistero—Studi e testi raccolti da P. Bigongiari), pp. 93–104.

2 T. STIGLIANI, *Dello Occhiale, opera difensiva...*, Venezia, appresso Pietro Carampello, 1627, p. 135.

3 G. ALEANDRI, *Difesa dell'Adone... per risposta all'Occhiale del Cav. Stigliani*, p.te 1a, Venezia, appresso Giacomo Scaglia, 1629, p. 75.

4 Ivi, pp. 75–76.

5 Abbreviazione per I(ulius) C(aesar).

6 Sul filosofo salentino (Taurisano, maggio 1585–Tolosa, 9 febbraio 1619), sulla sua vita breve quanto intensa e drammatica specie negli ultimi 7 anni, dall'abiura londinese al carcere inglese, quando viene subdorato un precoce ripensamento, al rapido rientro in campo cattolico, accompagnato da diffidenza, al successo francese concretatosi con la pubblicazione di due opere, alla fuga da Parigi, all'arresto tolosano, alla condanna a morte subito eseguita, dopo la lunga stagione degli anatemi o delle simpatie clandestine per l'ateo, per il libertino che aveva pagato per le sue idee, dopo i laici e talora un po' provinciali furori per il martire del pensiero, in clima di polemiche positivistiche e di umori anticlericali, si è aperta, dagli anni Trenta-Quaranta del Novecento, poi via via con più avvertita coscienza storiografica, una stagione di studi che ha rifiutato definizioni convenzionali e schemi interpretativi datati ed ha illuminato con ritrovamenti e puntualizzazioni importanti la personalità ricca e contraddittoria del pensatore, collocabile in quella "sinistra aristotelica" che approda al materialismo e al meccanicismo. Indispensabile punto di riferimento per una rassegna ed un bilancio della vastissima bibliografia vaniniana è il volume *Le interpretazioni di G.C. Vanini*, a cura di G. PAPULI, Galatina 1975, che raccoglie contributi del curatore, di G. SPINI, A. CORSANO, È. NAMER e A. NOWICKI. Si è in attesa degli Atti del Convegno sul tema *Giulio Cesare Vanini: dal tardo Rinascimento al "libertinisme érudit"*, tenutosi a Lecce e a Taurisano nei giorni 24–26 ottobre 1985, in occasione del IV centenario della nascita del Vanini.

7 L'opera in 4 libri, dedicata dall'autore al maresciallo François de Bassompierre, fu stampata Lutetiae, Apud Adrianum Perier, MDCXVI. Recentente ne è apparsa un'ed. anastatica presso l'editore Congedo (Galatina 1985), come 3º vol. della Collana di saggi, testi filosofici e traduzioni (diretta da A. Corsano, G. Papuli e F. De Paola) del Centro Studi "G.C. Vanini" di Taurisano. Punto di riferimento obbligato, anche se controverso per le intenzioni demolitorie dell'originalità vaniniana, è l'edizione integrale approntata da L. CORVAGLIA: *Le opere di Giulio Cesare Vanini e le loro fonti*, Milano-Genova-Roma-Napoli 1933–1934. Il *De admirandis* vi occupa il vol. II. La trad. italiana si legge per ora in G. PORZIO, *Le opere di Giulio Cesare Vanini tradotte per la prima volta in italiano...*, II, Lecce 1912. Una nuova trad. con note è in preparazione

come 4° vol. della Collana cit.
8 È. NAMER, *Documents sur la vie de Jules-César Vanini de Taurisano*, Bari, Adriatica, s.d. (1965), p. 90 e A. Nowicki, *Le categorie centrali della filosofia del Vanini* (ed. orig. *Centralne kategorie filozofii Vaniniego*, Warszawa 1970), in *Le interpretazioni di G.C. Vanini*, cit., pp. 168–69. Il testo, finito di stampare il 1° sett. 1616 (l'*imprimatur* risaliva al 20 maggio dello stesso anno), fu condannato un mese dopo. Il Vanini, preso il falso nome di Pompeo Usciglio o Ucilio, si allontanò subito dalla capitale riparando presso amici ed estimatori, prima di fermarsi a Tolosa dove sarebbero seguiti gli eventi tragici della prigionia e della condanna capitale.
9 Il titolo completo è *Amphitheatrum aeternae providentiae divino-magicum, christiano-physicum nec non astrologo-catholicum, adversus veteres Philosophos, Atheos, Epicureos, Peripateticos, & Stoicos*. Il volume, con la dedica del Vanini al duca di Taurisano Francesco de Castro, apparve Lugduni, Apud viduam Antonii de Harsy, MDCXV. Anche per l'*Amphitheatrum* disponiamo di un'anastatica (Galatina 1979: è il vol. 1° della Collana già cit. che col vol. 2° ci ha dato di quest'opera, dopo la versione Porzio, op. cit., I, una rigorosa traduzione ampiamente annotata: *Anfiteatro della Eterna Provvidenza*, trad. a cura di F.P. RAIMONDI e L. CRUDO, introd. di A. CORSANO, note, bibliogr. e indici di F.P. RAIMONDI. Il Corvaglia ne ha fornito l'edizione nel vol.1° dell'op. cit.
10 Il brano relativo al Marino si legge nella *princeps* del *De admirandis*, dial. XLII *De Hominis Augmento*, p. 264; la menzione della biblioteca dell'Ubaldini, ivi, dial. XXVIII, p. 170, con rif. alla lettura del *De subtilitate* di Girolamo Cardano.
11 Un accenno purtroppo breve, ma penetrante, del Pozzi, è in *Adone, II*, p. 96: "Come egli trasformò l'*epos* in mitologia mediante Nonno e Claudiano, così nella concezione del cosmo si confezionò una mitologia *sui generis* in chiave scientifica [. . .]. La mitologia diventò per lui l'opposto della storia, la quale invece fu la musa cinquecentesca del Tasso. Fu un disegno consono all'età in cui visse; un'età che vide stabilizzarsi i confini religiosi prima fluttuanti, il che permise il formarsi d'una fascia neutralizzata nella quale al tema profano si concesse di vivere in libertà vigilata (ogni neutralità costituita, lo sappiamo, è l'eutanasia della storia). Là dentro il Marino seppe tagliarsi un'esistenza non priva di rischi, come prova la messa all'indice, ma di rischi calcolati, ben diversi da quelli che osò correre il Vanini, per citare fra molti il caso anche biograficamente da lui meno lontano".
12 Cfr. A. BORZELLI, *Gli Epitalami del Cavalier Marino e particolarmente del terzo*, Napoli 1924, pp. 17–21. Si veda anche , del medesimo studioso, *Storia della vita e delle opere di Giovan Battista Marino*, Napoli 1927, pp. 171, 199, 220, 285, 318.
13 Il supplizio del Vanini, decretato a sei mesi dall'arresto (2 ag. 1618) dalla Grande Camera del Parlamento di Tolosa per ateismo, bestemmie ed empietà e subito eseguito, ebbe luogo il 9 feb. 1619; esso prevedeva il taglio della lingua,

lo strangolamento, il rogo. Cfr. Namer, op. cit., pp. 113–14, e Nowicki, op. cit., pp. 169–70.

14 Il 27 maggio 1614, dopo la fuga dal carcere inglese (marzo 1614), il Vanini ha già raggiunto con il confratello Giovanni Maria Battista Genocchi Bruxelles, ove ad accogliere i due religiosi pentiti dell' abiura londinese (29 giugno 1612) c'era il Nunzio Guido Bentivoglio. Il breve periodo genovese segue questa data, ma già verso luglio-agosto l'inquieto filosofo è a Parigi a completare un'*Apologia del Concilio Tridentino* oggi perduta: cfr. Namer, op. cit., pp. 44, 99 e Nowicki, op. cit., pp. 166–67.

15 Il sorgere dell'amicizia fra il Vanini e il Marino propiziato dal tramite di Giacomo Doria si fonderebbe da un lato su di un brano autobiografico del Vanini contenuto nell'*Amphitheatrum*, cit., Exerc. XL, pp. 274–75 ("Et ego cum mensibus elapsis Genuae illustri loco et urbe celebri philosophiam praelegerem, ab illustri admodum et ingenioso Adolescente Iacobo Auria discipulo, ac Domino meo unice colendo, interrogatus an viridis coloris equi naturaliter congenerari possint, affirmative respondi") e dall'altro sul rapporto tra il poeta napoletano e il nobile genovese, attestato dalla composizione, nel 1605, dell'epitalamio *L'Anello* per le nozze di quello con Brigida Spinola di Gasparo. Avallata dal Borzelli come la più sicura delle ipotesi sull'incontro tra i due, l'asserzione è fatta propria ancora dal Nowicki, op. cit., p. 167, e da Namer nel suo contributo *La vie de Jules-César Vanini*, in *Studi di storia pugliese in onore di Giuseppe Chiarelli*, a cura di M. PAONE, III, Galatina 1974, pp. 5–31, alle pp. 5–6, mentre al riguardo tace il commento che accompagna la recente traduzione italiana cit. (il brano si legge a p. 269; non concordo con la resa di "praelegerem" come "studiavo", mentre si deve intendere evidentemente "spiegavo", "tenevo lezione di"). Già N. Di Cagno-Politi, *Rinascenza viniana*, in "Rassegna Pugliese di Scienze, Lettere ed Arti", XXIV (1908), p. 104, sulla base di documenti archivistici aveva richiamato l'attenzione sul fatto che il nostro Giacomo Doria era deceduto nel maggio del 1613. Da questo dato e dal riferimento all'adolescenza dell'allievo scaturiva piuttosto che un dubbio sul vero Iacopo Doria, una diversa ipotesi sul soggiorno genovese, alla quale reagiva con violenza polemica il Porzio (op. cit., I, pp. XXIII–XXVI, CXXV–CXXVII), piccato dalle punzecchiature del Di Cagno-Politi. La data non poteva essere anticipata: lo imponevano altri documenti e quel "mensibus elapsis", che doveva essere ricollegato alla stesura dell'*Anfiteatro*. Allora, se quel Giacomo era davvero defunto prima, quell'"Iacopo Auria" doveva essere un altro membro del grande casato (vd. pp. XXVI, CXXVI). Tra le approssimazioni di quella bega dal sapore provinciale c'erano già, come si vede, alcuni spunti che avrebbero potuto dissipare l'incertezza: esatta, come ho potuto constatare, la data di morte di Giacomo q. Agostino (Genova, Arch. dell'Abbazia di S. Matteo, Atti di morte 1597–1842, p. 31); confermato e meglio circoscritto ad un segmento del 1614 il passaggio genovese del Vanini. Andrà dunque definitivamente rimosso il riferimento al marito di Brigida Spinola, e si dovrà pensare ad un Giacomo Doria davvero

adolescente in quell'anno.
16 Si tratta, com'è noto, del componimento *Venere pronuba* edito per la prima volta nella raccolta degli *Epitalami* (Parigi, presso Tussan du Bray, 1616). Il matrimonio, il cui contratto, stipulato il 16 aprile 1608, prevedeva una dote di 40.000 scudi (cfr. Genova, Arch. storico Comunale, ms. Brignole Sale 109 D 4, c. 161 r) si celebrò il 2 giugno 1608 (Genova, Arch. dell'Abbazia di S. Matteo, Atti di matrimonio 1563–1842, p. 77).
17 Lo ha già ben precisato il Calcaterra, op. cit. p. 97: "[il M.] giunse direttamente assai prima del Vanini a considerar l'amore in tutta la natura come fonte della vita e anima del mondo".
18 Per questo peculiare aspetto e per le controversie nate intorno alla posizione del Corvaglia (op. cit.), che negli ultimi contributi ha poi attenuato e in parte rivisto le proprie conclusioni, cfr. G. Papuli, *La fortuna del Vanini*, in *Le interpretazioni di G.C. Vanini*, cit., pp. 7–52, alle pp. 44–48, e, nel medesimo vol., Nowicki, op. cit., pp. 162–63. Si veda inoltre la n. 51.
19 Accolgo qui le conclusioni del Pozzi sulla fase finale (1617–1623) della crescita dell'*Adone* ("Il fatto certo è che tra il 1617 ed il 1620 nell'*Adone* venne immessa tutta la materia che risale al filone dell'esamerone: cc. 6–8 sicuramente; non inverosimilmente i cc. 9–11", p. 113). Cfr. al riguardo *Adone, II*, pp. 112–13, 121 e 324 (commento: cappello introd. al c. VI).
20 Il Marino, come si ricorderà, al suo arrivo in Francia dedica alla moglie di Concino Concini, Leonora, confidente della regina Maria de' Medici, il *Tempio* (Lione, N. Jullieron, 1615), in cui si esalta la reggente (cfr. G.B. MARINO, *Lettere*, a cura di M. GUGLIELMINETTI, Torino 1966, pp. 468–71). L'anno dopo, a Parigi, è la volta degli *Epitalami*, cit., dedicati al suo protettore con un lunghissimo panegirico (cfr. Marino, *Lettere*, ed. cit., pp. 472–81. Del mecenatismo del Concini verso il Marino parla F. FERRARI nella *Vita del Cav. Marino* (cfr. Marino, *Lettere*, ed. cit., pp. 623–38, alle pp. 631–32). Il Borzelli indugia sul rapporto tra il poeta e il favorito in *Storia della vita*, cit., pp. 166 sgg., in particolare 173–78, ma oggi la bibliografia storica addotta dallo studioso napoletano andrà integrata con materiali più recenti, a partire dalla voce *Concini, Concino* di W. MONTER in D.B.I., 27, Roma 1982, pp. 725–30.
21 Tra gli amici e protettori del soggiorno parigino Vanini poteva già vantare Artur d'Èpinay Saint-Luc, abbate di Rhedon, con suo cugino, il maresciallo François de Bassompierre, e il cancelliere Nicolas Brûlart, marchese di Sillery: cfr. Nowicki, op. cit., pp. 167–68.
22 Cfr. Marino, *Lettere*, ed. cit., lett. 121, p. 206: "Son vivo (la Dio mercé), sano e (*quod peius*) ricco come un asino. Le mie fortune qui vanno assai bene. Sono ben veduto da questa maestà ed accarezzato da tutti questi prencipi".
23 Alludo naturalmente al ms. ital. (mss. étr. 345) della Biblioteca nazionale di Parigi, miscell. del sec. XVII, che contiene alle cc. 112–46 la redazione inedita incompleta (solo tre canti) della stesura dell'*Adone* dedicata a Concino Concini che il Marino si accingeva a pubblicare alla fine del 1616 (un *descriptus* della

copia parigina si trova nel ms. 12894 della Bibl. nazionale di Madrid). Cfr. per l'esaustiva analisi filologica dei problemi posti da questa fase redazionale, l'Appendice I in *Adone*, *II*, pp. 727–47 (la dedica al protettore si legge alle pp. 732–33).

24 Archivio Segreto Vaticano, Nunziatura di Francia, vol. 56, c. 349r. Sull' "avviso" aveva richiamato l'attenzione Namer nel suo contributo *La vie de Jules-César Vanini*, cit., p. 8, riportandone in traduzione un brano dagli *Avvisi* dell'Ubaldini, conservati in copia nel ms. ital. 37 della Bibl. naz. di Parigi (c. 303r). Avevo segnalato l'importanza della testimonianza addotta dal Namer nella mia recensione all'ed. Pozzi dell'Adone in "Filologia e critica", a. II fasc. II, maggio-agosto 1977, pp. 279–97, a p. 283. La riproduzione del documento mi è stata fornita con squisita cortesia dal prof. Francesco Paolo Raimondi, al quale devo anche la preziosa precisazione che il destinatario dell'informazione non è, come credeva il Namer, il Sant'Uffizio, bensì la Segreteria di Stato, retta dal Card. Borghese.

25 Se ne mostrano informati l'Aleandri e l'Aprosio: cfr. *Adone*, *II*, pp. 740–41.

26 Vd. supra la n. 19.

27 Fratello di Melchiorre, l'importante prelato ("chierico di camera") vicino agli Aldobrandini, al quale il Marino aveva dedicato la prima parte delle *Rime* del 1602. Il suo nome ricorre spesso nelle *Lettere*. A lui il Marino lascerà in legato la raccolta dei dipinti già affidatagli in custodia nel palazzo romano, tranne i "ritratti de valent'huomini" (cfr. G. FULCO, *Il sogno di una "galeria": nuovi documenti sul Marino collezionista*, in "Antologia di Belle Arti", III n. 9–12, dicembre 1979, pp. 84–99, alle pp. 96–99.

28 Roma, Archivio privato Serlupi Crescenzi, tomo 15 (Lettere di Crescenzio Crescenzi, 1609–1630). La missiva risulta giunta un mese dopo, il 16 agosto, come attesta un'annotazione. Ringrazio per la generosa disponibilità e la sensibile collaborazione offerte alle mie ricerche i marchesi Carlo e Giovanni. Un grato ricordo va alla memoria del marchese Crescenzio. Dall'esordio della lettera ("Per cinque mie ho supplicata V.S. Illustrissima a certificarmi della sua salute [. . .]") si deve ritenere che gli "accidenti horrendi occorsi qui ne' giorni passati", "novelle" che per Roma dovrebbero essere già "vecchie", alludano ancora all'uccisione del maresciallo d'Ancre, anche se includono (vd. il rif. alla "perdita de' miei partialissimi Protettori") la recentissima esecuzione capitale, per lesa maestà e per stregoneria, della moglie del mecenate, Leonora (8 luglio). La regina, che il Marino mostra ancora sollecita verso la prosecuzione di un progetto editoriale ormai del tutto inopportuno, aveva in realtà subito uno scacco gravissimo. Un dispaccio diplomatico del nuovo Nunzio, Guido Bentivoglio, del 9 maggio 1617, annunciava il suo ritiro "in esilio non volontario" a Blois (cfr. Borzelli, *Storia della vita*, cit., p. 178).

29 G.B. MARINO, *"Dicerie sacre" e "La Strage de gl'Innocenti"*, a cura di G. POZZI, Torino, Einaudi, 1960 (d'ora in poi il primo testo verrà siglato *DS*), p. 387. Il brano è tratto dalla diceria *Il Cielo*.

30 *DS*, p. 377.
31 Cfr. ibid., dove si rileva "l'assenza assoluta di citazioni marginali".
32 La datazione della diceria, sulla base di elementi interni incontrovertibili si colloca tra il termine *a quo* della ricezione del Marino nell'Ordine dei SS. Maurizio e Lazzaro (16.3.1609) e quello *ad quem* desumibile da "Cipro e Rodi, iconologicamente rappresentate" che "piangono la loro servitù ed esortano il duca [Carlo Emanuele I] alla guerra contro il turco" (aspirazioni e progetti sabaudi definitivamente tramontati col trattato di Brosolo, 25.4.1610). Grazie a questi elementi l'editore precisa: "La composizione della terza diceria si può dunque porre con sufficiente sicurezza fra i primi mesi del 1609 e l'aprile dell'anno successivo, ma probabilmente più vicino alla prima data, dato che i primi maneggi politici che condussero all'alleanza col re francese risalgono già alla primavera del 1609" (*DS*, pp. 21–22). Il *Sidereus Nuncius*, steso non appena completato un sufficiente ciclo di osservazioni col telescopio nella seconda metà del 1609, va in stampa, come risulta dai carteggi galileiani, presso il tipografo veneziano Tommaso Baglioni, dal febbraio al 13 marzo 1610.
33 Per l'analisi delle testimonianze sull'ambizioso progetto irrealizzato di poema e delle implicazioni congetturalmente desumibili dall'ideazione di questo testo, cfr. le acute e persuasive pagine di Pozzi in *Adone, II*, pp. 113–19.
34 Cfr. il 49º son. delle "Rime eroiche" del 1602, "Domar Colombo tu l'ampio Oceano".
35 Cfr. G.B. MARINO, *La Galeria*, a cura di M. PIERI, Padova 1979 in due voll., I ("Le Pitture", "Ritratti. Uomini. [I] Prencipi, Capitani, ed Heroi" [55], [55a]), p. 104.
36 "Grande fu la tribulazione del povero Colombo, quando passando le colonne, si pose alla impresa del mondo nuovo, dove non solo dall'orgoglio di quel mare indomito fu atterrito, ma tormentato eziandio dalla molestia de' propri compagni. Ed io né più né meno, oltre la moltitudine d'infinite altre afflizioni, alle quali son fatto bersaglio, sono anche flagellato dalle offese degli amici insidiosi; anzi in fin da coloro istessi che hanno esso Colombo poco felicemente celebrato, mi veggo senza occasione alcuna, e senza alcun ritegno di modestia, ingratissimamente oltraggiato a torto" (ded. de "Le Sculture" a Luigi Centurioni, marchese di Morsasco, in ed. Pieri cit., I, p. 267). Il paradosso che coinvolge nel lamento lo Stigliani è imparentato alla coincidenza arguta e spietata che nel c. X dell'*Ad.*, proprio dove la poesia mariniana celebra l'emozione per la conquista conoscitiva, dietro e oltre Colombo, di nuovi mondi, mette scopertamente alla gogna, dopo allusioni seminate con sapiente regia (*Ad.* VII 187, vv. 5–8; IX 183, vv. 7–8–187, v. 4), il *Mondo nuovo* del Materano (*Ad.* X 161; 165, vv. 5–8).
37 Distinguendo ascoltatori e lettori mi riferisco, da un lato, alla "destinazione pratica del *Cielo*: il quale ha tutto l'aspetto d'un discorso realmente pronunciato" (*DS*, p. 377)—probabilmente in occasione del conferimento del Cavalierato—, dall'altro all'*editio princeps* delle *Dicerie sacre*, Torino 1614.

38 Oltre alle *Trasformazioni*, cit., va ricordata la *Polinnia* (cfr. per il disegno dell'opera l'introd., sotto il nome di Onorato Claretti, alla *Lira* [Venezia 1614], in Marino, *Lettere*, ed. cit., pp. 602–13, a p. 609, e per la supposizione del Pozzi che questo testo incompiuto abbia potuto cedere materiali all'*Adone* quanto si dice in *Adone, II*, pp. 116–17.

39 Cfr. Marino, *La Galeria*, ed. cit., I ("Le Pitture", "Ritratti. Uomini. [X.] Matematici, e Astrologi" [9.]), p. 59. Che la stesura del componimento possa essere stata sollecitata a caldo dall'apparizione del *Sidereus Nuncius* è congettura plausibile (come tale la considera G. AQUILECCHIA, *Da Bruno a Marino. Postilla all'Adone X 45*, in "Studi Secenteschi", a. XX (1979), pp. 89–95, a p. 92), ma mancano, sia sul versante galileiano scandagliato da N. VACCALLUZZO (*Galileo Galilei nella poesia del suo secolo. Raccolta di poesie edite e inedite scritte da' contemporanei in lode di Galileo*, Milano-Palermo-Napoli, Sandron, 1910), sia su quello mariniano indizi per datare con sicurezza al 1610 l'importante testimonianza poetica. Il son. va comunque svincolato dal possesso effettivo da parte del Marino di un ritratto del Pisano, se il Guiducci segnala al Galilei il 6 luglio 1624 che il Marino lo desiderava ancora (cfr. Vaccalluzzo, op. cit., pp. 79–80).

40 Cfr. *DS*, pp. 114–15. Per la datazione della diceria *La Pittura*, ivi, p. 22.

41 "Serba talmente in se stesso, o Iddio, l'impressione del divin suggello questo tuo simulacro animato e spirante, che in tutte l'azioni sue mostra non solo d'esserti simile, ma pretende, quasi tuo competitore, d'emularti e di concorrer teco", *DS*, p. 114.

42 *DS*, p. 114.

43 Aristotele, *DS*, p. 114, *Ad.* X 157, v. 1; Cadmo, *DS*, p. 114, *Ad.* X 144, v. 3–4; Giovanni [Gutemberg] di Magonzia, *DS*, p. 114, *Ad.* X 151, vv. 5–8; Prometeo, *DS*, p. 114, *Ad.* X 3, v. 4; 144, vv. 1–2; Tifi, *DS*, p. 115, *Ad.* X 3, v. 1; 45, v. 5; 148, v. 6; 253, v. 1; Alberto Magno, *DS*, p. 115, *Ad.* X 144, v. 8; Dedalo, *DS*, p. 115, *Ad.* X 3, v. 3; 147, vv. 5–8; Archimede, *DS*, p. 115, *Ad.* X 144, vv. 5–6; Archita, *DS*, p. 115, *Ad.* X 144, v. 7; Bertoldo tedesco, *DS*, p. 115, *Ad.* X 151, vv. 1–4.

44 Cito dall'Allegoria del canto, *Adone, I*, p. 517.

45 *DS*, p. 382.

46 In X 4, in particolare nei vv. 5–8 (cfr. "abbaccinata", v. 6; "abbagliato", v. 7;"si confonde", v. 8) filtra la memoria delle parole che completano la citazione precedente: "purché dalla virtù di quello stesso splendore, che può in un medesimo punto altrui sbigottire ed avvalorare, sicome ne sono a prima vista abbarbagliato e confuso, così favore e conforto parimenti mi vengano".

47 Cfr. *Adone, II*, pp. 437–38.

48 Cfr. Pieri, *Per Marino*, cit., p. 280.

49 Osservazioni di notevole interesse sull'operetta di Plutarco, inclusa nei suoi *Moralia*, e sulle forti suggestioni che essa esercita ancora nell'opera di Galileo, dal *Sidereus Nuncius* al *Dialogo sui massimi sistemi*, ed in Keplero, si leggono

nel contributo di P. CASINI, *Il "dialogo" di Galileo e la luna di Plutarco*, contenuto nel vol. *Novità celesti e crisi del sapere*, Atti del Convegno internazionale di studi galileiani, a cura di P. GALLUZZI (Supplemento agli "Annali dell'Istituto e Museo di Storia della Scienza", 1983, fasc. 2), Firenze 1983, pp. 57–62.

50 Nel Tassoni i due temi di discussione, al loro ingresso nel *work in progress* dei *Pensieri*, appaiono contigui nel codice di Halle (1608–1609): XVI, Se la materia de' corpi celesti sia una sola senza mistura; XVII, Da che procedono le macchie che si veggono nella luna. Dall'edizione del 1612 (*Varietà di pensieri . . . divisa in IX parti*, Modena, appresso gli eredi di Gio. Maria Verdi) si dividono: il primo diventa il quesito VI del lib. II, il secondo il quesito XI del lib. III (dal 1627 il XII). Cfr. A. TASSONI, *Pensieri e scritti preparatori*, a cura di P. PULIATTI, Modena 1986, rispettivamente alle pp. 210–12, 212–15 (ms. Halle), e alle pp. 422–24, 473–75 (secondo il testo definitivo della seconda ed. del Brogiolo, 1636). Per le varianti intercorse nelle successive fasi redazionali, cfr. pp. 1060–61, 1071. La tavola di concordanza tra le varie stesure è alle pp. 966–73; per la posizione dei quesiti che c'interessano cfr. pp. 966–67.

51 Lutetiae, Ex officina Michaelis Vascosani, 1557, poi Francofurti, apud haer. Wecheli, 1582. Sulla produzione filosofica dello Scaligero cfr. A. CORSANO, *Studi sul pensiero del tardo Rinascimento*, I, *G.C. Scaligero*, in "Giornale critico della filosofia italiana", a. XXXVII, terza serie, vol. XII, fasc. I gennaio-marzo 1958, pp. 34–63. Sulla complessità del rapporto Vanini-Scaligero che il Corvaglia nella sua edizione tende semplicisticamente ad esaurire con la categoria del plagio, si veda questa precisazione di F.P. Raimondi nella cit. trad. commentata dell'*Anfiteatro*: "Sarebbe [. . .] ingenuo credere che il Vanini si sia semplicemente appropriato del testo scaligeriano. In realtà nelle mani del filosofo taurisanese il plagio è spesso una tecnica sapientemente usata per scopi propri e diversi da quelli dell'autore plagiato. Egli pesca tra le pagine dello Scaligero i punti più deboli della sua filosofia e, attraverso il plagio, intessuto di magistrali ricuciture e costruito con una raffinata tecnica di collage, vuole farne esplodere le contraddizioni interne [. . .] Mi pare [. . .] che il Vanini compisse nascostamente un vero e proprio *jeu de massacre* che aveva nello Scaligero il suo bersaglio preferito e che non doveva sfuggire all'avveduto lettore contemporaneo al quale l'opera scaligeriana era certo abbastanza nota" (pp. 38–39).

52 Cfr. Corsano, art. cit., pp. 45–47, e E.J. DIJKSTERHUIS, *Il meccanicismo e l'immagine del mondo dai Presocratici a Newton*, Milano 1971, pp. 373–74.

53 Cfr. la n. 87.

54 Qui e nel seguito del lavoro, pur rintracciando e controllando di volta in volta, i brani sulla *princeps* del *De admirandis*, citerò il dialogo sempre dall'ed. Corvaglia cit. (in sigla *De adm.*: ed. Corvaglia, dial., p/pp.) che nella colonna di sinistra fornisce il testo vaniniano e in quella di destra affianca ad esso gli stralci di opere altrui che ritiene plagiati. L'attesa trad. annotata è destinata, come

per l'*Amphitheatrum*, a mettere in discussione la validità degli accostamenti. Dalla mia limitata prospettiva ho cercato di verificare, spero senza eccessive ingenuità, il grado di dipendenza delle pagine vaniniane che m'interessavano da quelle scaligeriane. La presente cit. si trova in *De adm.*: ed. Corvaglia, dial. II *De coeli materia*, p. 4 (*pr.* [=*princeps*], p. 5).
55 *De adm.*: ed. Corvaglia, dial. II, p. 6 (*pr.*, p. 7).
56 Cfr. *DS*, pp. 227–29.
57 *Ad.* X 1, vv. 3–4; 22, v. 7.
58 *Ad.* V 132, v. 8; IX 165, v. 8; XVII 68, v. 8. Può essere interessante osservare che Keplero giunse alla scoperta delle sue tre famose leggi sul moto dei pianeti "nel corso [. . .] di un'indagine metafisica oltre le apparenze visibili, nelle armonie soggiacenti espresse in relazioni puramente numeriche che egli riteneva costituire la natura delle cose: l'*harmonice mundi* che si rivelava nei moti planetari e nella musica: una vera e propria 'musica delle sfere' " (A.C. CROMBIE, *Da S. Agostino a Galileo. Storia della scienza dal V al XVII secolo*, Milano 1970, p. 374.
59 Il termine, nella sua accezione di composto di elementi destinato, in quanto tale, alla corruzione, torna in *Ad.* X 37, v. 8 ("vil mistura") e XII 139, v. 1. Prima è in *DS*, in un contesto nel quale segnalo un calco dal *Mondo creato* sfuggito all'accuratissimo commento del Pozzi: "Né sì poco ho lette le Platoniche e le Peripatetiche carte ch'io non sappia di questo o di quel maestro i pareri ripugnanti e discordi, e che l'uno dal feccioso e dall'immondo il sommo e 'l puro scegliendo, compone il Cielo della mistura degli elementi [. . .]" (p. 392), da ricollegare a *Mondo creato*, II, vv. 111–12, 118–19: "Altri pur di mistura informe e rozza / Onde uscir gli elementi, il forma e finge / [. . .] / Altri de gli elementi il sommo e 'l puro / Da l'immondo e feccioso aduna e sceglie" (cito dall'ed. critica di G. PETROCCHI, Firenze 1951, p. 33). Le parentele strette già individuate riguardano *DS*, p. 402 rr. 14–15, da rapportare a *Mondo creato*, II, vv. 107–9, e *DS*, p. 413 rr. 1–2 che rinvia a *Mondo creato*, II, vv. 296–97.
60 *De adm.*: ed. Corvaglia, dial. II, p. 4 (*pr.*, pp. 5–6). Questo brano, dalla seconda frase, si ritrova pressocché identico nell' *Amphitheatrum* del Vanini (cfr. l'*ed. princeps* cit., Exercitatio quinta, p. 26, e la trad. commentata cit., p. 63).
61 Cfr. *DS*, pp. 383, 392.
62 Entrambi i brani in *De adm.*: ed. Corvaglia, dial. II, p. 6 (*pr.*, p. 8).
63 *De adm.*: ed. Corvaglia, dial. II, pp. 7–8 (*pr.*, pp. 9–10).
64 *De adm.*: ed. Corvaglia, dial. II, p. 9 (*pr.*, p. 11).
65 Lo evidenzia bene, commentando un passo parallelo dell'*Amphitheatrum* (Exercitatio quinta), il Raimondi, pp. 63–64.
66 *De adm.*: ed. Corvaglia, dial. II, p. 8 (*pr.*, p. 10). Ripristino la lezione "cimiterio", normalizzata dal Corvaglia.
67 "Alex. At sapientum Pontifex Maximus Aristoteles quam ea de re [della materia celeste] sententiam protulit? I.C. Coelum nuncupavit quintum elementum. Alex. Platonici vocem hanc rigido despicantur supercilio. I.C. At immerito. Si

enim ipsi perplebeii sane ingenioli homunculi veriti non sunt nec verecundati infinitos propemodum Deunculos Graecae fidei symbolo addere, cur philosophorum Deo unicam voculam in Naturae censum invehere non licebit?": *De adm.*: ed. Corvaglia, dial. II, p. 7 (*pr.*, p. 9).

68 *DS*, pp. 392–93. Il nesso con l'ott. dell'*Ad.* è indicato dal Pozzi nel commento (p. 392), ma limitatamente ai vv. 7–8, mentre è ben visibile anche il prelievo dei vv. 1–2 "peregrina / impressione". Nel poema il riscontro più puntuale è con *Ad.* VI 15, vv. 5–6: "[. . .] quel puro fior di quinta essenza / onde non misto è fabricato il cielo". Cfr. anche, per l'incorruttibilità degli astri, *Ad.* XII 237, v. 4.

69 *DS*, pp. 398–99. Anche qui nel commento alla diceria si registra il rinvio alla nostra ottava.

70 *De adm.*: ed. Corvaglia, dial. III *De figura et colore coeli*, pp. 10–11 (*pr.*, pp. 12–13). Ripristino l'avverbio relativo indefinito di moto a luogo "quoquo" della stampa originale nella proposizione "Hoc autem extra figuram per lineam quoquo versum rectam".

71 In *DS*, p. 384, dopo aver attribuito la tesi dell'eternità del mondo ai Caldei, agli Assiri, a Senofane, Parmenide, Melisso e Ferecide, il Marino così prosegue con maggiore prudenza che nell'*Ad.*: "A questa finalmente si sottoscrisse il grande Aristotele, pertinacemente disputante il mondo non aver giamai principio avuto, né esser per mancar giamai, e che tutte le cose in esso contenute sempre furono e saranno sempre. Favole vane, chimere eretiche, degne di scherno e di riso, ed in tutto da quella verità lontane, alla quale solo l'Ebreo ed il Cristiano Teologo s'attennero".

72 Per Scaligero cfr. l'art. cit. del Corsano, pp. 44–45; per Vanini cfr. Nowicki, op. cit., p. 215.

73 *De adm.*: ed. Corvaglia, dial. IV *De coeli forma et motore*, p. 14 (*pr.*, p. 17).

74 La metafora dell'orologio in rapporto ai moti celesti compare nel lib. II cap. 2 del commentario in francese al *De caelo* di Aristotele *Livre du ciel et du monde* (1377) di Nicholas Oresme: "è in qualche modo come quando un uomo fa un orologio e lo lascia andare e muoversi da solo. Così Dio lasciò che i cieli si muovessero continuamente secondo le proporzioni che le virtù motrici hanno rispetto alle resistenze e secondo l'ordine stabilito" (prendo il rif. e la trad. da Crombie, op. cit., pp. 274–75). E.J. Dijksterhuis ricorda il "paragone della natura con un orologio, in particolare col grande orologio della Cattedrale di Strasburgo, il cui meccanismo estremamente complicato e ingegnoso suscitava a quel tempo l'universale meraviglia", p. 592, rinviando (p. 683) alla descrizione presente *in H. Cardani in Claudii Ptolemaei de judiciis commentaria*, Basilea 1578. Cfr. anche Nowicki, op. cit., p. 215, n. 79, e M. BRUSATIN, *La macchina come soggetto d'arte*, in *Storia d'Italia*, coord. R. Romano e C. Vivanti, *Annali 3, Scienza e tecnica nella cultura e nella società dal Rinascimento a oggi*, Torino 1980, pp. 31–77, alle pp. 52–53.

75 Cfr. Dijksterhuis, op. cit., pp. 412–13.

76 G.B. MARINO, *"Gierusalemme distrutta" e altri teatri di guerra*, a cura di M. PIERI, Parma 1985, p. 28.
77 "L'idea della macchina riferita al mondo della scienza assilla il Marino". A questa osservazione del Pozzi, enucleata dal contesto di una riflessione di valore strategico per l'interpretazione dei rapporti tra poesia e scienza nel poema (*Adone, II*, pp. 59–60), si aggiungano le considerazioni affidate al commento della macchina teatrale del c. V ("è quasi un'immagine e un riassunto di quello che è l'*Adone*, poema per macchine (ciò è possibile in quanto per un uomo come il M. la metafora è una macchina e il poema è una metafora)", p. 322), cui andrà accostata la descrizione della "machina versatile fatta da Caio Curione" nella dedica del *Tempio* (Marino, *Lettere*, ed. cit., p. 471). Spunti interessanti anche nei contributi cit. della Peters.
78 *DS*, p. 227. Il commento, che segnala il ritorno del vocabolo, nell'accezione di "movimento circolare", nel nostro luogo dell'*Ad.*, esibisce pezze d'appoggio da Boezio e dalla *Hypnerotomachia*, mentre il commento ad *Ad.* X 22, v. 7, esclude tutte queste referenze, puntando esclusivamente sulla traduzione di Ovidio, *Met.*, 2,70 (*Adone, II*, p. 439).
79 *De adm.*: ed. Corvaglia, dial. IV, p. 17 (*pr.*, p. 21). Sul valore di questo passo nella filosofia vaniniana, cfr. Nowicki, op. cit., p. 215.
80 "[. . .] qui le sfere sono quelle di un orologio, il quale è una delle immagini che rappresentano il mondo: nel caso particolare è volto a designare il racconto poetico che ruota verso il punto terminale. È un passo fondamentale (poiché racchiude un'implicita confessione di gusto poetico) a favore dell'ipotesi che abbiamo emesso circa la natura ed il funzionamento di certi elementi stilistici mariniani, quali macchine produttrici di significati ed a favore dell'altra ipotesi, che il poema sia per lui un equivalente del mondo, un carme figurante la struttura mondana. Se il mondo è un orologio e se il poema è un orologio, il poema è un mondo e il mondo è un poema" (*Adone, II*, p. 697). Si ricordi anche il prezioso orologio donato ad Adone di *Ad.* XVI 262: "Un oriuol di ricche gemme adorno / che quasi viva ed animata mole / col numero e col suon l'ore del giorno / segnar non pur mirabilmente suole, / ma con le rote sue si volge intorno / come volgonsi in ciel le stelle e 'l sole. / Giran le sfere e di fin or costrutti / muovonsi del zodiaco i mostri tutti".
81 Calcaterra, op. cit., p. 84.
82 Ivi, pp. 83–89.
83 *Pd.* II, vv. 49–105.
84 *De adm.*: ed. Corvaglia, dial. VII *De Sole, Luna et Astris*, p. 28 (*pr.*, p. 35).
85 *De adm.*: ed. Corvaglia, dial. VII, p. 28 (*pr.*, p. 35).
86 *De adm.*: ed. Corvaglia, dial. VII, p. 29 (*pr.*, p. 36).
87 "Alex. Arridebat opinio haec Serenissimo Rodulpho Caesarique, Italiae cum duabus adiacentibus (ut Ulpiani sermone utar) insulis effigiem in lunari disco, conspici a se gloriabatur. I.C. Ita illius mathematicus Ioannes Keplerus refert" (*De adm.*: ed. Corvaglia, dial. VII, p. 29 [*pr.*, p. 36]). Nella chiosa marginale il

CANTO X: LE MARAVIGLIE   191

Vanini annota la referenza bibliografica "In dissert cu(m) nunt Sydereo fol. 14". La *princeps* della kepleriana *Dissertatio cum Nuncio Sidereo nuper ad mortales misso Galilaeo Galilaeo Mathematico Patavino [. . .]* apparve Pragae, typis Danielis Sedesani, MDCX e fu ristampata subito a Firenze, apud Io. Antonium Canaeum, 1610.
88 *De adm.*: ed. Corvaglia, dial. VII, p. 29 (*pr.*, p. 36).
89 *De adm.*: ed. Corvaglia, dial. VII, p. 29 (*pr.*, p. 36)
90 G. CARDANO, *De subtilitate*, in *Operum tomus tertius quo continentur Physica*, Lugduni, sumptibus I.A. Huguetan et M.A. Ravaud, MDCLXIII, p. 415.
91 Ibid.
92 Ibid.
93 Penso alla *De phoenomenis in orbe lunae novi telescopii usu a D. Gallileo Gallileo nunc iterum suscitatis Physica disputatio*, a D. Iulio Caesare Lagalla in *Romano Gymnasio habita*. . ., Venetiis, Apud T. Balionum, MDCXII, che si può leggere nella p.te 1a del III vol. dell'Ed. naz. delle *Opere* galileiane.
94 "Altri fiumi, altri laghi, altre campagne / sono là su, che non son qui tra noi; / altri piani, altre valli, altre montagne, / c'han le cittadi, hanno i castelli suoi" (cfr. l'ed. a cura di C. SEGRE, Milano 1964, p. 901). Per altre immaginazioni del genere, tra fantasia letteraria e congettura scientifica, si ricordi ancora l'operetta di Plutarco o, da quella profondamente influenzato (cfr. il contributo di Casini, cit., p. 58), il postumo *Somnium* kepleriano (1634). Il Lagalla, op. cit., per smentire Galileo, mostra, in un capitolo della sua disputa, di credere inevitabile questa fuga in avanti e ne denuncia l'inammissibilità. La confutazione si affida alla rigida ripulsa filosofica e teologica della possibilità che ci sia una pluralità di mondi: "Si enim hoc esset verum [si allude al fatto che "in luna montes aut convalles aut maria sint"], tunc necesse esset fore Lunam terrestrem globum alterius Mundi, atque ibi alia esse animantia, alios homines, qui lunarem orbem, veluti etiam alii alios, incolerent; quae, etsi veteribus philosophis, ut supra diximus, Orpheo, Thaleti, Philolao, nec non etiam Plutarcho, minime absurda visa fuerint, ex huius tamen sententiae confutatione, non modo absurda, verum et falsa et impossibilia, convincuntur" (Galilei, *Opere*, III, p.te 1a [rist. 1930], p. 355; una postilla del Galilei, ibid., fa giustizia del paralogismo: "admodum puerilis illatio: si Luna est montuosa altera Terra. Arguere ex uno communi accidenti essentiam rei, omnino est ridiculum [. . .]"). Anche il Marino, nella diceria *Il Cielo*, riferendo le tesi cosmologiche di Anassimandro, aveva condannato con enfasi l'idea che era costata cara al Bruno: "ed entrò filosofando in tanto eccesso di follia, ch'affermò tanti mondi ritrovarsi" (*DS*, p. 383).
95 Cfr. *Adone, II*, pp. 60–61, 442–43.
96 Cfr. Aquilecchia, art. cit. L'accostamento, per quell'ottava, del Bruno al Marino era già accennato in Renucci, op. cit., p. 1386.
97 Cfr. Calcaterra, op. cit., pp. 99–102, 125 (qui le citazioni). Su questa linea sostanzialmente anche Guglielminetti, op. cit., pp. 115–16.

98 Cfr. Rigoni, art. cit., pp. 14–16.
99 Cfr. la posizione della nota alle ott. 42–45 in *Adone, II*, p. 441.
100 Cfr. Pozzi, *Ludicra mariniana*, cit., pp. 155–56; *Adone, II*, pp. 81–82; *Presentando l'"Adone"*, cit., p. 102.
101 Cfr. Vaccalluzzo, op. cit., pp. XLVI–XLVII.
102 Cfr. Aquilecchia, art. cit., p. 94. In un recentissimo incontro il prof. Aquilecchia ha gentilmente richiamato la mia attenzione su Ariosto, *O.F.*, XV 21, vv. 1–4: "Ma volgendosi gli anni, io veggio uscire / da l'estreme contrade di ponente / nuovi Argonauti e nuovi Tifi, e aprire / la strada ignota infin al dì presente".
103 Cfr. al riguardo le osservazioni di Renucci, op. cit., p. 1386.
104 Sempre in questa prospettiva si vedano i rapporti tra esordio del canto, ott. 45 e ott. 113.

* Nel concludere il lavoro desidero ringraziare quanti mi hanno aiutato nella scommessa di questa lettura, offrendomi generosamente materiali, consigli, attenzione, tempo prezioso. In particolare esprimo la mia più viva gratitudine al prof. Giovanni Papuli, al prof. Francesco Paolo Raimondi, al dr. Maurizio Cambi, agli amici Antonio Borrelli, Aniello Fratta e Tobia Toscano. Totalmente mia, naturalmente, è la responsabilità di quanto ho cercato di ricostruire.

CANTO XI: LE BELLEZZE

Domenico Pietropaolo

Echoes of Heresy in the Ascent to the Third Heaven

Whether they were written by Marino or by Fortuniano Sanvitale, the brief arguments that preface each canto have for the modern reader the same textual status as the rest of the poem. The fact that they constitute a reflection on the story's narrative movement, rather than a part of the movement itself, does not make them in any manner extratextual. As short exordia, they are in actual fact read before the cantos, for which they delimit the semantic field that the reader may expect to cross as he follows the narrative line, and to that extent they intentionally condition our reading of the story, making it—at one level, at least—a reading directed at verification. In harmony with all this, the argument of canto XI informs us that the essential meaning of the episode that follows is reducible to the archetypal ascension to the third heaven in the pursuit of knowledge:

> Bellezze a contemplar d'alme divine
> sen poggia al terzo ciel la coppia lieta,
> e degli effetti di quel bel pianeta
> scopre lo dio facondo alte dottrine.

The purpose of the present paper is to indicate the most significant echoes that could be clearly heard in the motif of the third heaven in the 1620s and to draw out the implications that these have for our critical attitude toward the poem's treatment of Christian symbolism. The conventional wisdom on this point is that Marino's injection of the rhetoric of Christianity into secular and lascivious text is totally inconsequential on every level other than the stylistic one. In effect this view of the matter does not differ substantially from the one that Marino himself professed to have in a famous letter to Antonio Bruni, where he claimed that his secularisation of Christian themes should be regarded as mere trifles which were not to be taken seriously because they did not pose any threat whatsoever to Catholicism, while his literary lasciviousness was always subservient to some moral principle (letter 229). But it is appropriate to remember that Marino made this statement in a strategy of self-protection, while awaiting the decision of the church's board of censors on the status of his poem. Criticism has therefore the obligation to explain why Marino adopted this line of defence, but it is by no means compelled to endorse it as an objective assessment of the question of irreverence and theological heterodoxy.

Certainly the dominant and unmistakable echo present in the argument of canto XI, which is St. Paul's rupture to the third heaven, is by itself sufficient—but there are other, equally pressing, reasons—for us to see right through Marino's rhetoric of self-protection and to take the theological implications of the poem somewhat more seriously. Yet in Pozzi's great commentary there is not a single word about the theological dimension of this argument. Pozzi is here in perfect alignment with his general interpretation of the poem, the entire Christian symbolism of which he too would have readily dismissed as trifles were it not that Marino's predilection for hagiographic narrative forms threatened to relativise the content of Christian mythology (Pozzi, II, p. 63). But perhaps it is time to challenge the wisdom of that position.

Indeed, because a *Lectura Marini* is an unprecedented critical event, we may regard it as a sign that an important change is taking place in the field, perhaps still somewhat timidly, but nonetheless consequential enough to be properly recorded. However, nowadays any change in Marino scholarship means most of all a change in our attitude toward Giovanni Pozzi, who has been the unchallengeable supreme mediator of Marino to modern scholarship. Like few other commentaries on an Italian author, Pozzi's ponderous work is destined to retain its foundational status for may generations of readers. But the time has come to try recasting it in a different role, taking cognizance of our cultural distance from its author and of the hermeneutical autonomy that this distance demands from us. Till recently, as a mathematician would put it, Pozzi's work could be regarded as a condition both sufficient and necessary for any understanding of *Adone*, so much so that sound scholarship could be assessed by measuring its proximity to his views. Such close adherence, however, would now begin to appear like footnotes to the master, engendered by scholarly devotion as well as critical passivity. The time has come to accept our own hermeneutic responsibility to the text, grounding our scholarship in Pozzi's but refusing to see in his interpretation the limits of our thinking.

CANTO XI: LE BELLEZZE

Perhaps no *Toposforschung* can ever be satisfactorily carried out without enlisting the aid of Pozzi, but neither can a new interpretation ever be contemplated without claiming hermeneutical independence. Pozzi's work is still a necessary condition for any reading of *Adone*, but it is no longer also a sufficient condition.

Perhaps the most recent and visible signs of this change are found in Francesco Guardiani's reading of *Adone*, which suggests a path that leads decidedly away from Pozzi's commentary, though that is where Guardiani begins and though he never severs his roots in Pozzi, all the while pointing out—apologetically, but courageously nonetheless—that it is ironically Pozzi's own scholarship that impels us to locate the semantic core of the poem somewhere beyond his vision. On the basis of exegetical evidence supplied by Pozzi, Guardiani argues that Adone is an analogue of Christ and that Marino strategically altered those details of the myth which could not easily be made to serve a Christian symbology (Guardiani, p. 52). This is a daring proposition which raises countless exegetical problems, while bringing into focus allusions and connotations that the critical tradition had conditioned us to belittle.

The reasoning behind this interpretation is sufficiently cogent for the Christological thesis to be regarded as the major premise of further arguments. However, for this exercise to be useful, it is necessary to introduce greater precision and logical refinement into the thesis, for in its present form it fails to distinguish between the figure of Jesus and that of Christ, on the tacit assumption that they are reciprocally convertible. This is a common enough premise in traditional Catholicism, wherein it was and is a cardinal point of belief, but the fact remains that the figure of Jesus is a matter of history and hence subject to the variants of dissenting narratives, which shape our perceptions of it and warrant them with different degrees of canonicity, while the figure of Christ is a matter of faith, and hence ultimately unconditioned by the vicissitudes of human texts and history, or the orientating loci in language and time from which to seek that figure in the silence of eternity.

Now, a number of narratives in addition to the canonical ones of the New Testament textualise the principal events that mark the life of Jesus as well as the different understandings that the faithful of the apostolic age (real or feigned) had of them. In this apocryphal literature, a truly remarkable text is the spurious Gospel of Barnabas. Its special relevance to canto XI lies in the following two facts: 1. In this account Jesus is not the son of God and does not die on the cross but ascends in the flesh to the third heaven, and 2. the text claims filiation from the New Testament Barnabas, but it in reality was composed in Venice in inelegant Italian during the Counter Reformation by an apostate Franciscan and ex-inquisitor known only as Fra Marino. Even at this stage of gross description, the evidence that Adone's initiation to knowledge resounds with echoes of a heretical theology is too convincing to be circumstantial. Let us look at the two points in detail.

The theology of the third heaven is familiar enough to students of Italian literature from Dante and Tasso scholarship, in which it is made a focal centre by the Epistle to Can Grande (par. 28) and by *Il mondo creato* (VII, 743–45), but its relevance to Marino scholarship is obviously still unrecognised, if a scholar of the calibre of Pozzi has not deemed it worthy of commentary, adhering, no doubt, to the Italian critical tradition, which has persistently viewed the chief problems of Baroque literature as problems of style and rhetoric. The question, however, involves a topos that is as much literary as it is theological, as students of Dante well know (e.g., Mazzeo, Newman). The key text, it will be recalled, is the description of St. Paul's rupture in 2 Corinthians 12: 2–4, which in the Vulgate reads as follows:

Scio hominem in Christo ante annos quatuordecim (sive in corpore nescio, sive extra corpus nescio, Deus scit), raptum hujusmodi hominem (sive in corpore, sive extra corpore, nescio, Deus scit), quoniam raptus est in paradisum, et audivit arcana verba, quae non lecit homini loqui.

The precise meaning of the phrase *tertium caelum* was widely debated by the early fathers and throughout the Middle Ages, but the essence of the Augustinian gloss (*De genesi ad literam*, XII) that emerged dominant from the long discussion is clear enough: the ascent to the third heaven is a figuration of the most perfect way to gain knowledge of God, that is to say a mode of knowledge which requires no mediation between knower and known, by far surpassing in excellence the mode in which knowledge is mediated by images of the physical order and the still less perfect one which necessitates the presence of the physical order itself. When Paul was mystically rapt to the third heaven, he was granted a knowledge so complete, ineffable, and reliable that he could legitimately and confidently lay on it the foundation of the new faith.

The second letter to the church of Corinth is a profoundly personal text in which St. Paul speaks at some length of himself in order to establish his credentials as a spiritual leader. The narrative of his mystical experience of God in the third heaven is meant to confirm the authority with which he claims to speak in that culturally heterogeneous city of the empire, notorious for its ethical laxity and its indulgence in lasciviousness under the sanction of Aphrodite or Venus, to whom the Corinthians were especially devoted.

It is not hard to see in this configuration of events and ideas the archetype of Marino's situation, with the difference, however, that though the lasciviousness that he exhibits in his text under the force of Venus is endowed—as he claims—with a moral purpose, different—-we presume— in degree but not in kind from St. Paul's intention, Adone's experience of knowledge in the third heaven, where he assists at a beauty contest, does not have a Pauline character by any stretch of the imagination. The echo of St. Paul's rupture appears to be an irreverent trivialisation, and if this is so we are forced to say that Marino was not indulging in simple rhetorical "bagattelle" but was flirting with heresy. It is at this point that we can discern most clearly in Marino's allegory of the ascent to the third heaven a background echo of the Gospel of Barnabas, the modern spurious text which charges St. Paul with having fabricated a false doctrine.

The contention between the gentile-oriented Paul and the Judaising Barnabas narrated in the Acts of the Apostles (15:39) and in the Epistle to the Galatians (2:13) was extremely minor in comparison with this charge and was, in any case, clearly overshadowed by their collaboration, such as that which took place at the Council of Jerusalem. After their separation in Antioch, following the Barnabas's support of Paul in Jerusalem, Barnabas, who was originally from Cyprus, became known as the founder of the Cypriot church—a fact which must have appealed immensely to Marino, who located the earthly correlative of the third heaven precisely in Cyprus—but his role in the rise of Christianity was soon obscured by Paul. The author of the Gospel of Barnabas brought that minor antagonism to exasperation, by resorting to such an anti-Pauline motif as saving Jesus from the cross and reducing him to a mere prophet. Before the crucifixion of Jesus could take place, God sent his angels to rescue him and to translate him to the third heaven:

Venero li angioli santi he presero Iesu fuori per la fenestra che guarda ha mezo giorno, he il chollochorno nel terzo cielo in chompagnia di angioli benedicendo Dio in etterno (CCXV; Cirillo and Frémaux, p. 536 of MS facsimile, punctuation and capitals supplied).

In this statement Paul is clearly being indicted, and in that attack the very foundation of Christianity is being undermined. The third heaven to which Jesus is rapt by the Lord's angels is a malicious revision of Paul's mystical experience. Paul, it seems, had arrogated to himself, or had illuded himself that he had been granted, that supreme gift of knowledge which the Lord had actually bestowed on his prophet Jesus, and on that basis Paul had falsely taught that Jesus was the son of God. The real Barnabas could almost certainly claim to possess a closer and more complete knowledge of the life of Jesus than Paul could, since Barnabas had been a disciple of the apostles, to whom he introduced Paul himself. On that bit of scriptural evidence, the author of the apocryphal gospel—borrowing doctrine from the koranic tradition, imagery from Dante, and narrative material from the canonical gospels—feigns the details of Barnabas's knowledge, pointing out at the end how Barnabas, and not Paul, knew that the crucified one was Judas Iscariot, who had been miraculously given the voice and appearance of Jesus, while the latter was lifted to the third heaven, and how Paul was among those whose capacity for understanding was not sufficient for him to realise, not only that God had duped his enemies by switching Judas with Jesus, but also that his body was removed from the grave rather than brought to life. The Gospel ends with an explicit condemnation of Paul:

Partito Iesu si divise[ro] per diverse parte d'Israhelle he del mondo li discepolli, he la verita, hodiata da Satana, fu perseguitata dalla buggia, chome tutavia si trova. Per che alchuni malli homeni, sotto pretesto di discepolli, predichavano he hora predichano Iesu esscre morto he non risuscitato. Altri predichavano Iesu essere veramente morto he risuscitato. Altri predichavano he hora predichano Iesu essere filio di Dio, fra li qualli he Paulo inganato. Noi pero qua[n]to habia scritto predichiamo ha cholloro che temono Dio, azioche siano salvi nello ultimo iudicio di Dio. Amen. (CCXXII, p. 550—punctuation and capitals supplied)

In its present form Christianity is a gigantic hoax, fabricated by Satan, with the help of the church. To echo this in a literary text is not just to flirt with heresy but to wallow in it with relish.

The conditions for Marino's allusive correlation of Adone with Jesus are found in the canonical tradition, and this may well have first directed his imagination. In his gloss on Ezekiel's reference to the worship of Tammuz (VIII, 14), which in the vulgate he translated as "Adonis," St. Jerome mentions the festival in which Adonis was first mourned as dead and then celebrated as alive: "Plangitur a mulieribus quasi mortuus, et postea reviviscens canitur atque laudatur" (in Bayle I, 116). Because St. Jerome's identification of Tammuz and Adonis was accepted by the exegetical tradition (Smith, p. 678), this gloss must have become very familiar. Certainly Pierre Bayle had no trouble recalling it in his article on the myth of Adonis, where he also described another tradition, according to which Adonis's worshippers regularly mourned him as if he were dead and later celebrated him as if he had been brought back to life, all the while knowing that he had never died (I, 116). From the superimposition of the two traditions, the step toward the correlation of Adonis with the heretical Jesus of the Gospel of Barnabas is short and easy. Of course, there is no definitive proof that in the ascent of Adone Marino actually took such a step and that the text does not now resonate with unintended vibrations. But the internal analogies are such as to make it very probable indeed. As well there are some external analogies which greatly strengthen the link. Among these the most important concern the name of the author of the heretical gospel, Fra Marino.

In this regard, the clarity of the background echo of the spurious Barnabas in Adone's ascent to the third heaven could hardly be overstressed. The name of the author must have by itself exercised a powerful rhetorical magnetism on Marino and must have immensely titillated his sense of humour as well as his taste for Baroque conceits. But there are other analogies that probably attracted Marino to Fra Marino. From the documentation gathered by Sox (chapter III), we know that until he was charged with heresy, Fra Marino had worked from within the institution of the church, but totally against the hard-line teachings of the Holy Office, though he must have officially regardeds his disrespect for the rules as mere trifles, just as the poet regarded his presumed Christian flippancy. During the nunciature of Giovanni Della Casa, who had not himself been a paragon of Christian virtue, Fra Marino had occupied the post of inquisitor in Venice, but he was so tolerant that he was later charged with excessive leniency toward heretics, so suspect appeared his conduct in comparison with that of the hypocritical Della Casa and of his Franciscan superior and later successor to the inquisitional post, Fra Felice Pedretti, who was soon to be crowned pope as the stern theologian, totally inept reviser of St. Jerome's Vulgate, but great bibliophile Sixtus V. As inquisitor Fra Marino had drawn up—with the collaboration of Della Casa—the first index of forbidden books in Venice, but the leniency with which he had applied it was such that his superiors regarded it as mere lip service and held it responsible for the Republic's notorious laxity in the matter. It must have seemed clear to his enemies that Fra Marino worked apparently to serve but in reality to subvert the official policies of the church. When this became manifest enough to warrant suspicions of incipient heresy, he was charged with adherence to the teachings of the apostate bishop of Capodistria, Pier Paolo Vergerio. But as an old man Fra Marino took revenge on his denigrators by writing the heretical Gospel of Barnabas and by claiming that he had actually translated it from a manuscript which he had stolen from the personal library of Sixtus V, the pope who would have easily had him chastised for not censuring books such as those that he jelously kept for his pleasure in his private collection.

In fields other than mathematics hypotheses cannot be demonstrated with absolute certainty; they can only be supported with reasonable arguments and empirical evidence, and then judged by the results that they yield. On this logical basis, I have put forth the thesis that in Adone's experience of the process of intellection, figurally constructed on the archetype of the ascent to the third heaven, there are echoes of a heretical theology, strong enough for us to reassess our attitude towards the poet's treatment of Christian symbolism. To do that, however, we must reject once and for all the underlying assumption of conventional Marino scholarship, that is to say the idea that Marino was a shallow thinker, endowed with a flippant and gratuitously lascivious imagination, and that he was ultimately concerned only with giving a virtuoso performance in language and form.

WORKS CITED

Biblia vulgata Madrid 1977.
P. BAYLE, *Historical and Critical Dictionary*, London 1734.
L. CIRILLO et M. FREMAUX, *Evangile de Barnabe, texte et traduction*, Paris 1977.
F. GUARDIANI, *La meravigliosa retorica dell'Adone di G.B. Marino*, Firenze 1988.
W.F. HOWARD, *First and Second Corinthians*, in *The Abingdon Bible Commentary*, ed. F.G. Eiselen, Garden City 1957.
G.B. MARINO, *L'Adone*, a cura di G. POZZI, Milano 1976.
J. MAZZEO, *Dante and the Pauline Modes of Vision* in *Structure and Thought in the Paradiso*, Ithaca 1958.
F.X. NEWMAN, *St. Augustine's Three Visions and the Structure of the Commedia*, in *Modern Language Notes*, 82, 1967, pp. 56–78.
W. SMITH, *Bible Dictionary*, New York 1981.
D. SOX, *The Gospel of Barnabas*, London 1984.

CANTO XII: LA FUGA

Antonio Vassalli

Falsirena in musica: un'altra redazione del soliloquio d'amore

Nello sviluppo del canto XII, che funge da cardine di trasmissione dalla condizione dell'amore felice con Venere ai vincoli dell'amore coatto con Falsirena, un momento d'arresto dell'andamento della narrazione è costituito dal soliloquio della maga malvagia che si questiona sulla natura del sentimento che la pervade e dell'emozione che in lei è suscitata dalla vista di Adone. I dubbi che, risaputamente e più che mai letterariamente, assillano chi è toccato dalle pene amorose vengono analizzati al microscopio di una incalzante, iterata introspezione fra perplessità, inquietudini e deduzioni contrapposte con cui la donna si prova a contrastare il sospetto galoppante di essersi innamorata e quindi, in prima battuta, di scagionarsi da ogni addebito di volontarietà, ma infine accogliendo l'evidenza con toni sfumati fra lo sconforto, la mesta rassegnazione e la vaghezza di un atteso piacere.

Si tratta di uno di quei tradizionali vertici dell'azione verso cui gli autori dei poemi cavallereschi ed eroici dirigevano i loro romanzi per fermare la corsa narrativa o spezzarne il ritmo descrittivo. Allo scopo fungevano sofisticati congegni lirici e amorosi, più o meno patetici, più o meno passionali, che tanto spesso raccolsero fortune pubbliche e private anche fuori dei vincoli della struttura letteraria, come brani eccellenti, leggiadramente recitati nel corso di riunioni mondane o al cospetto di una amata o riuniti in florilegi *ad hoc* al fine di divulgare il meglio della lirica amorosa italiana.

Anche il Marino, qui come altrove nell'*Adone*, non ignora il meccanismo. Pure il suo è un pezzo di bravura che viene sfruttato per trattenere in sospeso lo svolgimento del racconto con la sottile funzione di alimentare la *suspence* per le vicende del protagonista. Difatti, dopo lo scompiglio del repentino allontanamento da Venere, cagionato dalla furia di Marte nutrita dalla Gelosia, il lettore viene invitato ad appassionarsi al destino del giovane, adescato da Silvania e da un cagnolino e condotto nell'ambiguo giardino sotterraneo di Falsirena, ma poi è trattenuto dal conoscere l'esito di questo inopinato fuorviamento proprio dalla introspezione psicologico-amorosa della fata. Come si diceva, non è questo che uno dei tanti accorgimenti ritardanti, forse il più icastico del poema, e comunque una delle più riuscite pagine del genere nel Seicento, con cui il Marino costruisce il suo prodotto; e come tale non lo degneremmo di attenzione se la sua comparsa in questo canto non ci consentisse di aprire una finestra sul contributo del poeta napoletano alla storia della musica madrigalistica dei primi anni del XVII secolo e di aggiungere un altro tassello al mosaico della crescita dell'*Adone* fino all'edizione del 1623.

È già stato fatto notare[1] che il brano del soliloquio di Falsirena, le dieci ottave 198–207, presentano una articolazione stilistica singolare, retta da una ragguardevole applicazione degli artifici antitetici ed iterativi, inquadrati in una successione di formule interrogative e di sillogismi con cui la maga si prova a determinare il sentimento misterioso, ma non troppo, che la sconvolge; cioè un procedimento di uso corrente fra gli autori di scritture dirette, in genere, al mercato della musica monodica e melodrammatica, massimamente in abbinamento ai modi della concitazione.

L'impiego di una architettura letteraria così dichiarata e l'analogia con i canoni della poesia musicale, per l'appunto, non può essere casuale e induce ad ipotizzare una qualche puntuale relazione fra la prassi mariniana e il mondo dei compositori e degli appassionati cultori di intrattenimenti melodici. Ma se, fin qui, per quanto si avesse il pioneristico lavoro di Simon e Gidrol,[2] raro esempio di perspicacia e di intuito delle possibilità di avanzamento offerte da studi che si concentrino sulla fortuna musicale della lirica italiana dei secoli XVI e XVII, non era fattibile di oltrepassare la soglia delle congetture, da qualche anno il prezioso ausilio del terzo volume del cosiddetto "Nuovo Vogel"[3] ci consente di affrontare l'esame dei nessi musicali di tutta l'opera del Marino e quindi anche dell'*Adone*, ovvero del canto XII.

Nello specifico che ci concerne della psicologia amorosa di Falsirena, non sorprende che le ottave mariniane si rivelino appannaggio delle attenzioni di Sigismondo d'India, il ben celebre compositore siciliano vissuto alla corte di Carlo Emanuele I: tuttavia, contrariamente ai pochi esempi di spezzoni di altri canti intonati, tutti, dopo la pubblicazione dell'*Adone*,[4] alla cui veste editoriale avranno attinto i compositori, almeno otto delle stanze di cui stiamo dicendo (198–204 e 207) appaiono arricchite di un corredo di note già nel 1615 nelle *Musiche a due voci* del detto compositore e, di conseguenza, scontatamente, esse devono essere state redatte prima di quella data. Dunque siamo di fronte ad un ulteriore documento, da aggiungere a quelli già esaminati,[5] che ci testimonia ancora il risaputo criterio edificatorio del castello dell'*Adone*, saggio quanto mai esaltante di una poco comune destrezza nell'amministrazione di materiali poetici di recupero.

Ma che cosa significa nell'ottica del processo di assemblamento mariniano la pubblicazione in versione intonata di queste stanze nel 1615? Il loro disegno stilistico esclude senza dubbio che possa trattarsi dell'affioramento della cima di un iceberg che nella parte sommersa celerebbe il restante canto XII (ancora probabilmente tutto da addivenire nella forma attuale)[6] dal quale il d'India avrebbe estrapolato il monologo di Falsirena. È invece più sensato ritenere che l'assunzione di queste stanze nell'*Adone* non dissimuli altro che la riutilizzazione di un materiale poetico pensato ad altro fine e che il Marino qui abbia agito come con altri frammenti di cui si conosce una redazione primitiva già edita altrove, dai *Sospiri d'Ergasto* alla *Rosa riso d'amor* . . . della terza parte della *Lira*, finiti nel poema in virtù della legge letteraria della interscambialità dei contesti: l'altro fine potrebbe essere quello musicale del canto[7] a due voci creato dal d'India. In questo caso il Nostro avrebbe scritto uno di quei componimenti su misura che i madrigalisti, ma più normalmente i fruitori stessi delle musiche in quanto committenti, richiedevano, a volte, ai poeti? Cioè avrebbe acconsentito ad immaginare una poesia su richiesta del compositore o di uno dei consiglieri di Carlo Emanuele I o forse per ordine del duca stesso? Benché non sia possibile documentare un effettivo rapporto fra il Marino e il musicista siciliano, questo può logicamente, ipotizzarsi nell'area delle relazioni cortigiane attorno a Carlo Emanuele I il quale, accanto alle preoccupazioni militari, seppe indurre una vivacità di condizioni culturali che fecero di Torino uno dei centri più avanzati d'Italia. Anche in campo musicale, oltreché in quello letterario, nella cerchia dei Savoia non mancarono le figure di primo piano chiamate a sottolineare i momenti del fasto e della spettacolarità cortigiana sia pubblica che privata[8] e, fra queste, la più fervida nello stile e nella produzione è senz'altro quella del d'India voluto a Torino nel 1611 allo scopo di produrre i materiali occorrenti alle attività della corte[9] che certamente avranno coinvolto anche il poeta napoletano. Per la verità non è la venuta in Piemonte a decretarne, musicalmente, la convergenza sulle scritture mariniane. Con la pubblicazione delle *Rime* nel 1602, nei termini serratissimi di pochi mesi, e vieppiù negli anni successivi, la lirica del Marino quasi non si aspettasse altro che di vederla circolare liberamente, era stata adottata da molti madrigalisti di tutta la penisola come supporto testuale sia delle tradizionali formule polifoniche che delle esordienti invenzioni monodiche: il musicista siciliano, pur non essendo fra i primi, da tempo, fin dall'epoca della dimora in Parma al servizio del Farnese nei primi anni del Seicento, aveva rivolto l'attenzione alla lirica del Marino; ma con il trasferimento a Torino è logico credere che quella relazione si perfezionasse e aumentassero le occasioni di accostarsi alle sue rime.[10]

Tuttavia, anche perché le rime mariniane intonate dal d'India dopo il suo accasamento torinese appaiono, sistematicamente, in edizioni musicali dopo essere state pubblicate nelle *Rime* o nella *Lira* solo nel caso delle ottave del canto XII, siamo autorizzati a pensare che il Marino abbia immaginato un ordito poetico a sé stante, finalizzato all'intonazione, per il diletto della corte, forse per una di quelle esecuzioni private nelle "regie camere" del Savoia ricordate dal d'India, oppure per una di quelle ricorrenti feste di compleanno con cui i membri della casa regnante solevano contrassegnare il tempo del loro dominio.[11] Per quell'occasione il Marino non avrà tralasciato di intitolarle *Pensieri di novella amante*, come puntualmente riferisce il musico.[12] La data di questo probabile avvenimento, e quindi della redazione della scrittura, sarà inclusa fra i termini limite del 1611 (comparsa del d'India a Torino) e il 1615 (la dedica delle *Musiche* è del 20 agosto). Più verosimilmente essa può circoscriversi al periodo fine del 1613–inizi del 1615 (in considerazione del fatto che fino all'estate del 1612 il Marino giacque in carcere in attesa di un gesto di magnanimità da parte del duca che gli consentisse di tornare liberamente ai suoi amati studi) se non finanche al solo arco di tempo che intercorre tra la pubblicazione della terza parte della *Lira* (la dedica del 1° aprile 1614) e gli inizi del 1615, perché non si capirebbe per quale ragione i *Pensieri* non sarebbero comparsi nella raccolta poetica, fra i *Capricci*, se il Marino li avesse avuti a disposizione prima di trasmettere il suo malloppo lirico all'editore Ciotti; a meno che non si voglia credere ch'egli ne avesse decretato immediatamente la funzionalità per l'*Adone*, trasponendoli seduta stante nella struttura del canto XII in fase di costruzione.

Il testo musicato da Sigismondo d'India non collima troppo con la ripresa mariniana dell'*Adone*. Le sue scritture presentano lezioni parzialmente discordanti, come segue:[13]

CANTO XII: LA FUGA

198
—Ardo lassa, o non ardo? Ahi qual io sento
stranio nel cor non conosciuto affetto?
È forse ardore? ardor non è, ché spento
l'avrei col pianto; è ben d'ardor sospetto.
Sospetto no, più tosto egli è tormento.
Come tormento fia se dà diletto?
Diletto esser non può, poich'io mi doglio,
pur congiunto al piacer sento il cordoglio.

199
Or, se non è piacer, se non è affanno
dunque è vano furor, dunque è follia.
Folle non è chi teme il proprio danno;
ma che pro se nol fugge, anzi il desia?
Forse amor? non amor. S'io non m'inganno,
odio però non è; che dunque fia?
Che fia, misera, quel che'l cor m'ingombra?
Certo è pensiero o di pensiero un'ombra.

200
Ma se questo è pensier, deh perché penso?
Crudo pensier, perché pensar mi fai?
Perché, s'al proprio mal penso e ripenso
torno sempre a pensar ciò ch'io pensai
Perché, mentre in pensar l'ore dispenso
non penso almen di non pensar più mai?
Penso, ma che poss'io se penso, invero
la colpa non è mia, ma del pensiero.

201
Colpa mia fora ben s'amar pensassi,
amar però non penso, amar non bramo.
Ma non è pur come s'amar bramassi
s'amar non penso e penso a quelch'io amo?
Non amo io no. Ma che saria s'amassi?
Io dir nol so; so ben ch'io non disamo.
Non disamo e non amo. Ahi vaneggiante
fuggo d'amar, non amo e son amante.

—Ardo lassa, o non ardo? Ahi qual io sento
strano nel cor non conosciuto affetto?
È forse ardore? ardor non è, ché spento
l'avrei col pianto; è ben d'*amor* sospetto.
Sospetto no, più tosto egli è tormento.
Come tormento fia se dà diletto?
Diletto esser non può, *poiché* mi doglio,
pur congiunto al piacer sento / cordoglio.

Ma, se non è piacer, *né meno* affanno
dunque è vano furor, *que'* è follia.
Ma folle *esser* ■on *può ch'il* proprio danno;
conosce e teme e di fuggir desia?
Forse amor? non *è* amor. *Se* non m'inganno,
odio però non è; che dunque fia?
Che fia, misera, quel ch'il cor m'ingombra?
Cert' *e* pensier/ *è* di pensiero un'ombra.

Ma se quest' è pensier, deh perché penso?
Crudo pensier, perché pensar mi fai?
Perché, s'al proprio mal penso e ripenso
torno sempre a pensar *quel che* pensai
Perché, mentre in pensar l'ore dispenso
non penso almen di non pensar più mai?
Ahi ch'io non penso e pur s'io penso, invero
la colpa non è mia, ma del pensiero.

Colpa mia fora ben s'amar pensassi,
ma non penso d'amar, né d' amar bramo.
Ma non è pur come s'amar bramassi
s'amar non *posso* e penso / quelch'io amo?
Non amo / no. Ma che saria s'amassi?
Io dir nol so *se* ben ch'io non disamo.
Amo d'amor almeno. Ahi vaneggiante
penso d'amar, non amo e son amante.

202

Amo o non amo? Oimé ch'amor è foco
che 'nfiamma e strugge ed io tremando agghiaccio.
Non amo io dunque. Oimé ch'a poco a poco
serpe la fiamma ond'io mi stempro e sfaccio.
Ahi ch'è foco, ahi ch'è ghiaccio, ahi che'n un loco
stan, perch'io geli ed arda, il foco e'l ghiaccio
Gran prodigi d'amor che può sovente
gelida far l'arsura, il gelo ardente.

Amo o non amo? *Aimé* ch'amor è foco
ch'*i*nfiamma e strugge ed io *tremo e* agg/iaccio.
Non amo / dunque. *Aimé* ch'a poco a poco
serpe la fiamma ond'io mi stempro e sfaccio.
Ahi *che gelo*, ahi *che fiamma*, ahi che'n un loco
stan, perch'io ge*la* ed arda, il foco e'l g/iaccio
Meraviglia d'amor che può sovente
gelida far l'arsura, *e'l* gelo ardente.

203

Io gelo dunque, io ardo e non sol ardo,
son trafitta e legata e'nsieme accesa.
Sento la piaga e pur non veggio il dardo,
le catene non trovo e pur son presa.
Presa son d'un soave e dolce sguardo
che fa dolce il dolor, dolce l'offesa.
Se quel ch'io sento è pur cura amorosa,
amor per quel ch'io sento è gentil cosa.

Io gelo dunque, io ardo e non so*lo* ardo,
son *ferita* e legata e *son* accesa.
Sento la piaga / pur non veggio il dardo,
le catene non trovo e pur son presa.
Presa son d'un soave e dolce sguardo
che fa dolce il dolor, dolce l'offesa.
Se quel ch'io sento è pur cura amorosa,
amor per quel ch'io sento è gentil cosa.

204

È gentil cosa amor. Ma qual degg'io
in amando sperar frutto d'amore?
io frutto alcun non spero e non desio;
dunque ama invan, quando pur ami, il core.
Cuor mio deh non amar. Quest'amor mio
se speme nol sostien, come non more?
Lassa, a qual cor parl'io, se ne son priva?
e se priva ne son, come son viva?
. . . .

È gentil cosa amor. Ma qual degg'io
in amando sperar frutto d'amore?
io frutto alcun non spero e non desio;
dunque ama invan, quando pur ami, il core.
Cuor mio deh non amar. Quest'amor mio
se speme nol sostien, *perché* non more?
Ahi non è amor ma morte s'egli nasce
sol per farmi morir, morasi in fasce.

207

Or amiamo e speriamo. Amor vien raro
senza speranza; io chiederò mercede.
Credi che deggia Amor d'amor avaro
a tant'amor mostrarsi, a tanta fede?
Io credo no, io credo sì: l'amaro
nel cor pugna col dolce. Il cor che crede?
Spera ben, teme mal. Misero core,
fra quanti rei pensier t'aggira amore.—

Anzi amiamo e speriamo. Amor vien raro
senza speranza; io chiederò mercede.
Credi che deggia Amor d'amor avaro
a tan*to* amor mostrarsi, a tanta fede?
Io credo no, io credo sì *che* l'amaro
cor gioirà col dolce / cor che crede?
Spera ben, teme mal. Misero core,
fra *questi* rei pensier *s'*aggira amore.—

Il confronto fra queste due versioni del medesimo congegno poetico chiama una questione-chiave che perseguita la storia del madrigale cinque-seicentesco e che insorge ogni qual volta ci si imbatte in rime musicate prima di apparire in una edizione letteraria: a chi attribuire la responsabilità delle modifiche testuali fra la testimonianza del 1615 e quella del 1623?

Vanno intese tutte come l'effetto del ripensamento stilistico e linguistico dell'autore e quindi come un adeguamento suggerito dal nuovo contesto oppure bisogna annoverarne alcune all'arbitrio del compositore? E quante alla tradizionale, sventurata ingerenza dei tipografi? Nonostante l'assenza di studi specifici sulla condizione del musico di fronte ai testi che gli venivano affidati, non sarà troppo discorde dal vero immaginare una presumibile coesistenza di cause (letterarie, musicali e tipografiche) quali ragioni delle differenze tra la versione stampata da Sigismondo d'India e quella licenziata dal Marino. Principalmente si tratterà di correzioni d'autore che andranno valutate nell'ottica delle scelte stilistiche del poeta. Tuttavia non mancano segnali di possibili manipolazioni tipografiche od eventualmente musicali che potrebbero comprendersi come interventi semplificatori quali, per esempio, l'alternanza della grafia ovvero l'apparizione di un *che* relativo al v. 5 dell'ottava 207 che, probabilmente inteso ad accreditare una migliore comprensione del periodo ne snatura irrimediabilmente il metro.

Dubbio anche il movente della ridotta quantità delle ottave nella forma primigenia (mancano la 205 e la 206)[14] che potrebbe celare sia una decisione, per nulla anomala, del d'India di intonare una struttura ridotta, che un intervento di amplificazione del poeta in una fase successiva, al momento di incastonare i *Pensieri* nell'architettura del canto.

NOTE

1 Cfr. Il commento al passo in G.B. MARINO, *Adone*, a cura di G. POZZI, Milano 1976.
2 R. SIMON / G.GIDROL, *Appunti sulle relazioni fra l'opera poetica di G. B. Marino e la musica del suo tempo*, in "Studi secenteschi" XIV (1973), pp. 81-187.
3 E. VOGEL - A. EINSTEIN - F. LESURE - C. SARTORI, *Bibliografia della musica italiana vocale profana pubblicata dal 1500 al 1700*, Pomezia 1977, d'ora innanzi citato come *NV*.
4 Nel lavoro di R. SIMON / G. GIDROL, *op. cit.*, si tralascia di considerare l'*Adone* come verosimile fonte testuale di composizioni madrigalistiche. Alla luce del NV (di cui si cita il codice di riferimento per ogni approfondimento) risultano musicati i seguenti brani (si danno il canto, la o le ottave e il capoverso del madrigale):

c. II, 104   *In terra o in ciel tra più tenaci affetti* da A. MARASTONI, *Madrigali concertati a due e tre voci... Opera sexta*, Venezia, Gardano, 1628 (NV 1570)
c. III, 1   *Perfido è ben, Amor, chi n'arde il sente* da A. MARASTONI, *op. cit.*

c.III, 156	*Rosa riso d'amor del ciel fattura* da A. MARASTONI, *op. cit.* e G. ROVETTA, *Madrigali concertati a due e tre voci....* *Libro secondo*, Venezia, Vincenti, 1640 (NV 2465)
c. III, 157	*Quasi in bel trono imperatrice altera*
c. VIII, 116	*Godiamci, amiamci. Amor d'amor mercede,*
c. VIII, 117	*O dolcezza ineffabile infinita*
c. VIII, 118	*Così dolce a morir l'anima impara* da A. MARASTONI, *op. cit.*
c. VIII, 120	*O dell'anima mia dolce favilla* da A. MARASTONI, *op. cit.* e da F. PASQUALI, *Madrigali a una, due, tre, quattro e cinque voci. Libro terzo*, Roma, Masotti 1627 (NV 2145)
c. VIII, 121	*Que' begl'occhi mi volgi. Occhi vitali* da A. MARASTONI, *op. cit.* e da A. GREGORI, *Ariosi concenti...*, Venezia, Magni, 1635 (NV 1284)
c. XII, 198–204 e 207	*Ardo lassa o non ardo? Ahi qual io sento* da S. D'INDIA, *Le musiche a due voci...*, Venezia, Amadino, 1615 (NV 833)
c. XV, 19	*Sorgi stella d'amor, fiamma mia cara*
c. XV, 20	*Deh perché le bell'ore indarno spendi*
c. XV, 21	*Boschi d'amor ricoveri frondosi*
c. XV, 22	*Fontane vive che di tepid'onde*
c. XV, 23	*E tu ch'afflitto degli afflitti amico* da A. MARASTONI, *op. cit.*
c. XVII, 13, 17, 18, 29, 32	*Conviemmi (dice e sciolto il freno al pianto)*
c. XVIII, 174	*Chi vide mai di nube in spesse stille* da F. PASQUALI, *op. cit.*

Il numero di brani musicati dell'*Adone* è complessivamente esiguo rapportato, per esempio, alle ottave musicate della *Gerusalemme liberata* e dell'*Orlando Furioso*. Lo scarso favore, più che al poema, sarà da attribuire alla ormai tramontata fortuna del genere madrigalistico che, a decorrere dagli anni 1615-20, subisce un drastico ridimensionamento e quasi si annulla.

5 Cfr. G.B. MARINO, *Adone*, *op. cit.*, t. II, pp. 103–121.
6 Come risulta da una lettera al Sanvitale, cfr. G.B. MARINO, *Epistolario*, a cura di M. GUGLIELMINETTI, Torino 1966, p. 188, e dai documenti portati da C. DELCORNO, *Rassegna mariniana*, in "Lettere italiane" 27 (1975), p. 93, all'altezza del 1615 l'*Adone* dovrebbe già avere 12 canti. Tuttavia niente ci spinge a credere che uno di questi fosse il XII.
7 Se si esclude il saggio di R. SIMON / G. GIDROL, *op. cit.*, che ne repertorizza sommariamente la fortuna, non abbiamo documenti che ci consentano di tracciare un profilo del debito poetico del Marino con la musica e i musicisti. A parte il caso del d'India, e nonostante le possibili conoscenze occasionali come quella di Tommaso Pecci a Firenze nel 1601 in casa Corsi, cfr. A. BORZELLI, *Storia della vita e delle opere di Giovan Battista Marino*, Napoli 1927, p. 60, nessuna altra circostanza suggerisce che il Marino abbia mai pensato alcune sue rime in funzione musicale, nemmeno la canzonetta inviata a Vincenzo Gonzaga di cui in G.B. MARINO, *Epistolario, op. cit.*, p. 68 che A. BORZELLI, *Storia op. cit.*, p. 99, vorrebbe destinata ai compositori mantovani, anche se, per

CANTO XII: LA FUGA 209

la verità, è noto l'interesse del Gonzaga per la musica, come certo il Marino era a conoscenza del fatto che parte della sua produzione finiva intonata dai madrigalisti di tutta Italia.

8 Alcune scarse notizie sulla poesia musicale a Torino agli inizi del Seicento sono fornite da S. CORDERO di Pampanato, *I musici alla corte di Carlo Emanuele I di Savoia* in "Biblioteca della società storica subalpina", n.s. CXXI (1930), pp. 31–42. Qui basterà ricordare, fra i compositori attivi attorno ai Savoia a Torino, oltre a Sigismondo d'India, Alfonso Ferabosco, Filippo Albini ed Enrico Radesca e fra quelli che dedicarono almeno una raccolta di madrigali ai membri della famiglia, Paolo Caracciolo, Giovanni Cavaccio e Alessandro Milleville. Comunque le occasioni di esibizioni certo non mancarono: per quel che concerne il settore della poesia per musica (madrigali e arie) i compositori ricordano ripetute opportunità al cospetto del duca; cfr. S. D'INDIA, *Le musiche a due voci...*, *op. cit.*, Dedica: "... le presenti mie nuove composizioni fatte in questi pochi anni ch'io dimoro alla servitù dell'Altezza vostra Serenissima ... acciò ch'ogniun veda questa nuova maniera di concertare usata sovente da me nelle sue regie camere"; F. ALBINI, *Musicali concenti...*, Milano, Lomazzo, 1623, Dedica:"... L'anno passato ... mi fu comandato, da chi comandar mi potea, ch'io dovessi mettere in musica le seguenti poesie scielte fra molte (come ogn'anno qui far si suole) che per l'occasion d'un festino doveansi recitare nella notte del felicissimo giorno natale di sua Altezza Serenissima".

9 La più ricca documentazione in merito riguarda la produzione di balletti e di mascherate per la quale cfr. M. VIALE FERRERO, *Feste delle Madame reali di Savoia*, Torino, Istituto Bancario San Paolo, 1965 e, in area musicale, la sempre utile elencazione di A. SOLERTI, *Feste musicali alla corte di Savoia nella prima metà del secolo XVII* in "Rivista musicale italiana" XI (1904), pp. 675–724), nonché la recente riflessione di L. BIANCONI, *Il Seicento*, Torino 1982 pp. 268–279 al quale si rimanda per ogni ulteriore notizia bibliografica. Accanto a Sigismondo d'India (su di lui il *New Grove Dictionary*, London 1980 s.v.) coinvolto in più circostanze in imprese coreografiche, è stata approfondita la partecipazione di Ludovico d'Agliè, il poeta amico di Marino e suo appassionato sostenitore (cfr. G. RUA, *Poeti alla corte di Carlo Emanuele I di Savoia*, Torino, pp. 1–112, ma è pure utile riferirsi oggi alla introduzione di L. SAN MARTINO D'AGLIÉ, *Alvida-La Caccia. Favole pastorali inedite*, a cura di M. MASOERO, Firenze 1977, pp. 7–17). È però assai probabile che, sebbene in altra misura, i festeggiamenti sabaudi abbiano coartato un po' tutti i poeti orbitanti attorno al duca. Del Marino è notissima l'adesione con scritti poetici alle feste per le nozze delle infanti di Savoia.

10 Si riporta qui di seguito, in ordine alfabetico, l'incipitario delle rime del Marino musicate da Sigismondo d'India. Le sigle dello specchietto si comprendono dalla susseguente leggenda che accoglie la dichiarazione bibliografica, la sigla del NV e i numeri, relativi alla precedente tabella, dei capoversi dei madrigali

contenuti nei singoli libri di musica:

1. Amor fatto di neve (*Lira*, II)	1616[1]
2. Andianne a premer latte, a coglier fiori (*Lira*, II)	1611
3. Ardo lassa o non ardo? Ahi qual io sento (*Adone*, XII)	1615[1]
4. Che fai Tirsi gentile? (*Lira*, II)*	1609
5. Donna io vorrei dir molto (*Lira*, II)	1609
6. Donna siam rei di morte, errasti, errai (*Lira*, III)	1618
7. È partito il mio bene (*Lira*, III)	1615[2]
8. Feritevi ferite (*Lira* II)	1611
9. Foglio de' miei mensieri (*Lira*, II)	1611
10. Fuggi, fuggi o mio core (*Lira*, II)	1611
11. Fuggio qual disleale (*Lira* II)	1616[1]
12. Io parto sì, ma parte (*Lira*, II)	1611
13. Lidia ti lasso (ahi lasso) (*Lira*, II)	1624[1]
14. Lilla un bacio io ti chiesi (*Lira*, III)	1624[2]
15. Occhi dela mia vita (*Lira* III)	1624[2]
16. O chiome erranti o chiome (*Lira*, II)	1611
17. Pallidetto mio sole (*Lira*, II)	1624[1]
18. Pargoletta è colei (*Lira* II)	1616[2]
19. Piagne madonna ed io (*Lira*, II)	1609
20. Quando quel bianco lino (*Lira*, II)	1616[1]
21. Quel neo, quel vago neo (*Lira*, II)	1616[1]
22. Riede la primavera (*Lira*, II)	1609
23. Se la doglia e'l martire (*Lira*, II)	1616[2]
24. Se tu felice sei (*Lira*, III)	1624[2]
25. Sospir che del bel petto (*Lira*, II)	1616[1]
26. Tempesta di dolcezza (*Lira* II)	1611
27. Tornate o cari baci (*Lira* II)	1611
28. Tosco, tosco non foco (*Lira*, II)	1616[2]
29. Tu parti, ahi lasso, e'l core (*Lira*, II)	1609
30. Uscite, uscite a rimirar pietose (*Lira*, I)	1608
31. Vorrei baciarti o Filli (*Lira*, II)	1609

1608	*Delle villanelle alla napolitana a tre voci*, Napoli, Carlino e Vitale, 1608 (NV 838), n. 30.
1609	*Le musiche*, Milano, Lomazzo, 1609 (NV 832), n. 4, 5, 19, 22, 29, 31.
1611	*Libro secondo de' madrigali a cinque voci*, Venezia, Gardano, 1611 (NV 826, n. 2, 8, 9, 10, 12, 16, 26, 27.
1615[1]	*Le musiche a due voci*, Venezia, Amadino, 1615 (NV 833), n. 3.
1615[2]	*Il terzo libro de' madrigali a cinque voci*, Venezia, Gardano, 1615 (NV 827), n. 7
1616[1]	*Il quinto libro de' madrigali a cinque voci*, Venezia, Amadino, 1616 (NV 829), n. 1, 11, 20, 21, 25

CANTO XII: LA FUGA

1616[2]   *Il quarto libro de' madrigali a cinque voci*, Venezia, Amadino, 1616 (NV 828), n. 18, 23, 28

1618   *Le musiche. Libro terzo*, Milano, Lomazzo, 1618 (NV 834), n. 6

1624[1]   *Ottavo libro de' madrigali a cinque voci*, Roma, Robletti, 1624 (NV 831), n. 13, 17

1624[2]   *Settimo libro de' madrigali a cinque voci*, Roma, Robletti, 1624 (NV 830), n. 14, 15, 24

* Seconda strofe di *Or che d'Europa*.

11 Cfr. la nota 7.
12 Con questo titolo le stampa il d'India; cfr. *Le musiche a due voci... op. cit.*, p. 13.
13 A sinistra la lezione di G.B. MARINO, *Adone, op. cit.*, a destra il testo di S. D'INDIA, *Le musiche a due voci...*, *op. cit.*, pp. 13–24. In corsivo si evidenziano le varianti; con la barra gli elementi venuti meno.
14 Il NV crede che l'ott. 207 formi un brano musicale a sé stante, ma in realtà fraintende l'intitolazione: difatti l'espressione "ottava", come indicato in capo alla scrittura, *Le musiche a due voci...*, *op. cit.*, p. 23, sottintende "parte" e non va intesa nel senso di una struttura metrica autonomamente trattata.

CANTO XIII: LA PRIGIONE

Bruno Porcelli

Il luogo della peripezia e gli antimodelli del Marino

L'*Adone*, come affermava nel *Discours* prefatorio lo Chapelain forse su suggerimento dello stesso Marino, nasce, in quanto "poëme de paix", da un ribaltamento dei criteri che presiedono all'"epopée heroïque", alla composizione cioè del "poëme de guerre". Il soggetto può avere "trouble", ma "sans s'esloigner du rapport qu'il luy convient avoir au repos de la paix et à ses evenemens ordinaires".[1] Più che dal soggetto la ricchezza della narrazione deriva dagli accidenti e dalle descrizioni: "la nature de la paix—infatti è tale che—ne fournit point de substance, c'est à dire de diversité d'actions".[2] Sul piano della *dispositio* il poema di pace richiede l'ordine naturale, proprio di Claudiano, Museo e Nonno, che esclude il ricorso al sovvertimento cronologico della favola dato dall'ὕστερον πρότερον: "la voye naturelle [...] tant qu'il n'y a point d'inconvenient, est tousjours la plus louable".[3] Per quel che concerne infine l'*elocutio*, "si l'on considere la nature du suject de l'*Adonis*, il n'y a point de doute [...] qu'on ne juge qu'il doit estre traitté avec un stile mediocre". Così richiede il suo soggetto medio che partecipa "du grave et du ravalé: du grave pour les personnes, du ravalé pour les passions ou evenemens ordinaires ou bien du grave pour l'evenement et pour les passions extraordinaires et du ravalé pour les personnes ordinaires et pour les circonstances".[4]

Non tutta l'epica però è giudicata negativamente dall'autore del *Discours*. Il dissenso si manifesta nei confronti dell'epos storico più che di quello mitologico. Per questo, quando tratta della differenza fra storia e poesia, alla prima delle quali compete la verità, alla seconda la verisimiglianza, lo Chapelain va al di là della distinzione canonica nelle poetiche del secondo Cinquecento. Le affermazioni radicali concernenti il bando della verità dal Parnaso della poesia e la giusta e necessaria falsità dei poemi[5] sono testimonianza di un'avversione decisa al settore storico dell'epica, rappresentato soprattutto dal Tasso per i tempi moderni e da Lucano per i tempi antichi.

Sufficientemente chiaro è, del resto, nelle sue scelte lo stesso Marino sin dagli esordi del poema, purché lo si sappia intendere. La favola del giudizio di Paride, raccontata nel momento iniziale dell'avventura di Adone a Cipro (canto II), quando, non ancora intraprese le operazioni amorose, il protagonista si svia dietro quel surrogato della guerra che è la caccia, va letta come metafora trasparente d'una elezione di soggetto. Le sei ottave iniziali del canto presentano la difficile scelta di Ercole al bivio: questa, che s'è indirizzata verso il faticoso ed erto calle della gloria, si rovescia, nel racconto del giudizio, nell'antitetica scelta di Paride, che dà il pomo alla dea dell'amore. Egli ha davanti a sé tre divinità, cioè tre possibili elezioni. Ma i tratti di Giunone e Pallade si confondono in un'indistinta eccellenza di tipo politico-militare, assai diversa dalla gioia amorosa rappresentata da Venere. La scelta dell'amore anticipa dunque quella che fra poco farà il protagonista del poema, ma è anche metafora di quella che compie il poeta sul piano dell'elezione del soggetto. Che alla scelta fra le contendenti Paride possa procedere solo dopo averne richiesto e ottenuto la nudità è una maliziosa allusione a quell'elezione della materia nuda di cui parlavano le poetiche aristoteliche (si pensi al Tasso); dalle quali paiono mutuate persino, nella favola mariniana, espressioni di taglio didattico-speculativo come "più oltre [...] essaminar bisogna", "fia d'uopo investigar meglio ciascuna", e "specolar con diligenza il tutto".

Non è perciò un caso che il racconto mariniano svilisca in apertura (canto I), minandone l'autonomia, due macchine narrative non generiche, ma di precisa derivazione epica, la tassiana barca della Fortuna e la virgiliana tempesta. Il proposito di invalidare il principio, caro alla poetica del Tasso, della perfetta funzionalità degli elementi si esercita proprio su dichiarati accorgimenti del poema di guerra. La tempesta è, come in Virgilio, suscitata sul mare, la barca aspetta, come in Tasso, sui lidi della Palestina, là dove questa confina con l'Idumea. Ma l'una non funziona senza l'altra, perché nessuna delle due sarebbe da sola capace di far giungere il passeggero al luogo destinato. L'ironizzazione delle macchine è ancor più complessa e sottile: Nettuno, che ha provocato la tempesta, è esautorato nell'ottava 59, ove si dice che la spinta alla barca è data da Amore:

> Per far una leggiadra sua vendetta
> Amor fu solo autor di sì gran moto;
> Amor fu ch'a pugnar con tanta fretta
> trasse turbini e nembi, africo e noto.

CANTO XIII: LA PRIGIONE 215

Ma dela stanca e misera barchetta
fu sempr'egli il poppiero, egli il piloto;
fece vela del vel, vento con l'ali,
e fur l'arco timon, remi gli strali.

L'immediato accostamento di canto IV e V (cioè di "novelletta" e "tragedia") la dice poi lunga sull'intento di render chiare, in una zona iniziale del racconto, le caratteristiche di un soggetto medio che partecipa "du grave et du ravalé".

Infine, la conclusione del poema con la chiamata in causa del pescator Fileno che, avendo assistito agli eventi, ha scritto in carte il filo dei tragici amori di Adone, mentre apparentemente si giustifica come presentazione di un'*auctoritas* che provi con la sua testimonianza la verità dei fatti narrati, documenta in realtà con malizia la rinunzia al principio della verità storica, perché Fileno è il Marino, e così la parola del poeta non ha altro specchio che se stessa.

Conviene ancora soffermarsi su certe tappe obbligate del percorso narrativo mariniano corrispondenti, per caratteristiche e posizione, a tappe del percorso narrativo della *Liberata*. Nell'identica estensione di 20 canti, i primi due sono riservati nell'*Adone*, come nella *Liberata*, alla marcia d'avvicinamento al luogo dell'azione, così che l'impresa amorosa inizia, come quella bellica, nel terzo. Gli ultimi tre (XVIII–XX) sono in un poema e nell'altro dedicati alla catastrofe. Fra inizio e catastrofe, all'altezza sia in Marino sia in Tasso del canto XIII, sta la peripezia, indicata nei due testi in modi simili: "Or cominci novello ordin di cose, / e gli si volga prospero e beato" (*Lib.* XIII, 73)); "Già dela stella a te cruda e nemica / cessan gl'influssi omai maligni e tristi" (*L'Ad..* XIII, 217).

In realtà, alla preannunciata conclusione positiva delle vicende di Adone segue ben presto, nello stesso canto XIII, un evento, il furto dell'arco di Meleagro, presentato come motivazione possibile di uno scioglimento di ben altro tenore. Il momento di miseria corrispondente alla prigionia nel mondo sotterraneo di Falsirena darà luogo ad un nuovo segmento di felicità (la ripresa degli amori con Venere), ma l'arco rubato si rivelerà alla fine concausa di morte. Il rapporto col Tasso non può non chiarirsi alla luce di un proposito di rovesciamento parodico.

Siamo giunti in cospetto del nostro canto. Esso racconta, assieme al XII, l'avventura sotterranea di Adone, costruita come segmento unitario al cui interno, nello spazio intermedio fra canto e canto, è collocato uno dei due centri del poema.[6] La macrosequenza si snoda con ritmo narrativo centrico. Le prime 100 ottave del canto XII presentano Adone nel mondo superiore alle prese con l'ira di Marte. Da XII, 102 ha inizio, col nuovo giorno, il rapporto col mondo di Falsirena, conosciuto prima indirettamente attraverso gli emissari, la ninfa Silvania e il cagnolino, poi direttamente in tutti i suoi aspetti. Il soggiorno in esso dura per il resto del canto XII e per le prime 163 ottave del canto successivo. Nell'ottava XIII, 164 Adone, trasformato in pappagallo, vola fuori della prigione: vi ritornerà momentaneamente su consiglio di Mercurio al fine di riacquistare la forma umana. Dunque da XIII, 165 a XIII, 266, che è la fine del canto, si presenta ancora per un centinaio di ottave Adone nel mondo superiore, alle prese, questa volta, con la gelosia di Vulcano e i sospetti di Marte. Osserviamo ora con una certa attenzione il segmento centrale della macrosequenza, corrispondente al rapporto di Adone con Falsirena, esteso per 355 ottave (XII, 102–292 + XIII 1–164): al suo centro, corrispondente a XII, 280, Adone va incontro ad un più duro imprigionamento. Una graticola ferrata lo immobilizza nella sua camera:

Posto fu quella notte in ben agiata
camera Adon, ché tal sembrava e ricca.
Porta non ha che serri altrui l'entrata,
ma quand'uom v'entra poi, d'alto si spicca
e'n guisa di graticola ferrata
con aguzzi spuntoni al suol si ficca
e forma atra prigione, ov'introduce
ben angusto sportel torbida luce.

Il che equivale a dire che al centro nel centro c'è la prigione nella prigione. Ecco uno dei tanti giochi di geometria narrativa con cui il Marino, prima di meravigliare il lettore, diverte se stesso. La struttura può essere formalizzata in questo schema:

c. XII		c. XIII
esterno	mondo di Falsirena	esterno
v. 102	v. 280	v. 164

prigione nella prigione

Ma che cosa rappresenta il luogo sotterraneo di Falsirena? Fa da prigione certamente, ma anche da tomba (XIII, 126) o da anticamera dell'altro mondo. Falsirena è l'anti-Venere, la dea dell'oro destinata a non essere amata (XII, 129), e la sacerdotessa di un rito di magia nera che la mette in contatto diretto con le anime dei morti. Il viaggio sotterraneo di Adone è anche una discesa agli inferi con conseguente scomparsa della bellezza

CANTO XIII: LA PRIGIONE 217

dalla terra, che, avvenendo d'inverno, corrisponde all'oscuramento invernale del sole, secondo la più classica delle simbologie ctonie.

In una zona centrale del racconto, dunque, il protagonista è impegnato in una discesa agli inferi: situazione topica quant'altre mai del poema epico. È un'altra occasione propizia allo stabilirsi di stretti rapporti antifrastici con quelli che possiamo ormai chiamare gli antimodelli del Marino. I testi chiamati direttamente in causa sono la *Gerusalemme liberata* e la *Farsaglia*. Il vario brillare di metalli e pietre preziose nell'ipogeo di Falsirena (c. XII) trova il suo immediato precedente nel mondo sotterraneo del mago di Ascalona;[7] la cerimonia dell'incantesimo sul cadavere (c. XIII) è un adattamento dell'episodio che nel libro VI della *Farsaglia* ha per protagonista la maga Erictho.

Il carattere antifrastico del rapporto non risulta però da un raffronto, per quanto accurato, dei versi del Marino con quelli di Lucano e del Tasso. Un raffronto di questo tipo fra *L'Adone* XIII e *Farsaglia* VI può al massimo farci constatare che il Marino, invece di limitarsi ad un semplice "lavoro di ritaglio" e di "ridistribuzione delle tessere prelevate" (come conclude il commento pozziano),[8] si impegna a gareggiare con gli eccessi di Lucano. Si tenga presente che nella *Poetica* dello Scaligero, testo canonico per lo Chapelain del *Discours*, la *Farsaglia* è fra i poemi epici il più straordinario concentrato di "hyperboles", "ridicula", "inanitates", "monstra", "insani potius quam poetae". "Lucanus autem suo more omnia ponit in excessu" è il giudizio complessivo sul poeta latino. Esempio particolarmente indicativo di eccesso era proprio l'episodio della maga Erictho. Dopo averne citato alcuni versi (VI, 485-91; il Marino li limita in XIII, 5), lo Scaligero sbottava: "Vix respiravi. Sane videor audire unum quempiam ex iis circulatoribus, qui vicatim pharmaca venditant sua. Ne tibi Musae talem dederint mentem, ut insanus, non vates videare".[9]

Il Marino sceglie però come terreno di gara non l'orrido, dove il poeta latino è insuperabile, bensì lo strano e il meraviglioso, in cui gli sono consentiti margini notevoli d'azione. Ignora perciò, oltre naturalmente alle parti dell'episodio latino non adattabili alla concreta situazione del canto XIII dell'*Adone*, i versi in cui Lucano presenta i poteri speciali di Erictho (*Phars*. VI, 507-69), eccezionale repertorio di orrori; e fa emergere nel rifacimento l'attenta opera di amplificazione referenziale e linguistica del catalogo degli elementi con i quali Erictho ridà vita al cadavere. *Phars*. VI, 670-84 è così sviluppata in *Adone* XIII, 46-53: 15 versi latini in 58 versi italiani. Sin dall'inizio il Marino indica il terreno prescelto. Mentre Lucano restava su quello dell'orrido ("quicquid fetu genuit natura sinistro / miscetur"),[10] egli mette in primo piano l'elemento mostruoso ("Ciò che di mostruoso unqua o di tristo / partorisce Natura, entro v'ha misto"). Aggiunge pertanto alla serie latina un cospicuo numero di realtà straordinarie, a partire dall'ott. 47:

Ponvi l'onda del mar quando più cresce
e di Cariddi il vomito canino;

così continuando nelle ott. 48–52. La conclusione dell'episodio mariniano sposta ancora l'attenzione dall'orrido al mirabile. I versi lucanei 681–84:

Quo postquam viles et habentis nomina pestis contulit,
infando saturatas carmine frondis
et, quibus os dirum nascentibus inspuit, herbas
addidit et quicquid mundo dedit ipsa veneni

sono così resi nell'ott. 53

Poiché tai cose tutte insieme accolte
nele fibre e nel core infuse gli ebbe
e dal suo sputo infette altr'erbe molte
virtuose e mirabili v'accrebbe [. . .]

Ma ritorniamo al carattere antifrastico del rapporto che *L'Adone* XIII stabilisce con gli *auctores*: esso appare chiaro se si considera qual era nella narrativa epica lo scopo dell'entrata in contatto col mondo sotterraneo. L'eroe, sia esso Ulisse o Enea o Sesto Pompeo, acquista nozione precisa della propria personalità e del proprio destino. La catabasi, anche se non reale ma simbolica, implica, dunque, un chiarimento della vera sostanza dell'eroe in vista dei più difficili momenti della sua carriera. Il discorso non cambia sostanzialmente per la *Liberata* del Tasso, ove i responsi sono diretti a Carlo e Ubaldo, ma riguardano Rinaldo che deve portare a compimento l'impresa crociata.

Ebbene, proprio sotto terra acquistano la massima evidenza le caratteristiche muliebri di Adone. Egli è trattato come una bella prigioniera, dato che alla sua guardia sono posti un eunuco e una vecchia cameriera. Ai vari tentativi di seduzione risponde con armi tipicamente femminili, quali la crudeltà (XII, 246; si ponga mente, qui e altrove, al valore connotativo della terminologia petrarchesca) del diniego o, quando le cose si mettono al peggio, la simulazione di qualche cedimento. L'assalto amoroso di Feronia mette ancor più a nudo la femminilizzazione di Adone. La vecchia è un concentrato dell'orrido: non solo è una nana difforme o una furia che peggiore non ne ha l'inferno, con corpo gibboso e faccia smorta, naso largo e lungo oltre due spanne, mento ricurvo, bocca ampia e torta; è anche bestia: "Come cinghiale infuor sporge le zanne". Se alla sua raffigurazione concorre indubitabilmente "il tema della donna brutta e vecchia che s'innamora, già presente nei classici [...] e nella letteratura medioevale [...]" e di moda nella cultura secentesca,[11] è anche vero che l'assalto a cui sottopone Adone s'inserisce nel filone tematico della bestia che assale la bella. Da Feronia viene l'appellativo calzante del prigioniero:

> O feminella vil, ch'ad uom sì inetto
> altro nome (dicea) conviensi male,
> né vo', rimproverando il suo difetto,
> far a Natura un vituperio tale,
> or se non sai d'amor prender diletto
> il tuo sesso virile a che ti vale? (XIII, 95)

e il disconoscimento della sua maschilità:

> Senon che certo assecurata io fui
> ch'uom non se' tu sicome gli altri sono,
> anzi un freddo spadon qual'è costui
> che qui ti guarda a tal mestier mal buono,
> te sol torrei come sol degno a cui
> facessi di mestessa intero dono
> dandoti inun co' miei sublimi amori,
> suo malgrado, a goder cibi migliori (XIII, 97).

La femminilizzazione del protagonista continua nel canto XIV, ove egli assume non solo atteggiamenti, ma anche abito e ruolo muliebre.

A questo punto giova un istante di riflessione. La degradazione del personaggio a cui si assiste nei canti di Falsirena (e nel XIV ad essi strettamente collegato) è il risultato estremo della parodizzazione dell'eroe epico. Se è però chiaro il suo significato intertestuale, non lo è altrettanto quello testuale. Quale valore assume quella degradazione nella storia del personaggio? È soltanto l'accentuazione di tratti insiti in lui sin dall'inizio, oppure la prima massiccia comparsa di caratteristiche che, pur non essendo sostanzialmente estranee al personaggio, non sono ancora venute alla luce, ma possono riapparire in zone ulteriori del racconto (per esempio, nel momento dell'assalto del cinghiale innamorato)? Concesso, insomma, che Adone risulta in complesso personaggio poco mascolino, la femminilizzazione di questi canti è un'accentuazione o un rovesciamento di quanto detto nelle zone precedenti del poema?

La differenza, di poco momento se si considera il significato dell'opera nei confronti degli antimodelli, acquista rilievo quando si indaghi sulla posizione dell'episodio nel contesto. A giudicare da altri elementi parrebbe giusto propendere per la seconda ipotesi. Si assisterebbe allora ad un primo ribaltamento delle caratteristiche comportamentali del personaggio, inserito in un generale rovesciamento di tutto ciò che aveva caratterizzato il suo soggiorno nel felice regno d'Amore. Al tempo estivo che faceva da sfondo agli amori di Venere e Adone succede il tempo invernale: "sotto il cui [dell'eunuco carceriere] fiero e barbaro governo / quasi il corso passò di tutto il verno" (XII, 290). Alle ore prevalentemente diurne dedicate all'azione succede ora un impegno in buona parte notturno. All'ott. 182 del c. XII, quando Adone è invitato a cena, cala la sera, e durante la notte, che è presenza costante nell'ultima parte del canto, cadono i lamenti di Falsirena insonne, il suo primo tentativo di seduzione, l'ingabbiamento di Adone. Di notte si compie, nel canto XIII, l'incantesimo sul cadavere. Antitetiche come quelle temporali sono le caratteristiche del luogo: il regno della maga è costituito da un giardino e quattro palazzi, quello di Venere da un palazzo e cinque giardini.

Falsirena è la maga dell'oro, a cui è negato il contraccambio d'amore; ha un tesoro custodito da un guardiano chiamato Interesse; cerca di sedurre, oltre che direttamente, anche indirettamente con l'aiuto del denaro (il compito è affidato a Idonia: XII, 267–72). La sua caratteristica di anti–Venere non potrebbe essere meglio indicata. Il denaro, l'interesse sono per antica tradizione contrapposti all'amore. Il Marino avvicina nello stesso verso le due realtà per farne risaltare la differenza. La maga esorta il fido Orgonte a catturare Adone che ha fatto razzia nella sala del tesoro: "Vivo dammi il crudel che m'ha rubato ... / disse 'il tesor' ma volse dire 'core'" (XIII, 264). Più maliziosamente compone i lamenti amorosi di Falsirena in modo che spicchi con ossessiva insistenza, nel corpo di termini propri della tradizione petrarchesca, il fonema *or* (*oro*). La citazione, limitata a due ottave, potrebbe essere notevolmente più ampia:

> Io vivo e m*oro* pur; misera s*or*te,
> non aver c*or*e e senza c*or* languire,
> lasciar la vita e non sentir la m*or*te;
> ahi! che questo è un m*or*ir senza m*or*ire.
> O dal'anima il c*or*e è fatto f*or*te
> o anima è del c*or* fatto il martire
> o quel che 'l c*or* dal'anima divide
> è stral che fere a m*or*te e non uccide.
>
> Ucciso no, ma di m*or*tal ferita
> impiagato il mio c*or* vive in altrui.
> Quei ch'è solo il mio c*or*e e la mia vita
> l'aviva sì ch'egli ha sol vita in lui.
> Meraviglia ineffabile inudita,

CANTO XIII: LA PRIGIONE

io non ho *cor*e e lo mio *cor* n'ha dui
e, per quella beltà ch'amo ed ad*oro*
sempre vivendo, immo*r*talmente io m*oro* (XII, 205-206)

È presente nel canto XIII il ricordo di un episodio della *Liberata*: quello di Carlo ed Ubaldo nel giardino di Armida, contiguo all'altro della visita al mago di Ascalona utilizzato nel canto XII. Nel giardino del piacere i due guerrieri, dopo aver superato l'ostacolo delle due ninfe tentatrici e ascoltato il canto del pappagallo che invita all'amore, assistono non visti agli amori di Rinaldo e Armida; dopo di che escono allo scoperto e fan sì che Rinaldo, contemplandosi nello scudo, si ravveda. Il Marino ricupera gli elementi dell'episodio tassiano: il giardino, le due ninfe, il pappagallo, gli amori furtivamente osservati, lo scudo che riflette. Ma li sottopone a profonda modifica e li ricompone in un assieme radicalmente diverso. Il risultato è uno scioccante abbassamento di tono. L'atmosfera magica e vagamente inquietante dell'episodio tassesco si fa grottesca. Il giardino è quello in cui Adone ha già vissuto una parte della sua amorosa avventura: la sezione del tatto, "nido primier de' suoi diletti". Adone, ritornando nel suo giardino, assiste non visto agli amori della sua dea con Marte e canta da pappagallo la sua disillusione di amante tradito. Le due ninfe, ora uccellatrici e non natatrici, catturano volatili che liberano poi nel giardino del tatto. Così esse fanno con Adone-pappagallo: "perché ben di Ciprigna il piacer sanno / stimano che gradire il devrà molto". Lo lasciano infatti andar disciolto, "secure ben che da giardin sì bello / benché libero sia, non parte augello". Il lettore, il quale sa dal canto VII che la presenza degli uccelli caratterizza il giardino dell'udito e non del tatto, non può non essere messo in sospetto sul reale significato di questo nuovo interesse ornitologico della dea. Si consideri che, con più chiaro ricorso al τρόπος, così aveva il Marino apostrofato le ninfe uccellatrii:

Belle serve d'Amor, se voi sapeste
qual sia l'augel ch'imprigionato avete,
perch'a fuggir da voi mai più non abbia,
o come stretto il chiudereste in gabbia! (XIII, 187)[12]

Non manca nemmeno, nell'episodio del canto XIII, lo scudo-specchio che serve ora non a far ravvedere dal peccato, ma ad attizzare i desideri amorosi degli amanti.

In questa atmosfera di costante abbassamento della realtà epica (si pensi anche alla "mostruosa lutta" a pugni, calci, morsi e graffi fra Adone e la vecchia tentatrice) rientra anche il grazioso episodio del trionfo degli Amorini. Mentre Marte e Venere riposano illanguiditi dalla "tenzon lasciva", "pargoleggianti esserciti d'Amori" si prendono gioco degli amanti. Le attenzioni sono rivolte in modo particolare a Marte, le cui armi abbandonate scadono a strumenti di una infantile finzione guerresca:

> Alcun altri divisi a groppo a groppo
> in varie legioni, in varie squadre,
> con l'armi dure e rigorose troppo
> muovon guerre tra lor vaghe e leggiadre.
> Chi cavalca la lancia e di galoppo
> la sprona incontro ala vezzosa madre,
> chi con un capro fa giostre e tornei,
> chi dela sua vittoria erge i trofei.
>
> Parte piantan gli approcci e vanno a porre
> l'assedio a un tronco e fan monton del'asta,
> batton la breccia e son castello e torre
> la gran goletta e la corazza vasta.
> Chi combatte, chi corre e chi soccorre,
> altri fugge, altri fuga, altri contrasta,
> altri per l'ampie e spaziose strade
> con amari vagiti inciampa e cade.
>
> Questi d'insegna invece il vel disciolto
> volteggia al'aura e quei l'afferra e straccia.
> Colui la testa impaurito e 'l volto
> nela celata per celarsi caccia
> e dentro vi riman tutto sepolto
> col busto, con la gola e con la faccia.
> Costui, volgendo al'aversario il tergo,
> corre a salvarsi entro 'l capace usbergo (XIII, 201–203)

Esse vanno incontro ad un processo di degradazione anche perché adibite ad usi impropri. Le superbe creste, staccate dall'elmo, fanno da ventaglio; lo scudo forma un carro, di cui la spada è timone e il morione è seggio, che, trainato dallo Scherzo e dal Gioco, serve a celebrare il trionfo di Amore su Marte.

Meritano ora un po' d'attenzione le macchine, che, presenti in tutto *L'Adone* sotto forma di divinità, animali, fenomeni atmosferici, strumenti, mezzi in genere delegati a produrre energia narrativa, si infittiscono nei momenti del poema nei quali si annodano o si snodano i fili della narrazione: e cioè, oltre che all'inizio, in cui comincia a definirsi l'intreccio, e alla fine, in cui si sciolgono i nodi, anche nella zona corrispondente al nostro e ai canti limitrofi, dove la peripezia pare imprimere una certa svolta alle vicende. Ricordiamo alcune soltanto delle macchine più importanti presenti nell'episodio di Falsirena, e cioè quelle a cui ricorre la maga nei molteplici tentativi di sedurre Adone, quelle usate da Apollo per penetrare nella prigione di Adone, la freccia d'Amore, con cui Vulcano colpisce il pappagallo.

Sulla funzione delle macchine nel poema si sofferma in più luoghi il commento dell'edizione mondadoriana curata dal Pozzi: con più chiarezza che altrove nelle pagine della *Guida alla lettura* dedicate al rapporto fra i racconti secondi dei canti V e XIX e il racconto principale. Nel racconto principale—citiamo—"la stessa macchina (la freccia di Cupido) produce nelle stesse situazioni di inizio e di fine gli opposti effetti di amore e di morte, mentre i veri meccanismi atti ad iniziare o a sciogliere si elidono a vicenda".[13] Nell'affermazione sono impliciti due principi fondamentali cari al Pozzi. Secondo il primo, la struttura bifocale dell'*Adone* impone costantemente comportamenti paralleli in due zone del narrato da paragonare ai due fuochi di un'ellisse. Infatti parecchie macchine impiegate all'inizio e alla fine del poema per avviare e concludere il racconto hanno in comune la caratteristica di non produrre energia, di non funzionare a dovere. Il secondo principio può essere così enunciato: una sola macchina produce due risultati opposti, mentre varie macchine non producono alcun risultato; e, in modo più generale, l'uno produce il molteplice, mentre il molteplice non produce nulla.

Confessiamo subito di non credere molto nella validità ermeneutica del primo principio, ma di considerare valido il secondo. La struttura bifocale dell'*Adone* è per la molta parte costruzione, sia pur suggestiva, del commento pozziano. È vero che le macchine non funzionano all'inizio e alla fine del poema, ma non è vero che il difetto di funzionamento sia riscontrabile in queste due sole zone del racconto. Un complesso vistoso di macchine gira a vuoto nel nostro canto e nei due canti limitrofi, cioè nel macrosegmento di Falsirena, che il Marino indica come luogo della peripezia. Le macchine si elidono proprio nei momenti in cui dovrebbero funzionare meglio e cioè—ripetiamo— quando i fili del racconto s'intrecciano, quando si riannodano o paiono riannodarsi in modo nuovo, quando infine si sciolgono. Ecco un altro modo di ripudiare la tecnica narrativa epica: scardinare gli istituti del racconto soprattutto nei punti in cui essi sono più necessari, magari facendoli funzionare a pieno regime dove meno lo sono. Per questo Falsirena ricorre a cinque diversi mezzi di seduzione (la nudità, l'oro, l'incanto, il travestimento, il filtro magico) senza riuscire nell'intento, ottenendo anzi alla fine il risultato contrario di far fuggire Adone. Per questo Mercurio ha bisogno, per penetrare nella prigione, dell'aiuto della dea Carna che gl'insegna l'uso del grimaldello, ma anche dell'erba che apre le serrature. Per questo, infine, il bastone di Mercurio, che dovrebbe far addormentare l'Interesse, in realtà è destituito di funzione, perché l'Interesse già dorme.

D'altra parte, un solo strumento come la freccia d'Amore può comportarsi in modo diverso nei tre luoghi in cui, come abbiamo visto, più si affollano le macchine: all'inizio produce amore; nel nostro canto, usata da Vulcano, non serve a niente; alla fine produce morte.

Restando nell'ambito delle macchine, spostiamo l'attenzione sulle informazioni forniteci dalle ott. 173–74 del canto XIII. Vi si dice che Vulcano, messo su dalla Gelosia e da Apollo, che gli hanno svelato il tradimento di Venere con Adone, medita accorgimenti atti alla vendetta ("tra sé machine nove ei va volgendo"), sino a fabbricare la catena che è servita ad imprigionare Adone nella sua camera ("Quindi fu poscia di sua mano ordita / la catena ch'Adon strinse dormendo") e la stessa prigione di Falsirena. Ma come è possibile che le macchine fabbricate dal dio ingelosito siano entrate in funzione quando la Gelosia non l'aveva ancora avvisato del tradimento di Venere, in un tempo dunque anteriore alla loro stessa fabbricazione? La stranezza dell'informazione non è da imputare ad una svista narrativa del Marino, che la sottolinea vistosamente nel momento in cui rifiuta di spiegarla:

Come ciò fusse o se notizia piena
n'ebbe la fata allor, non so dir io.

Quella stranezza messa in bella evidenza deve avere un senso preciso, intuibile dal lettore, ovviamente dal lettore esperto a cui il Marino si rivolge. Parlare di "fatti che vanno spiegati nella generale svalutazione dei mezzi narrativi tradizionali in atto nell'*Adone*"[14] è spiegazione non inesatta ma insufficiente. Una così vistosa infrazione delle norme che regolano lo sviluppo cronologico del racconto, per cui il poi interviene a modificare il prima, non si registra in nessun altro luogo del poema. Altra cosa sono gli anacronismi della parte finale o i ritmi rallentati dell'inizio del poema: elementi, gli uni e gli altri, usuali nella narrativa.

Chiedersi il perché di questo fatto equivale a porre la domanda: perché proprio in questo punto? Crediamo che la ragione risieda nelle caratteristiche specifiche del luogo narrativo. La seconda parte del canto XIII è il luogo della peripezia, per il quale cessano gli influssi maligni della stella avversa (non importa se si tratta di una falsa peripezia): Adone sta passando dal mondo sotterraneo alla superficie, dalla prigione alla libertà, da Falsirena a Venere. Il processo è avviato (anche se non compiuto) con la fuga dalla prigione. La peripezia, con la sua inversione di tendenza,

CANTO XIII: LA PRIGIONE

segna nella teoria e nella prassi narrativa il momento dello stacco netto fra il prima e il poi, della netta contrapposizione del poi al prima; dà luogo ad una divisione di tempi e modi operativi che esclude contatto e commistione fra i due momenti al di qua e al di là del limite. Nella *Liberata* agli eventi sfortunati seguono quelli prosperi, così come alla maligna estate della siccità un'estate moderata che ha i toni della primavera. Stando così le cose, quale mezzo si offriva al Marino più adatto ad infrangere con rumore la barriera cronologica della peripezia (quella discriminante il carattere positivo o negativo degli eventi sappiamo quale sorte abbia), a confondere il prima e il poi, se non inventare un poi che riesca a modificare le caratteristiche del prima, cioè una macchina che agisca all'indietro invece che in avanti? In tal modo il luogo della peripezia era nell'*Adone* vettore di significati che esorbitavano dal puro ambito narrativo.

NOTE

1 Per le citazioni dal *Discours*, come in seguito per quelle dall'*Adone*, abbiamo tenuto presente l'ediz. a cura di G. POZZI, Milano 1976, voll. 2 (cfr. vol. II, pp. 16–18).
2 Ivi, pp. 28, 33, 18.
3 Ivi, p. 37.
4 Ivi, p. 41.
5 Ivi, pp. 23–25.
6 Sui due centri e sulla struttura, in genere, dell'*Adone* si veda il volume di chi scrive, *Le misure della fabbrica. Studi sull'"Adone" del Marino e sulla "Fiera" del Buonarroti*, Milano 1980.
7 Per quel che concerne i rapporti col Tasso, abbiamo sempre preso in considerazione la *Liberata*. Ma le osservazioni sull'episodio della visita al mago, come quelle successive sull'ingresso dei due guerrieri nel giardino di Armida, risultano pertinenti anche se si fa riferimento alla *Conquistata*: nella quale la visita al mago diventa una vera e propria νέκυια.
8 Cfr. vol. cit., p. 513.
9 *Iulii Caesaris Scaligeri Poetices libri septem*, s.l. (ma Lione), apud Antonium Vincentium 1561 (pp. 279 e 283).
10 Le citazioni dalla *Farsaglia* sono tratte dall'ediz. parigina "Les Belles-Lettres", voll. 2, 1926–29 (texte établi et traduit par A. Bourgery).
11 Cfr. il *Commento* al canto, vol. I dell'ediz. cit., p. 514.
12 Parrebbe superfluo ricordare la metaforica anguilla, alla quale il pescator Fileno vuole riservare analoga sorte: "del tuo vivaio entro l'umor vivace / io di mia mano imprigionar la voglio" (IX, 51).
13 Vol. cit., p. 22.
14 Cfr. il *Commento* al canto, vol. I dell'ediz. cit., p. 523.

CANTO XIV: GLI ERRORI

Antonio Franceschetti

Marino e la tradizione cavalleresca

Con le sue 407 ottave, il quattordicesimo canto è uno dei più lunghi dell'*Adone*, il primo in cui il Marino raggiunga tali dimensioni (gli altri non arrivano mai non solo alle 400, ma nemmeno alle 300 ottave), superate solo dal diciannovesimo (di 424) e dal ventesimo (di 515). In simili circostanze non ci sembra improbabile supporre che la materia attualmente ivi contenuta abbia potuto essere distribuita in due canti diversi al momento in cui il Marino pensava al suo poema non in termini di venti canti come la *Liberata*, ma di ventiquattro sul modello dell'*Iliade* e dell'*Odissea*, alle quali lo portava verisimilmente l'argomento mitologico dell'opera stessa, e così lo annunciava all'amico Fortuniano Sanvitale nel 1616.[1]

Questa possibilità è altresì avvalorata dal riconoscimento che il canto stesso è facilmente divisibile in due nuclei fondamentali, con una chiara cesura all'altezza dell'ottava 173: nel primo assistiamo alle vicende del protagonista caduto in mano a Malagorre e ai suoi briganti, nel secondo al lungo racconto degli amori di Sidonio e Dorisbe, con il quale Adone ha assai poco a che fare, e che si colloca nel poema come una novella in qualche modo indipendente dal resto della narrazione sull'esempio di quanto avevano fatto spesso il Boiardo nell'*Innamorato* e l'Ariosto nel *Furioso*, e in maniera analoga alla lunga parentesi della favola di Amore e Psiche nel quarto canto.

È chiaro che entrambi i nuclei e tutte le vicende narrate vanno inclusi fra quelle "azioni episodiche" non indispensabili al racconto, alle quali il Marino, sempre nella stessa lettera al Sanvitale, afferma di aver fatto ricorso per allungare la "favola . . . angusta ed incapace di varietà d'accidenti". Un particolare significativo merita di essere sottolineato: all'inizio del canto troviamo Adone, stanco della fuga e del lungo cammino, che mangia perché ha fame, indossa abiti femminili e, dopo aver guardato l'immagine di Venere nell'anello magico, si addormenta (ott. 7–14); alla fine del canto lo vediamo nuovamente stanco del cammino mangiare e addormentarsi (ott. 406). Il Marino non ripete l'atto del travestimento, che nel primo caso era necessario per giustificare le avventure di Adone prigioniero di Malagorre, o la pausa per guardare l'immagine della dea amata;[2] ma identiche sono le azioni del mangiare e del dormire. Tutto il canto risulta quindi chiuso come in un cerchio fra i due pasti di Adone: alla fine lasciamo il protagonista nella stessa circostanza in cui l'avevamo trovato all'inizio, addormentato in un bosco.[3] Gli "errori" potrebbero essere dunque solo un sogno, un incubo notturno del giovane (che nella successione degli avvenimenti, prima tumultuosi ed incerti, infine conclusi felicemente con il matrimonio di Sidonio e Dorisbe può riconoscere un riflesso dei propri casi e un preannuncio del suo prossimo ritrovarsi con Venere): essi si inseriscono nell'azione senza turbarne lo svolgimento e l'equilibrio, sono perfettamente conclusi in sé e non lasciano nessuno strascico nel seguito delle vicende, per cui anche le ricomparse di Argene e dei due sposi innamorati nei canti successivi non aggiungono nulla di fondamentale ai loro casi e alle loro esperienze.[4]

Si noti anche come, con l'eccezione di Filauro e di Filora, dei quali rimane alla fine una tomba visibile e tangibile, tutti gli altri personaggi attori della grande battaglia che si combatte per Adone (inclusi Furcillo e i suoi compagni, eliminati alla fine del canto) 'svaniscano' letteralmente come fantasmi; essi muoiono tutti—come scrive il Marino stesso all'ottava 149—in diversi modi, o uccidendosi fra loro in combattimento, o avvelenati dal miele delle api, o, nel caso di Orgonte, in conseguenza di un incidente. Non rimane di loro nessuna traccia concreta; dopo tanto fragore di armi e tanto sangue sparso in battaglia, di chi l'ha vissuta sopravvive soltanto il ricordo, come se si trattasse appunto di immagini di un sogno destinate a dileguarsi al momento del risveglio.

Il canto è, come abbiamo detto, distinto chiaramente in due nuclei fondamentali; ma non bisogna pensare che questi nuclei siano affatto indipendenti l'uno dall'altro. Li unifica in qualche modo innanzi tutto la presenza costante del protagonista Adone—rilevata dal Pozzi insieme a quella di Grifa "parte attiva nel secondo episodio e vittima accidentale nel primo" (p. 529)—e la sua altrettanto costante caratterizzazione femminile; e li unifica la ricomparsa in vari ruoli di alcuni personaggi, quali Filauro, Filora, Furcillo e i due ladri suoi compagni, nonché il legame di parentela che il Marino stabilisce fra Argene, zia dei primi due e, in quanto sorella di Cinira, zia e prozia dello stesso Adone—che quindi risulta legato da affinità anche con Filauro e con Filora. Come infatti nella tradizione cavalleresca si introducono spesso i personaggi legandoli a rapporti di ascendenza e di discendenza intercorrenti fra loro, così il Marino sembra rincorrere tutti questi gradi di parentela che uniscono in certo senso le

CANTO XIV: GLI ERRORI 229

figure nuove a quelle già note. Ma al di là di questi particolari che potrebbero in ultima analisi essere visti come sostanzialmente esterni e piuttosto deboli o insufficienti, l'uniformità del canto è più intimamente evidenziata nello spirito cavalleresco che lo condiziona, nell'intento dell'autore di riallacciarsi alla tradizione narrativa delle leggende carolinge e arturiane e ai modelli non solo dell'Ariosto—su cui ha insistito in particolare il Calcaterra[5]—ma anche a quelli del Pulci, del Boiardo (sia nella versione originale dell'*Innamorato* che nel rifacimento del Berni), di Bernardo e di Torquato Tasso e di tante altre opere, minori o minime, di quella tradizione. Perché, nonostante l'intersecarsi e il sovrapporsi delle imitazioni e delle fonti messo in rilievo nel commento del Pozzi e nelle pagine del Porcelli,[6] rimane evidente che il Marino infonde ai suoi episodi soprattutto quello spirito, che il motivo delle armi e degli amori li informa e li condiziona; nonostante egli si stia muovendo nell'ambito del poema e del romanzo mitologico, non assistiamo in lui al fenomeno di classicizzazione degli elementi narrativi della tradizione cavalleresca, ma al contrario sono le componenti classiche (come quelle derivate dalle *Etiopiche* di Eliodoro o dalle *Metamorfosi* di Ovidio) a venire tradotte e trasformate alla luce della seconda. Per questo punto non ci possono essere dubbi circa il risultato finale cui egli mira nella sua forma e nella sua ricerca di *contaminatio*.

Con questo non intendiamo naturalmente negare le fini osservazioni del Pozzi sul "motivo della svalutazione della vera guerra e dell'eroe vero" e sulla "presa di posizione contro la tradizione letteraria cavalleresca ed eroica" del Marino (p. 542)—per quanto non sarebbe difficile far risalire quest'ultima in particolare allo stesso Ariosto, per non parlare del Pulci, certo con toni e atteggiamenti assai diversi da quelli assunti dal Nostro. Nella rappresentazione della battaglia che anima la prima parte del canto è evidente lo sforzo del Marino di trasformare ogni scontro fra i vari personaggi, ogni morte di qualcuno di loro in una scena specifica, in un quadro particolare costantemente variato e diverso dai precedenti; ma il problema rimane sempre la sproporzione fra la grandiosità del tono, delle descrizioni, della rappresentazione complessiva, dei modelli che si collocano dietro a quelle immagini (Agricane, Rodomonte, Argante e via dicendo) e la realtà dei combattenti che rimangono tuttavia "bravi" e "farinelli" (ott. 80); e così il Marino può pensare per la morte di Malagorre al gesto spregiudicato di Vanni Fucci e allo sputo "insu 'l volto" del nemico (ott. 136) senza cadere nel grottesco e nel ridicolo (e raggiungendo invece un livello artistico assai notevole per intensità ed efficacia). La figura di Orgonte infiammato di odio, di sdegno, di furore e coperto di sangue dalla testa ai piedi ha toni senza dubbio colossali e imponenti (si vedano soprattutto le ottave 116–118), ma è impossibile dimenticare che si tratta pur sempre di "un caporal" delle guardie di Falerina (così è presentato in XII, 254) e che sta affrontando un branco di ladri—che saranno anche numerosissimi, ma non possono certo raggiungere né quantitativamente né qualitativamente gli eserciti che si trovano davanti Orlando ad Albraca, Rodomonte a Parigi, Rinaldo o Solimano a Gerusalemme.

Se questa è la situazione delle battaglie e delle armi, altrettanto ambigua ci si presenta quella degli amori (se tali veramente si possono chiamare) presentati nella prima parte. Abbiamo innanzi tutto quello di Malagorre per Adone-Licasta introdotto in forma assai breve e schematica e, si direbbe, logica e naturale conseguenza del travestimento femminile assunto dal protagonista; il capo dei banditi è "acceso forte / di beltà tanta" (ott. 21), la sua è una "fiamma" (ott. 60) che egli non dimentica in mezzo alla battaglia, dalla quale si allontana una prima volta per nascondere "l'amata amica" (ott. 66) nella grotta dove sono nascosti anche "i suoi tesori" (ott. 60), e una seconda, quando ormai più non dubita della sconfitta, per ucciderla, dato che "punto da gelosia" non tollera il pensiero "ch'altri abbia a posseder l'acquisto amato" (ott. 127). Si tratta dunque chiaramente di un sentimento egocentrico e nutrito solo di desiderio sensuale per Adone strumento di questa passione e considerato allo stesso livello di un oggetto prezioso, di uno dei "guadagni", del quale Malagorre aveva chiesto e ottenuto la libera assegnazione da parte dei compagni (ott. 24–27).

Altrettanto fisico ed eccitato solo dalla concupiscenza è l'amore provato da Filauro sempre per Adone-Licasta, per quanto il Marino si soffermi più a lungo a descriverne gli stimoli e le manifestazioni, tanto da dare l'impressione che una situazione in realtà molto breve si estenda e si prolunghi diffusamente nel tempo (si vedano soprattutto le ottave 29–33). Il giovanetto è paragonato a un ladro (come Malagorre o Furcillo) desideroso di rubare le bellezze dell'amato; si eccita subito davanti al "volto . . . bello", è "cupido" alla vista dei "bei lumi" e delle "auree chiome bionde", "langue" e "si disfà" per il "foco acceso" che lo arde; Adone stesso è consapevole che causa di quanto Filauro sta provando è "sol la sua beltate" (ott. 42), e il Marino sottolinea la sua situazione, quando è separato sia da Licasta che da Filora, contrapponendo i due diversi sentimenti: "del'una la beltà sospira e plora, / del'altra l'onestate e la salute" (ott. 67; quando ha ritrovato la sorella, la lascia sola perché "amor" e "disire" che lo portano alla ricerca di Adone sono più forti in lui di "natura" e "tenerezza" per lei (ott. 77). Ancora nelle sue ultime parole prima del suicidio, quando pensa che il "sozzo can" sia responsabile della morte del bel corpo trovato

CANTO XIV: GLI ERRORI   231

privo della testa, riesce a rimpiangere solo "'l fior . . . / di beltà tanta in sua stagion più fresca" che gli è stato involato (ott. 170).

Neanche per Filora, l'unica vera donna che appaia con un certo rilievo in questa prima parte, il Marino ha immaginato una storia d'amore spirituale e completo: lei e il fratello "infin dal nascimento sono accompagnati dalle sciagure", come precisa l'"Allegoria" del canto, e la loro "vita travagliata" diventa esemplare di quella condotta da "quegl'infelici orfani, che nascono alle tribulazioni e alle miserie"; i due si collocano dunque sulla linea tradizionale dei personaggi costantemente perseguitati dalla fortuna.[7] Di lei si accende—ma certo non al punto di sacrificarle la propria vita, ché anzi la sua intenzione è di ucciderla dopo averla violentata—un altro ladro, Furcillo, che il Marino così ci rappresenta: "di Filora la bella, e più de' suoi / ricchi ornamenti avea l'alma invaghita" (ott. 46). Sono messi così allo stesso livello il desiderio ispirato dalla sua bellezza e la "cupidigia" (ott. 157) per le sue ricchezze: un desiderio che non viene mai chiamato amore, e che ancora più avanti il poeta condannerà bollandolo come "voglia scelerata e stolta" (ott. 71).

Non ambigua e non equivoca, ma intessuta di epliciti toni e di aperti richiami omosessuali è infine la rappresentazione di "Armillo il bello" e del suo rapporto con Melanto, nel quale il Marino ripresenta—ma colorandola in maniera molto più ovvia e trasparente—la situazione tradizionale di Eurialo e Niso e di Cloridano e Medoro, mescolandovi spunti dell'episodio di Lesbino e del Soldano.[8] L'adolescente, il quale viene presentato, prima che come "Adon novello", come "Ganimede secondo" (ott. 85), con riferimento cioè al giovinetto più famoso di tutta la mitologia greca per essere stato amato ed essere divenuto l'amante di un dio grazie alla sua efebica bellezza (e la sua storia è narrata da Mercurio ad Adone con toni altamente sensuali in V, 32-44), ha l'aspetto di Amore, ha "sembianti angelici", fa diventare "molle e cortese" anche il "più rigido cor" (ott. 90), ha un "bel viso gentil" (ott. 111), ha "la man bella" (ott. 112), ha "occhi soavi" (ott. 113); i particolari della pelle di lince che lo copre non gli danno un aspetto minaccioso e terribile, ché anzi i "duo di fiero cinghial denti lunati" diventano sul suo petto un "vago fermaglio" (ott. 89), e la sua femminilità è accentuata dall'uso in battaglia non della spada, come pur avevano Eurialo, Medoro e lo stesso Lesbino, ma di arco e frecce, che ricordano le figure tradizionali di Diana e delle sue ninfe cacciatrici[9] e quella di Armida nell'ultimo canto della *Liberata*. Se ora mentre combatte il Marino lascia incerto quali "strali" siano più pericolosi, quelli "del'occhio" o quelli lanciati dalla sua "man" (ott. 91), come si ferma ad osservare compiaciuto Melanto, altrettanto significativi sono gli antefatti della sua vicenda: egli era stato "mandato in don" (espressione che ne sottolinea la riduzione ad oggetto raffinato e prezioso, caratterizzante per tutto il canto anche la situazione di Adone) dal "gran tiranno di Soria / ... al re d'Ormusse / perché l'alta beltà che 'n lui fioria / del serraglio real delizia fusse" (ott. 86).

Contrasta con la sua figura fragile e delicata quella rude e maschia dell'amico "nato al freddo Tronto in riva / là tra l'Alpe picena e la peligna",[10] che è "suo curator, suo difensor" (ott. 91), che Armillo stesso chiama "caro Melanto" e "mio fedel custode" (ott. 106), come egli è per lui il "caro Armillo" (ott. 112) e il "suo diletto" (ott. 114) per il quale prova "amore" (ott. 115)—dove l'insistenza di aggettivi e sostantivi evidenzia un rapporto affettivo non solo tra maestro e discepolo, ma anche fra possessore e posseduto. Né si trascurino le immagini di chiaro stampo sessuale con cui Orgonte si rivolge al fanciullo ed è sul punto di colpirlo alle ottave 108–111; espressioni come "con lui si strinse", "sopra gli va", "inebbriato", "già gli ha presa / la chioma d'or con la sinistra mano" potrebbero essere impiegate altrettanto bene per rappresentare lo stupro di una donna. La consapevolezza infine di Armillo che la sua morte stessa sarà sufficiente "vendetta" della colpa di Melanto per averlo ucciso involontariamente (ott. 112), sia questo davvero quello che vuole esprimere il suo ultimo sguardo rivolto all'amico o sia quanto quest'ultimo crede di leggervi, denuncia in maniera esplicita la forza del sentimento e della passione che lega i due personaggi.

A proposito di tutti questi amori che appaiono nella prima parte del canto è importante rilevare come il Marino non faccia mai alcun riferimento ad "errori" o "inganni" da parte di coloro che ne sono coinvolti. I sentimenti che la bellezza di Adone e di Armillo suscitano in Malagorre, in Filauro e in Melanto vengono presentati in modo affatto naturale, come se fossero veramente donne i personaggi che li ispirano: non c'è nessuna denuncia e nessuna condanna degli sguardi con cui il protagonista cerca di "temprar" il "foco acceso" di Filauro, o dei "baci" che gli dà, insieme a "parole", Malagorre per consolarlo quando lo rinchiude nella caverna (ott. 66). Si tratta comunque di amori che il Marino non può approvare e accettare esplicitamente, e senza dubbio per questo sono tutti destinati a finire tragicamente, con la morte di coloro che li hanno accolti nel loro animo; mentre non muore Adone, che se ne è solo servito in sua difesa, ma non li ha mai ricambiati.

A questi amori lascivi si contrappone quello onesto, e come tale destinato a lieto fine, di Sidonio e Dorisbe nella seconda parte del canto.[11] Si osservi prima di tutto la reazione del cavaliere, così diversa da quella di

Malagorre e di Filauro, alla vista di Adone: udendo il suo "favellar cortese e pio" e vedendo la sua "egregia e signoril presenza", egli depone l'ira che lo aveva irritato contro lo sconosciuto ascoltatore delle sue solitarie imprecazioni amorose, si meraviglia "mirando di beltà tanta eccellenza" e fissa "gli occhi intento ne' begli occhi" solo per desiderio di sapere chi sia il giovane che gli ha rivolto la parola (ott. 191). Quella bellezza non suscita dunque in lui nessun segreto istinto sessuale e nessuna ansia morbosa: l'ammira con lo stesso compiacimento, con lo stesso freddo interesse con cui si può ammirare una bella opera d'arte, della quale si è curiosi di conoscere il soggetto e l'autore. E la prima parola rivolta ad Adone mette in evidenza il suo stato d'animo allo stesso tempo cordiale e distaccato: "amico" (ott. 192), che stabilisce subito una condizione di rapporti affettuosi sì, ma insieme assolutamente casti, quali quelli che possono esistere fra due vittime della sorte, fra due compagni di sventura.

Allo stesso modo per quanto riguarda il suo amore per Dorisbe, della quale ricorda non solo la bellezza fisica, ma anche la nobiltà dell'aspetto (ott. 201), il comportamento di Sidonio è ben diverso da quello degli innamorati della prima parte; la prima volta in cui vede la fanciulla e se ne innamora, non sembra provare per lei alcun desiderio, ma solo rimane soggiogato dall'apparizione (ott. 208–210 e 214); gli basterebbe ottenere da lei "un guardo" e "un detto" per essere felice (ott. 218); quando si trova finalmente vicino a lei la guarda "con dolce affetto / furtivamente" (ott. 245); compreso infine che Dorisbe ricambia il suo sentimento, pur avendone l'opportunità non cede alla tentazione di farla sua e si accontenta per i suoi "modesti amori" di "quanto lice a non lascivo amante" (ott. 281); e rende "grazie al ciel" per il fatto di essere stato sorpreso con lei dalle guardie della regina mentre si limitava a "rapire . . . baci" (ott. 296).[12] Colpisce tanto più questa castità e questa timidezza di innamorato se riflettiamo che Sidonio è un uomo maturo, non un adolescente inesperto;[13] un uomo al quale Adone si rivolge servendosi rispettosamente del "voi", mentre il cavaliere gli risponde familiarmente con il "tu" che la persona adulta usa con un ragazzo.[14]

Tutte queste differenze meritano in qualche modo di essere premiate dall'autore, che fa risolvere felicemente i casi dei due innamorati (come felicemente si erano risolti quelli di Olindo e Sofronia nella *Liberata*, dai quali il Marino imita la gara di autoaccusa e il desiderio di sacrificarsi l'uno per l'altra). Si noti ancora che Sidonio si viene a trovare con Dorisbe nella situazione di Melanto con Armillo, attraverso una serie di richiami e di contrapposizioni: il primo si mette a rischio di uccidere la persona amata senza conoscerla nel corso del duello con il quale vorrebbe invece salvarle la vita, il secondo, che ha lo stesso scopo, finisce invece con l'ucciderla involontariamente proprio mentre cerca di salvarla. Il diverso esito dei due personaggi oggetto delle loro cure è anche conseguenza dei loro caratteri e delle loro personalità diverse: Armillo, il "semplicetto", il "fanciul malcauto" che agisce così per "vaghezza pueril" (ott. 88, 105 e 87), che non si rende conto del rischio cui espone non solo sé stesso, ma anche il suo "caro Melanto"—molto simile in questo al Medoro ariostesco—e che si era unito ai ladri diventando loro "compagno" dopo esserne stato fatto prigioniero per "amor del vil guadagno" (ott. 86), è molto differente dalla nobile e virtuosa fanciulla pronta a morire per l'uomo che ama,[15] come anche a pagare con la propria vita la colpa di essersene innamorata (ott. 385-392).

In conclusione ci sembra dunque che fra le due parti e i vari personaggi che appaiono in questo canto il Marino sia riuscito a stabilire una quantità sufficiente di simmetrie, di antitesi e di corrispondenze tali da determinare una sostanziale unità e coesione all'interno del canto stesso. Anche se era vera, come abbiamo ipotizzato all'inizio del nostro discorso, una originale divisione della materia in due canti differenti, ha ben visto il poeta quando ha stabilito di fonderli in uno solo, dato che una simile operazione era senza dubbio giustificata da molti aspetti e da molti particolari presenti nel racconto: aspetti e particolari che egli certo può aver intensificato e aumentato di numero quando si è accinto a farlo.

Uniforme e costante attraverso tutti i momenti e tutti gli episodi è poi soprattutto la caratterizzazione femminile di Adone. Contrariamente a quanto ci si potrebbe aspettare, l'assunzione da parte del Marino dei moduli narrativi della tradizione cavalleresca non determina infatti una trasformazione eroica del giovane, non stabilisce un suo livello e una sua dimensione epica di protagonista di guerre carolinge o di avventure arturiane; ché anzi, come ha ben rilevato il Pozzi (pp. 539 sgg.), egli conserva per tutto il canto aspetti sostanzialmente passivi, come colui che subisce le azioni degli altri invece di determinarle, e quando le determina, lo fa solo attraverso gli stimoli che suggerisce ed origina la sua bellezza, scambiata o meno per quella di una fanciulla, nell'animo degli altri personaggi, oppure attraverso atti e comportamenti che egli compie od assume casualmente, irriflessivamente e senza nessuna consapevole intenzione di agire sugli altri o di indurli a muoversi nel senso stabilito da una sua volontà precisa.

Lo vediamo così fin dall'inizio travestirsi da donna "mentre ordinariamente nei romanzi è la donna che riveste abiti maschili"[16] o che addirittura nasconde la sua vera identità sotto l'armatura del cavaliere, per timore che

CANTO XIV: GLI ERRORI

l'antagonista, scoprendola nel suo vero sesso, rifiuti di battersi con lei; ma è ben lungi dall'avere l'aspetto virile che la tradizione spesso aveva ricordato a proposito di Ercole con Onfale o di Achille a Sciro, ché anzi per lui il Marino sottolinea la femminilità "in ogni parte sua": non solo nell'abito e nel modo di parlare "fallace e finto", ma anche "ala chioma, al'atto, al viso, / al'andar" (ott. 10-11). Si ha l'impressione che, invece di apparire travestito, Adone in abiti femminili assuma la sua fisionomia e la sua identità più vera: né i ruoli che gli assegna l'autore in tutto il canto smentiscono certo questa impressione. Basti pensare che all'ottava 122 egli non ha neanche la forza fisica sufficiente per trasportare nella vicina tomba il cadavere di Filora; un particolare che gli toglie non solo qualsiasi aspetto dell'eroe di sesso maschile, ma anche quello delle molte fortissime donne-guerriere che si incontrano nella tradizione cavalleresca.

Questa femminilità del protagonista è altrettanto evidenziata e ancor più vivacemente sottolineata non solo per la psicologia del personaggio e per il suo comportamento nel corso dei vari avvenimenti, ma anche per il fatto che il Marino lo raffigura costantemente in situazioni nelle quali secondo la tradizione letteraria si mostravano e si trovavano di solito delle donne, non degli uomini. Così fin dall'apertura del canto il suo vagare, scandito dall'uso dell'imperfetto, il tempo delle favole ("Iva per monti Adone, iva per piani", ott. 7), e il suo rifugiarsi in un bosco dove si addormenta "in un pratel di mille fior dipinto" (ott. 11) richiamano immediatamente non le peregrinazioni e i movimenti degli eroi della letteratura cavalleresca, ma la fuga di Angelica con cui hanno inizio le vicende del *Furioso* e quella che porta Erminia fra i pastori nella *Liberata*.

Poco più avanti Adone addormentato non assomiglia certo al "giovenetto" Ranaldo "nerboso e asciutto, e de una vista viva" alla cui bellezza non è insensibile Fiordelisa nell'*Innamorato* (I, xiii, 50), né all'altro Rinaldo "placido in vista" che induce Armida ad abbandonare i suoi propositi di vendetta nella *Liberata* (XIV, 66); il "dolce e languido diletto" che emana dai suoi occhi "dal sonno ancor sopiti" e lascia "stupefatti . . . e sbigottiti" Malagorre coi suoi compagni "quasi . . . / da repentino folgore feriti" (ott. 20) ricorda piuttosto il "languir" di Medoro (di un personaggio cioè la bellezza del quale aveva pur suscitato passionali sentimenti di amicizia in un altro uomo, Cloridano, e pietà in un nemico, Zerbino) che turba Angelica nel *Furioso* (XIX, 20), il fascino che prende Cimone alla vista di Efigenia addormentata "in un pratello d'altissimi alberi circuito" nel *Decameron* (I, 5, 7), l'amore da cui è assalita Fiordespina davanti a Bradamante che dorme "suavemente" e "dolcemente" nell'*Innamorato* (III, viii, 65 e 66). In quest'ultimo caso abbiamo la situazione opposta, quella di una donna che, per avere i capelli tagliati corti, viene scambiata per un uomo e suscita amore e desiderio in un'altra donna; ma mentre Bradamante, quando se ne rende conto, non fa nulla per incoraggiare questi sentimenti in Fiordespina, Adone non esiterà invece ad approfittarne e a rivolgere gli occhi a Filauro in modo da "temprar" il suo "foco" (ott. 32). Al rumore delle armi "tocche e mosse" degli uomini che lo circondano (ott. 20), Adone si risveglia: come il sonno di Angelica nell'*Innamorato* è interrotto dal duello di Orlando e Feraguto (I, iii, 78) e nel *Furioso* dal "calpestio" di Sacripante che sopraggiunge (I, 38). L'apertura dell'ottava successiva ("Non s'atterrì . . . / in mirar gente sì feroce e cruda") può per un istante illudere il lettore di aver davanti un valoroso cavaliere prontissimo a difendersi, non importa quanti siano i nemici o gli assalitori, anche se disarmato. Ma non è così; Adone non si spaventa solo perché "vago era di morte", si limita a chiedere ai circostanti di por fine alla sua "favola lunga" e si lascia portar via "prigionier" senza tentare neanche la minima ombra di resistenza. Avesse almeno il coraggio e la forza di gridare, potrebbe sperare di attarre l'attenzione di qualche cavaliere di passaggio da quelle parti e farlo accorrere in suo aiuto, come avviene spesso alle damigelle in pericolo nella tradizione dei romanzi e dei poemi cavallereschi. Invece la sua passività è assoluta: accetta la perdita della libertà senza reazioni, come era pronto ad accettare la morte. "Incatenata fu prima che desta" (VIII, 64) aveva scritto l'Ariosto per Angelica che cade nelle mani dei pirati dell'isola di Ebuda, come avverrà anche poco più avanti ad Olimpia (XI, 55); Adone, al contrario, è perfettamente sveglio.

Successivamente troviamo il giovane protagonista salire "ove s'apriva alta finestra" (ott. 54) e volgere lo sguardo "di su la vetta dell'eccelsa rocca" (verso il cui ricordo non fu probabilmente discaro al Leopardi del *Passero solitario*) allo spettacolo della battaglia sottostante che gli si rivela sotto lo "splendor del'incendio e dela luna" (ott. 58). Ma ancora una volta il suo comportamento e la sua reazione non ci riportano al Solimano della *Liberata*, quando "salse in cima a la torre ad un balcone" (e si tratta, si noti, della stessa forma verbale usata dal Marino per Adone all'ottava 54) e vista "l'aspra tragedia de lo stato umano" nella battaglia fra Cristiani ed Egiziani si infiamma per il desiderio di parteciparvi (XX, 73), quanto piuttosto a Erminia che da un luogo rialzato gira gli occhi sull'accampamento nemico illuminato dalla luce della "sorgente luna" (VI, 103), o all'Angelica dell'*Innamorato* che appare prima sulle mura di Albraca per infondere coraggio a Sacripante e poi dall'alto di "un balcone" per essere vista da Orlando (I, xi, 5 e xvi, 4).

Lo spettacolo non suscita in Adone desideri bellicosi e spirito combat-

CANTO XIV: GLI ERRORI   237

tivo, ma solo la speranza di poter approfittare di quanto sta succedendo per riprendere la sua fuga: e per far questo egli non esita a tagliarsi i lunghi capelli biondi e farne una "treccia" con cui si cala a terra (ott. 59).

Come già aveva fatto nel caso dell'anello in cui appare l'immagine di Venere e della noce dalla quale esce una mensa imbandita, il Marino ricorre qui a un motivo caro alla tradizione narrativa delle favole; ma appartengono a una fanciulla, non ad un uomo, i lunghi capelli che in forma di treccia servono all'innamorato per raggiungere la bella prigioniera in una torre, come avviene anche nel caso del principe e di Petrosinella nel primo trattenimento della seconda giornata del *Pentamerone*.[17]

Nella seconda parte del canto, quando il protagonista si incontra con Sidonio, l'assimilazione con personaggi femminili continua altrettanto evidente: nel suo ascoltare i lamenti amorosi dello sconosciuto cavaliere, come fa Angelica con Sacripante nel primo canto del *Furioso*; nel suo offrirsi a lui come "scudiero", dichiarando: "Saprò con pronto affetto almen servirvi, / tenervi l'arme anch'io, darvi il destriero" (ott. 190), come anche Armida (pronta a tagliarsi i lunghi capelli biondi per apparire nel ruolo di "serva") si era offerta all'amato Rinaldo affermando: "Animo ho bene, ho ben vigor che baste / a condurti i cavalli, a portar l'aste" (XVI, 49); nel ritrovamento dei corpi di Filauro e di Filora (ott. 324 sgg.), che richiama quello di Argante e Tancredi da parte di Erminia e Vafrino (XIX, 102 sgg.); nel modo in cui il "difforme salvatico" (ott. 340) si impossessa di lui e lo porta via "impaurito" mentre "chiede aiuto", ma poi, inseguito e raggiunto da Sidonio, "a terra il getta" (ott. 338–339), come avviene nell'*Innamorato* a Fiordelisa che "un centauro terribile e fiero" (I, xiii, 51) rapisce a Ranaldo e porta via con sé tremante, piena di "paura" e implorante "aiuto" (I, xiv, 1), finché, quando il cavaliere sta per raggiungerlo, la getta in un fiume.

Si veda invece, per contrasto, quello che avviene nel caso di Sidonio: anche per lui il Marino ha immaginato una situazione nella quale il modello ci riporta a un personaggio femminile quando, per essere vicino all'amata Dorisbe, si traveste da pastore, in un modo che, come avverte giustamente il Pozzi (p. 563), ricorda subito l'episodio analogo di Erminia (si notino in particolare gli echi puntuali e precisi della *Liberata*, VII, 17 e soprattutto 18 nell'ottava 259). Ma a differenza di quanto avviene per Adone, il cavaliere innamorato non ne assume per questo l'aspetto o il ruolo di una donna, anche perché nel loro caso il carattere femminile è costantemente e senza incertezze assegnato a Dorisbe.

Questa situazione induce a riflettere su un fatto di un certo rilievo: mentre nella tradizione cavalleresca del Medioevo e del Rinascimento l'opera di regola prende il titolo dal protagonista maschile o da quello femminile che ha comunque il carattere eroico di donna-cavaliere,[18] il Marino ha modificato quest'uso mantenendo sì il nome del personaggio centrale di sesso maschile, ma facendogli vivere situazioni e circostanze nelle quali normalmente si trovava sempre una donna, e di donna gli ha dato aspetto e caratteristiche.[19] In ultima analisi considerare Adone uomo ed eroe è un altro dei molti "errori" che danno il sottotitolo particolare a questo quattordicesimo canto.

Sul doppio significato della parola si è già soffermato il Pozzi (pp. 536–537), che fornisce anzi un elenco degli "errori" più vistosi commessi dai vari personaggi nel corso delle vicende. E in realtà è facile osservare che quell'elenco potrebbe molto allungarsi, offrendo tutta una serie di casi e di variazioni sul tema fissato in un celebre verso dell'Ariosto, a proposito del "giudicio uman" che "spesso erra" (I, 7); nell'introduzione del canto errano i contemporanei del poeta per il modo in cui usano le armi (ott. 1–6); errano le "villanelle" che non si preoccupano dei loro vestiti, e Adone ne approfitta per rubarli (ott. 9); erra quest'ultimo a procurarsi un travestimento che invece di proteggerlo dagli eventuali inseguitori inviati da Falsirena, come lui spera (ott. 10), gli procura diverse complicazioni, ed erra quando, nel tentativo di fuggire dai suoi rapitori, non fa altro che ricadere in mano di Malagorre (ott. 60–61); erra Armillo credendo di trovare in battaglia lo stesso "trastullo" e "piacere" che aveva provato andando a caccia (ott. 88); erra Melanto quando per salvare l'amico lo uccide (ott. 111); errano gli uomini di Orgonte a disturbare le api e ad assaggiare il miele velenoso (ott. 148–149); era il loro duce mettendo il piede in fallo e precipitando nell'abisso (ott. 150); erra Sidonio quando pensa di aver ucciso Dorisbe nel duello (ott. 364); erra Argene quando crede morta la figlia (ott. 366); errano i suoi servi nel ritenere Adone colpevole della morte di Filauro e di Filora (ott. 398); e la lista potrebbe certo continuare ancora.

Il Marino stesso del resto non cessa di sottolineare tutte queste circostanze ripetendo in vari modi quella parola, e alternandola spesso con la sua equivalente "inganno": Melanto si morde "la destra errante" che ha colpito Armillo (ott. 114); Orgonte non penetra nella parte della caverna dove si cela Adone per l'"inganno" delle ragnatele (ott. 140); Filauro "per error s'inganna" scambiando il cadavere di Filora per quello di Licasta (ott. 167), e così avviene che i due "infelici gemelli" muoiano entrambi a causa di "duo trascurati e dispietati inganni" (ott. 172); Sidonio per volontà del cielo va "solo e sconsolato errando" (ott. 193); per poter essere vicino all'amata si traveste facendo ricorso a "un amoroso inganno"

CANTO XIV: GLI ERRORI   239

(ott. 225); nel duello Dorisbe "errò" a colpire "o per la fretta o per la stizza" (ott. 362); Sidonio è pronto a espiare con la morte l'"errore" di aver ucciso Morasto "per errore" (ott. 375); Argene, dopo aver deprecato che la figlia si sia innamorata "con perverso inganno" di chi le ha ucciso il padre (ott. 379), si augura che l'ombra del morto marito scusi i loro "errori" (ott. 393); e si vedano ancora le ottave 12, 273, 381, 386, 387 e 398.

Un'altra suggestiva interpretazione del titolo del canto ha suggerito il Porcelli, che parlando "dei rapporti con la tradizione" ha notato acutamente quanto segue: "Vaga il lettore tra le fonti seguendo il testo, ma anche s'inganna dinanzi ai loro travestimenti".[20] In effetti anche noi siamo convinti che un lavoro veramente definitivo ed esauriente sulle "fonti" di questo canto—per non dire di tutto il poema nel suo complesso—sarebbe impresa da scoraggiare non solo un Rajna, ma anche qualsiasi altro studioso che non abbia a sua disposizione il più complesso e il più aggiornato *computer* dotato nella sua memoria di tutti i testi della civiltà letteraria occidentale disponibili a stampa e manoscritti ai tempi del Marino. Ma occorre anche precisare che in ultima analisi il lavoro sarebbe probabilmente superfluo, dato che, più della quantità delle opere alle quali diversamente l'autore si è accostato, più della sua indubitabile e dimostrata capacità di spaziare fra gli scritti più differenti e di creare gli accostamenti più vari e più remoti,[21] può essere utile cercare di approfondire, attraverso l'esame di una serie di esempi, lo spirito di quelle imitazioni e di rintracciarvi, se possibile, delle qualifiche e degli aspetti che ci aiutino a comprendere meglio l'arte dell'*Adone* e la mentalità del suo poeta.

Per rimanere nell'ambito della tradizione cavalleresca che condiziona questo canto, di fronte all'estensione e all'ampiezza dei riscontri già segnalati nel commento del Pozzi e negli altri studi che siamo venuti ricordando,[22] vorremmo qui aggiungere qualche documento riguardante i tre autori più importanti di quel genere di letteratura precedenti al Marino: Boiardo, Ariosto e Tasso, i nomi dei quali ci è già avvenuto di fare spesso nel corso di queste pagine. Al Boiardo[23] ci richiama prima di tutto l'introduzione del canto, dove il Marino si sofferma sulla decadenza dell'esercizio delle armi nel mondo contemporaneo. La prima ottava si apre così: "Deh come fatta è vile a' nostri giorni / la milizia ch'un tempo era sì degna", e il poeta prosegue lamentando come le armature si usino per ornamento e non "per acquistar nel mondo fama", mentre i soldati moderni "con abuso tal son tralignati / dala virtù, dala prodezza antica / che, sol rubando e violando, al fine / son le guerre per lor fatte rapine", simili in tutto a "gli empi villani" che nel seguito del canto cercheranno di "far al nostro Adon . . . oltraggio" (ott. 6–7). Il motivo è presente anche nell'*Innamorato*; ricorderemo in particolare l'apertura di due canti, in uno dei quali il Boiardo scrive quanto segue: "al dì de ancoi . . . / per verità de l'arme dir vi posso / che meglio è il ragionar che averle in dosso, // poi che quella arte degna et onorata / al nostro tempo è gionta tra villani" (II, xii, 2–3; e il Berni, rielaborando gli stessi versi nell'apertura del canto successivo del suo rifacimento, aggiunge: "Per gloria già solea la guerra farsi, / taverna e mercanzia può or chiamarsi"); nell'altro invece il poeta invoca la Fama a celebrare "antichi amori" e "battaglie de' giganti", giacché tra i moderni nessuno è più degno di essere immortalato in versi e il "mondo . . . al tuo tempo è tale, / che più di fama o di virtù non cale" (II, xxii, 2).

Il ricordo del Boiardo riemerge in varie altre circostanze nel corso del canto; si tratta di una presenza assidua e costante che conferma nel Marino una conoscenza certo non solo superficiale e impressionistica dell'*Innamorato*. Così i ladroni che circondano Adone addormentato "son forse trenta" (ott. 15) come, osserva il Pozzi, nel racconto di Eliodoro (p. 544), ma "più di trenta sono" anche i banditi di Barigaccio che assalgono Fiordelisa e Brandimarte (II, xix, 18); la descrizione di Malagorre riecheggia quella di Rubicone (in particolare all'ott. 18: il primo ha "nera e folta la barba, . . . / occhio schizzato e piccolino e rosso, / monca la manca e senza dito alcuno, / fregiato il naso ove s'incurva l'osso" ed è "del digiuno / mortal nemico, uom sì pesante e grosso / ch'apena il cape il ruginoso usbergo, / né può portarlo alcun destrier su 'l tergo"; del secondo il Boiardo scrive: "avia ogni gamba più d'un trave grossa; / seicento libre pesa quel poltrone, / superbo, bestïale e di gran possa; / nera la barba avea come un carbone / et a traverso al naso una percossa; / gli occhi avia rossi, e vedea sol con uno: / mai sol nascente nol trovò digiuno" [I, xvii, 24], dove si noti la simmetria per cui Malagorre ha una mano monca e Rubicone è cieco di un occhio); Filauro è affascinato dalla bellezza di Adone e "quanto mira più, più si confonde" (ott. 31) come Fiordespina davanti a Bradamante addormentata "quanto più mira, de mirar più brama" (III, ix, 4); le circostanze della nascita dei gemelli Filauro e Filora (ott. 37–39) ripetono, nella situazione se non nei versi, quella dei figli di Galaciella e Rugiero di Risa (II, i, 70–73 e III, v, 34–35); Malagorre che indietreggia dopo la strage e la fuga dei suoi (ott. 126) ricorda Agricane che si ritira quando rimane circondato in Albraca (I, xi 44–45 e xiv, 11–16);[24] la scena notturna in cui Sidonio narra ad Adone la sua storia ("in riva al fonte ambo posaro, / l'un si fè seggio un tronco e l'altro un sasso", ott. 195) ripete quella del colloquio di Orlando e Agricane ("Orlando presso al fonte iste-

CANTO XIV: GLI ERRORI

so giace, / et Agricane al bosco più vicino / stassi colcato, a l'ombra de un gran pino", I, xviii, 40); le parole con cui il cavaliere descrive il suo innamorarsi di Dorisbe ("Al folgorar del rapido splendore / arsi e rimasi abbarbagliato e cieco", ott. 209) replicano, con precisa corrispondenza grammaticale e sintattica, la situazione di Rugiero con Bradamante ("Ne lo apparir dello angelico aspetto / Rugier rimase vinto e sbigotito", II, v, 42).

Un vero *tour-de-force* da parte del Marino ci sembra infine la scena del rapimento di Adone da parte del selvaggio inseguito e ucciso da Sidonio (ott. 331–341), alla quale abbiamo già accennato. A proposito di questo episodio opportunamente il Pozzi, pur con "le debite riserve, dato l'immenso ed inesplorato materiale" (p. 566), fa riferimento allo scontro fra Rinaldo e l'"uom . . . foresto" nel *Morgante* (V, 38–60), mentre il Porcelli ricorda anche l'"omo contraffatto e strano" del Boiardo (I, xxii, 6–8 e xxiii, 1–18;[25] ma molte somiglianze esistono anche con l'episodio del centauro rapitore di Fiordelisa, a sua volta inseguito e ucciso da Ranaldo (I, xiii, 51–58 e xiv, 1–8). Si osservi fra l'altro che alla fine dei due episodi entrambi i vincitori non si riuniscono con la persona per cui stavano combattendo, una circostanza che non ha luogo negli altri due casi.

Il centauro del Boiardo, dalla "forma . . . contraffatta" (ott. 51), vive di caccia come il selvatico del Marino; è munito di "tre dardi . . . e un scudo e un gran bastone" (ott. 52), le stesse armi dell'altro (che ha con sé molte frecce, ma tre sono quelle da lui scagliate contro Sidonio), altrimenti "è tutto quanto nudo" (ott. 6), mentre l'altro "tutto quanto del resto andava ignudo" (ott. 334: e si osservi anche che le altre due parole dell'ottava con quella rima, "crudo" e "scudo", sono le stesse usate dal Boiardo nell'ottava 6); appare con un leone che "alora alora avea preso" (ott. 52) e che abbandona "strangolato" alla vista di Ranaldo (ott. 54), come l'altro ha un daino "ch'avea pur dianzi in quelle macchie preso" (ott. 336) e che lancia contro il cavaliere "mezzo ancor tra strangolato e vivo" (ott. 335); nel combattimento si mostra "destro, veloce e leggiero" (ott. 56), come l'altro unisce alla forza "l'agilità" (ott. 335); e quando si rende conto che non gli è facile vincere "per la diffesa che il baron facia" (ott. 57), abbandona la lotta, si impossessa di Fiordelisa e corre via, come l'altro che, nei confronti di Sidonio, "non mai creduto / in lui trovar tanta difesa avia" (ott. 338) e vista l'inutilità del combattimento afferra Adone e fugge.

Al Boiardo sembra dunque che il Marino si rivolga per ricavarne situazioni specifiche e soprattutto immagini particolari, trasferendo sia le une che le altre in un contesto sempre arricchito da colorature e figurazioni che sono caratteristiche dell'autore del Seicento nei confronti del più semplice e del più immediato (ma neanche lui, come è facile vedere, alieno dal far ricorso alle figure della retorica) poeta del Quattrocento, e con la tendenza ad inserirle in un discorso più ampio ed elaborato, in un'ottava più mossa, più pieghevole e più complessa di quella lineare e incisiva che è spesso tipica del poema dello Scandianese. Qualcosa di diverso e di più sottile egli chiede invece all'Ariosto. Certo non mancano richiami puntuali di versi ed espressioni del *Furioso*, ma sono in genere più frammentari e preziosi di quelli dell'*Innamorato*, e insieme più remoti dal contesto in cui originariamente apparivano: si direbbe che, piuttosto di imitarlo, il Marino preferisca stabilire un dialogo con il testo del predecessore.

Si consideri ad esempio l'ultimo distico dell'ottava 71: nella sua narrazione al fratello di come Furcillo abbia tentato di violentarla e ne sia stato distolto dal repentino sopraggiungere dei combattenti, Filora a un certo punto precisa: "gli fu per non pensata alta ventura / interrotto il piacer dala paura". Il primo di questi versi riprende un'espressione caratteristica non solo dell'Ariosto, ma di tutta la tradizione cavalleresca; ma la "ventura" non è qui certamente più quello che il Viscardi, parlando di Chrétien de Troyes, ha definito "la prova volontariamente cercata, mediante la quale l'uomo, che uomo sia veramente, pienamente realizza tutta la sua umanità",[26] e che il Bruscagli, a proposito del Boiardo, ha chiamato "prova gentile e ardimentosa".[27] È solamente la circostanza casuale e imprevista di un improvviso frastuono di combattenti che di "alto" non ha assolutamente nulla.

Il secondo verso poi ripete le parole usate dall'Ariosto per esprimere il disappunto di Sacripante quando lo sconosciuto cavaliere sopraggiunge a disturbare il suo tentativo di sedurre Angelica: ". . . non può patire / che quel con l'importuno suo sentiero / gli abbia interrotto il gran piacer ch'avea" (I, 60). A ben vedere, in entrambi i casi si tratta di un uomo che si accinge ad approfittare di una donna. Ma nel *Furioso* il protagonista è un cavaliere innamorato da lungo tempo della bellissima creatura con la quale non è mai riuscito a trovarsi solo e il "piacer" cui si allude consiste anche nella gioia di essere finalmente con lei dopo i molti giorni trascorsi senza averne più nessuna notizia; nell'*Adone* invece abbiamo davanti un ladro che intende brutalmente violentare una fanciulla indifesa per poi derubarla ed ucciderla. L'uso fatto di quell'espressione dal Marino finisce con l'avvolgere di una luce fosca e bestiale anche la situazione di Sacripante: il "piacer" sembra risolversi nell'atto turpe e violento dello stupro.

CANTO XIV: GLI ERRORI 243

La successiva ottava 72 dell'*Adone* mostra una ripresa diversa del *Furioso*; vi si narra di Furcillo che, spaventato, "volse le spalle" sia ai combattenti che a Filora, e di quest'ultima la quale a sua volta "infretta diede / la chioma al vento ed ala fuga il piede"; le due fughe riprendono la rima e l'espressione che l'Ariosto usa per quella di Angelica, "le spalle diede" (I, 10). È solo una coincidenza casuale piuttosto che una consapevole iterazione e uno sdoppiamento voluto? è sempre solo un caso che il viso di Orgonte infuriato diventi "un Mongibello . . . di faville" (ott. 134), mentre gli ardenti sospiri per Angelica avevano dato l'aspetto di "un Mongibello" al "petto" di Sacripante (I, 40)? Ma non basta: il gioco del mosaico e dell'elaborazione ad intarsio non si limita a coinvolgere solo l'espressione dell'Ariosto, vi sovrappone e vi fonde quella del Tasso. I versi del primo che descrivono la morte di Agramante ("Cadde, e diè nel sabbion l'ultimo crollo / del regnator di Libia il grave trunco", XLII, 9) si ripresentano per Orgonte riecheggiati ed estesi in due ottave ("Cadde, e con tal subbisso in giù portollo / il grave peso delle membra vaste / . . . / Ditelo voi, se vi crollaste al crollo, / selve, e voi, fere, . . .", ott. 152; e alla 154: "Cadde e caduto ancor mostrò quest'empio / segni d'ira arrogante e pertinace: / con atti di furor, non di cordoglio, / minacciando spirò l'ultimo orgoglio"), ricalcando allo stesso tempo sia quelli della morte di Rodomonte ("bestemmiando fuggì l'alma sdegnosa, / che fu sì altiera al mondo e sì orgogliosa", XLIV, 140), sia quelli che si leggono nella *Liberata* per Argante ("Moriva Argante, e tal moria qual visse: / minacciava morendo e non languia", XIX, 26).

Un analogo movimento quasi di disappunto da parte dell'autore accompagna l'allontanarsi del protagonista dal luogo della battaglia e delle morti nella prima parte del canto ("Adone, il primo autor di tanti mali, / lunge intanto di qua sen va securo", ott. 173) e il salto da una cerchia all'altra delle mura intorno a Parigi per mezzo del quale il malcauto comandante evita la morte nell'incendio sollevato dai Cristiani sul fondo del fossato, dove periscono invece bruciati i suoi miseri soldati in conseguenza della sua imperizia ("Rodomonte, causa del mal loro, / se ne va esente da tanto martoro", XV, 4). Dorisbe, al balenare dell'idea che lo sconosciuto di cui si è innamorata sia "alcun famoso principe" (che sembra un po' il sogno e la fantasia ingenua di tante fanciulle), osserva: "Così certo pens'io, che chi tropp'ama / creder suol volentier ciò che più brama" (ott. 270), parafrasando le parole dell'Ariosto a proposito della candida fiducia di Sacripante all'assicurazione di Angelica circa la sua verginità: "Questo creduto fu; che 'l miser suole / dar facile credenza a quel che vuole" (I, 56) e quelle con cui la Megara di Seneca commenta tristemente la speranza espressa da

Anfitrione circa un vicino ritorno di Ercole: "Quod nimis miseri volunt, / hoc facile credunt".[28] Ma al di là di queste e di altre riprese tematiche e lessicali, ci sembra che dall'Ariosto il Marino abbia ricavato soprattutto il senso del poema cavalleresco come un continuo vagare in mezzo ad errori di ogni tipo, un succedersi ininterrotto di situazioni e di avvenimenti collegati gli uni con gli altri dall'illudersi dei personaggi di ottenere qualcosa con le loro azioni che invece conseguiscono quasi sempre risultati diversi da quanto la volontà e il pensiero dell'individuo immaginavano, sia per l'intervento del caso, sia per quello della "ragione" umana che si inganna con tanta facilità, che fa una cosa per un motivo senza riflettere a quante e quali conseguenze possa invece portare un atto particolare. C'è da questo punto di vista un'altra sottile contrapposizione fra le due parti del canto; mentre Malagorre e Filauro possono sperare di ottenere quello che desiderano senza incontrare delle difficoltà insormontabili, e in realtà si illudono, perché ignorano la verità sul sesso di Adone, Sidonio invece, che non pensa di riuscir mai a conquistare Dorisbe a causa dell'odio e dello spirito di vendetta di Argene, finirà per coronare con il matrimonio il suo sogno d'amore. Il Marino non accumula episodio a episodio indipendentemente l'uno dall'altro; egli cerca sempre di evidenziare l'anello che li lega, il particolare di uno che giustifica lo sviluppo dell'altro, e per far questo li scompone, li combina e li sovrappone in maniera da salvaguardare costantemente la logica della loro successione e del loro organizzarsi insieme. Da questo punto di vista il poema dell'Ariosto dovette per lui costituire sicuramente un modello ideale.[29]

Certo molto rimane in balia del caso, che porta ad esempio Filauro a nascondere la sorella nella stessa caverna dove è celato Adone (ott. 73 sgg., giustificando quindi il successivo scambio di persone di cui è vittima Malagorre), od Orgonte a precipitare nel burrone (ott. 150 sgg.), o il cane Ciaffo a divorare la testa della morta Filora (ott. 164–166), o ancora la vecchia Grifa ad aggirarsi nel luogo dove incontrerà la giusta punizione della sua malvagità (ott. 320–321 e 143–145). In alcune occasioni poi questi agganci possono sembrare deboli o superflui; ci sembra così non molto convincente la strage degli uomini di Orgonte che muoiono per aver gustato il miele avvelenato (ott. 149), anche ad intendere allegoricamente l'episodio come vendetta dell'operosità paziente e laboriosa contro l'ottusa furia distruttrice e la violenza spavalda dello "stuol perverso e pravo" (ott. 148); o anche il particolare che una volta Sidonio travestito salva da una vipera Argene può esser utile per spiegare la simpatia di quest'ultima per lo sconosciuto pastore-giardiniere, ma non è indispensabile per giusti-

CANTO XIV: GLI ERRORI 245

ficarne il comportamento quando, dopo il duello fra lui e Dorisbe, accetta di ascoltare le spiegazioni dell'uomo (ott. 372).

In altre circostanze ancora questi passaggi non risultano così ben congegnati e il Marino sembra voler spiegare situazioni che di spiegazione, in ultima analisi, non avevano veramente bisogno, e che certo sarebbe stato meglio lasciare nel vago, piuttosto che tradire lo sforzo evidente di cercarne una: e il caso delle "sagaci spie" (ott. 49) che terrebbero costantemente informato Orgonte sugli spostamenti e sui movimenti di Adone, o degli "agricoltori" che dopo aver finito il lavoro hanno lasciato i loro strumenti nel luogo dove ne avranno bisogno i suoi uomini (ott. 147), invece di portarli con sé. Né mancano infine delle lievi contraddizioni, forse delle dimenticanze da parte dell'autore: il protagonista ad esempio rinuncia agli abiti femminili, con i quali copre il cadavere di Filora, perché "omai che raccorciato ha il crine, / vano stima il celarsi in altra veste" (ott. 163), ma poco prima quei capelli corti non avevano detto nulla del suo vero sesso a Malagorre, che tanto si era sforzato di consolare con "baci e parole" la supposta "amata amica" (ott. 66); quando Furcillo e i suoi compagni, spaventati dal rumore del coperchio della tomba fatto cadere da Adone, fuggono in fretta abbandonando il cadavere di Filora, non si capisce come uno di loro trovi il tempo di toglierle di dosso "fuorché l'ultimo lino ogni altra spoglia" (ott. 160), e, se questo è il caso, ancor meno si capisce come mai più avanti il protagonista, ritrovato quel cadavere con Sidonio, possa prenderne per ricordo "d'or riccamato un velo" (ott. 330), dal quale in seguito i servi di Argene lo crederanno colpevole della morte della fanciulla (ott. 399). Ma a ben vedere anche queste intemperanze, certo minime e affatto irrilevanti, confermano quanto esemplari fossero per il Marino la pratica dell'Ariosto e il modello del *Furioso*.

Ancor più complessa e determinante è la presenza del Tasso, l'autore senza il quale possiamo ben dire che l'*Adone* sarebbe stato scritto in maniera sostanzialmente differente da quella in cui ora lo leggiamo. Ai molti richiami di versi, di immagini e di espressioni su cui si è soffermato in particolare il Pozzi nel suo commento altri se ne potrebbero aggiungere; per esempio le parole con cui Furcillo annuncia a Filauro, Filora ed Adone l'assalto degli uomini di Orgonte ("Va il mondo a sangue . . . e qui sol voi / scggendo, al mal comun non date aita", ott. 46), che riprendono strutturalmente quelle con cui Ubaldo incita Rinaldo ad abbandonare Armida e a ritornare a combattere sotto Gerusalemme ("Va l'Asia tutta e va l'Europa in guerra: / . . . / Te solo, o figlio di Bertoldo, fuora / del mondo, in ozio, un breve angolo serra; / te sol . . .", XVI, 32); o l'inizio dei solitari lamenti di Dorisbe per Sidonio (". . . io possa almen le fiamme acerbe e dure / sfogar col ciel del mio malnato ardore", ott. 265), che si rifanno alla descrizione di Erminia presso l'accampamento cristiano ("L'innamorata donna iva co 'l cielo / le sue fiamme sfogando ad una ad una", VI, 103).

Ma non si tratta solo di richiami: è tutto il tono e lo spirito della *Liberata* a pervadere di sé il linguaggio del Marino, a intriderne la fantasia e a indirizzarne prospettive e soluzioni. In questo quattordicesimo canto si incontrano dei versi che, anche se non si possono far risalire direttamente ad altri del Tasso, sono tuttavia così intimamente compenetrati della sua sensibilità e dei suoi sentimenti da dar l'impressione al lettore non solo di esser stati scritti da lui, ma addirittura di rappresentare delle riflessioni e dei commenti su alcuni momenti e su alcune situazioni specifiche del suo poema. Così la "celata insieme e spaventosa e bella" di Malagorre (ott. 19), in un verso costruito su un ossimoro, sembra alludere alla descrizione di Solimano in battaglia ("Porta il Soldan su l'elmo orrido e grande / serpe che si dilunga e il collo snoda", IX, 25); "il ferro al suo signor malfido" che Filauro "nel proprio fianco / sospinse" per uccidersi (ott. 170) dove si noti l'anastrofe, una figura retorica cara al Tasso) ricorda subito quello con cui Tancredi uccide Clorinda ("spinge egli il ferro nel bel sen. . . ", XII, 64);[30] "la vergin per amor fatta guerrera" detto di Dorisbe a proposito del suo duello con Sidonio (ott. 367, con un altro ossimoro e un'altra anastrofe) potrebbe altrettanto bene riferirsi ad Erminia quando indossa l'armatura di Clorinda (VI, 92 sgg.).

In conclusione la lettura di questo quattordicesimo canto conferma e mette in luce particolare un aspetto generale di tutto l'*Adone*: la sua fondamentale letterarietà, il gioco continuo del Marino e il suo costante risalire a moltissime fonti, usate in maniere sempre diverse con un gusto spiccato per le sovrapposizioni e con un'intima ricerca di controcanto, di dialogo intessuto abilmente e sagacemente fra l'opera che sta nascendo e quelle che l'hanno preceduta. Il poeta vuole dare quasi una dimostrazione di quello che è possibile fare della letteratura muovendosi all'interno della letteratura stessa,[31] aggiornandone il contesto per rifletervi esperienze e situazioni del mondo contemporaneo, o quanto meno articolandola nella direzione che egli ricavava dalla sensibilità, dalle preferenze e dalle scelte di quel mondo. Naturalmente questo processo richiedeva anche non un occultamento sibillino—che poteva comunque sussistere in circostanze occasionali, sia per dare al poeta stesso l'intimo compiacimento della sagacia della propria operazione,[32] sia per consentire al lettore più smaliziato e provveduto di apprezzarne l'alto livello di enciclopedismo e di raffinatezza—ma trasparenza, immediatezza e diretta perspicacia delle

CANTO XIV: GLI ERRORI 247

fonti stesse; e da questo punto di vista si potrebbe dire che il lavoro e l'acribia dello Stigliani, ben lungi dal danneggiarlo e dal ridimensionarlo su scala ridotta, raggiungevano invece lo scopo opposto e finivano con il fargli un grosso favore, confermando sia la vastità e l'estensione delle sue conoscenze, sia la sua abilità nel muoversi e nel rianimare il patrimonio culturale della tradizione letteraria del passato.

L'originalità per il Marino, come per il Barocco in generale,[33] non consiste tanto nella ricerca e nella creazione del nuovo in senso assoluto, ma anche, e a volte soprattutto, nell'uso nuovo e strabiliante e sconvolgente perfino dell'elemento più scontato ed evidente, del particolare più trito e in apparenza proprio per questo affatto non-originale. Quando alla fine dell'ottava in cui viene descritto il cane Ciaffo che sbrana la testa del cadavere di Filora leggiamo: "la bocca sollevò dal fiero pasto" (ott. 166), sarebbe ingenuo e semplicistico accusare il poeta di incomprensione e di insensibilità nei confronti della profondità umana ed artistica con cui Dante ha intessuto la tragedia del conte Ugolino. In realtà bisogna ammettere invece che pochi scrittori avrebbero avuto l'audacia di fare quello che il Marino ha fatto di quel verso, sradicandolo dal suo contesto e ridonandogli il senso immediato e diretto di efferatezza bestiale che ricade in maniera tanto più significativa anche sul cupo personaggio del cerchio più basso dell'Inferno e lo ricolloca a livello interpretativo in quel piano disumano e crudele nel quale l'aveva concepito e fatto vivere il suo autore. Così non è mera irriverenza trovare a proposito dei ladri che accolgono Malagorre al ritorno l'espressione "ognun l'onora, incontro ognun gli corre, / siccome a proprio re, fuor dele soglie" (ott. 23) riservata da Dante ad Aristotele nel Limbo ("Tutti lo miran, tutti onor gli fanno", *Inferno*, IV, 133), perché il primo emistichio del secondo verso può servire di spiegazione e di commento all'atteggiamento e al comportamento delle anime dei sapienti.

Ma leggere non significa sempre e soltanto interpretare, chiarire, precisare: si legge anche per il piacere insito nella lettura stessa, si rilegge a volte per riprovare quel piacere, per ritrovare quello che già si conosce e che già si ama, ed è compito dell'autore assistere nella ricreazione di quelle suggestioni e di quegli stati d'animo. Così il fascino dell'episodio di Paolo e Francesca può rivivere più o meno inconsapevolmente nella mente del lettore davanti all'ottava 368, non solo per lo stimolo del primo verso ("Quando Dorisbe il desiato amante / . . .", segnalato dal Pozzi, p. 568), ma anche per l'eco che riporta nella rima del distico finale, pur in un contesto completamente diverso, alla "bocca" dell'eroina dantesca. O quando Adone chiede a Sidonio il motivo del suo dolore ("Qual talento, qual forza o qual ventura / vi desvia dale genti e da voi stesso?" ott. 188), non si sfugge al magnetico richiamo della domanda rivolta da Dante a Buonconte da Montefeltro sulla sorte riservata al suo cadavere scomparso (*Purgatorio*, V, 91-93). E allo stesso tipo di lusinghe invitanti e seducenti puntano senza dubbio anche i versi tasseschi che non sono mai usciti dalla penna del Tasso, alcuni dei quali abbiamo ricordato più sopra. Un canto—e un poema—per letterati e per il gusto della letteratura dunque? Sì, certo, anche per loro e anche per quello. Gli illetterati potranno senza dubbio rinvenirvi altri aspetti ed apprezzarlo per altri motivi, tutti egualmente validi; ai letterati resta aperta anche tale via per un compiacimento più colto e squisito. E questo ben si addice alla personalità seducente del Marino, allo spirito e alla poesia smaglianti dell'*Adone*.

NOTE

1 Cfr. G.B. MARINO, *Lettere*, a cura di M. GUGLIELMINETTI, Torino 1966, Lettera 121, p. 206. Naturalmente nulla conferma che a quella data il canto XIV fosse stato già scritto, né che la materia attualmente ivi contenuta fosse realmente suddivisa in due canti; ma l'affermazione riguardante il poema "finalmente ... ridotto a tale ch'è quasi maggior del Furioso" che si legge in quella lettera ci sembra prova sufficiente per pensare che, anche se non steso materialmente, il lavoro doveva essere già progettato in maniera abbastanza dettagliata e precisa da permettere all'autore di fare una tale affermazione.

2 Questa dimenticanza da parte di Adone, che certo nuoce alla sua figura di innamorato, si può agevolmente spiegare con la fretta da parte del poeta di concludere un canto che già era stato abbastanza lungo: una fretta che sembra caratterizzare tutto il finale del racconto, con il rapido succedersi degli avvenimenti ai quali necessita una conclusione nelle ottave 397–404 (Adone arrestato come colpevole della morte di Filauro e di Filora, Sidonio che ne dimostra l'innocenza, la cattura e la morte di Furcillo e dei due ladri suoi compagni, che confessano sotto tortura la verità, la sepoltura onorevole data ai cadaveri dei due giovani, e Adone ancora che si allontana con l'aiuto di Mercurio), mentre la narrazione procedeva prima in maniera assai più lenta. O forse si può scorgervi un più sottile valore simbolico negli intenti dell'autore: nell'atto di guardare l'immagine dell'anello, Adone, scrive il poeta, "inganna i suoi desiri" (ott. 12); si tratta cioè di uno dei tanti "errori" da cui il canto stesso prende il nome, un errore che il protagonista non ripete quando sta per uscire da quella situazione e per ricongiungersi con la dea—come non ripete il travestimento che di molti di quegli errori era stato la causa. Avvertiamo che per le citazioni abbiamo seguito G.B. MARINO, *Tutte le opere*, vol II, *L'Adone*, a cura di G. POZZI, tomi 2, Milano 1976; il primo tomo contiene il testo del poema e il secondo il fondamentale commento del Pozzi, al quale faremo spesso riferimento nel corso del nostro discorso indicando direttamente solo la pagina.

CANTO XIV: GLI ERRORI 249

3 Adone è stanco e sul punto di addormentarsi in un bosco anche al momento della cesura fra i due nuclei del canto (ott. 173); ma qui i lamenti di Sidonio e il nitrito del suo cavallo gli impediscono di cadere nel sonno.

4 Dal punto di vista della tecnica narrativa le riapparizioni di Argene, di Sidonio e di Dorisbe ricordano il modo in cui per esempio nel poema del Boiardo Iroldo e Prasildo, i due giovani innamorati di Tisbina di cui si parla nella novella narrata da Fiordelisa a Ranaldo (I, xii, 4–89), e in quello dell'Ariosto Lurcanio e Ariodante, che appaiono nell'ambito della novella di Ginevra (V, 7–79) e delle avventure di Rinaldo in Scozia, si ritrovano successivamente mescolati fra i personaggi del complesso delle opere non più con il ruolo di protagonisti ma con quello di comparse; una situazione particolare alla quale il Tasso aveva rinunciato del tutto, preferendo per l'unico suo episodio che ha in qualche modo l'aspetto della novella (ma non completamente, dal momento che non ci si trova di fronte a un narratore e a un ascoltatore, elemento fondamentale che caratterizza la presenza del genere novellistico nel romanzo e nel poema cavalleresco) far scomparire le figure di Olindo e di Sofronia alla fine delle loro vicende nel secondo canto della *Liberata*.

5 C. CALCATERRA, *Il Parnaso in rivolta*, Introduzione di E. RAIMONDI, Bologna 1961, pp. 36 sgg.

6 B. PORCELLI, *Le fonti de "gli errori" nel canto XIV dell'"Adone"*, in "Critica letteraria", XII (1984), pp. 475–494 (e dello stesso si veda anche *Le misure della fabbrica. Studi sull'"Adone" del Marino e sulla "Fiera" del Buonarroti*, Milano 1980, in particolare pp. 38–42). Molti punti erano già stati elencati naturalmente da T. STIGLIANI, *Dello Occhiale*, Venezia 1627.

7 Tomo I, p. 793. In particolare la fine della loro vicenda, con la morte di entrambi, non è esente dal ricordo dei casi di Piramo e Tisbe nelle *Metamorfosi*, come notava subito lo Stigliani (*op. cit.*, p. 336); cfr. PORCELLI, *art. cit.*, p. 490.

8 Per tutti questi aspetti rimandiamo al commento del Pozzi, pp. 551–554. Il legame con l'episodio dell'Ariosto in particolare è sottolineato dalla ripresa del nome di un personaggio minore: quello di Grillo, che nel *Furioso* è una delle vittime di Cloridano (XVIII, 176), e qui un ladro che cade per mano di Cerauno, a sua volta colpito da una delle frecce di Armillo (ott. 98–99).

9 All'ottava 85 anche Armillo è definito "il cacciatore".

10 Per Argillano, da cui questo particolare deriva, il Tasso aveva scritto solo: "nacque in riva del Tronto" (VIII, 58).

11 La differenza è sottolineata anche nell'"Allegoria" con queste parole: "L'avvenimento di Sidonio e di Dorisbe, le cui tragiche fortune vanno a terminarsi in allegrezze, ci rappresenta il ritratto d'un vero e leale amore, che, quando non ha per semplice fine la libidine, ma è guidato dalla prudenza e regolato dalla temperanza e dalla modestia, spesso sortisce buon successo" (tomo I, p. 793).

12 Cogliamo l'occasione per segnalare un errore di stampa sfuggito nell'edizione del Pozzi a proposito delle parole rivolte subito dopo da Sidonio ai "sergenti"

per invitarli ad ucciderlo: il discorso diretto si conclude subito al quarto verso dell'ottava 297, non alla fine della 299, come appare correttamente nell'edizione del Pieri (G.B. MARINO, *Adone*, a cura di M. PIERI, voll. 2, Bari 1975 e 1977). Nei versi successivi il cavaliere riprende a parlare ad Adone, narrando che le guardie hanno rifiutato di ucciderlo, e invocando il nome di Dorisbe catturata e imprigionata alla pari di lui stesso.

13 Sidonio deve essere almeno di una generazione più anziano di Filauro e di Filora, nati dopo la morte del padre Galiferno nella stessa battaglia in cui per sua mano viene ucciso Morasto, non molto tempo dopo il matrimonio con Argene (e questo significa dunque che anche Dorisbe è molto più giovane), a lui sconosciuto perché aveva indossato armi non sue (cfr. ott. 37, 200 e 202). L'anzianità spiega così almeno in parte la nobiltà del suo comportamento riflessivo; è persona di origine aristocratica (non come Malagorre ed Orgonte) e non più tanto giovane (come Adone e Filauro).

14 Si vedano le ott. 187 sgg., 192 sgg., 313 sgg., etc. All'ottava 314 Adone si rivolge a Sidonio chiamandolo "signor"; la differenza di età va tenuta presente per comprendere anche come avvenga che il quindicenne protagonista possa offrirsi all'altro personaggio in funzione di "scudiero" (ott. 190).

15 Si avverta che il Marino, nell'immaginare il travestimento di Dorisbe in cavaliere per salvare Sidonio, ha comunque l'avvertenza di mantenere intatto il suo carattere femminile (come aveva fatto il Tasso con Erminia quando indossa le armi di Clorinda) e non la trasforma in valorosa donna-guerriera; è una fanciulla che non sa prendere bene la mira contro l'avversario e al primo scontro cade subito da cavallo (ott. 362). Verisimilmente dunque non molto più della morte poteva Dorisbe aspettarsi da quel duello.

16 Sono parole del Pozzi, p. 540.

17 Nel Basile troviamo spesso anche anelli che hanno poteri magici di vario genere (cfr. ad esempio giornata terza, trattenimento quarto e giornata quarta, trattenimento primo) o frutti come noci, castagne e nocciuole, dai quali, aperti, escono apparizioni prodigiose, come avviene nell'"Introduzione" a Zoza.

18 Così ad esempio per l'*Ancroia*, la *Dama Rovenza*, etc. Un caso particolare, in cui il titolo deriva dal luogo e non dai personaggi, è quello dell'*Aspramonte*, della *Spagna*, della *Trabisonda*, etc., fino, naturalmente, alla *Gerusalemme Liberata*.

19 Sull'argomento non possiamo che rimandare a quanto ha scritto il Pozzi, in particolare pp. 34–35.

20 *Art. cit.*, p. 494. Non insisteremo tuttavia tanto sul motivo del travestimento, che anche il Pozzi sembra considerare "il nodo operante che regge la meccanica del racconto" (p. 538). In realtà i travestimenti di Adone e di Sidonio sono solo apparenti e non ingannano propriamente nessuno: del primo abbiamo già visto più sopra come gli abiti femminili lo rivelino del tutto nella sua natura e nella sua essenza effettiva e si limitino a farlo apparire quello che in ultima analisi veramente è (e si potrebbe aggiungere che Adone è "travestito" solo

CANTO XIV: GLI ERRORI

quando sembra un uomo); l'aspetto dimesso del secondo non basta a deludere Dorisbe, alla quale non sfuggono né "le sue maniere e l'opre" non di pastore o di contadino, né la "nobil aria" che "in lui luce", né "il parlar pien di grazia e cortesia", e via dicendo (ott. 271-272). Tanto Adone quanto Sidonio dunque sono amati per quello che sono, non per quello che appaiono.

21 Ci sia concesso portare un solo esempio non ricordato né dallo Stigliani, né dal Pozzi; a proposito dell'ottava 304 e dei versi: "O nobil gara, or chi mai vide o scrisse / per sì degna cagion, sì degna lite?" è esatto ricordare la situazione tassesca di Olindo e Sofronia, ma non trascureremmo i vv. 10-11 del primo sonetto di Gaspara Stampa: "Felicissima lei, da che sostenne / per sì chiara cagion danno sì chiaro!". Sui rapporti del Marino con autori contemporanei o comunque più vicini a lui nel tempo si sono soffermati puntualmente soprattutto C. COLOMBO, *Cultura e tradizione nell'Adone di G.B. Marino*, Padova 1967 e O. BESOMI, *Ricerche intorno alla "Lira" di G.B. Marino*, Padova 1969. Per l'abilità compositiva del Marino nel campo delle imitazioni è altamente significativo, se pur in un contesto diverso da quello di cui ci occupiamo in questa sede, il saggio di M. GUGLIELMINETTI, *Il Marino burlesco*, in *Tecnica e invenzione nell'opera di Giambattista Marino*, Messina-Firenze 1964, pp. 59-105; si tengano presenti anche le fini osservazioni di J.V. MIROLLO, *The Poet of the Marvelous. Giambattista Marino*, New York and London 1963, in particolare nel capitolo "The Sources and Motives of the Marinesque Style", pp. 165-208. Naturalmente per quanto riguarda il caso di un canto specifico del poema è d'obbligo il rimando all'esemplare "Composizione a intarsio nel c. IV dell'Adone" di O. BESOMI, *Esplorazioni secentesche*, Padova 1975, pp. 7-52.

22 Per una bibliografia più completa rimandiamo al capitolo su "Le fonti" nel commento del Pozzi, alle pp. 88-102 e 153-155.

23 Ricordiamo per inciso che in tutto l'*Adone* l'imitazione forse più ampia e trasparente dell'*Innamorato* è da riconoscersi nella descrizione di Fortuna, ripresa puntualmente da quella di Morgana (che nel poema del Boiardo simboleggia appunto la Fortuna). La vicinanza dei due testi è sottolineata da J.M. STEADMAN, *Fortune in Marino's L'Adone*, in "Romanische Forschungen", 69 (1957), pp. 58-66, dove tuttavia l'autore preferisce basarsi non sul testo originale dell'*Innamorato*, ma su un'edizione del rifacimento del Berni del 1725, dove naturalmente mutano vari riscontri lessicali. Riportiamo qui i due brani per comodità del lettore:

Lei tutti e crini avea sopra la fronte,	... ha su la fronte il biondo crine accolto
e faccia lieta, mobile e ridente;	tutto in un globo e quel ch'è calvo asconde;
atte a fuggire avea le membra pronte,	vermiglio e bianco il vestimento sciolto
poca trezza di dietro, anzi niente;	con lieve tremolio l'aura confonde;
il vestimento candido e vermiglio,	lubrico è il lembo e quasi un aer vano,
che sempre scappa a cui li dà de piglio.	che sempre a chi lo stringe esce di mano.
...	

... Morgana ... con zoglia
danzava intorno e danzando cantava.
Né più legier se move al vento foglia,
come ella senza sosta si voltava,
mirando ora alla terra et ora al sole,
et al suo canto usava tal parole:

...
alato ha il piede e più leggiera intorno
che foglia al vento si raggira e balla
e, mentre muove al ballo il piè veloce,
in sì fatto cantar scioglie la voce:

"Qualunche cerca al mondo aver tesoro,
o ver diletto, o segue onore e stato,
ponga la mano in questa chioma d'oro
ch'io porto in fronte, e quel farò beato;
ma quando ha il destro a far cotal lavoro,
non prenda indugia, ché il tempo passato
più non ritorna e non se ariva mai,
et io mi volto, e lui lascio con guai".

"Chi cerca in terra divenir beato,
goder tesori e possedere imperi,
stenda la destra in questo crine aurato,
ma non indugi a cogliere i piaceri,
ché, se si muta poi stagione e stato,
perduto ben di racquistar non speri:
così cangia tenor l'orbe rotante,
nel'incostanza sua sempre costante".

Così cantava ...

Così cantava; indi, arrestando il canto,
con lieto sguardo al bel garzone arrise, ...

(*Innamorato*, II, viii, 43 e 57–59).

(*Adone*, I, 48–51).

Lo Stigliani si sofferma soltanto sulla ripresa dell'"esortazione della Fortuna ... dalla Morgana del Boiardo" a proposito dell'ottava 50 del Marino (*op. cit.*, p. 141), ma trascura le altre riprese tematiche e lessicali; il legame è trascurato anche nell'informatissimo lavoro di H. GRUBIZSCH-RODEWALD, *Die Verwendung der Mythologie in Giambattista Marinos "Adone"*, Wiesbaden 1973, dove pure compaiono vari riferimenti al Boiardo, al suo poema e al personaggio di Morgana. Per un'interessante lezione metrica e fonica del Boiardo nei confronti del Marino si veda G.P. MARAGONI, *Discorsi sul Marino Heroico*, Parma 1982, pp. 41 sgg.

24 Da avvertire per questa scena che il Marino segue certo più il testo del Boiardo che l'analogo ritirarsi di Rodomonte dentro Parigi nel *Furioso* (XVIII, 17 sgg.), per il quale l'Ariosto si era rifatto a sua volta anche alla situazione di Agricane.

25 *Art. cit.*, pp. 492–493.

26 A. VISCARDI, *Storia delle letterature d'oc e d'oil*, Milano 1959, III ed., p. 222.

27 R. BRUSCAGLI, *"Ventura" e "inchiesta" fra Boiardo e Ariosto*, in *Ludovico Ariosto: lingua, stile e tradizione*, Atti del Congresso organizzato dai comuni di Reggio Emilia e Ferrara, 12–16 ottobre 1974, a cura di C. SEGRE, Milano 1976, p. 120.

28 *Hercules furens*, vv. 312–313; cfr. L. ARIOSTO, *Orlando Furioso*, a cura di C. SEGRE, II, Milano 1982, p. 1270, nota 74.

29 Il particolare non è sfuggito al Calcaterra, che fra le altre imitazioni per le quali "il Marino potrebbe esser detto un ariostista" mette in evidenza anche "il modo di plasmar alcune fantasie, di allacciar le avventure" (*op. cit.*, p. 37).

30 Certo non "malfido" è il "ferro" di Tancredi in quel momento per Pietro l'Ere-

CANTO XIV: GLI ERRORI 253

mita, che vedendo nella morte di Clorinda una via di salvezza per il cavaliere cristiano (cfr. *ibidem*, 87), sarebbe probabilmente portato piuttosto a considerarlo un "fedel ferro", come Dorisbe chiamerà più avanti la spada di Sidonio con cui intende suicidarsi (ott. 389). A proposito di quest'ultima ottava vorremmo risolvere un dubbio che traspare nel commento del Pozzi, per il quale non è chiaro come la spada di Sidonio possa essere macchiata del "sangue reale" di Dorisbe, se nel corso del duello i due combattenti non hanno fatto "ricorso alcuno a spade" (p. 569); in realtà il sangue di cui la fanciulla parla nella sua apostrofe è quello di Morasto, ucciso da Sidonio presumibilmente con quel "ferro" (e si vedano infatti le parole di Argene all'ottava 378), e quindi, trattandosi di quello di suo padre, Dorisbe può certo alludere al "ferro" in questi termini: "del mio sangue reale ancora immondo".

31 Si veda in proposito quanto ha finemente scritto il Getto nella sua "Introduzione" a G.B. MARINO, *Opere scelte*, a cura di G. GETTO, Torino 1962, pp. 9–56 (poi in G. GETTO, *Il Barocco in prosa e in poesia*, Milano 1969, pp. 11–57), e quanto ha suggestivamente indicato M. PIERI, *Per Marino*, Padova 1976, in particolare pp. 258 sgg.

32 Circa la difficoltà occasionale di rintracciare alcune delle sue fonti, si ricordi quanto scriveva il Marino stesso all'Achillini nel 1620, in una lettera il cui testo è essenziale per chiarire il suo concetto di imitazione; alludendo a coloro che lo accusavano di aver rubato spesso da opere altrui, mentre a loro volta rubavano essi stessi ancor più spesso dalle sue, egli afferma: "Assicurinsi nondimeno cotesti ladroncelli che nel mare dove io pesco e dove io trafico essi non vengono a navigare, né mi sapranno ritrovar addosso la preda, s'io stesso non la rivelo" (*Lettere*, cit., p. 249).

33 Per questo aspetto rimandiamo alla prima parte del nostro studio su *Il concetto di meraviglia nelle poetiche della prima Arcadia*, in "Lettere Italiane", XXI (1969), pp. 62–88.

CANTO XV: IL RITORNO

James V. Mirollo

The Problem of "ritorni"

In what was certainly not meant as an ironic gesture, Marino entitled this canto of his poem "Il Ritorno," in reference to the retrospective movements of its plot and its protagonists. As we shall see, however, the canto is indeed about returns—recurrences, reprises, reminiscences—of several kinds that add up to a microcosmic version of the problematic nature of the poem as a whole.

Let us begin our reading of this canto by recalling how the text itself alerts us to its reiterative and recapitulative functions and themes. The "Allegoria" says that Adone's return to an earlier narrative place ("si riconduce finalmente a Venere") shows how prone man is to return to "l'antica consuetudine."[1] The game of chess will teach us that "i passatempi e le dilettazioni" divert the will from the good, though they are but combats and battles. And finally, the metamorphosis of Galania into a tortoise represents the nature of this animal, which is very venereal. In sum, things will return to where they were, or to what they really are. On the moral level, of course, this implies, if anything, retrogression and stasis. As for Galania, we will learn that her new punitive existence will be transformed again by Mercurio into that of a "lira canora," a very different kind of emblem that the god sees as mitigating, as more appropriate to the culpability of the nymph than the cruel tortoise shape (ott. 181, 1.6). No reader of the *Adone* will be surprised, of course, that once again the "Allegoria" makes little sense; but what should attract our attention is that despite moral and narrative irrelevance, it announces with its liminal placement the key motifs of the text that follows, albeit negatively. As we will learn, the text will *not* be concerned with the problems of ethics, classical or Christian, but with the problems of poetics. And instead of moral retrogression and iteration, the chief preoccupations of this canto will be retrogression to the genre of mythological poem, or epyllion, and iteration of the poems of predecessors through imitation. Indeed the text itself at one point, speaking of the protagonists' return to their earlier embraces, affirms by its diction its own literariness:

> Quivi iterando poi lo stil passato,
> tornaro ai primi scherzi, ai primi amori.
> L'un senza l'altro ad altra cura intento,
> né movea passo, né trae momento. (ott. 109, 11.5–8)

Here is a summary of the main movements of the canto as I read them:

1. Prologue on various *ritorni*, culminating in that of Adone to Venere (ott. 1–9).
2. Description of Spring and the contrasting lament of Adone, to whose beauty nature pays homage (ott. 10–28).
3. Encounter with Venere disguised as a gypsy who reads Adone's palm, then reveals her identity (ott. 29–92).
4. Venere and Adone return to her palace and their "primi amori," but she finds it necessary to counter Adone's moodiness with a game of chess played at first by Venere and Mercurio and then by Venere and Adone seconded by Cupido and Mercurio, until the goddess breaks it up in anger over Mercurio's cheating. She then turns her nymph Galania into a torotoise for helping him, but Mercurio in turn makes the first lyre of her shell (ott. 93–181).
5. A disagreement now erupts between Cupido and Mercurio over the promised winnings until Venere ends the casuistical debate by proposing a compromise. She then tells Adone that his reward will be the crown of Cipro, which he must win by means of a beauty contest; but her brief political history of the island to modern times does not whet his appetite for governing. Despite his distaste for rule, however, he will accept her wishes (ott. 182–237).

In his Prologue, Marino attempts to argue the naturalness and inevitability of *ritorni* by citing examples from nature and human experience, but these, as Giovanni Pozzi has pointed out, are either not all inevitable or they are inevitable in different ways. The sequences of the natural cycle, Spring following Winter, Night following Day, are not equivalent to a bird drawn to a snare or a butterfly to light, since the latter are not cyclical and involve ultimate death (ott. 2, 1.6).[2] Finally, in ottava 7, the poet ceases this suspect analogy-hunt and admits that it is time (i.e., in terms of plot, of literary time) that *he* bring Adone back to Venere. It is the exigencies of art and *not* the inevitabilities of nature that compel the reunion of Venere and Adone.

What Marziano Guglielminetti has noted of Canto IX applies equally well to Canto XV, since we find ourselves starting out anew as though the previous part of the poem did not exist.[3] This narrative anomaly reminds us of the larger question of the nature and meaning of the structure of the poem as a whole and their relationship to our canto. While space does not permit me to deal with these matters at length, I must acknowledge if only briefly that a good many recent critics of more or less formalist and rhetorical persuasion have confronted these issues as part of the revival of interest in, and an attempted revaluation and rehabilitation of, Marino's achievement, with particular attention to the stumbling block that the *Adone* has always been. And so, for example, Giovanni Pozzi has postulated a centrifugal growth for the *Adone* in response to its fresh starts, arguing for several centers and viewpoints that suggest an overall elliptical structure or spatial form.[4] In contrast, Marzio Pieri has proposed Angus Fletcher's idea of "transcendental form" along with the notions of "collage" and of the quintessential *libro* that contains all writing as ways of talking about the "anti-poema" that is the *Adone*.[5] Ottavio Besomi, on the otehr hand, has referred to "composizione a intarsio," while Bruno Porcelli has emphasized "isometria e proporzionalità."[6] And Francesco Guardiani, although accepting Pozzi's elliptical and binary structure, insists upon interpreting its "spessore ideologico profondo," its vision of the world that sees life as beginning with *fortuna* and ending emptily with *gioco*.[7] Marino's poem thus reflects his and his age's existential anxiety.

Marino himself, in the rhetorically complex self-presentation of his letters, called his poem a "gonella rappezzata," and lamented that "la favola è angusta e incapace di varietà d'accidenti." And giving the impression, resisted by the critics mentioned above, that his response was additive, said "mi sono ingegnato d'arrichirla d'azioni episodiche, come meglio mi è stato possibile." Of his "favola alquanto povera d'azione" in its final shape as a "poema grande" he was to remark that one could call it epic or divine or whatever one wished.[8] In what follows, which focuses on Canto XV and not the whole poem, it will become clear that while I do not feel obliged to take Marino literally, or for that matter to limit myself to the neo-classicist genre conceptions of Marino's contemporary opponents, I do find for the most part evidence of a generic crisis that the poet seeks to resolve by added quantity, as Pieri has noted.[9] Nor am I convinced that this crisis is limited to Canto XV, so that whatever is postulated of the formal and thematic structure of the *Adone* cannot ignore and indeed must incorporate the problem of added quantity.

The fresh start of Canto XV is signalled by the beginning of a new day and of the season of Spring. The literary reason for this introductory flourish is that Adone has just left the world of epic and romance behind him and is reentering that of the mythological poem. The poet seems to be as relieved as his protagonist that he no longer has to deal with the enchantresses, sorceries, infernal descents and imprisonments, metamorphoses, trans-sexual disguises, brigandage, homicides and suicides, and general savagery of Cantos XII–XIV. As the poet now echoes Poliziano and his protagonist echoes Petrarch, the theme of reawakened nature in contrast to reawakened desire places us back squarely in the pastoral and lyric modes of the idyll. We also know that Marino will again attack the problem of a poetic genre that does not yield to epic treatment, and romance length, by iteration—that is, he will recapitulate his own narrative, and recall his predecessors, with varying degrees of adaptation or concealment. The purely competitive length of the poem thus far is generically unjustifiable; nevertheless, that very length, about which he bragged, licenses recapitulation of the "primi amori" for the reader's convenience.[10] The recollecltions of Poliziano, Petrarch, Vida, and Giraldi, obvious enough to offer the reader a pleasing shock of recognition, tend also to justify themselves and the bloating of the poem in which they occur not only because they delight in themselves but because the poet implicates the reader in his competitive and generic problems. Look, the poet seems to be saying, if literature pleases, why not have as much as possible of it, even if generic borders must be transgressed? The poem of peace, as Chapelain desperately baptized it, inevitably focuses on leisure, play, and recuperative joy.[11] However false Chapelain's formulation for the *Adone* as a whole, Canto XV is certainly the canto of peace.

A good example of Marino's imitative habits occurs in ottava 26, where a praise *topos* with a long tradition behind it is not only recapitulated but expanded to the length and portentousness of an epic smile, whereas it had occurred previously in other writers as a brief rhetorical flourish:

Là dove il vago passo o fermi o mova
ogni erba ride, ogni arboscel s'indora;
ringermoglia la terra e si rinova
e quanto può le care piante onora;
spunta di rose amoroscette a prova
schiera lasciva e le bell'orme infiora
e 'l piè fregiato di celeste lume
corre a baciargli e ne trae fiamme il fiume.

Marino here recapitulates for his Adone the Petrarchan *topos* "bel piede," a conceit that declares madonna's footsteps to be generative, i.e., able to animate nature wherever it goes.[12] Originally asserted of the footsteps of deities by Lucretius and other classical authors, it was also claimed for extraordinarly mortals, male as well as female, by Claudian and Petrarch. For the Italian Renaissance, Petrarch's attribution of this power to both Cicero and Laura was especially influential, and the adaptations, from Poliziano to Tasso, formed a potent tradition in Italian letters that is also echoed in other European literatures.

The Petrarchan sources will illustrate Marino's method of expansion:

> Come 'l candido pié per l'erba fresca
> i dolci passi onestamente move,
> vertù che 'ntorno i fiori apra e rinove
> de le tenere piante sue par ch'esca.[13]

and also:

> L'erbetta verde e i fior di color mille
> sparsi sotto quell'elce antiqua e negra
> pregan pur che 'l bel pié li prema o tocchi.[14]

Here we have the two Petrarchan motifs: the regenerative power of madonna's footsteps and the craving of the natural world for her presence. In Marino's ottava we see his favorite device of doubling or tripling, not always with incremental, exfoliative or other variations. The conceit of regeneration is stated three times in the first six lines, with the only variation being the notion that Adone's footprints bloom with roses. The second Petrarchan motif is echoed in the last two lines, where Marino has an amorous stream run to kiss ardently the glowing foot. This too recalls another Petrarchan motif, in his poem that asserts the good fortune of the river Sorgue in having received Laura's dipping foot.[15]

In this instance Marino's failure to do more than quantitatively expand his source contrasts interestingly and instructively with Góngora's exfoliation of the same Petrarchan motif in his *Polifemo*, where the following conceit occurs:

> Pisa la arena, que en la arena adoro
> quantas el bianco pie conchas platea,
> cuyo bello contacto puede hacerlas,
> sin concebir rocío, partir perlas.[16]

The incident of Venere disguised as a gypsy, which constitutes the third movement of the canto, has been interpreted by Giovanni Pozzi as a return to the earlier motif of indoctrination by the senses, which he then neatly juxtaposes to the game of chess as intellectual experience, in an allegedly typical Marinesque binary structure.[17] But the episode has more to do with the game of chiromancy played erotically than with sensational epistemology. Venere is playfully disguised—an echo of Adone's earlier situation and a pure plot device—and she actually misreads the future if one remembers Mercurio's forecast of Adone's fate in Canto XI, ottave 178–193. Despite her claims for an "alta scienza," Venere's only "accurate" statements have to do with the past, which she can easily reprise (ott. 57–62). As Carmela Colombo has noted, in these ottave there is an abundance of "terminologia tanto specifica e precisa" that we are not surprised to learn that it is drawn from contemporary technical manuals; but this "scientific" accuracy does not prevent Venere from reading what she wants to read about the present and the future in Adone's palm.[18] The resulting tension between technical science and blatant wish-fulfillment obliges us to understant this palmistry episode, like the game of chess that follows later, to be a bit of *serio-ludere*, a game whose ultimate purpose is to re-kindle and re-affirm the loyal love of Adone for Venere, which is precisely what it accomplishes (ott. 72).

The episode also images the reader's activity—Venere scanning and interpreting (actually, recognizing) the lines of Adone's palm suggests the reader scanning and recognizing the "lines" of Marino's verse as adaptations of his own and his predecessors' past poems. The literary self-consciousness and self-reflexivity of Canto XV and of the *Adone* as a whole, which both Marzio Pieri and I regard as a Mannerist trait, are indicated by the representation of Venere the gypsy as a "brunetta sì, ma sovr'ogni altra bella" (ott. 29). Here Marino quotes himself, since he had earlier, following Tasso, contributed to the contemporary Petrarchan innovative motif of the dark beauty with his "La bella schiava" sonnet ("Nera sì, ma se 'bella, o di natura") and his "La bruna pastorella" in the *Sampogna*.[19] The idea of a blond beauty veiled in black was also treated by him earlier in his "La bella vedova," which begins with an "animata notte, / ch'avolta in nera vesta,/ ricopre il biondo crin di bruno velo."[20] The blond and black beauty of Venere is also proleptic of the chess game, which will involve white and black pieces—and will terminate in the invention and manufacture of the first lyre, which just happens to be the title, *La Lira*, of Marino's celebrated collected lyrics.

The fourth movement of the canto begins with another return, this time the reprise of the amatory "stil passato" and the delights of the "letto usato." The return of Night ("e già la Notte gelida tornava") in ottava 108 sets the stage for this renewal but also represents still another literary convenience as far as temporal structure in Canto XV is concerned. The canto begins with a new day and ends with night covering the world with its "ali pacifiche" (ott. 237, 1.6), thereby giving the illusion of a single day's passing and a single action competed, in tragic or epic style. but romance plotting, with its multiple actions, subverts from within. Not only do we have night falling earlier, in ottava 187, and the uncertain day of ottava 110 ("Un dì sotto la loggia"), but within the romance plot of the chess game itself there is *intrecciatura* or polyphonic narrative, with its starts, stops, and reprises. In the world of the players of the game, there is a fresh start when Adone takes Mercurio's place and continues the interrupted competition (ott. 154).

That Canto XV is not only the canto of peace but also the canto of play is made clear by the incidents of its second half. At almost the exact mid-point of the canto, ottava 119, line 4, Marino introduces the figure of gioco ("d'Amor germano"), who seems to have been lifted bodily from Bronzino's famous *Allegory*, where he is seen throwing roses at Venere and Cupido. It is Gioco who brings the chessboard. Earlier, noticing that Adone seems lost in thought, Venere had proposed

E perché 'l gioco i rei pensier discaccia
e d'ogni anima trista il duolo acqueta,
per desviar dal'altre cure il core
vo' che 'nsieme giocando inganniam l'ore. (ott. 113, 11.5-8)

and lists several different kinds of games they might play, just as occurs at the beginning of Castiglione's *Cortegiano*.[21] The decision to play chess is based on Venere's belief that neither "inganno" nor "fortuna" can affect its outcome, although she herself had spoken earlier of "giocando inganniam l'ore" and *inganni* will in fact come to dominate the game's outcome. And indeed by insisting on the reward of sovereignty for the winner over the loser, that is, a reward for winning, Venere assures that the game will succumb to dishonesty. It is not the game but the players who can be corrupt and therefore spoil healthy play.

Marino's adaptation of Girolamo Vida's Latin poem, *Scacchia ludus*, while differing in several details from the original, adheres closely enough to assure us that it was not his intention to conceal but rather to reveal his source. The reader might admire the translation into Italian and might appreciate the way Marino shifts the cast of players and divides the game into two parts, not to mention the piquancy of Venere and Adone playing each other, with Cupido and Mercurio acting as seconds and also having their own side bet. Nevertheless the open adaptation of Vida declares itself to be a literary game that does not involve *inganno* or *fortuna*, and that only guileful readers can spoil this game if they approach it as a matter of theft or true ownership rather than shared recreation, of winning rather than enjoying. Thus the cheating that upsets a game can be related to the misreading of an imitative text as a *furto* rather than a re-creation. Marino's game of chess is ontologically complex. First, as to the actual game, it is obvious that its rules and its aim derive from mimesis of actual military and political activity, so that the formal game is already symbolic. Next, Girolamo Vida writes a poem in which on the one hand he re-animates the chess pieces through an extended battle conceit, and on the other removes it farther from reality by presenting it as a game being played in a poem to be read. Then Marino continues the metaphorization by imitating Vida's poem within another poem in which, at the level of plot, the game symbolizes the nature and need of play as interpreted by real readers who are expected to grasp its relevance for the literary issues of imitation of sources, rules of genre, and textual interpretation.

Venere herself signals the extended conceit of "combattimenti e battaglie," as the "Allegoria" earlier announced it:

—Or qui potrai, quasi in agon guerriero
(disse la dea) veder quanto può l'arte,
dico di guerra in simulacro vero
ed una bella imagine di Marte,
mover assalti e stratagemi ordire
e due genti or combattere, or fuggire. (ott. 121)

As the chess pieces are set up and the game is described by Mercurio, then played by him and Adone against Venere, several interesting thematic and stylistic features are noticeable. First, the opposition of black and white inevitably involves in both Vida and Marino allusion to the historical and continuing conflict between Moor and Christian (ott. 128ff.). Second, the slow and sequential nature of a real chess game is transformed into a breathless, speeded-up account of simultaneous actions narrated as though observed from above and with a view of an entire battlefield. Third, the moves and counter-moves are rendered entirely in the language of chivalric combat. The literary place where all three of these features can be found in is, of course, the romanzo. In other words, the game of chess is an epitome of a chivalric romance. And in the context of a poem of peace and a canto of play, it is a safe form of combat. By introducing the game of chess imitated from Vida into his poem, Marino accomplishes at least two of his purposes at this stage: for one, he finally reduces the obligatory romance genre to pure play, and thereby dismisses it at last from his poem, by sublimating its martial feats into clever manipulation

CANTO XV: IL RITORNO   263

of toy-like figures on a mini-field of pseudo-battle. And by insisting on the ease with which the players or manipulators can cheat—mainly by re-introducing dead combatants—he may even be deriding the capacity of the romance genre, with its narrative complexities, to be manipulated fraudulently by its writers. At the same time, the blatancy of his imitation of Vida and its distance from reality as pure literary game, as having solely literary value, seemingly resolves the dilemma posed by the brevity and simplicity of the "favola angusta" of the mythological poem, as I have indicated above. Finally, having justified padding and length, Marino needs only to settle the issue, in literary terms, of theft and cheating, which twice break up the game. And here it would do well to focus on Mercurio, who is easily the most important figure in the episode.

Marino and his contemporaries were familiar with the many roles and attributes of Mercurio in pagan myth. Especially important for our purposes are his roles as herald and messenger of the gods, guide of travelers and souls of the dead, slayer of Argus, thief of Apollo's cattle, guardian of merchants and thievish rogues, inventor of the lyre, patron of contests and games, and purveyor of astronomical and other knowledge.[22] Given these powers, almost all of which he exercises at some point or other in the *Adone*, it is understandable that Venere should call upon him to explain the rules of the game to Adone (ott. 130–138). It is also appropriate that he show Adone how to play, which he does with Venere as partner. Soon, however, he cannot resist cheating by making sly, illegal moves (ott. 142), pretending error (ott. 147), dealing double blows (ott. 152), making a "faretrato" move like a "cavallo" (ott. 152). In the second round of play, as Adone's second, he takes advantage of Venere's distraction—she is playing the other game of "tentar col piede il piede" under the chess game table—to steal and return to life a black archer and knight (ott. 169–170), appropriately enough for a psychopompos playing games! But for our purposes it is significant that Marino adopted Vida's image of prisoners released from jail to that of the dead restored to life, a typical error in romance plotting.[23] It would seem also that Mercurio's cheating, which spoils the game, is a matter of not playing by its rules, whatever they may be. Literary theft, and in particular translation, while obviously appropriating another writer's work, is not cheating if it is done openly, if it is not concealed, i.e., if it abides by the rules of the imitation game. It is precisely these terms and issues Marino raises in the famous preface to *La Sampogna*:

L'incontrarsi con altri scrittori può advenire in due modi: o per caso o per arte

... Ad arte ed a bello studio si può fare altresì per uno di questi tre capi: o a fine di tradurre, o a fine d'imitare o a fine di rubare. Il tradurre (quando però non sia secondo l'usanza pedentesca) merita anzi loda che riprensione ... ho pur commesso qualche povero furtarello, me ne accuso e me ne scuso insieme, poiché la mia povertà è tanta che mi bisogna accattar delle ricchezze da chi n'è più di me dovizioso. Assicurinsi nondimeno cotesti ladroncelli che nel mare dove io pesco e dove io traffico essi non vengano a navigare, né mi sapranno ritrovar addosso la preda s'io stesso non la rivelo.[24]

The dispute between Cupido and Mercurio that ensues prolongs the implied analogy between literary and other games. On the one hand Marino now goes beyond his source in Vida, but on the other hand he promptly begins an adaptation of Giraldi's novella![25] The whole argument, too, has to do with ownership, whether one can gamble what one doesn't have. Mercurio, relying on the "ragion del gioco" (ott. 185, 1.8), proves that Adone won, "seben con qualche inganno" (ott. 198), then adds:

Sempre il vincere è bel, sempre si loda,
o per sorte si vinca over per froda. (*Ibid.*)

Guglielminetti, commenting on this passage, notes that "l'Arte impiegata da Mecurio si riduca piuttosto al livello dell'artificio" and that "il Marino non può negargli il suo consenso di uomo e di poeta."[26] Although this is a reasonable assumption to draw, one would have to add that by practicing a very open kind of literary fraud in this canto, Marino has made the issues more complex than Mercurio's couplet would suggest.

Before leaving the game of chess, I should take note here of the interpretation given to the number and arrangements of the octaves by Pozzi and Bruno Porcelli, neither of which conflicts with my reading of the passage. Pozzi had invoked the "carme figurato" or *technopaegnion*, arguing that Marino intended to represent visually and spatially an actual chessboard.[27] Porcelli, using a slightly different arrangement, finds musical proportion and other structural possibilities which lead him to proclaim Marino's "suprema abilità edificatoria."[28] While both these interpretations confirm what we already know about Marino's and his age's tastes and predilections, especially as regards the sister arts, I cannot accept these "jeux d'ésprit baroque" as more meaningful than their playful selves. They contribute to, but are not the total end or purpose of the game of chess, as I have tried to show.

Determined now to return again to his central plot, though not ready as yet to take up the next required and concluding incident of Adone's death, Marino must engage in further retardation of events. Hence the abrupt decision of Venere in ottava 203 to give Adone a reward for his tarnished victory and that the reward will be the kingship of Cipro, which must be won in a beauty contest even though Adone is heir apparent (cfr. Canto I, 168; II, 10). What is more, these final ottave of Canto XV reflect once again, the generic conflict of the entire poem. The political history of Cipro lulls the reader into the mood of the dynastic epic, or its progeny, the romanzo. Adone's rejection of rule, however, repudiates political life in favor of the literary world of pastoral and the hunt, i.e., the mythological poem:

> Altri con l'armi pur seguendo vada
> schiere nemiche e pace unqua non aggia.
> A me l'arco e lo stral più che la spada
> giova e mostri cacciar di piaggia in piaggia.
> Più che la reggia il bosco e più m'aggrada
> che l'ombrella real, l'ombra selvaggia.
> Se vuoi servi e vassalli, ecco qui tante
> suddite fere e tributarie piante. (ott. 228)

But "il fanciul lusingato e lusinghiero" (ott. 236, 1.6) finally accepts the will of Venere (and his literary creator) to participate in further prolongation of the plot until he can again return, this time to his precious "bosco" and to his destined mythic end.

NOTES

1 G.B. MARINO, *L'Adone*, a cura di G. POZZI, tomo I, Milano 1976, p. 897. All future citations are from this edition.
2 *Ibid.*, II, pp. 572–573.
3 M. GUGLIELMINETTI, *Tecnica e invenzione nell'opera di Giambattista Marino*, Messina-Firenze 1964, p. 107.
4 G. POZZI, *Metamorfosi di Adone*, "Strumenti critici", 16 (1971), pp. 334–356, and in the *Guida alla lettura* prefaced to the Tomo Secondo of his edition of *L'Adone*, pp. 16ff.
5 M. PIERI, *Per Marino*, Padova 1976, pp. 232–258, and in the *Nota al testo* of his edition of the *Adone*, Bari 1975–1977.
6 B. PORCELLI, *Isometria e proporzionalità nelle strutture dell'Adone*, "Studi e Problemi di Critica Testuale", 18 (1979), pp. 149–176. O. BESOMI, *Composizione a intarsio nel Canto IV dell'"Adone"*, in *Esplorazioni secentesche*, Padova 1975, pp. 9–52.
7 F. GUARDIANI, *Giovan Battista Marino: dal madrigale al 'poema grande'*, "Critica letteraria", 13 (1985), pp. 567–573.
8 G.B. MARINO, *Lettere*, a cura di M. GUGLIELMINETTI, Torino 1966. Lettera n. 121, p. 206; n. 144, p. 268; n. 216, p. 395.

9 M. PIERI, *Per Marino*, p. 258ff.
10 *Lettere*, n. 121, p. 206.
11 The *Discours de M. Chapelain* can be read in *L'Adone*, cit., t. I, pp. 11–45. The remarks about the poem of peace are on pp. 15–20.
12 See J. VILLAS, *The Petrarchan "Topos" 'Bel Piede': Generative Footsteps*, "Romance Notes", 11 (1976), pp. 374–394.
13 F. PETRARCA, *Canzoniere*, testo critico e introduzione di G. CONTINI, Torino 1968, p. 221.
14 *Ibid.*, p. 248. 11. 9–11.
15 *Ibid.*, p. 165. 11. 53–55.
16 L. DE GONGORA Y ARGOTE, *Obras Completas*, Madrid 1956, p. 629, 11. 373–376.
17 *L'Adone*, t. II, p. 44.
18 C. COLOMBO, *Cultura e tradizione nell'"Adone" di G.B. Marino*, Padova 1967, p. 97.
19 G.B. MARINO, *Poesie varie*, a cura di B. CROCE, Bari 1913, pp. 105, 3–18.
20 *Ibid.*, pp. 59–62.
21 See T.M. GREENE, *"Il Cortegiano" and the Choice of a Game*, in *The Vulnerable Text: Essays on Renaissance Literature*, New York 1986, pp. 46–60.
22 See the entry on Hermes in E. TRIPP, *Crowell's Handbook of Classical Mythology*, New York 1970, pp. 299–302.
23 POZZI, *L'Adone*, t. II, p. 591.
24 *Lettere*, n. 137, pp. 245–249.
25 POZZI, *L'Adone*, t. II, discusses the use of *Ecatommiti* 5 of Giraldi, p. 592.
26 M. GUGLIELMINETTI, *Tecnica e invenzione...*, p. 130.
27 G. POZZI, *L'Adone*, t. II, pp. 79, 572.
28 B. PORCELLI, *Strutture molteplici nel giuoco degli scacchi di "Adone"*, *XV*, "Italianistica", 8 (1979), pp. 287–292.

CANTO XVI: LA CORONA

Angelo Colombo

Le "arti industri". Motivi e forme dell'apoteosi di Adone

Animando la discussione sul "ladroneccio" in pagine del resto assai celebri del suo *Uomo di lettere*, nel 1645 Daniello Bartoli metteva a punto una dettagliata per quanto tardiva regolamentazione della pratica del 'furto' poetico, che, maturata nella prima metà del secolo e all'ombra di un clima di irrequietezza letteraria e di sperimentazione ormai decisamente declinante, giungeva, a chi ne discorresse in quel momento, coniugata alla memoria del suo più abile e virtuoso interprete, Giovan Battista Marino. La dissertazione del Bartoli, oltre a elaborare una casistica severamente limitativa del ricorso alla consuetudine del ladroneccio, cui il gesuita ferrarese si accosta con cautela e per successive eliminazioni, denuncia il proprio motivo traente nella polemica malcelata e a distanza ormai incolmabile con la figura storica e letteraria del Marino, alla quale, e agli ultimi di coloro che sembravano rinnovarne la memoria attraverso simpatie dichiarate, il Bartoli intende assestare, in tal modo, colpi risolutivi.

Per quanto equilibrato, dunque nelle misure proprie di chi è consapevole che il contenzioso si è definitivamente sciolto a suo vantaggio, il desiderio di ribattere l'eco delle spregiudicate enunciazioni del lontano rivale e ideale destinatario del trattatello fornisce l'armatura più solida e profonda delle pagine bartoliane sul ladroneccio, a partire dalla stessa procedura argomentativa. Il Marino, in documenti famosi quali la lettera parigina del 1620 indirizzata a Claudio Achillini e premessa quindi alla *Sampogna*, aveva infatti giustificato i suoi più discussi parti letterari allargando e forzando in tre momenti successivi (designati del "tradurre", dell'"imitare" e del "rubare" scritture altrui) i limiti del proprio operare poetico e i criteri di liceità da cui quest'ultimo traeva ragione; il Bartoli agiva ora in senso opposto, riconducendo la legittimità del 'furto' nell'alveo dell'*imitatio* poetica e dunque sottraendo spazio all'esercizio del ladroneccio—in lui, per definizione, connotato da una valenza morale negativa—fino a rivelarne la funzione affatto marginale nel processo costitutivo del testo letterario.[1] Mediante una scelta altrettanto scoperta, il Bartoli avvia quindi la sua requisitoria là dove il Marino aveva chiuso la propria apologia. Quest'ultima è suggellata dal ricorso al canone illustre ma flessibile dell'invenzione, ripresa da un passo propizio dell'*Institutio* quintilianea, grazie al quale coprirsi le spalle dalle censure dei malevoli non meno che da accuse di furto poetico facilmente prevedibili:

Vi sovviene di ciò che dice Quintiliano nel decimo libro al capitolo *De imitatione*? "In magnis quoque auctoribus incidunt aliqua vitiosa et a doctis inter ipsos etiam mutuo reprehensa". E l'istesso, nel medesimo libro, al capitolo primo: "Neque id statim legenti persuasum sit, omnia, quae omnes auctores dixerunt, esse perfecta. Nam et labant aliquando et oneri cedunt et indulgent geniorum suorum voluptati, non semper intendunt animum, nonnunquam fatigantur; nam Ciceroni dormitare interdum non solum Demosthenis oratio, verum etiam Homerus ipse videatur".[2]

Con perfetto controllo dei motivi interni e dei punti d'attacco, è proprio dallo svilimento dell'istituto dell'*imitatio* che prende energia la critica bartoliana, avvertita del sostanziale stravolgimento del dettato quintilianeo una volta passato per le maglie dell'argomentazione del Marino; la filigrana della replica è tanto scoperta, che il gesuita avvia la discussione confutando proprio l'uso disinvolto delle medesime pagine dell'*Institutio* a cui il Marino aveva fatto ricorso così fiducioso, e riportando l'attenzione del lettore alla denuncia, del resto ben decisa in Quintiliano, dell'insufficienza da riconoscere all'imitazione quale unica strategia cui volgersi nell'elaborazione del testo poetico: "Ma de gli scritti altrui approfittarsi con sola l'imitazione a giudicio di Quintiliano, che lungamente ne parla, è troppo poco guadagno".[3]

Accanto ai modesti scampoli di un pensiero classico di cui il Marino si serve liberamente, da scoliaste, a beneficio delle pratiche aggressive in terreno poetico, risiede nella solidarietà di imitazione e ladroneccio il luogo di massima forza di questo abile argomentare; la loro genesi distinta, che il Bartoli si sforzerà di ripristinare ovviando con una rigorosa normativa alla commistione operata dal napoletano, è infatti rifiutata dal Marino in uno dei più provocatori asserti presenti nella lettera del 1620, non così ben dissimulato, tuttavia, da sfuggire all'occhio vigile del gesuita ferrarese:

L'incontrarsi con altri scrittori può adivenire in due modi: o per caso, o per arte. A caso non solo non è impossibile, ma è facile essermi accaduto e non pur con latini o spagnuoli ma eziandio d'altre lingue, percioché chi scrive molto non può far di non servirsi d'alcuni luoghi topici communi, che possono di leggieri essere stati investigati da altri. Le cose belle son poche, e tutti gl'intelletti acuti, quando entrano nella specolazione d'un suggetto, corrono dietro alla traccia del meglio, onde non è maraviglia se talora s'abbattono nel medesimo.[4]

Amplificandolo e conferendogli ad arte la carica di un paradosso allo scopo di isolarne la clamorosa protervia, il Bartoli trascriverà il medesimo passo dell'apologia mariniana in una decodificazione che vuole essere, al tempo medesimo, un esplicito atto di accusa contro le scorrettezze del rivale (di un'intera fase della poetica primosecentesca, quindi) e le loro giustificazioni teoriche:

Uno di costoro, cui era rimproverato un simil furto,[5] mentre s'aspettava che, non potendo nascondere il fatto colla bugia, nascondesse almeno il volto colla vergogna, franco di fronte, sì come era lesto di mano, si pose in guardia, e facendosi schermo colla Simpatia, di cui tanto romore fanno alcuni chiamati filosofi, rispose arditamente, non potersi provare lui essere involatore de gli scritti di verun altro, se prima non si provava essere fra loro dissomiglianza di mente; conciosiecosache due ingegni uniformi, e consonanti di genio, abbiano per virtù di simpatica unione, e gli stessi movimenti nell'animo, e il medesimo ordine ne' pensieri.[6]

Solo un decennio avanti, il *Dialogo sopra i massimi sistemi* aveva polemicamente richiamato la Scolastica dai suoi paradossi (a proposito, in quel caso, del sillogismo "perturbato"), confutando la 'grammaticalità' dell'*Organon* in termini che, operate le debite proporzioni, suonano affini agli accenti della ostilità indiretta tra il Marino e il Bartoli: "Questo è un modo di contener tutti gli scibili [cioè quello di "accozzar questo testo con un altro remotissimo"] assai simile a quello col quale un marmo contiene in sé una bellissima, anzi mille bellissime statue: o vogliam dire che e' sia simile alle profezie di Giovacchino o a' responsi degli oracoli de' gentili, che non s'intendono se non doppo gli eventi delle cose profetizate".[7]

Si preparava quindi, in forme non sempre consapevoli, quel graduale sganciamento da un passato di civiltà che, in specie per la rapida consumazione di cui diviene oggetto il carattere esemplare della cultura classica, ha indotto a supporre una radicale frattura secentesca nei confronti del Rinascimento, o a parlare di polemica antiumanistica *tout court*.[8]

* * * * *

"Tradurre", "imitare" e "rubare" si rivelano, nella poetica mariniana, dimensioni interne di una stessa attitudine mentale prima ancora che altrettanti e specifici strumenti operativi, il frutto estremo e più consapevole, se si vuole, del trasferimento tardocinquecentesco del πολεῖν, lungo le vie dell'elocuzione, quanto della severa ipoteca gravata sull'*inventio* dalla medesima pratica scolastica della mimesi e dell'*exercitatio imitationis*.[9] I sondaggi finora condotti sul poema maggiore del napoletano hanno rivelato—in specie grazie al nutrito commento di Pozzi[10]—la varietà e i limiti dell'impegnativo progetto, coltivato dal Marino, di porre la propria opera quale agente catalitico (a distanza ridotta perciò, anzi in un processo di graduale autoinclusione) dell'esperienza poetica antecedente, spesso esemplificata, per affinità d'intenti e dimensioni operative, sulle prove poematiche dell'Ariosto e del Tasso. Il Marino, quindi, era ben consapevole di muoversi all'interno di una catena di rinvii reciprocamente solidali allorché, dalla traduzione in senso stretto, ottenuta trasponendo in un diverso clima linguistico una pagina nota sotto altra veste, scendeva a un più sottile e sofisticato gioco di manipolazioni testuali, tramite l'innesto di variazioni e di "episodietti" che mascherano la 'fonte' e la espongono a un processo mimetico di larga mobilità in cui trovano spazio estro e gusti personali, giungendo a conferire uno spessore intimamente polifonico e ad assicurare una calibrata orchestrazione di valori tematico-formali alla pagina.[11]

In ragione di tali circostanze non pare quindi esercizio inane—mediante qualche nuovo assaggio sul canto XVI—riprendere il filo di una ricerca accreditata del prezioso esito dell'*Adone* mondadoriano, di cui altri ha già del resto documentato, per la stessa via, la perfettibilità.[12]

Rimossi i margini dell'esordio e dell'epilogo (ott. 1–77 e 249–266), è stato notato che la vicenda dell'elezione di Adone a re di Cipro si divide in due sezioni di natura distinta: la sfilata dei giovani pretendenti al trono il primo giorno, di impianto descrittivo (ott. 78–163), e le peripezie, di genere narrativo e complesso, che vanno dall'ora avanzata del secondo giorno alla sera del terzo (ott. 164–248). La suddivisione e il gioco degli opposti si ripete, nella prima parte, mediante la segnalazione delle corrispondenze—autentiche o mancate—fra i contendenti, che sono ottenute lavorando sul canone breve delle bellezze[13] e sui dettagli dell'abbigliamento. La sfilata si conclude, per ogni aspirante, nel medesimo modo (individuazione di un difetto fisico e prova, sempre fallita, della corona). La norma del rilancio di un tema, tuttavia, si manifesta anche in sequenze di ampiezza ridotta: è il caso, mi pare, della laboriosa preparazione cui si sottopongono i giovani in attesa di esibire le proprie qualità, rievocata in termini affini dalle rampogne di Luciferno ai giudici che hanno eletto Adone sovrano dell'isola (ott. 11–21 e 239–245).

La scena dell'imbellettamento dei gareggianti, tanto nella descrizione diretta quanto nella rievocazione denigratoria di Luciferno, merita in

CANTO XVI: LA CORONA 271

ogni caso ulteriore attenzione per l'intrecciarsi in essa di elementi costanti ("luoghi topici communi" aveva precisato il Marino nel 1620) in quadri descrittivi analoghi—propri e altrui—cui il napoletano non volle essere, intenzionalmente, estraneo. In XVI, 14 la scena rivela infatti palesi somiglianze con XIII, 197; sul piano formale, la spia è data dalla comparsa della medesima anafora trimembre, salvo che essa mobilita nel primo caso i tre versi iniziali, nel secondo gli ultimi tre. In XIII, 197 gli oggetti della *toilette* ("specchio" e "rastro") giungono al Marino il primo dal Tasso, il secondo da se stesso, nella *Lira*;[14] l'ott. 14 del canto XVI propone il solo specchio, fino al repentino coagulo tassiano di 26,8 ("del delubro d'Amor ministro farsi", che rilancia l'incipit del celebre sonetto a Lucrezia Bendidio "A' servigi d'Amor ministro eletto"): "ministri" sono del resto gli specchi di 16,2, "consiglier" lo specchio di XVII, 81, 8, dove la scena si esaurisce (ott. 73–82) raccogliendo ai piedi di Venere, in partenza per Citera, tutti gli strumenti di un compiuto *maquillage*.

Le riprese si distendono a rete, peraltro, in un sistema coerente di somiglianze e disparità che mira a rendere anche XVI, 14 luogo ideale di convergenza delle variazioni poetiche condotte in sedi separate. Nell'ottava in esame lo specchio è metaforizzato in "cristallo" ed è detto "adulator" (v. 8), come nel sonetto mariniano "Amor, non dissi il ver" ("adulator fallace" 10); *specchio: cristallo* è nei sonetti, dalla parte prima della *Lira*, "Qualor quell'armi ond'io morir m'appago" (v. 3) e "Fosti di pianto e del mio pianto umore" (v. 5), nonché nel madrigale della seconda parte "Qualor chiaro cristallo",[15] e così pure in XVII, 81, 2: la metafora ascende naturalmente alle prove tassiane, fin dal giovanile "Chiaro cristallo a la mia donna offersi".[16] Ma la dipendenza del "poema grande", in questa porzione minima, dai *levia* della poesia amorosa è suggellata dalle parole-rima, poiché la terna *accolto* 9: *molto* 11: *volto* 13 del sonetto "Qualor quell'armi" viene riproposta quasi perfettamente da *volto* 1: *raccolto* 3: *molto* 5 di XVI, 14.

La *Lira*, parte seconda, offre tuttavia un altro testo propizio a convalidare la regolarità del prelievo dalla rimeria amorosa a beneficio del trapianto nel poema, il madrigale "A che pur donna";[17] dedicato anch'esso allo specchio dell'amata, l'oggetto tassiano su cui il Marino torna così insistentemente, esibisce la coppia rivelatrice, in posizione di rima, *volto* 1: *accolto* 6. Del resto, ad agire in filigrana è ancora una lirica del Tasso, benché mancante dalla silloge degli Eterei del 1567: si tratta del madrigale "Mentre volgea il mio sole",[18] e sia consentito, per vagliare la complessità dell' 'imitazione' mariniana, qualche indugio attorno al madrigale della *Lira*, che qui si trascrive:

A che pur donna il volto
ne lo specchio volgete,
se lo specchio del Sol nel volto avete?
Sia di noi, sia di voi solo il bel viso
lo specchio e 'l Paradiso,
ch'ha in sé tal lume accolto,
che 'l vostro specchio ancor si specchia in esso,
ed è lo specchio de lo specchio stesso.

L'ordine delle comparse è il seguente: 1. specchio, v. 2; 2. specchio del sole (= volto), v. 3; 3. viso = specchio, vv. 4–5; 4. specchio (in senso proprio) che si specchia nel viso, v. 7; 5. viso = specchio dello specchio, v. 8. I nn. 3–5 generano la figura di pensiero nota come entimema, 4 e 5 danno vita a un *aequivocum*. Il madrigale tassiano intreccia a sua volta un sottile tessuto di ambiguità semantiche su tre attanti: la donna (che è "sole" per metafora invalsa), il sole in senso proprio, lo specchio che rinvia giocosamente i raggi solari manovrato dall'amata e che si fa, anch'esso, "sole" per metafora. Entrambi i madrigali sortiscono l'effetto di collocare *in vacuo*, dunque, il loro oggetto poetico; nel Tasso prevale il veicolo solare, che arriva a incasellare ben tre "soli" (uno reale, due metaforici): il Marino trascrive il madrigale tassiano amministrandone inversamente le funzioni poetiche, perché "sole" quale figurante appare inutilizzato, mentre al centro dell'interesse è posto lo specchio, in veste di perno di una rinnovata irradiazione metaforica.

Nel sistema binario del gareggiamento, il corrispettivo del canone delle bellezze è offerto naturalmente da una sorta di sistema organico degli attributi spregevoli, elencati, nel caso del XVI canto, in numero di otto (uno per ogni antagonista di Adone nella conquista della corona): bocca troppo ampia (ott. 85), guancia sparsa di efelidi (ott. 96–97), mano "grossa e breve" (ott. 105–108), pelle bruna e naso "curvo", "ritorto", "troppo ottuso" (ott. 116–117), neo (ott. 125–126), denti radi e neri (ott. 135), barba e assenza di proporzioni (ott. 146–147), bruttezza in genere (ott. 157). Si è opportunamente additato il legame di antitesi, di corrispondenza simmetrica perciò, fra gli attributi di lode e di biasimo esibiti dai contendenti, quanto, tra le manifestazioni del brutto, la singolarità dell'inclusione toccata all'immagine del neo, τόπος certo di valore positivo in così larga produzione poetica del secolo XVII.[19] Credo, d'altra parte, che la vicenda del neo tra i virtuosismi lirici del tempo, da movente di lusinga amorosa a macula e impurità, possa divenire oggetto, nel Marino, di qualche altra considerazione, orientata in specie a giustificarne gli stessi mutamenti di polarità tra i canoni, del resto tenaci, del bello e del brutto.

CANTO XVI: LA CORONA

Il ritratto del giovane aspirante, il quinto, respinto dal collegio senile a motivo del "picciol neo", offre un solido nesso onomastico fra le ottave del poema e un secondo luogo testuale; il "germano minor" del "re Licaba" porta infatti il nome di Ligurino: ciò basterebbe ad autorizzare, sul filo di quanto è consuetudine designare 'memoria interna' dello scrivente, la lettura parallela di XVI, 125-126 e del sonetto "Ha pure il tempo, o Ligurino, alfine" della *Lira*, parte prima.[20] I versi giovanili dedicati al disvelamento, operato dallo specchio, della peluria virile sulle gote di Ligurino rilanciano il tema dell'invecchiamento e anzi, a retrocedere, del chiudersi dell'adolescenza nei segnali di un'incipiente maturità; la *trouvaille* del napoletano è peraltro nutrita di riconoscibili prelievi dalla lirica oraziana al medesimo Ligurino, nel quarto delle *Odi*:[21]

> O crudelis adhuc et Veneris muneribus potens,
> insperata tuae cum veniet pluma superbiae
> et, quae nunc umeris involitant, deciderint comae,
> nunc et qui color est puniceae flore prior rosae,
> mutatus Ligurinum in faciem verterit hispidam,
> dices, "heu", quotiens te speculo videris alterum:
> "Quae mens est hodie, cur eadem non puero fuit,
> vel cur his animis incolumes non redeunt genae?"

Analogamente, si rivela di sapore oraziano il sonetto "Qual ti vegg'io di fino acciar lucente", volto a dissuadere Ligurino dalle pratiche guerriere;[22] non si tacerà del resto che i versi proemiali dell'intera sezione delle "Amorose", nella *Lira*, echeggiano da luogo non remoto il *carmen ad Maecenatem* tramite il quale è dichiarata la predilezione per l'ozio delle lettere e sono rifiutati gli onori e le ovazioni pubbliche di *negotia* ben altrimenti redditizi, mentre, più modestamente, in Marino al poema eroico e ai suoi onori è opposto il canto delle "mortali offese" ricevute dal poeta per mano di Amore e della sua "guerrera":[23]

> [...]
> Sunt quos curriculo pulverem Olympicum
> collegisse iuvat, metaque fervidis
> evitata rotis palmaque nobilis
> terrarum dominos evehit ad deos;
> hunc, si mobiliuim turba Quiritium
> certat, tergeminis tollere honoribus;
> [...]
> Me doctarum hederae praemia frontium
> dis miscent superis, me gelidum
> Nympharumque leves cum Satyris chori

secernunt populo, si neque tibias
Euterpe cohibet nec Polyhymnia
Lesboum refugit tendere barbiton. (vv. 3–8, 29–34)

Altri canti di Marte e di sua schiera
gli arditi assalti e l'onorate imprese,
le sanguigne vittorie e le contese,
i trionfi di Morte orrida e fera.
I' canto, Amor, da questa tua guerrera
quant'ebbi a sostener mortali offese [...] (vv. 1–6)

L'apparente disparità in connotati fra il Ligurino del poema, denigrato per la "macchia" del neo, e l'omonimo della *Lira* e dei versi oraziani, del quale si rimpiangono le gote imberbi, viene tuttavia ricondotta entro i limiti di uno sviluppo di immagini e suggestioni solidali, in un coerente processo di lievitazione dei materiali poetici, attraverso il madrigale "Quel neo, quel vago neo" della seconda *Lira*, dove l'attributo femminile, ancora di valore positivo, è detto "far d'aurate fila ombra vezzosa A la guancia amorosa", per apparire, da ultimo, quale "boschetto d'Amore" dove "il crudel si cela".[24] Della osservazione alla lente datane nella *Lira* all'immagine del neo di XVI, 125 rimane infine, dal buon valore indiziario, il residuo—debolmente operante sul piano descrittivo—delle "tre nere fila" dal "picciol neo" sparse "'nsu la destra gota" (vv. 7–8), che anticipa significativamente di pochi versi l'"ispida piuma" (memore evidente della "insperata [...] pluma" di Orazio, IV 10), figurante della barba di Evasto (XVI, 146, 4), in prolungamento rafforzato per isotopia (nell'ott. 126, 2 il neo è "vago arboscello in prato ameno", in 146, 5–6, la barba "dove ha primavera il seggio È quasi tra bei fiori orrida bruma").

Un gioco di coppia evidente sul filo dell'opposizione bello-brutto è il dittico di Adone e Tricane, connesso infine ad altre due coppie di opposti (Barrino-Adone, Luciferno-Adone).[25] Se l'attenzione è stata soffermata attorno alla figura di Adone e agli attributi che la richiamano nel canto XVI (la rosa e la fenice), è nondimeno sfuggita al lettore, sinora, l'accorta tessitura del mostruoso anti-Adone, il frutto dell'"iterata copula" sofferta da Cinisca-Pasifae. La descrizione di Tricane rivela ampi e inequivoci prestiti danteschi, dalle terzine riservate al "gran vermo" Cerbero (*Inf.* VI, 13–33), triforme quanto, onomasticamente, il parto di Cinisca; si confrontino i seguenti estratti:

> Cerbero, fiera crudele e diversa,
> con tre gole caninamente *latra*
> sovra la gente che quivi è sommersa.
> *Li occhi ha vermigli*, la *barba unta e atra*,

e '*l ventre largo*, e *unghiate le mani*;
graffia li spirti ed *iscoia ed isquatra*
(*Inf.* VI, 13–18)

Con quest'arme [l'"arrotata zanna"] talora in scaramuzza
più che col ferro altrui *lacera e scanna*.
Parla, ma voce forma *orrida e atra*
che con strepito rauco *ulula e latra*.
[...]
Gonfio sen, braccia lunghe e cosce corte,
ispida barba e peli irti e pungenti,
luci vermiglie e lagrimose e torte [...].
Armato poi le man d'acuto artiglio
ben mostra altrui che di tal bestia è figlio.
(*Ad.* XVI, 206, 5–8; 208, 1–3, 7–8)

La rima *latra*: *atra* di *Inf.* VI, 14–16 torna capovolta in Marino, 206, 7–8 (*atra: latra*), come la terna *sanne: spanne: canne* di *Inf.* VI, 23–25–27 compare nella quasi perfetta *zanna: spanna: scanna* di 206, 2–4–6; analoga è la dittologia "lacera e scanna" di 206, 6 e di "iscoia ed isquatra" di *Inf.* VI, 18, affine il doppio attributo della voce di Tricane ("orrida e atra" 206, 7) a quello della "barba" di Cerbero ("unta e atra" 16), mentre il Marino predilige la trimembrazione nei versi dedicati alla forma del corpo (ott. 208), là dove il testo dantesco appare scandito da una precisa norma binaria (vv. 13–18). Il corpo deforme ("ventre largo" in Dante, "gonfio sen" nell' *Adone*) e gli occhi "vermigli" (*Inf.* VI, 16 e *Ad.* 208, 3) suggellano il quadro delle concordanze.

L'impiego di spezzoni danteschi quali denotatori di stile basso, nel Tricane del Marino, segue tuttavia all'innesto di frammenti, pur meno agevolmente percepibili, tratti dal poema dell'Ariosto. I versi sull'ippogrifo e sulla sua docilità nelle mani di Atlante sembrano aver operato da attivatori di misurati inserti lessicali nella scena della maga Falsirena che invia Tricane al concorso di Cipro:

Quivi per forza lo tirò d'incanto
[...]
così ch'in terra e in aria e in ogni canto
lo facea volteggiar senza contese
(*Or. fur.* IV, 19, 1 e 5–6)

Quindi il [Tricane] *trasse a bell'arte* e *lo facea*
tra le gare *venir* di que' garzoni
(*Ad.* XVI, 198, 5–6)

(e di nuovo, nel Marino, in XVI, 213, 1–2:

Or qua venia da lei *sospinto e tratto*
da suoi propri desir leggieri e sciocchi)

Se modesto sembra il prelievo da *Or. fur.* IV, 19, 2 ("e poi che *l'ebbe*, ad altro non attese") per *Ad.* XVI, 199, 8—commutato l'oggetto del possesso dall'ippogrifo a Tricane—"mentre chiuso in prigion la maga *l'ebbe*", cospicua mi pare la ripresa della genesi mista in forza della quale i due esseri vengono chiamati a muovere la stupefazione o il divertito compiacimento del lettore:

Simile al padre avea la piuma e l'ale,
li piedi anteriori, il capo e il grifo;
in tutte l'altre membra *parea* quale
era la madre, e chiamasi ippogrifo
(*Or. fur.* IV, 18, 3–6)

Trican dal Dente è questi, il qual ritenne
forme parte canine e parte umane.
Mezzo dal cinto insù d'uomo *ha sembianza*,
tutto simile al padre è quelch'avanza.
(*Ad.* XVI, 205, 5–8)

Inoltre, poco prima:

Non è finto il destrier, ma naturale,
ch'una giumenta *generò d'un grifo* (18, 1–2)

Fu d'un can generato e d'una nana
laqual a forza al'animal soggiacque. (199, 3–4)

* * * * *

La mescolanza delle delle fonti sembra accompagnare curiosamente, negli umori poetici del Marino, la mistione deforme delle fattezze, mentre quest'ultima reagisce da esatto e ultimo contrario (in quanto esito della macchinazione di Falsirena) all'artificio nobile e prezioso dell'imbellettamento, al capo opposto della vicenda cipriota di Adone, allorché l'"industria" viene chiamata a supplire ai difetti della semplice "forma di natura". L'impaginazione binaria degli episodi, peraltro, fornisce il canto XVI di un'armatura diegeticamente compatta, non solo per stipulazione di antagonismi o di correlazioni, ma attraverso il rilancio di costanti in sequenze di più ampio respiro. La severa cerimonia di convocazione, nel tempio di Cipro, del senato cui è attribuito l'onere di eleggere il re dell'isola

CANTO XVI: LA CORONA 277

(ott. 35-48) rimanda così alla scena simmetrica del corteo che, in tripudio, accompagna Adone dal tempio alla "gran reggia" (ott. 250-256); i due momenti, pressoché equidistanti dai margini estremi del canto, fungono da delimitazione fisica e da cornice descrittiva del gareggiamento fra i nove aspiranti (Adone infine compreso) alla corona. È stata identificata in un poemetto del Marot la planimetria sulla quale il napoletano erige l'architettura del tempio di Cipro,[26] mentre è passata inosservata la dipendenza del duplice e simmetrico corteo, nelle forme impostegli dal Marino, da luoghi diversi di una tradizione letteraria sfruttata con accortezza in altri momenti del poema.

È innanzitutto il caso di segnalare, nelle ottave 37-52, un puntuale bilanciamento di immagini finalizzato a produrre corrispondenze interne e tale quindi da stringere in coppie i personaggi che figurano nel corteo di insediamento della giuria nel tempio. Dopo i dodici araldi che aprono la cerimonia (ott. 37), sfila una compagine di mille cavalieri in armi d'oro e vesti cerulee, composta "de' primati del regno e de' baroni" che "tra gli arnesi lor" esibiscono la "superba vista" di stocchi, aste e sproni (ott. 38); la bardatura, in specie il sistema cromatico che scava opposizioni contrapponendo effetti visivi, richiama con immediatezza l'immagine dei due gruppi di guerrieri in vesti bianche e armi d'argento brunito (nonché "custodi degli arnesi regi") che seguono il corteo (ott. 52). Il modulo binario delle corrispondenze si ripete chiudendosi in anelli concentrici: ai cento valletti in livrea cerulea (ott. 39) si oppongono i cento anziani "in abito vermiglio" (ott. 44), mentre è speculare alle due squadre di Amazzoni dalle gonne purpuree e dalle cotte bianche (ott. 40) la comparsa delle sacerdotesse che recano le tede (ott. 43). Il centro del corteo pare dunque costituito dalle immagini presenti nelle ott. 41-42, dove un carro, sopra il quale è posto un vaso "assai capace e fatto a guisa d'incensier" per i sacrifici in onore di Venere, è trainato da quattro lonze tra le danze di "verginelle selvagge e boscherecce"; creando un nuovo fuoco d'interesse, tuttavia, la scena offre a sua volta analogie con quella delle ott. 45-46, dove Astreo, accompagnato da quattro ministri, reca i simboli dell'investitura regale.

Il doppio fulcro attorno a cui si muove il corteo (ott. 41-42, 45-46)— e che ad esso conferisce una struttura eminentemente bifocale—sembra investire materiali nutriti da suggestioni descrittive che ascendono, nella loro stessa carica icastica, alle pagine dantesche in cui la processione allegorica della Chiesa prepara l'epifania di Beatrice (*Purg.* XXIX, 64-154). Le riprese lessicali appaiono misuratissime benché non spoglie di valore almeno indiziario: i "giudicanti" avanzano in "fila doppia" (36, 2), i "ventiquattro seniori" procedono "a due a due" (XXIX, 83); "bipartita lista" (38,1) echeggia, in situazione diversa, le "sette liste" dantesche (XXIX, 77), "arnesi lor" e "arnesi regi" (38, 5; 52, 2) ripetono il "bello arnese" che sfila nel Paradiso terrestre (XXIX, 52). È invece la coerenza di immagini a produrre nessi di affinità più avvertibili fra il corteo mariniano e quello del poema dantesco, intrecciando un gioco allusivo di sostituzioni dissimulate in cui, come già aveva arguito lo Stigliani (*Oc*. 16, 24), le forme distinte del teologico e del profano si rendono materiali di una mistura scaltra quanto insistita. Il carro cipriota aggiogato alle quattro lonze, dunque, parrebbe scaturire dalla memoria del carro "triunfale" del Paradiso terrestre, condotto da un grifone ma scortato dai quattro simboli zoomorfi degli evangelisti; nelle vergini-menadi dell'*Adone* si convertono le sette donne che accompagnano il carro dantesco, i ventiquattro seniori che precedono il corteo sulla vetta del Purgatorio, infine, sono ripresi dal Marino nella schiera degli anziani giudici che muove al tempio di Venere.

Non si tratta, come in ogni caso si dovrà concedere, di prelievi e innesti tanto scoperti da produrre un'agnizione repentina o un subitaneo consenso, frutto entrambi di 'prove' ben altrimenti inoppugnabili che non è lecito attendersi dal Marino (basti il suo ammonimento in chiave di aperta sfida ai rivali: "Assicurinsi nondimeno cotesti ladroncelli che nel mare dove io pesco e dove io trafico essi non vengono a navigare, né mi sapranno ritrovar addosso la preda s'io stesso non la rivelo"[27]); l'operazione, come si è tentato di suggerire in apertura, si rivela ben più complessa, e tale si conferma nelle stesse ottave ora in parola. Che nella pagina dei due cortei ciprioti del canto XVI agiscano procedure di tipo mimetico e anamnesi, a livelli diversi, dalle vestigia letterarie illustri o, al tatto del Marino, nobili, credo infatti sia ipotesi da convalidare mediante un'ulteriore (e duplice) concordanza fra l'*Adone* e, dopo quella dantesca, una seconda fonte.

Il corteo di insediamento della giuria degli anziani nel tempio di Venere è aperto, si notava, da squadre di cavalieri dietro le quali "da quattro leonze un carro tratto Mansuete e domestiche ne viene, Là dove un vaso assai capace e fatto A guisa d'incensier le brage tiene" (41, 1–4). Il Marino mutua la scena da immagini famose, le due silografie che illustrano il quarto trionfo del romanzo di Polifilo, nel primo libro (I, 168–169).[28] La descrizione, fornita dal Colonna, del tripudio bacchico in cui si risolve il quarto trionfo rivela infatti la stretta somiglianza fra la scena silografata nella sua opera e i versi del Marino, anzitutto nell'immagine del vaso montato sopra il carro e delle fiere cui il veicolo è aggiogato (XVI, 41):

Questo mysterioso triumpho sei maculose cun notule de fulvo nitente et velocissi-

CANTO XVI: LA CORONA   279

me di pernicitate tigride di Hyrcania [...]. Sopra de queste [le ali di quattro aquile infisse nella base del carro] nel cubito era fundato questo mirando vaso di aethiopico hyacintho, lucidissimo et inimico del celte, comite gratioso; el quale vaso era crustato di smaragdo cum multiplice altre venule di gemme, cosa incredibile (I, 164–165).

Nondimeno, le vergini "selvagge e boscherecce" (XVI, 42) provengono dalla seconda silografia del trionfo di Bacco nel Colonna:

Circa del quale divino triumpho, cum multa et solemne superstitione et maxima pompa et religione, infinite nymphe Maenade cum li soluti et sparsi capilli, alcune nude cum amiculi nymphei dagli humeri defluenti et tale nebride, cioè indute de pelliceo variato de colore de damule; senza l'altro sexo, cymbalistrie et tibicinarie, facevano le sagre orgie, cum clamori vociferando et thyasi, quale negli trieretici, cum thyrsi di fronde di conifere arbore et cum fronde vitine instrophiate, sopra el nudo cincte et coronate, saltatorie procurente (I, 170).

La consonanza dei motivi e delle forme, dall'apparato scenografico alle comparse, giustifica la presenza, in XVI, 41–42, dell'*Hypnerotomachia* (che altri ha del resto ravvisato in diverso luogo del poema[29]), oltre che, in filigrana, quella dei *Triumphi* petrarcheschi illustrati (in modo tuttavia indiretto, quale semplice suggestione figurativa, poiché tra questi non appare nulla di simile all'impianto allestito dal Colonna). La conferma del prelievo mariniano, in ogni caso, giunge dalla regolarità stessa dell'operazione, perché, dovendo introdurre il secondo corteo che scorta il nuovo re di Cipro alla reggia, in XVI, 251–255, il napoletano apre di nuovo il romanzo colonnese e modella sulle due silografie del terzo trionfo (I, 162–163) i fasti dell'apoteosi regale di Adone. Il "falcato carro e nobilmente instrutto" trainato da "sei coppie [...] di ben guerniti e candidi alicorni" (251, 1–4), nel *Polifilo*—ed è citazione dal carro della castità nei *Triumphi* figurati del Petrarca—viene condotto da "sei atrocissimi monoceri, cum la cornigera fronte cervina, alla gelida Diana riverenti; gli quali, invinculati erano al vigoroso et equino pecto in uno ornamento d'oro, copioso de pretiosissime gioie" (I, 161); il "seggio" che sovrasta il carro mariniano (XVI, 252) rimanda, nel Colonna, al "pretioso scanno di verdegiante iaspide" collocato sopra l'analogo veicolo (*ibid.*), e mentre i "ministri del re", vale a dire di Adone, quando il carro del tionfo si muove "di passo in passo infra le turbe liete Dala prodiga man spargendo vanno In segno di letizia auree monete" (255, 1–4), una ninfa, assisa sopra il carro del *Polifilo*, accoglie nel suo grembo "una copia di caeleste oro" che piove dalle nubi (I, 162).

La densità e la frequenza degli innesti (secondo modi che si è voluto anche ritenere affini alle manifestazioni più mature di una certa sensibilità 'manieristica'[30]) non andranno di sicuro imputate ad attraversamenti fortuiti della tradizione, a una sorta di partenogenesi del cibreo di memorie letterarie cui invece il Marino consacra, in privato, il suo zibaldone segreto lavorando di "ronciglio" nel corpo della tradizione stessa: pare semmai opportuno retrocedere, proprio dai casi additati e dalla varietà dei paludamenti o dei trapianti, ai discorsi solidali resi espliciti dalle dichiarazioni ben altrimenti lucide che si sono viste esibire nella lettera del 1620, per tornare di lì, infine, alla ricerca di ulteriori conferme del poema. Si potrà quindi concedere al Marino la libertà di muoversi per artifici manipolatori tra le sue fonti con lo scopo di arricchire, mascherandolo, quanto si riveli semplice 'naturale'—in un rapporto di emulazione, si direbbe, con ciò che è riconosciuto alle "arti industri" degli apparati nel XVI canto (20,1). L'esigenza di non perdere di vista (tanto meno a fronte di chiare attestazioni di aggressività sull'altrui a beneficio del proprio) gli avvertimenti sempre fecondi del Pasquali sulla natura dell'arte allusiva—o, più in generale, le forme attraverso le quali si modulano le procedure mimetiche fino alla tecnica della citazione—trova dunque nell'*Adone* terreno propizio, se non ad aprire un'altra stagione di ricognizioni erudite, certo a verificare la già autorevole specola dell'analisi intertestuale e interdiscorsiva:[31] per ristabilire infine nella composizione, parafrasando asserti noti,[32] la vitalità inerte delle *langue* poetica, l'irrevocabile condizionamento e aiuto al dire esercitato sul testo dal patrimonio 'neutro' della tradizione.

NOTE

1 "La prima maniera di rubar con lode è imitar con giudicio. Chi non è un gigante d'alta statura saglia su le cime d'una gran torre e di colà impari le dritte vie, e'l cammin più sicuro [. . .]. Sia dunque la seconda maniera di furto non che lecito, ma lodevolissimo, torre da altrui ciò che si vuole, ma del suo migliorarlo sì, che non sia più desso". Cito da D. BARTOLI, *Dell'uomo di lettere difeso et emendato*, parti due, in Venetia, per Giunti e Baba 1648, pp. 119–121 *passim*.
2 G.B. MARINO, *Lettere*, a cura di M. GUGLIELMINETTI, Torino 1966, p. 252; cfr. QUINT., *Inst. or.* X, 1, 24 e 2, 15 (il primo dei due passi, come è noto, nel Marino è oggetto di profonde modificazioni e adattamenti).
3 BARTOLI, *Dell'uomo*. . . , cit., p. 121; il Bartoli, correttamente, legge infatti, accanto ad asserzioni come "Neque enim dubitari potest quin artis pars magna contineatur imitatione" (QUINT., *Inst. or.* X, 2, 1), l'altrettanto chiaro avvertimento (taciuto nella trascrizione mariniana) "Ante omnia igitur per se ipsa imitatio non sufficit" (QUINT., *Inst. or.* X, 2, 4).
4 MARINO , *Lettere*. . . , cit., p. 245.
5 Si allude a "quei, che alle fatiche altrui non aggiungono altro, che il proprio

nome" (BARTOLI, *Dell'uomo*..., cit., p. 100).
6 BARTOLI, *Dell'uomo*..., cit., p. 101.
7 G. GALILEI, *Dialogo dei massimi sistemi*, giornata seconda, in *Opere*, a cura di F. FLORA, Milano-Napoli 1953 ("La letteratura italiana. Storia e testi", 34, tomo I), p. 469. Analogo ma più efficace è il paradosso di poco antecedente: "*Sagr*. Ma, signor Simplicio mio, come l'esser le cose disseminate in qua e in là non vi dà fastidio, e che voi crediate con l'accozzamento e con la combinazione di varie particelle trarne il sugo, questo che voi e gli altri filosofi bravi farete con i testi d'Aristotile, farò io con i versi di Virgilio o di Ovidio, formandone centoni ed esplicando con quelli tutti gli affari de gli uomini e i segreti della natura. Ma che dico io di Virgilio o di altro poeta? io ho un libretto assai più breve d'Aristotile e d'Ovidio, nel quale si contengono tutte le scienze, e con pochissimo studio altri se ne può formare una perfettissima idea: e questo è l'alfabeto; e non è dubbio che quello che saprà ben accoppiare e ordinare questa e quella vocale con quelle consonanti o con quell'altre, ne caverà le risposte verissime a tutti i dubbi e ne trarrà gli insegnamenti di tutte le scienze e di tutte le arti [. . .]" (GALILEI, *Dialogo*..., cit., p. 468).
8 Cfr. G. PRETI, *Retorica e logica*, Torino 1968, p. 65.
9 Cfr., ai paragrafi 40 e 470, 1*a*, H. LAUSBERG, *Elementi di retorica*, tr. it. di L. RITTER SANTINI, Bologna 1969, nonché sulle oscillazioni di alcune figure tra *inventio* ed *elocutio*, G. UEDING, *Einführung in die Rhetorik*, Stuggart 1976, pp. 271-274 (a proposito dell'*amplificatio*).
10 G.B. MARINO, *L'Adone*, a cura di G. POZZI, II, Milano 1976.
11 Cfr. di nuovo MARINO, *Lettere*..., cit., p. 246. Sul concetto bachtiniano di polifonia si leggano perlomeno C. SEGRE, *Punto di vista e polifonia nell'analisi narratologica*, in *Atti del Convegno Internazionale "Letterature classiche e narratologia"*, Istituto di Filologia latina dell'Università di Perugia 1981, pp. 51-65 (ora in C. SEGRE, *Teatro e romanzo*, Torino 1984, pp. 85-101, in particolare pp. 91-101), ed E. RAIMONDI, *Dal formalismo alla pragmatica della letteratura*, in *Tecniche della critica letteraria*, edizione accresciuta, Torino 1983, pp. 143-144.
12 Cfr. B. PORCELLI, *Le fonti de "gli errori" nel canto XV dell' "Adone"*, "Critica letteraria", XII (1984), pp. 475-494.
13 Si veda G. POZZI, *La rosa in mano al professore*, Fribourg 1974, p. 72; ID., *Codici, stereotipi, topoi e fonti letterarie*, in *Intorno al "codice"*. Atti del terzo Convegno della Associazione Italiana di Studi Semiotici (Pavia, 26-27 settembre 1975), Firenze 1976 ("Pubblicazioni della Facoltà di Lettere e Filosofia dell'Università di Pavia", 22), pp. 37-76; ID., *Il ritratto della donna nella poesia d'inizio Cinquecento e la pittura di Giorgione*, "Lettere italiane", XXXI (1979), pp. 3-30; ID., *La parola dipinta*, Milano 1981 ("Il ramo d'oro",7), pp. 60-65 e 180-189 *passim*.
14 Su questi elementi rinvio ad A. COLOMBO, *Metafore e immagini per la comparsa di uno specchio, nella "Lira" di G.B. Marino*, in *Letteratura italiana e*

arti figurative. Atti del XII Congresso dell'Associazione Internazionale per gli Studi di Lingua e Letteratura Italiana (Toronto-Hamilton-Montreal, 6–10 maggio 1985), Firenze 1988. Le osservazioni che seguono andranno lette in stretta relazione con quelle avanzate nel contributo appena citato.

15 G.B. MARINO, *La Lira*, I, Venezia, G.B Ciotti 1620, p. 6; I, pp. 6–7; II, p. 80. La sezione delle 'amorose' della *Lira*, parte prima, è ora disponibile per intero in una nuova veste: G.B. MARINO, *Rime amorose*, a cura di O. BESOMI e A. MARTINI, Modena 1987.
16 L. CARETTI, *Studi sulle rime del Tasso*, Roma 1950, p. 155.
17 MARINO, *La Lira*. . . , cit., II, p. 80.
18 T. TASSO, *Le rime*, a cura di A. SOLERTI, II, Romagnoli-Dall'Acqua, 1898–1902, III, p. 344.
19 MARINO, *L'Adone*. . . , cit., II, pp. 601–602.
20 MARINO, *La Lira*. . . , cit., I, p. 22.
21 HOR., *Carm*. IV, 10.
22 MARINO, *La Lira*. . . . cit., I, p. 18.
23 HOR., *Carm*., I, 1; MARINO, *La Lira*. . . , cit., I, p. 1.
24 MARINO, *La Lira*. . . , cit., II, p. 79.
25 MARINO, *L'Adone*. . . , cit., II, pp. 603–604.
26 Cfr. A. GASPARY, *Di una fonte francese del Marino*, "Giornale storico della letteratura italiana", XV (1890), pp. 306–309.
27 MARINO, *Lettere*. . . , cit., p. 249.
28 F. COLONNA, *Hypnerotomachia Poliphili*, a cura di G. POZZI e L.A. CIAPPONI, I-II, Padova 1980 ("Medioevo e Umanesimo", 38–39); cfr. l'importante recensione di E. FUMAGALLI, in "Aevum", LV (1981), pp. 571–583, che propone rettifiche e integrazioni riassumendo altresì i termini dell'annoso dibattito sull'identità dell'autore; su quest'ultimo problema si veda anche la sintesi di G. POZZI, *Colonna Francesco*, in *Dizionario critico della letteratura italiana*, diretto da V. Branca, seconda ed., I, Torino 1986, pp. 622–625. Nelle citazioni il numero romano indica il volume, l'arabo la pagina.
29 C. COLOMBO, *Cultura e tradizione nell'Adone di G.B. Marino*, Padova 1967, pp. 31–34.
30 Sull'appartenenza del Marino alle categorie di barocco e di manierista cfr. quanto è detto in G.B. MARINO, *Le dicerie sacre e La strage de gl'innocenti*, a cura di G. POZZI, Torino 1960 ("Nuova raccolta di classici italiani annotati", 5), pp. 18–19; J.V. MIROLLO, *Mannerist and baroque lyric style in Marino and Marinisti*, "Forum Italicum", VIII (1973), pp. 318–337. Torna sull'argomento, opportunamente, M. PIERI, *Debito da pagare al Metafraste*, in *Scritture di scritture. Testi, generi, modelli nel Rinascimento*, a cura di G. MAZZACURATI e M. PLAISANCE, Roma 1987, pp. 53–66. Si veda inoltre l'eccellente riepilogo di E. RAIMONDI, *Manierismo*, in *Dizionario critico*. . . , cit., III, pp. 37–42.
31 G. PASQUALI, *Arte allusiva*, in *Stravaganze quarte e supreme*, Venezia 1951,

pp. 11–20 (ma l'articolo è del 1942); cfr. anche il non meno noto lavoro di G.B. CONTE, *Memoria dei poeti e sistema letterario*, Torino 1974, pp. 5–14 in particolare, ed inoltre C. SEGRE, *Intertestualità e interdiscorsività nel romanzo e nella poesia*, in *La parola ritrovata. Fonti e analisi letteraria*, a cura di C. DI GIROLAMO e I. PACCAGNELLA, Palermo 1982, pp. 15–28 (ora in SEGRE, *Teatro e romanzo*..., cit., pp. 103–118), nonché M. CORTI, *Il viaggio testuale*, Torino 1978, pp. 5–17. Una visione d'insieme del problema è offerta, con nuovi elementi di valutazione, da E. MALATO, *Filologia e critica*, in *La critica del testo. Problemi di metodo ed esperienze di lavoro*. Atti del Convegno (Lecce, 22–26 ottobre 1984), Roma 1985, pp. 3–23, mentre sulla struttura della citazione si consulti, da ultimo, il contributo di A. JACOMUZZI, *La citazione come procedimento letterario. Appunti e considerazioni*, in *L'arte dell'interpretare. Studi critici offerti a Giovanni Getto*, Cuneo 1984, pp. 3–15.

32 Cfr. CONTE, *Memoria dei poeti*..., cit., p. 13. Ma sul concetto di 'tradizione' si veda il saggio di J. SLAVIŃSKI, *Synchrónia a diachrónia v literárnohistorickon procese*, "Slavica slovaca", I (1966), pp. 128–141, poi rifuso nel volume (Warszawa 1974) *Dzieło, język, tradycja*, pp. 11–38 (cfr. *La semiotica nei Paesi slavi*, a cura di C. PREVIGNANO, Milano 1979, pp. 593–605).

CANTO XVII: LA DIPARTITA

Paolo Cherchi

Il distacco e l'inutile rimedio

Il tema della separazione di Venere e Adone che domina il canto è anticipato, con procedimento non insolito, da due ottave di chiusura (265 e 269) del canto precedente. In virtù della struttura bifocale del poema, questo tema non può non ricordare un episodio analogo dell'inizio del c. XII. In entrambi i casi la separazione ha luogo dopo che l'educazione sensuale e intellettuale di Adone è stata completata: vale a dire, in due punti morti della narrazione, quando la perfezione del protagonista maschile (se sono possibili due perfezioni analoghe senza che l'una destituisca l'altra) sembrerebbe preparare una vita amorosa perfetta senza eventi e senza mutamenti. Tuttavia, il sistema delle analogie e dell'anologo/diverso su cui s'impernia il poema richiede subito di operare dei distinguo. La prima separazione è imposta dall'entrata in scena di Marte, marito geloso, e non vien stabilita nessuna scadenza per la riunificazione; inoltre l'allontanamento di Adone (il quale occuperà l'immediato proscenio, come farà poi Venere una volta allontanatasi dall'amante) è accompagnato dal dono di un anello magico. Nel secondo caso, la separazione è prevista per un periodo brevissimo ("Né più in là differir voglio il ritorno Se non quanto si chiuda il dì festivo," ott. 15),[1] ed è dettata dalla volontà di Venere di adempiere ad un suo dovere divino. Questa volta il dono sarà di natura diversa: non un anello che consenta ad Adone di veder sempre la sua Venere, ma la concessione di cacciare nel parco che solo Diana può frequentare. A parte altre minori analogie e diversità, è chiaro che la differenza principale stia nella causa che origina la separazione perché nel secondo caso essa non risale ad una forza esterna ma a Venere stessa, anche se, come vedremo, la dea invochi ineludibili imperativi celesti. È una differenza fondamentale ai fini del racconto perché essa significa che nella psicologia di Venere—superficiale e frivola quanto si voglia—si è creata un'ambivalenza, anzi una preferenza per il culto dei fedeli rispetto all'amore di Adone. Venere può addurre come attenuante la brevità della sua assenza; ma è proprio tale attenuante a tradire una cattiva coscienza, la consapevolezza di un conflitto che finisce con lo svalutare l'amore per Adone e a portare alla rimozione del divieto di caccia. Ma poiché questa rimozione viene estorta da Adone sotto il pretesto di un compenso, è chiaro che anche nel giovinetto sussistono due amori ugualmente intensi: quello per la dea e quello per la caccia. Si può dire pertanto che, sotto molti aspetti, la seconda separazione riporti la storia al suo punto di partenza restaurando il carattere dei protagonisti al momento anteriore del racconto, quando Adone era esclusivamente cacciatore, e Venere—nella favola di Paride dove per la prima volta ci viene presentata—era dominata dalla sua vanità di trionfi. La storia quale s'è svolta fino a questo canto—storia che mirava all'educazione d'Adone e si costruiva verso una situazione di perfetto idillio—appare come una parentesi e viene relativizzata per l'insorgere di vecchi amori. Basta pensare che la condizione indispensabile per la realizzazione e la perpetuità dell'amore, cioè il divieto di caccia, viene rimossa con una leggerezza che inficia o almeno rende sospetta la sempre proclamata unicità ed assolutezza dell'amore reciproco fra i due amanti.

Questo canto, che smonta tutta una storia lunga se non robusta, è a sua volta un esempio luminoso di come si possa rendere inutile un racconto mettendo insieme tutta una serie di azioni contraddittorie e inconclusive che finiscono col vuotare il canto di ogni funzione veramente costruttiva e finiscono col ritrarre i protagonisti nel momento più alto della loro incapacità di controllare gli eventi. Una prima verifica di questo fatto ci viene ancora dal sistema delle analogie e dell'analogo/diverso: negli episodi principali del nostro canto vengono esperiti elementi che hanno già avuto una funzione narrativa in altri episodi ma che ora va perduta.

Si può cominciare con l'episodio della periegesi che stando almeno al numero dei versi è il più importante del canto. Il lungo viaggio di Venere richiama immediatamente quello che lei compie alla ricerca di Cupido perché punisca Psiche la cui bellezza ha fatto obliare quella della dea presso i suoi devoti. La favola di Cupido e Psiche ha soltanto un valore esemplare ed è pertanto estranea al racconto degli amori fra Venere e Adone. Tuttavia bisogna rilevare che i due viaggi si trovano in una posizione simmetrica poiché occupano entrambi un posto equidistante dai canti estremi: essi sono, cioè, il quarto ed il quart'ultimo. La simmetria è certamente intenzionale e ciò giustifica, anzi impone una lettura comparativa dei due viaggi. La periegesi del c. IV, di proporzioni più ridotte rispetto a quelle del c. XVII, risulta del tutto inutile tanto che produce risultati opposti a quelli desiderati dalla dea. Psiche, infatti, finisce con lo sposare Cupido, sedere accanto a Venere nell'Olimpo e darle addirittura

CANTO XVII: LA DIPARTITA 287

il nipotino Diletto. Anche nel canto XVII il viaggio di Venere produce risultati opposti a quelli voluti; ma ciò che Venere qui desidera ottenere per Adone è quell'immortalità che avrebbe voluto negare a Psiche. Benché la motivazione dei viaggi sia diversa il risultato è identico perché Venere si muove a vuoto, coerentemente col suo statuto di personaggio incapace di dominare gli eventi ed estremamente sensibile tanto all'amore quanto agli onori. L'esemplarità della favola di Psiche e Cupido vive dunque anche a lunga distanza ed illumina il carattere di quella Venere che saprà rinunciare all'amore per inseguire onori. In questa sua superficialità si annida il rischio di rapide marceindietro che possono smontare una storia faticosamente costruita.

Passiamo ad un altro episodio importantissimo del canto alla profezia di Proteo. Questa è la terza del poema. La prima è profferita da Mercurio nel c. XII; la seconda da Venere stessa nel c. XV. Entrambe le profezie hanno la funzione di rafforzare il divieto, mentre quella di Proteo ha luogo quando il divieto è stato rimosso. Essa risulta, pertanto, una profezia inutile anche perché è quasi simultanea agli eventi annunziati. Infatti un ingrediente costante nel topos della profezia non è solo la veridicità dell'evento anticipato, ma anche l'imprecisabilità del tempo in cui questo avrà luogo. Ora rispetto alle altre due la profezia di Proteo ha pochissimi elementi che riguardino il futuro poiché tutti i segni deittici indicano una tale imminenza di catastrofe che la profezia sembra piuttosto una dichiarazione di eventi accaduti che di elementi futui. La sua funzione potrebbe essere quella di rendere urgentissimo il ritorno di Venere e di restaurare il divieto, posponendo così la morte di Adone a tempo indeterminato. Ma non succede niente di tutto questo: non solo Venere sente male a causa del vento le parole profetiche di Proteo (è un gioco malizioso del Marino che sottolinea quanto scarso effetto abbiano quelle parole su chi non vuol rinunciare a desideri più impellenti: un gioco che sdrammatizza la profezia introducendo una causa lieve in un momento così grave), ma presta attenzione alle parole di Tritone e s'avvia per un lungo viaggio alla ricerca di un'erba che risolva in modo del tutto nuovo, aggirandolo, il problema della morte di Adone. Questa ricerca, per altro inutile, aspira a vuotare di senso tutte le profezie e i conseguenti divieti che sono parte importantissima della fabula.

La ricerca dell'erba magica che diede immortalità a Glauco non può non ricordare l'erba luccia che Mercurio consegna ad Adone durante la prigionia impostagli da Falsirena (c. XVII, ott. 127). In nessuno dei due casi però l'erba magica ha una funzione effettiva perché nel primo la liberazione del prigioniero avviene per altri mezzi, e nel secondo perché non si ha accesso al detentore del suo segreto. La differenza è notevole perché l'inaccessibilità dell'erba vanifica la lunga *queste*. Il dialogo che apre il canto ha anch'esso il suo analogo/diverso nel dialogo del c. VIII (ott. 108–149) comparabile anche in estensione a quello del nostro canto. Si ricorderà che lì Adone rientra una sera dalla caccia dopo una separazione di un giorno da Venere. Alle querele della dea per l'abbandono e per il pericolo in cui Adone incorre, questi risponde rassicurandola del suo amore. In effetti il dialogo porta al celebre episodio dei baci in cui i due amanti sembrano attingere il massimo della felicità. In quest'occasione il giovinetto sospira un'ottava:

—Fa dunque, anima mia (l'altro le dice
ch'io con vita immortal cangi la morte.
Voli l'anima al ciel, siché felice
sia degli eterni dei fatta consorte.
Fa ch'io viva e ch'io mora, e, se ciò lice,
fa ch'io riviva poi con miglior sorte.
Dolcemente languendo al'istess'ora,
fa che 'n bocca io ti viva, in sen ti mora. (c. VIII, ott. 133)

dove gli ultimi versi chiaramente tradiscono l'origine lirico-amorosa di quel desiderio di immortalità. In Adone non c'è nessun disegno reale di conseguire l'immortalità; egli esprime soltanto il desiderio di sottrarre al tempo il godimento amoroso, la beatitudine amorosa che di per se stessa (lo sapeva perfino S. Tommaso)[2] cancella la coscienza del tempo. E il dialogo porta all'inveramento del suo desiderio. Nel momento in cui la situazione si rovescia—quando, cioè, Venere lascia Adone—non solo il dialogo si apre fra i baci e finisce nel distacco, ma la dea si mette in moto per poter dare all'amante un'immortalità reale prefigurata da quell'immortalità che Adone cercava solo nelle braccia della dea. La ricerca reale va a vuoto, mentre il desiderio puramente retorico arriva a realizzarsi.

La toeletta di Venere—altro episodio importante del c. XVII—richiama i momenti in cui la dea si traveste prima da Diana e poi da Zingara. Poiché tali travestimenti hanno sempre luogo prima degli incontri con Adone, la loro funzione è ovvia in quanto portano alla conquista del giovinetto. Nel c. XVII la toeletta avviene nel momento della separazione e non ha altra funzione se non quella d'essere fine a se stessa, tanto che non risulta chiaro se addirittura Adone sia presente o no. Sarebbe forse più giusto pensare che la toeletta serva a preparare Venere per l'adorazione e l'ammirazione dei suoi fedeli; ma siccome di tali fedeli e ammiratori della dea non si ha traccia nel poema, risulta che anche questa possibile funzione è andata sprecata.

CANTO XVII: LA DIPARTITA 289

Le osservazioni precedenti, incentrate sugli episodi principali del canto, non lasciano dubbi, mi pare, sulla funzione che esso ha nel contesto del poema: funzione puramente negativa che mira a smontare alcuni ingranaggi della macchina narrativa facendole cambiar corso non per andare in una nuova direzione ma per provare l'esaurimento di quella vecchia. Si vedrà ora più da vicino come gli ingranaggi narrativi del canto stesso non portino molto lontano o, per lo meno, non portino sempre verso la meta voluta.

* * * * *

Il canto si può agevolmente dividere in più segmenti. Dopo le normali sette ottave meditative di introduzione, si ha una notazione temporale dell'Aurora (ott. 8) che si deve raccordare con l'ottava finale contenente la notazione della sera. L'azione del canto si svolge, quindi, nel giro di una giornata, secondo una misura narrativa consueta del poema. Il dialogo fra i due amanti occupa le ottave 10–65. La toeletta e i preparativi per la partenza, inclusa la ricerca di Tritone, coprono le ottave 66–104. Al viaggio vero e proprio son riservate le ottave 105–184. Se si vuole ricavare un senso da tale ripartizione, si può vedere che il viaggio costituisce la parte più ampia (quasi perfettamente il doppio del dialogo, qualora lo si faccia iniziare all' ott. 83, cioè al momento in cui la toeletta è stata completata). Essendo la parte che intende cercare un rimedio ai risultati del dialogo, ed essendo anche la parte più inutile, risulta potente il gioco che detta un rapporto proporzionalmente inverso fra funzione narrativa e misura dei materiali utilizzati: è già una spia del come il racconto tenda a smantellarsi. All'interno di questi segmenti son possibili altre ripartizioni in altri segmenti che, in genere, si accumulano con tendenza ad inficiarsi reciprocamente.

La protasi del canto è imperniata su un gioco di elementi antitetici. Una serie di verbi di senso disgiuntivo (*scompagnare, dividere, dipartire, disgiungere, distaccare, abbandonare, svellere, sciogliere*) corre in conflitto con una serie di verbi di senso opposto (*congiungere, unire, accordare, accoppiare*); così, ad una catena di sostantivi ed aggettivi indicanti unione (*due, ambo, consorte, coppia, unita, indissolubil nodo*) si contrappone una fila di segni di significato opposto (*sola, l'alma del corpo, in due si diparte*). Da questa opposizione nasce la serie di *mortale angoscia, uccide, pianti, doglie, schianti, sospiri*, ecc., che sono un preludio al dialogo fra i due amanti. Il risultato affettivo della separazione porta a desiderare, anzi ad invidiare elementi che cancellano o quanto meno accorciano le distanze fisiche: *baleno, saette, raggi solari, augelli, venti, fiumi e rivoli, stelle cadenti*. Poiché le ottave che elencano questi invidiati esseri o elementi si trovano al centro della protasi (ott. 3–4) non si può escludere un calcolo mariniano che nel mezzo delle sei ottave sul tema della separazione ponga una sorta di rimedio ideale, un desiderio di neutralizzare la separazione. È un gioco iconico che separa unendo le prime due ottave alle ultime due, e che per giunta introduce il motivo di quegli elementi aerei ed acquorei che saranno tanta parte del canto.

L'ottava settima raccorda la parte meditativa sulla separazione alla storia concreta di Venere e Adone. Nell'ottava seguente si annuncia l'Aurora, e vi si prolunga il tema dell'uno/due dei versi precedenti: prima nell'immagine della "gravidanza" e poi del "parto". L'Aurora, con le ore "allevadrici" e col bagno di Teti, adorna "di perle e di zaffiri", prelude alla toeletta di Venere (che però avviene simultaneamente); ma col suo senso aereo e gioioso segna un forte contrasto con la scena che segue.

L'ottava decima è cruciale per capire l'ambivalenza di Venere:

Ella ch'al rito degli usati giuochi
deve apunto quel dì girne a Citera,
dove ne van da' circostanti luochi
i suoi devoti ogni anno in lunga schiera
e di vittime sacre e sacri fuochi
onoran lei che 'n quelle parti impera,
parlar non osa e non s'arrischia a dire,
o parola mortal! che vuol partire.

È importante cogliere la differenza tra il "deve" e il "vuole" perché il secondo nel corso dell'enunciato si sostituisce al primo, tanto che non risulta chiaro se il viaggio sia frutto di dovere o di volontà. La sottile ambiguità di questa duplice motivazione è resa dalla lunga dislocazione del predicato rispetto al soggetto ("Ella . . . parlar non osa e non s'arrischia a dire"). La difficoltà psicologica della situazione può essere spiegata solo con una similitudine (ott. 11) che, tra l'altro, ritarda il dialogo ed è farcita da ben quattro chiasmi quasi ad indicare l'immobilità di chi vuol dire e non può. La situazione non esce completamente dall'*impasse* con l'ott. 11 dove all'anafora di "convienmi" (quattro volte nei versi dispari) che afferma la necessità del viaggio, si incastrano parentesi di affetto. Ma l'ottava seguente afferma con maggior risolutezza tale convenienza; tuttavia, per attenuare gli effetti e coprire le cause vere della separazione, Venere aggiunge che l'"assenza" sarà un "assenzio" e che la lontananza sarà di breve durata; inoltre, per assumere un atteggiamento di superiorità,

CANTO XVII: LA DIPARTITA 291

appende un sermoncino che è una reiterazione del divieto di caccia. Ma il divieto indica vagamente un luogo proibito (mai prima citato, se non al c. I, 144 e in circostanze diverse) che verrà specificato nell'ott. 50. Tale menzione sarebbe del tutto gratuita a questo punto se non costituisse già un prodromo velato alla concessione. Queste poche ottave ordiscono così le fila su cui il dialogo s'intesse: necessità/desiderio d'andare a Pafo; dolore per la separazione e divieto che vien presentato in modo più suggestivo che mai. Riprendendo ad uno ad uno questi temi, Adone, con abile tattica di chi si proclama vittimizzato, riesce a trarre vantaggio dalla situazione e volgerla a suo favore. Il dialogo ha qualcosa di madrigalesco e di lirico; ma non ci s'inganni: esso costruisce un'argomentazione che porta alla fine ad un compromesso, ad uno scambio di concessioni in cui viene assecondato il piacere dei due protagonisti. In tale scambio l'amore è usato come pretesto e viene declassato a un rango inferiore rispetto ad interessi già vecchi e ora rinnovati.

Adone esordisce con una serie congestionata di domande puntando subito sulla "volontà" di Venere come causa del viaggio; e da innamorato nutrito di succhi madrigaleschi non può non maledire Amore che esalta per poi distruggere (ott. 19). Venere professa dolore per il dolore d'Adone; insiste, però, nel presentarsi come vittima di una "sorte", di una forza superiore. Ma Adone smonta facilmente quest'argomento insistendo ancora sul "volere" della dea che ella nasconde sotto forma di una necessità: "Non so perché si lagni / chi procaccia a sestessa il suo tormento" (ott. 23), o "Non sente passion molto penosa / né molto il senso e l'intelletto ha sano, / chiunque piagne per dolor di cosa / il cui rimedio è del suo arbitrio in mano" (ott. 24). Vinta da tanta logica, Venere non può che insistere sulla chiamata celeste. E Adone, incredulo, si abbandona ad uno sfogo rassegnato (ben 12 ottave). Comincia con un amaro augurio di felicità (amaro perché non condividerà questa felicità); passa quindi a note luttuose che lentamente si trasformano in una distaccata preghiera di poter vivere nel ricordo della dea: è una preghiera che tocca il registro madrigalesco più intenso del dialogo, che gioca sul contrasto fra la morte e cose leggiadre e indulge su un patetico musicale (notevole l'anafora del se ipotetico che apre e spezza le ottave 33-35) che stempera il dolore nel rimpianto. Ma, dopo una pausa sospirosa, il tono muta diventando aggressivo: Adone insinua che Venere voglia ricongiungersi a Marte. Riaffiora così il tema della gelosia che era presente al momento della prima separazione: ma lì era la gelosia di Marte che risulta in una potente prosopopea di questa passione (c. XII, ott. 1-26), mentre qui è la gelosia del querulo Adone che non va più in là d'una ottava (38) ed è per giunta gratuita (si noti che Adone non sente gelosia quando, allontanato da Venere per ricevere Marte, ne avrebbe pieno motivo) tanto che potrebbe essere soltanto uno stratagemma per ferire Venere. Effettivamente la gratuità di quest'accusa ferisce Venere poiché il ritorno a Marte non è certo fra i suoi piani. Perciò ella ritorce con proteste sincere; ma ormai è sulla difensiva e disposta a far tutto per calmare Adone. Ecco, quindi, il giuramento di fedeltà incrollabile, pena la cacciata dal cielo. Ed ecco che Adone non si dimostra da meno, giurando fedeltà eterna, pena la morte inflitta da "un mostro crudel" che "gli squarci il fianco" (ott. 42). È una profezia; ma non si realizzerà, certo, per l'infrazione di questo giuramento. Venere, infatti, lo esorta a non profferire, neanche per giuramento, "così malvagi auguri" (ott. 43). Con questi giuramenti il dialogo è pervenuto ad una conclusione provvisoria. L'amore reciproco è proclamato come meglio non si potrebbe; ma rimane in sospeso un debito di Venere verso Adone perché il dolore del giovinetto non è placato. Egli, infatti, continua a piangere, ma anche Venere ora piange. Adone "s'arrischia" a chiederle un dono, e Venere corrivamente lo concede, giurando (il clima è già stato preparato dai giuramenti anteriori) sullo Stige che gli concederà qualsiasi cosa le richieda. Si lamenta solo di non poter dare all'amato l'immortalità— quell'immortalità che subito dopo ricercherà. Adone chiede di cacciare nel parco vietato. Venere, legata "irrevocabilmente" dal giuramento, non può negarglielo. Si crea così una situazione simile a quelle ovidiane del giuramento sullo Stige di Apollo a Fetonte e di Giove a Semelè con i conseguenti pentimenti.[3] I deboli tentativi di Venere per distogliere Adone dal suo desiderio e i forti presagi di morte non son sufficienti a far deflettere Adone. Egli è tanto ostinato nel suo desiderio di caccia proibita quanto lo è Venere nel suo proposito di recarsi a Pafo. La situazione si è equilibrata rovesciandosi. A Venere non rimane che tentare un rimedio al suo corrivo giuramento esortando Adone a limitarsi alla caccia minuta.[4] Ora è Venere ad essere querula. La sua lunga esortazione (ott. 55–62) ricorda quella del c. V dopo l'episodio di Atteone; solo che lì l'invettiva contro la caccia grossa nasce dal desiderio di non separarsi da Adone, mentre qui nasce per paura che la separazione possa essere fatale all'intrepido cacciatore. L'esortazione rafforza il presagio, mo non lo previene. Risolto così il problema, Adone si rinfranca come un fiore ai primi raggi del sole (ott. 63). Il dialogo è finito e i due protagonisti sono alla pari: nonostante l'amore reciproco, sono entrambi pronti ad andare incontro a vecchi amori. Il divieto è stato corrivamente rimosso e tutto un ingranaggio del poema è caduto. Anche l'amore fra la dea e il giovinetto—amore su cui è stata ordita gran parte del dialogo—passa in secondo piano, e rimane come una

CANTO XVII: LA DIPARTITA   293

proclamazione senza altri effetti che il pianto, subito asciugato col panno del compromesso. La scena cambia bruscamente con un'immagine di perfetta armonia. Entrano in scena le Grazie:

> Giovinette attrattive e verginelle
> son queste, ignude e 'n sottil velo avolte,
> sempre liete e ridenti e sempre belle,
> sempre unite in amor né mai disciolte,
> di pari età, di par beltà sorelle,
> con palma a palma in caro groppo accolte,
> somiglianti tra sé mostrano espresso
> non diverso e non uno il volto istesso (ott. 66).

È un'iconologia del tutto tradizionale e risale, in questa forma, a Seneca.[5] Non è tradizionale invece il numero della Grazie che Marino porta a sei. Alle normali tre Grazie Marino poteva aggiungerne altre due basandosi su tradizioni secondarie. Ma in nessuna tradizione egli trovava Celia, la sesta Grazia cui Marino assegna il privilegiato posto di tutelare la poesia. L'aggiunta è problematica, e il Pozzi ne ha dato la spiegazione più plausibile leggendo nel nome della Grazia il suo significato ultimo. Ma perché giunga solo a questo punto una dichiarazione sulla natura della poesia moderna non è affatto chiaro. Forse il valore di un giudizio retrospettivo, pensando, cioè, a quello che Marino ha appena fatto trasponendo il tema della separazione dal registro narrativo a quello lirico e madrigalesco. Potrebbe essere anche un giudizio anticipato riguardante il trattamento di amplificazione cui si accinge a sottoporre gli episodi della toeletta e della periegesi offerti da Claudiano; basti pensare che i sei versi[6] dedicati dal poeta classico alla pettinatura di Venere vengono amplificati in sei ottave dal poeta moderno: e anche questa è una forma di "celia" o di urbanità arguta. Comunque stiano le cose, rimane certo che l'aggiunta di Celia— come di Pito e Positeo—risulta completamente inutile dal punto di vista narrativo, ché alla toeletta di Venere accudiscono soltanto le tre Grazie classiche, Talia, Aglaia ed Eufrosine. Questa inutilità è ancor più enfatizzata se si considera che alla Grazia moderna son dedicate tre intere ottave, secondo la misura delle descrizioni riservate in questo canto a Proteo, a Salacia e a Glauco.

L'episodio della toeletta ricalca in parte gli schemi tradizionali della descrizione della bellezza che partono dai capelli e finiscono ai piedi. Marino si ferma alla gola. Anziché seguire un procedimento puramente statico-descrittivo (e basterà pensare, per la descrizione dei capelli, oltre a Claudiano, a passi simili in Apuleio[7] e nel Boccaccio della *Comme-*

dia delle Ninfe fiorentine),[8] Marino adotta un precedimento che potrebbe sembrare narrativo, perché la toeletta è un fare delle Grazie. La massa fluida dei capelli richiede l'impegno maggiore perché bisogna acconciarli sezione per sezione e portarli da una forma a un'altra. L'acconciatura è completata dalla sovrapposizione di ghirlande di rose. Le orecchie e la gola sono indicate rispettivamente dalla sovrapposizione di orecchini e di una collana: a questi oggetti, non alle parti del viso, vien riservata la descrizione; per cui una descrizione si sovrappone ad un'altra e ciò crea l'impressione di un movimento narrativo. Tale descrizione permane nella descrizione degli occhi, delle guance, dei denti e della bocca fatta attraverso lo specchio, strumento espressamente escluso da Claudiano.[9] Nel complesso si ha un cammeo cesellato con grande minuzia, la cui funzione è preparare Venere al suo viaggio trionfale e farla apparire più bella che mai proprio nel momento in cui abbandona Adone.

Eccola, dunque, sulla riva del mare mentre l'Aurora sta sorgendo (ott. 84). È questa la seconda menzione dell'Aurora, come se il lungo dialogo e la lenta toeletta non avessero consumato alcun tempo: il tempo che è la misura della narrazione! La spiaggia si popola di Amorini i cui numerosi giochi compongono un'ampia tela. Non è la prima volta che li incontriamo. Essi erano presenti nella camera nuziale di Venere e Marte (c. XIII). In entrambi i casi Adone è spettatore silenzioso (prima perché pappagallo, ora perché ha già accettato che la dea parta) di Venere che risponde ad altri amori.

Col comando di Venere agliAmorini di cercare Tritone comincia il viaggio vero e proprio, anzi il primo dei molti viaggi che si intersecano e si annullano reciprocamente, creando una ripetuta serie di *mise en abîme* in un vertiginoso correre a vuoto che in parte vuol cercare un rimedio al potenziale danno creato nella prima parte del canto. Partono, dunque, gli Amorini, spinti anche dalla promessa del premio di una cetra. Ma il loro viaggio è inutile perché a rinvenire Tritone sarà Cupido poiché solo lui "che sdegna trofei di cor selvaggi e d'animi plebei" (ott. 94) può compiere la missione di sollecitare il mostro marino a prestare il suo servizio a Venere. E vi riesce con la promessa che Tritone saprà piegare l'animo di Cimotoe. Tritone col suo aiuto—si noti—è in viaggio perché insegue Cimotoe: abbiamo così un viaggio per un amore non corrisposto che è analogo/diverso dal viaggio di Glauco alla ricerca di un'erba che potrebbe procacciargli l'amore di Scilla. Sono due viaggi di *queste* amorosa, antitetici dal punto di vista geografico, che inscrivono il viaggio di Venere. La promessa di Cupido (come prima la promessa della cetra da parte di Venere) rimane un tronco morto perché non si farà più menzione del suo

CANTO XVII: LA DIPARTITA 295

adempimento. Importante è anche il fatto che Tritone si trovi nel mar Carpazio, vale a dire in un luogo ove Venere si recherà: importante perché è una duplicazione che accentua l'inutilità di tanti viaggi. Tritone è ora arrivato a Cipro. Un ultimo addio fra gli amanti, e Venere salpa sul dorso del mostro marino che erge la coda a modo d'ombrello. Questo particolare è ricavato da Claudiano; ma non è da escludere che si tratti di una memoria visiva, poiché lo si trova anche in quadri di pittori vicinissimi a Marino, come Poussin;[10] del resto tutto il tema di Venere nel mare è frequentatissimo dai pittori del tempo,[11] tanto che la resa mariniana fa pensare ad una sapientissima ecfrasis. Venere, la dea anadiemone, è ora trionfante nel mezzo che le ha dato la vita. Un coro di ninfe e divinità marine emerge dal fondo del mare a salutarla, dando luogo ad una grandiosa e trionfale festa che utilizza il tema della natura partecipe. L'episodio è intessuto di ricordi da Claudiano, come ha ampiamente dimostrato il Pozzi; ma si notano anche tessere procedenti da Apuleio:[12] questi presenta una sorta di trionfo di Venere all'inizio della favola di Psiche e Cupido, episodio che Marino trascura quando riprende la favola, ma che traspone a questo punto quando importa enfatizzare il fulgore della dea fine a se stesso. La rassegna delle ninfe e delle divinità è bilanciata con quella degli Amorini dando a ciascuno nove ottave (quelle dedicate alle ninfe e divinità sono in effetti dodici, ma tre sono dedicate esclusivamente a Salacia). Insieme aprono lo spazio su cui prospera la tecnica descrittiva che predomina nella seconda parte del canto e ne avviano il ricorso enumerativo.

Il viaggio è cominciato in un tripudio di luce, in un trionfo di movimenti spaziosi, in un continuo gioco di emersioni e di immersioni che aprono ulteriormente lo spazio in senso verticale. Ma ecco emergere dai fondali marini la figura di Proteo che darà al viaggio un vettore diverso. La sua presenza è maestosa e la sua descrizione ritarda la funzione che deve espletare. In quattro ottave non ambigue (come suol essere il caso delle profezie), egli predice l'imminente morte di Adone, e termina con un iussivo "se non ami il tuo danno, indietro riedi" (ott. 127). Venere, seppure non sente bene le parole di Proteo, rimane perplessa e dubbiosa se sia meglio tornare a Cipro. Questo dubbio la rende disponibile a prestare ascolto alle parole di Tritone che controbatte la profezia non negandola ma aggirandola. La sua risposta è esattamente di otto ottave, il doppio, cioè, della profezia di Proteo: anche il peso materiale delle sue parole vale a convincere l'indecisa dea!

Comincia quindi il secondo viaggio di Venere per procacciare l'immortalità di Adone. È un viaggio analogo al viaggio di Glauco che cerca la maga Circe per averne succhi d'erbe che ridiano la vita a Scilla; e ha delle analogie anche col viaggio di Tritone in quanto sono entrambi parentesi temporanee rispetto alla scopo principale dei rispettivi viaggi. Ma non sono viaggi che si complementano per arrivare ad un fine; sono semmai viaggi che si accumulano per creare un più alto senso di vertigine, un senso di movimento inutile che risulta aver per fine il viaggiare stesso.

Il viaggio alla ricerca di Glauco e indirettamente dell'erba magica si divide in due parti: una alla volta del mar Nero, l'altra alla volta geograficamente opposta della Sicilia. Al centro di questi due vettori opposti sta Citera che è poi la meta ultima. Le due parti si bilanciano perfettamente, almeno dal punto di vista della materia coperta. Quattordici sono, infatti, le ottave dedicate al primo tragitto e ventidue al secondo; ma a quest'ultimo bisogna sottrarre otto ottave dedicate ad Azio e a Lepanto, per cui il risultato è ancora di quattordici ottave. Del resto l'equilibrio è raggiunto anche in altro modo giacché i luoghi sfiorati sono una quarantina sia nell'uno che nell'altro tragitto. Dal punto di vista nautico il viaggio è completamente assurdo. Chi lo segue su una mappa coglierà inversioni, retrocessioni e dirottamenti d'ogni tipo che allungano il percorso in modo del tutto anormale; ma capirà anche che quel percorso arabescato sia un pretesto mitologico-enumerativo che col suo vertiginoso accumulare nomi a nomi accentui l'idea dell'inanità del viaggio senza vera urgenza. È come una gioiosa conquista del mare, una fuga da Cipro che, da così lontani luoghi, appare non più un'isola privilegiata. Ma chi trascura quegli arabeschi e si attiene alla nota essenziale vedrà come iconicamente venga a formarsi un' *A* maiuscola corsiva calligrafica tracciata con *ductus* inverso, rappresentabile nel modo seguente:

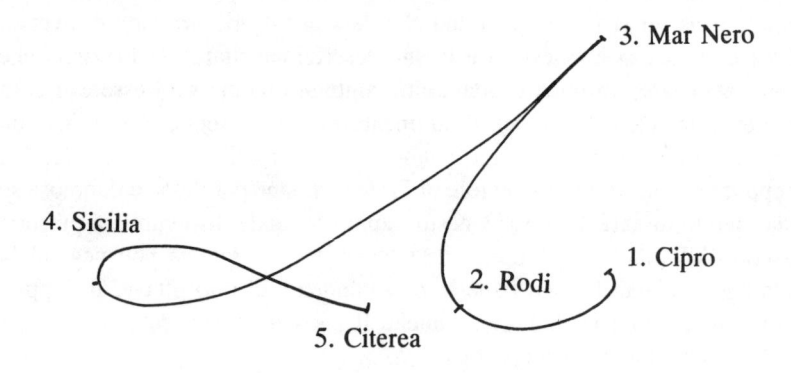

3. Mar Nero

4. Sicilia

2. Rodi

1. Cipro

5. Citerea

dove all'apice i due tragitti si sovrappongono nell'attraversare il Bosforo.

CANTO XVII: LA DIPARTITA 297

Tutto il viaggio potrebbe essere un tipo di carme figurato indicante quell'*A*, la lettera iniziale di Adone, del protagonista assente il cui nome si iscrive su ampi mari ed entra nel pantheon dei magnalia mitologici ma non certo per grandi sue gesta. La rassegna dei luoghi, infatti, è quasi sempre legata a fatti mitologici, perché ogni luogo è memorabile non per sé ma per la storia di cui è stato teatro. Basta, di solito, una sobria allusione a un mito illustre per legare un luogo a una vicenda, così che l'exploit è geografico e storico-mitologico a un tempo. Questa componente storico-mitologica apre la possibilità di una sosta nel viaggio. Venere, davanti ad Azio e a Lepanto, pronuncia una profezia storica che tocca una grande vittoria romana e una grande vittoria del mondo cristiano contro l'impero ottomano. A ciascuna vittoria son dedicate tre ottave, ma è forte il contrasto (sottolineato dal Pozzi) tra la prima che è fonte di gloria per il vincitore e la seconda che è fonte di lutto per il vinto. Così il tempo del mito si incastra nel tempo della storia; ed è un preludio alla conclusione del poema dove i due tempi collimano. Lasciando da parte il significato politico del discorso mariniano (e per quanto riguarda il problema dei Turchi si dovrebbero ricordare le rime che Marino vi dedicò[13] come prova di un suo interesse persistente), si deve sottolineare il fatto che la profezia di Venere abbia luogo all'interno di un'azione promossa in ultima istanza da una profezia. È una profezia inutile dal punto di vista della fabula, e duplica in parte la profezia di Proteo; solo che quest'ultima produce almeno effetti indiretti (non il ritorno di Venere a Cipro ma un tentativo obliquo di salvataggio *in extremis*) mentre la profezia di Venere risulta del tutto gratuita. Essa rallenta ulteriormente il viaggio e spezza il lungo catalogo di nomi. Ma è proprio della natura del catalogo la disponibilità a rotture del genere, perché un catalogo—la risorsa più ovvia dell'istituto descrittivo—può essere interrotto in qualsiasi punto ed essere esteso all'infinito in qualsiasi punto. Tanto è vero che dopo la parentesi della profezia il catalogo di isole e porti viene ripreso fino a quando la *discretio* del poeta trova opportuno fermarsi: la lunga lista di nomi dà al lettore il senso soverchiante dell'ampiezza del viaggio e, considerati i risultati, della sua inutilità. Glauco è partito alla ricerca della maga Circe, e Venere non può più inseguirlo:

D'aver tanto travaglio invan perduto
ala madre d'Amor forte rincrebbe
e del fiero pronostico temuto
l'infausto auspicio in lei sospetto accrebbe,
ma temendo che troppo oltre il devuto
tardi tornata a suo camin sarebbe,
per ritrovarsi ala gran festa a tempo

differì quell'affare a miglior tempo. (ott. 182)

Il viaggio è stato, insomma, una perdita di tempo; e se Venere avrà mai tempo da perdere, allora si occuperà di "quell'affare", di dare immortalità al suo amato. Il presagio di Proteo è più certo che mai; ma Venere, con disinvoltura che "sgonfia" tutta l'azione precedente, trasferendola ad un ordine di importanza secondaria, ha ora premura di arrivare a Citera. Ella ha fatto per Adone ciò che ha potuto, e non le sembra necessario investire altre energie a salvare il suo amore. Ella ordina a Tritone di portarla a Citera; e lo ringrazia del viaggio tortuoso, del "dilettoso errore": è stata una bella escursione prima di andare a cena! Tritone si avvia, e in due versi son detti tutti i luoghi che tocca:

le Cicladi, le Sporadi e le rive
pelasghe, eolie ed attiche ed argive (ott. 184).

E non è solo un indice della premura di Venere: è anche un sorriso malizioso che "vuota" tutto il viaggio precedente in quanto avrebbe potuto esser raccontato in altrettanti pochi versi.

Il canto si chiude con l'immagine di Tritone stanco. Il motore è spento, il motore che non ha prodotto altro che... un viaggio. Anche Tritone, come noi, è stanco e si dimentica perfino la sua bella Cimotoe.

NOTE

1 Tutte le citazioni sono ricavate da G.B. MARINO, *L'Adone*, a cura di G. POZZI, Milano 1976.
2 *Sum. Theol.* 1–2, q. 31, a. 2: "Delectatio secundum se quidem non est in tempore: est enim delectatio in bono iam adepto quod est quasi terminus motus".
3 L'episodio del giuramento di Apollo a Fetonte è in Ovidio, *Met.*, 2:45 ss.:"promissi testis adesto Di iuranda palus, oculis incognita nostris [. . .] Poenituit iurasse patrem". L'episodio di Giove e Semelè è sempre in Ovidio, *Met.*, 3:289 ss.:"cui deus 'elige!' ait 'nullam patiere repulsam, Quoque magis credas, Stygii quoque conscia sunto Numina torrentis: timor et deus ille deorum est [. . .] neque enim non haec optasse, neque ille Non iurasse potest' ".
4 Sul *topos* della caccia minuta vs. la caccia grossa nell'antichità e nel Rinascimento si veda D. CAMERON ALLEN, *On Venus and Adonis*, in *Elizabethan and Jacobean Studies Presented to Frank Percy Wilson*, Oxford 1959, pp. 100 ss.
5 *De beneficiis*, 1, 3, 2–5, ripreso anche da Cesare Ripa nell'*Iconologia*.
6 Precisamente i vv. 101–106 dell'*Epithalamium in nuptias Honorii et Mariae*. L'epitalamio è la fonte più vistosa del canto, non solo per la toeletta ma anche per la periegesi. Riscontri puntuali son dati nel commento del Pozzi.
7 Penso alla celebre descrizione dei capelli di Fotide, *Met.*, 2:9.

CANTO XVII: LA DIPARTITA   299

8 Mi riferisco alle descrizioni di bellezza muliebre dei capp. 9, 13 e 15 dove grande attenzione è posta alla cura della capigliatura.
9 "speculi nec vultus egebat iudicio" (*Epith.*, cit., vv. 106–107).
10 Cfr. F. SOMMER, *Poussin's "Triumph of Neptune and Amphitrite"*: *A Re-Identification*, "Journal of the Warburg and Courtland Institutes", XXIV, 1961, pp. 323–327; M. LEVEY, *Poussin's 'Neptune and Amphitrite' at Philadelphia: A Re-Identification Rejected*, *ibid.*, XXVI, 1963, pp. 359 ss.; C. DEMPSEY, *Poussin's 'Marine Venus' at Philadelphia: A Re-Identification Accepted*, *ibid.*, XXVIII, 1965, pp. 338–343.
11 Cfr. A. PIGLER, *Barockthemen*, 3 voll. Budapest 1974. Basta vedere qui gli indici del vol. 2, p. 265 s.
12 Precisamente da *Met.* 5:31. La prova più certa di questo ricordo mariniano è la presenza di due distinte divinità marine, Portuno e Palemone, tanto nell'*Adone* (ott. 118) quanto nell'opera di Apuleio. Secondo G. Pozzi si tratta di una sola divinità: Portuno è il nome Latino e Palemone il nome greco: il ricordo d'Apuleio ("Portunus caerulis barbis hispidus [...] et auriga parvulus delphini Palaemon") spiega la confusione del Marino.
13 Si leggono ora in G.B. MARINO, *Gerusalemme distrutta e altri teatri di guerra*, a cura di M. PIERI, Parma 1985.

CANTO XVIII: LA MORTE

Francesco Guardiani

I trastulli del cinghiale[1]

È dalla esaustiva *summa* pozziana che per avviare oggi il discorso intorno a questo canto dell'*Adone*, o a qualsiasi altro canto del poema, è utile e anzi necessario prendere le mosse.[2] In modo chiarissimo, nel breve cappello introdutivo alle note sulla "Morte", così il benemerito curatore ne precisa la struttura:

Il canto consta di dieci pannelli: 1. tradimento di Aurilla (ott. 8-42); 2. caccia (ott. 43-101); 3. presagi, sogno e partenza di Venere (ott. 102-131); 4. lamento delle ninfe (ott. 131-138); 5. avviso della sciagura alla dea e suo lamento (ott. 139-168); 6. natura partecipe, secondo lamento di Venere e morte di Adone (ott. 169-186); 7. lamento degli Amori (ott. 187-192); 8. ricerca di Amore, sua venuta sul luogo della disgrazia (193-227); 9. ricerca del cinghiale e processo (ott. 228-241); 10. suicidio di Aurilla (ott. 242-253). I pannelli sono rigorosamente distribuiti secondo un criterio concentrico, da cui nascono le corrispondenze di 1. a 10.; 2. a 9.; 3. a 8.; 4. a 7.; 5. a 6.[3]

Nell'analisi retorica del canto questa struttura riguarda ovviamente l'area della *dispositio*, ovvero della collocazione delle parti (narrative o descrittive, estese o brevi) che mostrano di possedere un carattere di intrinseca unità. Sulle implicazioni che tale organizzazione può comportare nell'economia generale del poema, il Pozzi osserva, seguitando, che "il disegno chiuso, che si ritrova nel c. 8, può forse riflettere la struttura primitiva a tre tempi di tutto il poema".

Ora, se non si può negare che il c. XVIII ha un centro ben marcato nella morte di Adone (se non a livello di precisa disposizione dei segmenti del racconto, perché l'agonia del giovane è ripresa in più parti distanziate fra loro,[4] almeno a livello di contenuti), così come il c. VIII ha nel mezzo l'amplesso nella cameretta nuziale della torre del tatto, si deve comunque riconoscere che il sistema organizzativo delle parti nei due canti è, in effetti, diverso. Nei "Trastulli" la struttura portante è ternaria:

"Il canto in sé è costituito da una struttura ternaria che sottende altri gruppi minori basati sempre sulla combinazione di elementi dispari. La struttura di tutto l'insieme risulta da: 1. attraversamento del giardino (ott. 7–34); 2. bagno (ott. 35–89); 3. amplesso (ott. 90–149),[5] mentre nella "Morte" essa è ostentatamente binaria: oltre allo specchietto del Pozzi riportato sopra, va subito indicato il rilievo della ottave proemiali, costituite sull'opposizione di "Amore" e "Sdegno", di cui si dirà di più in seguito.

Questi primi rilievi già ci permettono di affacciare alcune ipotesi sull'origine del c. XVIII e sulla sua funzione nel disegno generale dell'opera. Dice bene il Pozzi quando definisce la struttura ternaria come la "primitiva" di tutto il *poema*. Egli si riferisce, in particolare, alle notizie sull'*Adone*, all'altezza dell'anno 1605, contenute nella famosa lettera a Bernardo Castello;[6] prima di allora, infatti, *L'Adone* non era un *poema*, ma un idillio, anche se certamente il più importante e il più caro all'autore, tra *Egloghe boscherecce* e "Sospiri d'Ergasto".[7] Ebbene, in quest'idillio, della cui redazione non s'è serbata traccia, il mito era con tutta probabilità narrato in due tempi, amore e morte, e l'impianto compositivo doveva necessariamente tener conto di questa binarietà. Si aggiunga il fatto che dalla lettera al Castello si capisce che il *poema* era appena nato dallo sdoppiamento di una delle due parti precedenti, "amore", in "Innamoramento" e "Trastulli", e dalla conservazione della "morte". E si è allora portati a supporre che l'attuale c. XVIII sia il più antico, o meglio quello che dev'essere stato meno soggetto a sostanziali rimaneggiamenti nel corso della più che ventennale laboriosa incubazione dell'*Adone*. Rimaneggiamenti, e anche abbastanza vistosi, dovettero esserci comunque anche in questo canto visto che, per esempio, nella primissima presentazione del mito (in due tempi), il poeta parla di una vendetta sul cinghiale, mentre nell'*Adone* attuale la bestia ottiene il perdono. Ma interventi posteriori di questo genere (oltre a quello citato si pensi anche alla presenza di Falsirena, che non poteva esserci nell'idillio napoletano),[8] non dovettero cancellare l'impronta della binarietà originaria se questa poi, intorno al 1614, ritorna come struttura costitutiva dell'intero poema, quando alla "Morte" (che si oppone ai "Trastulli" preceduti dall'"Innamoramento") viene anteposto un quarto "libro" del tutto nuovo, quello della "Dipartita".[9]

Fatte queste precisazioni sulla struttura organizzativa delle parti che costituiscono i cc. VIII e XVIII, si può osservare che il secondo riflette un'idea del poema basata su valenze simboliche oppositive, come già nel primo abbozzo napoletano dell'opera, mentre il primo indica un sistema più stabile con un centro assoluto e due periferie. Il chiarimento intorno

CANTO XVIII: LA MORTE 303

alle differenze, che metteremo a frutto tra breve, ci permette ora di riprendere il discorso sulle affinità fra i due canti, annunciate dal Pozzi, da un punto di vista più ampio. Quello che più conta, in fondo, è il fatto che i due canti, indipendentemente dalla loro intrinseca strutturazione, appaiono chiusi su se stessi, in modo tale che tutto il materiale poetico che vi è contenuto risulta in funzione del "trastullo' per eccellenza e della morte di Adone, ed è quindi decisamente separato dal materiale contenuto nei canti contigui. Bisogna ricordare, comunque, che un certo grado di isolamento, di chiusura, si riscontra in ogni canto, anzi in ogni episodio, visto che il poeta assegna più rilievo alle parti descrittive che a quelle narrative.[10] Sarà allora utile considerare che l'abbinamento dei due canti non si fonda soltanto sulla loro struttura chiusa e vuoi pure concentrica, ma anche sul fatto importantissimo che essi riportano i due essenziali momenti del mito. Di più: la dismisura stessa dell'*Adone* suggerisce che il poeta doveva avere in mente qualcosa di diverso dalla semplice ripetizione della notissima storia; egli, cioè, doveva voler dare alla storia un significato particolare e questo ovviamente poteva essere fatto intervenendo proprio nella trattazione dei due suoi momenti più importanti. Dobbiamo allora concludere che l'unicità del rapporto tra il c. VIII e il c. XVIII si fonda sia sull'affinità di *dispositio* che su ciò che possiamo definire "necessità di esplicazione dell'impegno ideologico".

Se questa argomentazione non è viziata nella sua logica, deve anche apparire palese il rapporto di similarità che si può stabilire tra questi due canti ed il ventesimo. Anche il blocco di 415 ottave degli "Spettacoli" costituisce un nucleo a sé stante, chiuso su se stesso, al punto che Pozzi non ha esitazioni a parlare di "dopo-poema". Non solo, ma quest'ultimo canto presenta una struttura chiaramente ternaria, diviso com'è in tre diverse giornate di giochi. Si può anche parlare qui di struttura concentrica, anche se non nel senso più proprio applicato ai "Trastulli": nel c. XX sono presentate cinque diverse competizioni (danza e gara dell'arco nel primo giorno, lotta e scherma nel secondo, giostra nel terzo); il gioco più importante è la giostra, l'ultimo, per cui si può dire che gli altri ne sono la preparazione, fanno ad esso da corona, se non a livello di *dispositio*, nei contenuti narrativi e nei riferimenti simbolici. Il c. XX, inoltre, per la sua posizione privilegiata e per il fatto che in esso si trattano argomenti completamente sganciati dalla narrazione principale, deve essere considerato un luogo ideologicamente impegnato almeno quanto "I Trastulli" e "La Morte", se non più ancora di essi.

Riconosciuto il vincolo che associa i tre canti nella struttura e nella densità concettuale isolandoli, per così dire, dal resto dell'opera, resta ora il problema del darsi ragione di questa particolarità. Ho proposto, in passato, una lettura dell'*Adone* basata sul riconoscimento della struttura del madrigale nel disegno totale del poema.[11] La "regola" più seguita nell'organizzazione delle parti del madrigale cinque-secentesco—certamente la forma più libera tra quante ne contava all'epoca la tradizione della poesia lirica—è una netta distinzione in due parti: una prima, che *enuncia* un tema trattato in modo convenzionale, ed una seconda in cui il poeta ci *riflette* sopra approdando ad una visione del tutto diversa, decisamente più realistica, da quella iniziale. Ho evidenziato i termini che si riferiscono a "enunciazione" e "riflessione" perché chiamavo così le due parti del madrigale nei miei lavori precedenti. Ad essi faccio ancora riferimento per quanto riguarda le esemplificazioni e le prove della validità dello schema. Va ora considerato che la "riflessione" nel madrigale spesso termina con una "punta", cioè con un guizzo del dettato poetico e del senso, che corrisponde ad un'esasperazione della riflessione stessa, ad un toccarne i limiti dichiarando una realtà opposta a quella della "enunciazione". La "punta" del madrigale fa parte, ovviamente, della "riflessione", tuttavia si distingue dal corpo di essa per il fatto che *afferma* qualcosa (mentre il centro della "riflessione" è costituito da una *negazione* di quanto esposto nella "enunciazione"). Il Martini, infatti, esaminando la struttura del madrigale tipico tra Cinque e Seicento, scrive: "Una delle costanti più evidenti del madrigale in generale è appunto questo seguito di tre segmenti logici: 1. constatazione amorosa tradizionale, 2. dubbio relativo alla sua fondatezza, 3. risposta arguta alla domanda posta".[12] Inutile qui disquisire sul numero dei "momenti logici" (che a me paiono due poiché la "punta" è in fondo frutto di riflessione), quel che conta è riconoscere che il madrigale è scandito da una serie di passaggi, da un'affermazione ad una negazione e da questa ad un'altra affermazione, e che la cesura maggiore cade alla fine del primo passaggio.

Attrezzato così uno schema di lettura dell'*Adone*, che sarà quindi un poema-madrigale più che un "poema di madrigali" come lo voleva l'astio dello Stigliani,[13] possiamo ora finalmente ritornare ai nostri tre canti, VIII, XVIII e XX. Ognuno di essi costituisce il fulcro di ognuna delle tre fasi sopra descritte. Questa interpretazione, oltre che alla ovvietà dei significati simbolici di ognuno dei tre canti in generale, è corroborata dall'ordine della *dispositio*: dall'affermazione dell'unione perfetta dei protagonisti, espressa col modulo ternario, si passa alla sua negazione, che è espressa invece in modo binario poiché qui entra in gioco l'alternarsi irrisolto degli opposti in un sistema oscillatorio che non sancisce alcuna "verità"; da qui, infine, si risale verso un'altra affermazione, caricata ideologicamente da una nuova e definitiva struttura ternaria. Messo a fuoco così il disegno complessivo del poema, si può ora procedere ad un'analisi ravvicinata del canto XVIII che tenga conto della sua peculare collocazione. Avverto che, secondo lo schema stabilito, lo spartiacque tra le due parti fondamentali del poema cade tra la fine delle "Bellezze" e l'inizio della "Fuga", quando cioè dal terzo cielo si precipita nella "tartarea caverna oscura" ("Argomento" del c. XII) della Gelosia. La punta madrigalesca si estende invece per tutto il canto finale.

Fermiamoci un attimo sulla "Allegoria". Eccone l'*incipit*:

Nella cóngiura di Marte e di Diana contro Adone si dà a conoscere che tanto l'animo bellicoso quanto il casto sogliono odiare il brutto piacere; l'uno come occupato nelle asprezze della milizia, intutto contraria alle morbidezze dell'ozio, per la sua generosità lo sdegna; l'altro per propria virtù è inclinato ad aborrire tutte quelle licenze che trapassano i confini della modestia.

Alleggerito della tara moralistica ("il fatto è che il Marino è un poeta fondamentalmente antifrastico"),[14] il brano annuncia che in questo canto si vogliono *negare* quelle "delizie" e quei "diletti degli scherzi innocenti" (c. VIII, 4) che costituivano invece il fondamento dei "Trastulli"; non solo, ma qui si identificano anche le forze che si oppongono alla realizzazione amorosa, la guerra e la castità, cioè gli "istinti rei" di questa celebre quartina:

Suggon l'istesso fior ne' prati iblei
ape benigna e vipera crudele,
e, secondo gl'istinti o buoni o rei,
l'uno in tosco il converte e l'altro in mele. (c. VIII, 5)

Ora, l'"istinto buono", proprio quello che aveva portato Adone all'appagamento sessuale esaltato nel c. VIII, nel corrispondente c. XVIII porta direttamente alla morte:

Nella morte d'Adone ucciso dal cinghiale si fa intendere che quella istessa sensualità brutina di cui l'uomo seguita la traccia è cagione della sua perdizione.

Qui si nega, insomma, quella felicità che nel c. VIII era riservata alle "api benigne", o meglio a "giovani amanti e donne innamorate / in cui ferve d'amor dolce desio" (c. VIII, 1). Questo perché il piacere che può essere celebrato come un assoluto nei "Trastulli", nella "Morte" è *naturalmente* legato al dolore: assistiamo così ad un passaggio da uno stato ideale di felicità ad uno stato reale di tormento:

Nel pianto di Venere sopra il morto giovane si figura che un diletto lascivo amato con ismoderamento, alla fine mancando, non lascia senon dolore.

Si legge qui un ostentato richiamo all'ottava di chiusura del blocco di dieci che fanno da proemio (al primo canto come) a tutto il poema:

> Ombreggia il ver Parnaso e non rivela
> gli alti misteri ai semplici profani,
> ma con scorza mentita asconde e cela,
> quasi in rozzo Silen, celesti arcani.
> Però dal vel che tesse or la mia tela
> in molli versi e favolosi e vani
> questo senso verace altri raccoglia:
> smoderato piacer termina in doglia.

Partiamo dalla incisiva sentenza dell'ultimo verso, tutt'altro che oscura, mirando però agli "alti misteri" e ai "celesti arcani": se non si tratta soltanto di un *bluff*, essi saranno da rinvenire soprattutto in questo diciottesimo canto.

Occorre innanzitutto chiarire il senso di quel termine, "smoderato" che qualifica il piacere che porta alla morte. Un primo pensiero corre al "piacere" omosessuale, ma a parte che nulla di male capita a Ganimede (c. V, ott. 31–46), l'amore di Adone è omologato ad altri amori omo ed eterosessuali nei cc. IV, V e XIX, chiaro segno che il poeta non traccia alcuna differenza sostanziale tra le diverse forme di amore. In che senso allora è smoderato il piacere dell'amore, perché di questo si tratta, e in particolare quello dell'amore di Venere e Adone? Il loro rapporto sessuale, per di più sancito dalla sacralità del vincolo matrimoniale (c. VIII, ott. 22) comporta un piacere cui *obbliga* la legge di natura. È questo il piacere "smoderato"? È questo, è il piacere sessuale *tout-court*, di gran lunga il maggiore tra i piaceri dei sensi che (li abbiamo gustati nella prima parte del poema-madrigale) governano la vita dell'uomo. Se Psiche e Ganimede, ai quali sopra si è fatto cenno, sfuggono alla regola è perché le loro storie sono *exempla*, associati ad altri di esito opposto, della prima parte del poema, in cui il Marino presenta il destino del giovane ancora aperto a possibilità diverse di sviluppo; l'"enunciazione" del tema centrale del poema, anzi, richiede che l'amore libero e felice venga glorificato (per esempio nella *performance* di Talia: c. VII, ott. 229–250) e che le premonizioni della incombente sciagura siano ignorate (si pensi al sonno di Adone dinanzi ad Atteone sbranato dai cani: c. V, ott. 147–150).

La meditazione del poeta su questo stretto vincolo di piacere e dolore, di amore e morte, è ciò che lo ha portato a delineare, accanto alla delicata figura di Adone, la tremenda "macchina" del cinghiale. L'archetipo

CANTO XVIII: LA MORTE

sicuro (e non si esclude che si possa parlare di fonte diretta) di questo orribile mostro è Behemoth, la bestia per eccellenza, che compare nella conclusione del *Libro di Giobbe*.[15] Ecco la citazione biblica, secondo il testo della *Vulgata*:

Ecce behemoth quem feci tecum, foenum quasi bos comedet. Fortitudo eius in lumbis eius, et virtus illius in umblico ventris eius. Stringit caudam suam quasi cedrum; nervi testiculorum eius perplexi sunt. Ossa eius velut fistulae aeris, cartilago illius quasi laminae ferrae. Ipse est principium viarum Dei; qui fecit eum applicabit gladium eius. Huic montes herbas ferunt; omnes bestiae agri ludent ibi. Sub umbra dormit, in secreto calami et in locis humentibus. Protegunt umbrae umbram eius; circumdabunt eum salices torrentis. Ecce absorbebit fluvium, et non mirabitur, et habet fiduciam quod influat Iordanis in os eius. In oculis eius quasi hamo capiet eum, et in sudibus perforabit nares eius. (*Iob*, 40: 10-19)

Fermiamoci un attimo a riflettere sulle affinità riscontrabili tra la figura del cinghiale mariniano e quella di questo mostro biblico. Il quale compare soltanto una volta nei testi sacri ed è accompagnato al Leviatano che è invece più spesso ripreso nella letteratura di ispirazione scritturale. Ma al Marino interessa molto di più Behemoth per gli ovvi attributi sessuali che lo definiscono: la forza nei lombi e la virtù nel ventre, i nervi dei testicoli tesi, la coda ritta come tronco di cedro... Più potente ritratto del cinghiale che violenta Adone non potrebbe trovarsi. Behemoth ha inoltre le ossa come canne di bronzo e le sue cartilagini sono come lamine di ferro; per Marino il "ferro" si trova nei denti sporgenti, "ossa", a mo' di corna: "Ossa sporge ben lunghe e di sanguigna / schiuma bavose il grugno, aguzze e torte, / la cui materia rigida e ferrigna / è vie più che l'acciar tagliente e forte" (ott. 72). Il mostro è dotato di "spada", che è un ovvio simbolo fallico, come la "coda" menzionata sopra (alla quale il poeta fa riferimento nell'ott 101); ha la sua tana "sub umbra... in secreto calami et in locis humentibus, e il cinghiale mariniano "nel cupo sen d'una profonda valle... [in] un vallon che forma ha di palude (ott. 67); Behemoth non si spaventa se l'acqua gli giunge alla gola, "s'accovaccia e dentro l'acqua nera / stassi attuffata la solinga fera" dell'*Adone* e "nel pantan... / tra siringhe lacustri il ventre adagia" (ott. 70-71). Behemoth usa il suo occhio feroce come un arpione per distruggere gli avversari, e il cinghiale della "Morte", "senza pur adoprar le zanne orrende / sol col terror degli occhi ei si difende" (ott. 77). Infine, il mostro biblico con il muso sfonda le reti di chi lo vuole pigliare, e il cinghiale "le doppie reti e le ben grosse maglie / squarciate a terra e dissipate lassa" (ott. 78).

Le immagini della *Sacra Scrittura* devono aver esercitato un fascino straordinario sullo scrittore delle *Dicerie sacre* che da anni ormai si portava dietro il diletto *Adone* incompiuto; per questo non escluderei che negli anni ravennati, accanto alla grande scoperta di Nonno Panopolita,[16] che gli apriva la strada del turgido ellenismo in campo epico, proprio il *Libro di Giobbe* gli abbia offerto la chiave di volta di un nuovo *Adone* sacro e, anzi, eretico. Eretico perché la bestia nella *Bibbia* ha una funzione opposta a quella a quella che ha nel poema. Northrop Frye ci viene in aiuto chiarendo che

Job, pondering the problem of injustice, finally realizes that the cruelty of man to man, the cruelty of nature to man, and the cruelty which fate inflicts, and God seems to inflict, on man, are all part of an individual pattern of tyranny, the tyranny of the state of nature.[17]

Di fronte a questo stato di natura Giobbe abbassa la testa e accetta con un atto di fede la restaurazione di un Dio strapotente e inconoscibile:

Respondens autem Iob Domino, dixit: Scio quia omnia potes, et nulla te latet cogitatio. Quis est iste qui celat consilium absque scientia? Ideo insipienter locutus sum, et quae ultra modum excederet scientiam meam. (*Iob*, 42: 1–3)

Marino, invece, che ha fede solo nei sensi, indaga e costruisce una metafisica basata su due principi, del bene e del male, dell'amore e dell'odio; il primo è un principio "femminile", il secondo un principio "maschile". Il "maschio" e la "femmina" in natura si cercano perché la loro unione afferma la vita (e si pensi per un attimo alla sviscerata passione mariniana per la figura di Ermafrodito). Una vita che è negata sia dalla guerra che dalla pudicizia, e infatti Adone corre incontro da sé al cinghiale (dopo aver dimostrato nella "Dipartita" di aver capito esattamente quale sarà il suo destino: ". . . so ch'io morrommi", ott. 31), rendendo completamente inutili le macchinazioni di Marte e di Diana: i fini collimano, ma per il poeta è importante far riconoscere che la morte è un'affermazione di vita e che essa segna il fondamentale incontro del "vero maschio del poema" (per Pozzi, giustamente, il cinghiale)[18] con la vera femmina del poema (Adone), mentre Venere si strugge di gelosia (ott. 104).

Così vuol chi 'l destin regge e la sorte
sotto sì fatte leggi il mondo è nato (ott. 103).

Questa interpretazione si intona perfettamente con la più ovvia lezione che il poeta potesse trarre dalla lettura del *Libro di Giobbe*; in particolare, sono da tenere a mente due passaggi della descrizione di Behemoth: il primo è quello in cui il mostro è definito "principium viarum Dei", il secondo è l'*incipit* del brano, "Ecce behemoth quem feci tecum". Questo "tecum" è estremamente rivelativo perché Marino vi poteva leggere che il

CANTO XVIII: LA MORTE

principio "maschile", il principio della forza brutina e, in una parola, del male, è parte integrante dell'uomo. La prova definitiva di questa sua convinzione è offerta nella zona conclusiva del poema, quando Fiammadoro e Austria si rivelano entrambi dotati di caratteristiche maschili e femminili e, anzi, ognuno di essi si dimostra Adone-e-cinghiale.[19] Ma sono le ottave proemiali stesse del c. VIII che puntano con insistenza sulla identificazione dei due principi che determinano la vita dell'uomo. Il commento pozziano qui, stranamente, tace; eppure si tratta di un segmento del canto, e del poema, fondamentale, in cui il poeta più e meglio che altrove espone con chiarezza il suo pensiero. L'uomo, nella sua interezza ("anima" e "core") è il campo di battaglia di due forze opposte ("Amore" e "Sdegno") che affliggono l'"ingegno" e coinvolgono di conseguenza anche la "Ragione" (ott. 1-3).[20] Se, come spesso succede, vince l'amore ("il lusinghier tiranno"), questo porta con sé l'"affanno" che è direttamente imparentato con la "rabbia", cioè con "Sdegno" o "Ira" (ott. 4). Se poi all'amore non è concessa soddisfazione esso chiama subito in soccorso lo "Sdegno" e la battaglia ricomincia (ott. 5). E se infine, per una volta, la vittoria in uno dei tanti scontri dovesse toccare all'"Ira", ciò non comporterebbe affatto una pace duratura perché l'"Ira" con "superbo impero" continuerebbe a infierire sull'avversario per fargli disamare anche "quelch'egli amò primiero" (ott. 6). Gli "amori" del poeta, quelli dell'*Adone* e quelli di ogni suo altro componimento, rientrano tutti in qualche modo nella regola enunciata in queste sue ottave che quindi assumono un valore referenziale straordinario. Un riscontro notevole della cosciente operazione mariniana del trattare ogni possibile aspetto dell'amore si ha in questo brano dell'epistolario:

Ardisco ben di dire che pochissimi concetti potranno forse sovvenire a chi che sia, pertinenti alla materia d'amore, ch'io in questo libro [*L'Adone*] non gli abbia almeno tocchi.[21]

L'"amore" che in modo più pregnante rassembra, con la sua cruenta conclusione, quello di Adone, è l'"amore" di Atteone e ha visto bene il Pieri nell'indicarne lo straordinario rilievo,[22] che del resto è ben palese nel poema visto che al fatto "tragico" è dedicato il c. V. Nel canto che stiamo leggendo la storia dell'incauto ammiratore di Diana è ricordata proprio dalla dea cacciatrice: ". . . d'irritar contro lui [Adone] fuor dele tane / un mio cinghial talmente io fo pensiero / che d'Atteone alcun rabbioso cane / nel suo signor non si mostrò sì fiero" (ott. 41). I cani "rabbiosi" di Atteone hanno dunque qualcosa in comune con il cinghiale della "Morte" sebbene il mostro li superi tutti in "fierezza" ("rabbia" e "fierezza", non c'è bisogno di sottilizzare, sono sinonimi di "Sdegno" o "Ira"). Che cosa stiano veramente ad indicare queste bestie il poeta lo spiega chiaramente in un bellissimo madrigale della *Galeria*:[23]

Attheone divorato da' cani di Bartolomeo Schidoni

Quanti, oh quanti Attheoni
più miseri di quello
ch'esprime il tuo pennello
si trovano, SCHIDONI?
L'ingorde passïoni,
i mordaci appetiti
de' nostri sensi umani,
che altro son, che Cani
da noi stessi nutriti,
onde siam poi feriti?

Ecco, nell'implicita risposta a questa domanda retorica, ancora una volta precisata l'identità della "bestia" che l'uomo ha dentro di sé. Risuona qui, più potente che mai quell' "Ecce behemoth quem feci tecum". Il cane è dunque una spia singolare di un elemento fondamentale del canto e del poema. Nell'idillio della *Sampogna*, l'opera più vicina, in ogni senso, all'*Adone*, ne compaiono parecchi naturalmente;[24] i nomi dei cani attirano immediatamente l'attenzione del lettore perché ben quattro di essi riappaiono nel poema: si tratta di Vespa, Ciaffo, Tigrino e Saetta. Il primo corrisponde ad un brigante degli "Errori" (c. XIV, ott. 99); non pare che l'identità del nome possa qui nascondere particolari significati simbolici, oltre ad una ovvia connotazione di brutalità mascolina (vista l'opposizione all' "Adon novello", Armillo). Ciaffo è nel poema il terribile cane di Malagorre che "la bocca sollevò dal fiero pasto", pure nel c. XIV (ott. 164–166). Fermiamoci un attimo a considerarlo con attenzione per verificare ancora una volta la validità dell'interpretazione che propongo per le "bestie" del Marino. Ciaffo, è detto espressamente nell' ott. 165, "nel sangue umano era incarnato" (v. 5); Pozzi chiosa brevemente: "*Incarnato*, nutrito; accezione che non ha riscontro nei vocabolari".[25] Il fatto è che "incarnato" qui vuol dire proprio incarnato: come il figlio di Dio ("Amore") si incarna nell'uomo, così pure la bestia ("Sdegno") si incarna nell'uomo. Protetto dalla "misteriosa allegoria" il poeta eretico scherza con il fuoco. Di più: nell'ott. 166 Ciaffo si china su "la faccia bella" di Filora e, specifica il poeta, "come a tai vivande assai ben uso", la divora: qui si tratta ovviamente di un metaforico cane di Atteone, di un' "Ira" mascolina ben usa a ferire "amorevoli" creature. Il caso di Tigrino è anch'esso interessante. Il nome del cane favorito di Atteone è volto al femminile e dato alla madre di Austria, nel c. XX (ott. 411 sgg.). Il poeta indubbiamente vuole mettere in rilievo che essa è, almeno fino al matrimonio con Austrasio, un personaggio mascolino.

Il caso più singolare è comunque quello di Saetta, il cane più amato da Adone. A livello metaforico il giovinetto è essenzialmente una figura femminile o, meglio, rappresenta "Amore" in opposizione allo "Sdegno" che è il cinghiale, anzi "cinghial non dico / ma ira del ciel che lo produsse" (ott. 70), "di Cipro no, ma del'inferno uscito" (ott. 178). Ma abbiamo anche detto che i due principi coesistono nell'uomo, e così nell'individuo e personaggio Adone abbiamo anche la presenza di elementi maschili, i quali sono tutti condensati in questo cane (se ne veda, a proposito, la descrizione nelle ott. 50-51). Saetta, ex cane di Atteone, è ora, per dirla brutalmente, il membro virile di Adone. Questi, si ricorderà, in punto di morte dichiara a Venere: "... cedo al destin, né in tale stato afflitto / più, se potessi ancor, viver vorrei. / E qual mai più, vivendo, avrei conforto / se il mio caro Saetta a piè m'è morto?" (ott. 166). L'interpretazione proposta mi sembra la più plausibile, a meno che non si voglia vedere Adone, in un momento tanto solenne, come un idiota. E c'è poi da considerare la "prova" del mito di Cefalo, la cui "caccia empia e funesta" è istoriata sul ricco collare di Saetta per "tragico augurio" (ott. 52). In Ovidio (*Met.*, VII, 661-865) Cefalo riceve dalla diletta consorte Procri un dardo e un cane.[26] I due doni, evidenti simboli sessuali, sono ovviamente fusi da Marino in Saetta. Il cane fortissimo di Cefalo rimane pietrificato insieme alla terribile fiera che, in una caccia, insegue e tenta di azzannare; "Scilicet invictos ambo certamine cursus / esse deus voluit" (vv. 782-783), commenta il poeta latino, e presumibilmente in questo comune destino il Marino riconosce la comune natura bruta delle due bestie. Cefalo, infine, uccide con il dardo per errore la moglie (ecco la "caccia empia e funesta"), così come Saetta causerà involontariamente la morte di Adone per la sua inadeguatezza nella lotta con il cinghiale (ott. 88). Leggendo Saetta in questo modo, anche il primo frangente dello scontro tra il giovane e la bestia si carica di simbolismo sessuale, con Adone aggressore prima di diventare l'aggredito: "Adon / ... / sen corre ad incontrar l'ira ferina / ... L'arco ha già stretto e la *saetta* ha mossa / e segna e tira e dove vuol colpisce" (ott. 81-82). Il risultato, naturalmente è questo: "... vana non solo è la percossa, / ma l'irrita più molto e l'inasprisce, / e quel furor ch'ha già raccolto in seno, / cresce senza riparo e senza freno" (ott. 82).

Ora, se Adone che è "Amore" ha anche caratteristiche maschili (è anche preso dallo "Sdegno", precisamente all'ott. 90), il cinghiale ha pure caratteristiche femminili e quindi è preso dall'"Amore" (ott. 85), come del resto lui stesso conferma a Venere quando il poeta, con grande scandalo del Materiale,[27] gli dà la parola (ott. 237–239). Proprio come in questi che sono gli attori principali del dramma della "Morte", il Marino mostra con puntiglio come anche negli altri personaggi del canto entrino in gioco "Amore" e "Sdegno": in Falsirena (ott. 7), in Aurilla (ott. 11, 249), in Marte (ott. 23), in Diana (ott. 36, 39). Nella presentazione di Diana non compare il diretto riferimento ad "Amore", ma si intuisce facilmente che solo da questo poteva nascere l'acuto senso di gelosia nei confronti di Venere: "Ella d'Adon la signoria m'ha tolta / che era pronto a seguir gli studi miei / . . . / io vo', nocendo a lui, nocere a lei" (ott. 39). Si osservi che il termine "signoria" è fortemente legato alla trattazione del tema amoroso, e si ricordi che la vergine Diana amò Endimione, un *alter ego* di Adone che sarà cantato dal "marinista" Giovanni Argoli.[28] Dell'amore di Venere non è il caso di discutere, al suo sdegno si farà cenno più sotto.

È probabile che il Pieri si riferisse proprio all'opposizione di "Amore" e "Sdegno", con tutte le sue implicazioni sul piano narrativo e simbolico, quando osservava che il bersaglio ideale e polemico del Nostro è l'Ariosto e non il Tasso, tanto spesso invocato in chiose mariniane.[29] Certo è che se del *Furioso* (come già dell'*Innamorato*) consideriamo quel cardine narrativo fondamentale che è costituito dalle due fontane delle Ardenne, il legame con *L'Adone* ci balza subito agli occhi. Ma mentre nel poema mariniano le due forze opposte coesistono fino a fondersi nella morte, che è per il poeta la suprema affermazione della vita, nell'epica cavalleresca lo scontro si risolve in verità in un nulla di fatto, in quanto dopo l'"Amore" viene lo "Sdegno" che azzera gli effetti di quello: Angelica sparisce a gambe all'aria, i paladini "rinsaviscono" o si ricordano di avere delle mogli o delle fidanzate da impalmare, le battaglie amorose e militari giungono a una conclusione in cui si prospetta una pace lunga e duratura senza amori e senza guerre. È singolare nel *Furioso*, in questa prospettiva, l'episodio di Rinaldo che verso la fine del poema arde ancora d'amore per Angelica. Egli apprende che la donzella s'è data a Medoro, ma si mette lo stesso all'inseguimento. Lo assalgono i fantasmi mostruosi della gelosia, ma è salvato da un cavaliere sconosciuto che lo fa bere alla fontana del disamore e alla fine gli si rivela così: "Sappi, Rinaldo, il nome mio è lo *Sdegno* / venuto sol per sciorti il giogo indegno" (*O.F.*, XLII, 64).[30]

Sembra ora chiaro che, se si vogliono condividere le conclusioni esegetiche sopra presentate, dovrebbe risultare agevole, più di quanto sia mai avvenuto in passato, discutere dei numerosi simboli sacrali che costellano questo canto come quelli ad esso attigui. Dopo Stigliani, che io sappia, l'argomento è stato toccato soltanto dal Pozzi. Ma entrambi mi pare che non abbiano cavato l'essenziale dal testo, in particolare dagli ostentati e inquietanti riferimenti cristologici. Mi sono occupato del problema in uno studio sull'*Adone* che vede la luce proprio in questi giorni;[31] ad esso rimando, avvertendo comunque che in quella sede mi interessava soprattutto mostrare la divinizzazione del mito di Adone, in opposizione al Pozzi che parla di "nessuna rilevanza ideologica" dei propositi mariniani.[32] Pozzi vede comunque che il mito cristiano è relativizzato nell'*Adone*. Le due operazioni ("abbassare" fino ad Adone la figura di Cristo o "innalzare" fino a Cristo la figura di Adone), quale che sia la più giusta, partono in ogni caso dal riconoscimento dell'identità dei due "campioni" dell'umanità. Come si fa a non riconoscere la rilevanza ideologica di questo fatto? Si dovrà piuttosto ammettere che il "sacrificio" di Adone è come quello di Cristo e che l'umanità è vincolata alla regola perenne della dialettica tra il bene e il male, tra l'amore e l'odio, tra il maschio e la femmina. C'è abbastanza in questa "religione" per far saltare fondamenti di fede, non solo cattolica, come il libero arbitrio, la grazia, la distinzione tra rei e giusti nel giudizio universale. Per non parlare poi di un implicito disprezzo per ogni rito della chiesa, qualunque essa sia, di cui si ha una manifestazione potente nello sdegno di Venere di fronte al potere divino:

> Ingiustissimo ciel, di lumi indegno,
> degno di ricettar sol ne' tuoi chiostri
> simili apunto a quel ch'oggi il suo sdegno
> nel mio bene ha sfogato, infami mostri.
> Tiranni iniqui del'etereo regno,
> ecco pur appagati i desir vostri.
> *O quanto a torto a voi gl'incensi accende*
> *lo schernito mortale e i voti appende.*

Alla "violenza fatal di legge eterna" (c. XVII, 26) non può sfuggire neanche la stessa dea dell'amore, neanche Cristo. Forse, allora, ed è questo il messaggio del c. XX, in cui non si parla più di una faccenda privata ma del destino del mondo, all'uomo resta come sola e minima possibilità di controllo della propria esistenza il riconoscimento e l'accettazione di se stesso in ogni essere vivente.

* * * * *

A questo punto della presente lettura, il pesante carico di responsabilità che l'interpretazione suggerita fa gravare sulle spalle di chi, poi, non è né filologo né tanto meno teologo, soprattutto di fronte a quanti, tra gli esegeti dell'*Adone*, meritano e danno lustro a tali titoli, imporrebbe una paziente e ordinata nuova analisi di ogni verso del canto e, anzi, di ogni pur minima connotazione simbolica del poema motivabile nel senso che si è voluto presentare. Sono cose, queste, che si faranno (non solo da una parte, spero) correggendo quanto appena detto con eloquenza più persuasiva e dottrina più salda. Certo è che *L'Adone* va riletto ché lo sprezzante giudizio della boria pallaviciniana ("carebat philosophico ingenio"), se ha irretito per secoli i lettori del Marino, oggi non inganna più nessuno. Oggi che viviamo in un'epoca particolarmente aperta a nuove esperienze e a lezioni di vita "fuori schema", in un momento storico (forse all'inizio di un nuovo grande ciclo storico) in cui le alternative si fanno sempre più numerose e, anche se purtroppo blande, hanno tuttavia il fine comune, nobile, di voler dare all'uomo una regola per affrontare l'esistenza, la proposta coraggiosa del Marino può tornare veramente utile, se non nella sostanza filosofica, nella forma dello scavalcamento di posizioni non più sostenibili né salutari. Il suo è un messaggio di ritorno all'ordine, ad un ordine "naturale" che ritrovi la vera identità dell'uomo, dopo le fitte di perfezionismo astratto di tanta letteratura tardocinquecentesca. Per questo l'autore dell'*Adone* può essere considerato senz'altro un antesignano dell'età moderna a fianco, e non dietro, a Galilei. Non è un martire come lui, o come i vari Bruno, Campanella, Vanini, Ferrante Pallavicino, ma questo nulla toglie alla sua grandezza umana. Si obietterà che sono proprio i princìpi "moderni" ad essere messi oggi in discussione. C'è da fare allora una precisazione, neanche tanto sottile: occorre riconoscere che noi, come Marino, siamo appena fuori da un'epoca (moderna) gloriosa, che comunque nella sua ultima stagione offriva princìpi di base che servivano solo come astrazioni dell'intelletto, idee di perfezione che con logica ferrata inseguivano soltanto se stesse, sganciandosi sempre di più dall'esperienza più completa della vita quotidiana. È in questo senso che la fine dell'età moderna somiglia alla fine del Rinascimento, e Marino, per il miracolo dell'*Adone*, riuscito incolume tra i princìpi rigorosi senza riscontro nella realtà di regnanti pazzoidi e di una chiesa che puniva col rogo il reato d'opinione, è un autore postmoderno.

NOTE

1 Questa lettura è stata compiuta quando già le altre diciannove erano pronte per la stampa. Insormontabili difficoltà di ordine personale hanno impedito di produrre il saggio sulla "Morte" a chi inizialmente ne aveva assunto l'incarico. Di fronte a tale situazione, mentre già i tempi di realizzazione del progetto si erano ampiamente dilatati, ho sentito il dovere di impegnarmi direttamente

CANTO XVIII: LA MORTE 315

anche su questo canto (dopo aver portato a termine il lavoro sul ventesimo).
Approfitto di questa occasione per riaffermare la mia riconoscenza e registrare le mie scuse nei confronti di quegli studiosi che, avendo dichiarato la loro disponibilità a partecipare al progetto quando già tutti i canti erano stati assegnati, sono purtroppo rimasti esclusi.
2 G.B. MARINO, *L'Adone*, a cura di G. POZZI, 2 tomi, Milano 1976. Tutte le citazioni sono tratte da questa edizione.
3 *Ibid.*, t. 2, p. 641.
4 La morte di Adone è descritta innanzi tutto nelle ott. 94–101 (con dettagli dell'aggressione sessuale del cinghiale); una seconda volta nelle ott. 107–116 (sognata da Venere che si trova a Citera); di nuovo nelle ott. 132–138 (sotto lo sguardo dell'Aurora e accompagnata dal pianto di una schiera di ninfe); ancora nelle ott. 148–168 (in presenza di Venere tornata finalmente a Cipro); infine nell'ott. 185 (quando il giovane trae, per l'ultima volta, l'ultimo respiro).
5 G. POZZI, *ed. cit.*, t. 2, p. 393.
6 G.B. MARINO, *Lettere*, a cura di M. GUGLIELMINETTI, Torino 1966, lett. n. 34, pp. 53–54.
7 Cfr. E. TADDEO, *Studi sul Marino*, Firenze 1971, pp. 5–61. Il Pozzi ha fatto tesoro dei risultati del Taddeo: *ed. cit.*, t. 2, pp. 103–105. Chi scrive ha fatto tesoro dei risultati dell'uno e dell'altro: F. GUARDIANI, *La meravigliosa retorica dell'"Adone"*, Firenze 1988, pp. 65–68.
8 Cfr. F. GUARDIANI, *op. cit.*, pp. 86–87.
9 *Ibid.*, pp. 70–72.
10 Questo lo porta continuamente a tratteggiare una circoscrizione dello spazio, come ho cercato di evidenziare in *La meravigliosa etc.*, *cit.*, pp. 116–119.
11 Cfr. F. GUARDIANI, *Giovan Battista Marino: dal madrigale al "poema grande"*, "Critica letteraria" 48, 1985, pp. 567–574. Ho ripreso e discusso l'argomento in modo più ampio in *La meravigliosa etc.*, *cit.*, pp. 19–62.
12 Cfr. A. MARTINI, *Ritratto del madrigale poetico fra cinque e seicento*, "Lettere Italiane" 33, 1981, p. 543.
13 T. STIGLIANI, *Dello Occhiale*, Venezia, Presso Pietro Carampello, 1627, p. 89.
14 Cfr. G. POZZI, *Ludicra mariniana*, "Studi e problemi di critica testuale" 6, 1973, p. 143.
15 Della bestia per eccellenza, "ippopotamo" nella traduzione cattolica, "elefante" in quella calvinista di Giovanni Diodati, ma rimasta "Behemoth" nella *King James Version*, ha dato una inquietante resa visiva William Blake (che si può ammirare in una tavola della Pierpont Morgan Library). Il poeta visionario inglese ha anche sottolineato il valore simbolico, già mariniano, della figura riportando in tutta evidenza nell'incisione le parole di Dio: "Behold now Behemoth which I made with thee".
16 G. POZZI, *ed. cit.*, t. 2, pp. 92–93.
17 Cfr. N. FRYE, *Fearful Symmetry. A Study of William Blake*, Princeton, N.J., 1947, p. 139.

18 G. POZZI, *ed. cit.*, t. 2, p. 35.
19 Rimando, per maggiori dettagli e opportuni riscontri testuali, alla mia lettura del c. XX in questo stesso volume.
20 Poteva "il secolo dei lumi" accettare questo condizionamento viscerale della ragione, anzi della Ragione? Ecco spiegata *in nuce* la sfortuna mariniana da Crescimbeni e Gravina a Baretti.
21 Cfr. G.B. MARINO, *Lettere, cit.*, lett. n. 157, p. 293.
22 Cfr. M. PIERI, *Atteone*, in *Per Marino*, Padova 1976, pp. 216–307, max. pp. 276–307.
23 G.B. MARINO, *La Galeria*, a cura di M. PIERI, 2 tomi, Padova 1979. Il madrigale citato è in t. 1, p. 16
24 "Fù Tigrino il primiero, / Che nel fianco sinistro il dente infisse. / Orecchione il secondo / M'azzannò nel'orecchio. / Sotto la strozza m'afferrò Lionzo, / e Saetta, e Maldente / Mi ferir l'altr'orecchio, e l'altro fianco. / Giunser Ciaffo, Tizzon, Lampo, e Licisca, / Poi Tanaglia, Moschin, Vespa, e Volante / Con altri cento e cento, / Ond'a tanto furor convien ch'io ceda, / . . . ". Si cita, conservando grafia e interpunzione originali, da G.B. MARINO, *La Sampogna*, Venezia, Giunti, 1621, pp. 63–65. Mentre si attende una definitiva e completa edizione critica dell'opera per le cure di Vania De Maldé, l'idillio di Atteone si può leggere per intero in G.B. MARINO, *Idilli favolosi*, introduzione e note di G. BALSAMO-CRIVELLI, Torino 1928, pp. 39–68; in *Opere scelte di Giovan Battista Marino e dei Marinisti*, a cura di G. GETTO, 2 voll., Torino 1954, vol. 1, pp. 261–286; in *Marino e i marinisti*, a cura di G.G. FERRERO, Milano-Napoli 1954, pp. 452–478; in G.B. MARINO, *Opere*, a cura di A. ASOR ROSA, Milano 1967, pp. 445–47.
25 Cfr. G. POZZI, *ed. cit.*, t. 2, p. 557.
26 Si deve notare che nelle *Metamorfosi* il cane di Cefalo si chiama Lelape, proprio come uno dei cani di Atteone (cfr. VII, 771 e III, 211). Così, come Ovidio associa il mito di Atteone a quello di Cefalo, Marino unisce il mito di Cefalo a quello di Adone.
27 "Oh parlano i porci? Almeno avesse detto, che questo fusse un miracolo di Venere, o d'altri. Che così non venderebbe i prodigij per effetti naturali. Incredibilità necessaria". T. STIGLIANI, *Dello Occhiale, cit.*, p. 384 [ma 390].
28 G. ARGOLI, *L'Endimione*, a cura di M. PIERI, 2 tomi, Parma 1986.
29 Cfr. M. PIERI, *Una* Preface *in Baroco*, in *Quasi un picciolo mondo. Tentativi di codificazione del genere epico nel Cinquecento*, a cura di G. BALDASSARRI, Milano 1982, p. 28.
30 Si cita da L. ARIOSTO, *Orlando Furioso*, a cura di C. SEGRE, 2 voll., Milano 1976.
31 Cfr. F. GUARDIANI, *La meravigliosa etc., cit.*, pp. 52–59.
32 Cfr. G. POZZI, *ed. cit.*, t. 2, p. 63.

CANTO XIX: LA SEPOLTURA

Marzio Pieri

Diciannovesima rilettura

La Commissione per l'Edizione Nazionale delle Opere di Torquato Tasso nel Quinto Centenario della Nascita si è trovata di fronte a un reperto, fin allora ignorato, tale da sconvolgere il sapere ricevuto ma da non alterare, anzi decisamente convalidante, la linea storiografica del resto pacificamente accettata fin dall'epoca del Terzo Centenario. In un codice cartonato appartenuto al Marchese Bellhuomini, legato dai pronipoti di lui al già Stato Italiano dopo la desiderata, fausta annessione di esso alla Confederazione Euroasiatica delle Repubbliche Demoliberalsocialiste Integrate (CERDI), fatti saltare i legacci che si credeva racchiudessero i frammenti di un incompiuto trattato di antropometria del secolo XVII, agli occhi stupiti e commossi del professor Amalio Marzianaletti presidente della Commissione suddetta è apparso, a tutta pagina, un titolo che, se non era una follia, non era uno scherzo: e la mano che aveva tracciato quelle lettere, quelle parole, incredibili e consolatorie, era la mano—forte, ma come agitata da turbamenti volatili o repentine lipotimie—di chi aveva vergato l'addio all'amico Antonio Costantini, con parole che ancora ci turberebbero se riuscissimo davvero a comprendere che cosa fosse, prima dell'ultima guerra, la divina malinconia: "... ingratitudine del mondo, la quale ha pur voluto aver la vittoria di condurmi a la sepoltura mendico, quando io pensava che quella gloria . . ."

Lesse dunque l'Amalio:

DELLA GIERUSALEMME CONQUISTATA, / Del Sig. Torquato Tasso / Canto Ventunesimo, & Ventitreesimo Dela / Parte Seconda.

   Il Capitan de le Christiane genti ha sciolto il voto: e adorato il gran sepolcro. Il Solitario Piero ha radunato Principi e Vescovi nella riconsacrata meschita, per una messa solenne, da durar nove giorni. Tancredi, con la testa fasciata e un braccio al collo, sta ginocchioni all'altare, sorretto, vezzeggiato dalla più tenera delle Erminie. Rinaldo splende e pompeggia in armi candide, il piè sinistro sul popò di Armida: che, bocconi, lava il suolo di tiepide perle e, con la lingua a uso di cagnuola, fa penitenza: saettando ogni poco qualche occhiatina di sotto in sù. Se levi sù quel piedaccio, mio bel soldatino, ti faccio vedere le armi di Armida. Un messo dalla strada di Emaùs ha annunziato che stanno rimpatriando Olindo e Sofronia con cinque figli. Goffredo è solo, vaga per una reggia deserta, labirintica. I suoni, i canti si allontanano. Silenziosi, esatti nel gesto, portano via i morti; lavano i muri, la terra bagnata di sangue. Goffredo sente la noia del superato destino. Si sente vedovo.

> Come Pastor, che tardi il piè ritragge
> Verso l'ovile a passi lenti, & tardi,
> E trovalo da fere aspre, e selvagge
> Dishabitato, e privo di riguardi,
> Per le selve vicine, e per le piagge
> Chiama, e richiama i lupi, et i leopardi,
> e ne la solitudine noiosa
> non gli resta, che far, che quella cosa.

(variante interlineare:

sfoglia la margherita, ouer la rosa.)

Ed ecco, nell'apparir del giorno, gli si appresentano, honesti in vista i Quattro Evangelisti: "Luca, Marco, Matteo, Giovanni, e Apocrifo" (nell'ordine per effetto e necessità dell'endecasillabo, in rima con *logogrifo* e, licenza poetica, *ippògrifo*). Poscia che l'accoglienze oneste e liete, i Cinque, tutti ben riconoscibili nei loro Simboli e Attributi, tranne Apocrifo che vela, e disvela uno scudo scancellato a stelline fitte, confortano le smanie del Pio Buglione: raccontandogli ciascuno, barbuto e ammantellato com'è (solo Giovanni: "imberbe, biondo, e di gentile aspetto", in rima con *affetto* e con *diletto*; quanto ad Apocrifo, ha veste varia e d'un tabì cambiante, come quella della Fortuna), una propria storia, che ha corrispondenze con la "sindrome del successo" del Buglione. Matteo (che fuori dell'endecasillabo si riconferma il primo nell'ordine) narra che dopo il terremoto, di cui al capo 28 del suo evangelio, egli era caduto attonito, e stupito in una fossa: piena di ossa (in rima), e di gente già fatta cadauere. Qui gli era apparso in sogno l'angelo ("biancovestito, e fólgore l'aspetto . . .") e gli aveva comandato di mettersi in viaggio per l'Etiopia. Gli dà una tibia, e una verga; che, nel cammino, possono trasformarsi "in flauto, in liuto, in liana, in piuma, in penna". Nei pericoli invochi l'angelo, che non gli mancherà. Lunga e dettagliata descrizione del viaggio e dei popoli sempre più affricani, che incontrati si mettono

CANTO XIX: LA SEPOLTURA 319

al séguito dell'apostolo in fragil pino. In Etiopia Matteo incontra il Prete Gianni, che per le viscere di una montagna, già apparsa di lontano "bruna per la distanza", gli fa conoscere il luogo della nascita dei fiumi, l'antro dei mille venti, la fucina delle sette spade, equivalenti alle sette piaghe della Madonna dei Sette Dolori, e finalmente la camera verde delle meraviglie, dove i nani "triturando in eterno l'aspro monte" producono gli smeraldi, i diamanti, gli zàffiri, le acquemarine, e i topatii, che saranno recati in dono—("se n'è dato di legger negli arcani / di quel, che le memorie à gl'anni fura")—a Barbara Gonzaga nelle sue nozze con Corbello di Sottopasso: da cui nasceranno Chiara, Eutropia, Ferrando, e 'l chiaro seme. Alla fine, per un budello scavato nella montagna, escono al ciel per un pertugio tondo, e sono sulla cima della montagna. Ai popoli africani di cui nereggia l'orizzonte, Matteo ripete il Sermone delle Beatitudini, distribuito in settanta ottave uscenti ciascuna nella rima baciata *figlia: meraviglia*. Alla fine del sermone, Barabba cerca di sommuovere la folla contro l'apostolo. L'angelo lo incenerisce. Feste e sacrifici rituali. L'apostolo assalito dalla tristezza. Che fare, ora? L'angelo lo conforta, e gli addita il futuro martirio.

Ma—gli chiede Goffredo—e l'altro che di te si legge, e, nello stesso tuo vangelo, in fine, par contraddire quello che hai appena narrato? Non ti turbare: gli risponde l'Apostolo sfolgorando di letizia. Una nuvola, in forma di Matteo, era quello di cui bene si narra, ma: "sempre negò la gente iniqua, e ria / starne contenta, & ubbidiente al quia".

Tocca ora di parlare a Marco. Dopo l'assunzione celeste del Signore, con la quale ha termine il suo vangelo, gli apostoli si sono sparsi per tutto il mondo. Una tempesta con maremoto, mosso da Cibele per impedire la diffusione del culto cristiano, sbatte Marco sul lido egiziano deserto. Egli ringrazia Dio, cui deve, nella perdita dei compagni di viaggio, la propria vita e questa, "che ben vede fatale, salvazione; / ma non sì che paura non gli desse / la vista, che gl'apparve d'un leone". Il leone, anziché assalire l'apostolo e farne due bocconi, geme pietosamente sulla sabbia; Marco gli si avvicina e gli vede la spina nell'unghia. *Ex ungue leonem.* Gliela tira via, lo cura; vivono insieme in una grotta; una mattina il leone è sparito ma compare una fusta di pirati fenici, che cattura Marco e, dentro una rete di ferro, lo porta a Roma. Nel Circo Massimo, l'apostolo vien dato alle belve; il leone lo riconosce, gli si accuccia ai piedi, gli lecca i sandali. La folla invade il circo e porta in trionfo Marco, impedendo alla guardie di acciuffarlo. Sulla nave che lo porta a Venezia, travestito da professore di zoologia dell'università di Alessandria, Marco è assalito dalla tristezza: le cose gli sono andate così bene che sente una specie di ripienezza.

Ordina ai venti di riportarlo indietro; ad Alessandria, ad Alessandria. Si presenta in facoltà, sale in cattedra e predica, ispirato, un sermone sulla mistica unità, nel creato, di vita animale e vita spirituale. Danneggiamento. Credono di averlo lapidato ma in realtà, nel ventre di una nube l'apostolo è giunto in Venezia. Il leone è diventato doge e sta celebrando lo sposalizio col mare, dal Bucintoro. Lodi a Venezia. Marco muore, vecchissimo, profetizzando la Battaglia di Lepanto, di cui è "figura" la presa di Gerusalemme da parte dei crociati di Goffredo.

Luca è rimasto con la mente fissa a un momento di sospesa dolcezza, di trepido mistero: la cena degli apostoli, con Gesù, come sull'orlo del precipizio. Parlarne gli è dolce. Ha girato il mondo, predicato da bravo; ogni tanto cade in estasi e ricorda quell'ultima cena. I bambini lo amano, lo chiamano Luca del Cenacolo. Si è ritratto in una casa in Toscana, dalle parti di un borgo detto Vinci; dorme sulla paglia, di fronte c'è un pozzo, accanto la stalla. Nella stalla c'è anche un bue. Lo chiamano difatti, Luca del Bue. Ma la parola, estatica, non gli basta a quella rievocazione che lo rapisce senza fine. Un giorno, sulla nuda superficie di un sasso, quasi la mano gli si muovesse da sé sola, con un carbone disegna delle figure. I bambini gli stanno attorno. Poi i contadini, i pastori. Tutto il villaggio. Quello è Gesù, quell'altro è Giovanni. Quello brutto è Giuda. Questo sono io. Gli è cresciuta una immensa, una morbida e dorata barba bianca. Viene la notte e reca quiete ai mortali e alle fiere; solo Luca, scontento, si rigira sulla paglia. Che cosa manca in quella pittura? Gli appare (in sogno?) la Vergine Maria. La mattina, al primo canto dell'oriuolo della villa, tromba del giorno, oricalco crestato, Luca dipinge sur una tavola di lavagna la figura della Nostra Donna: dolcissima: e viene assunto in cielo, sopra una specie di aeroplano tirato da due angeli che sembrano contadini. In cielo incontra Michele arcangelo, che gli fa visitare le gallerie della corte divina, con l'Idea delle Più Perfette Pitture. Lodi di Cimabue, e di Giotto; di Giovanni Angelico e del Giambellino; di Piero di Cosimo, di Raffaello, di Michelangelo, del Correggio, del Parmisano, e di Titiano Vecellio. Tutti saranno superati da Bernardo Castello illustratore della *Gerusalemme liberata*.

Più complicata la storia di Giovanni; la sua vita era una pienezza, finché visse Maria. Ma dopo il sonno della Vergine, anch'egli ha provato l'incertezza, il turbamento, di un non compiuto, o forse già compiuto destino. Si mette in viaggio, fino al Catai. Qui un giovinetto di stirpe principesca, bello come Narciso, Adone, Giacinto, Ila, Endimione, Pampino e il giovane Bacco, pende dale sue labbra, se parla: lo mangia con gli occhi, se in palestra si prova al disco o al cesto, in selva o in piano caccia o

CANTO XIX: LA SEPOLTURA 321

cavalca, o nei liquidi argenti nuota e scherza. In breve arde d'amore per lui. Giovanni lo esorta alle delizie celesti e quello, piccato, chiede al padre la testa dell'amico. Giovanni è assassinato dai sicari del re; ma, morto, la testa si ricongiunge al corpo: si rialza, danza una danza mistica e, come se nulla stato fosse, si rincammina. Lo riammazzano; lo stesso, per sette volte. Allora il re gli fa avere la testa del principe, in un piatto di fichi. Giovanni bacia quella testa e—rapito in una visione finale—detta il libro dell'Apocalisse. Conversione dei Cinesi.

Goffredo ora è tranquillo; sta per riavviarsi alla moschea, per sentirsi col Solitario Piero sul futuro governo della città liberata e conquistata. Apocrifo lo ferma, senza parlare; gli porge una spada di diamanti, una penna d'oro, e un libro di zaffiro. Che libro è? Qui si fendono i cieli e una voce celebra la nascita, passati secoli e lustri, di un poeta in riva al Sebeto, non ultimo fiume del gran padre Tirreno: che canterà d'Aminta e di Goffredo.

Dal canto venunesimo si passa, nel ritrovato codice, al ventitreesimo; di complessivi 3800 versi. Una nota di mano posteriore, a inchiostro copiativo, sul recto della carta che funge da 'occhiello' a *Della Gierusalemme Conquistata il Canto Ventesimoterzo*, avverte che nelle intenzioni del Sig. Torquato era il narrare, nel canto intermedio, la fine di Erminia; consunta, suicida per veleno, per malinconico, noncompreso amore, esattamente come nel poemetto, ancor oggi piuttosto noto, del Chiabrera: quello che inizia con l'invocazione ad Euterpe ("O bella, o della Lira alma custode / nemica dell'oblio, regina Euterpe / di' l'amorosa fé del buon Tancredi . . .") e che il Chiabrera senz'ombra di dubbio poté esemplare su fogli dall'infelice poeta già vergati in Sant'Anna, indi sottrattigli da uno spiritello, calatosi nei panni un poco unti di un camerista traditore. Tancredi, che va girando in quella parte, e in questa, riscontra il cadavere dell'amante infelicissima, e come un oriuolo che nella corsa armonica, e costante perda un colpo, e giri all'incontrario, maledice se stesso, l'amore, il desio di gloria, e la terrasanta: "Questa terra, esclamando, è maledetta, / fuggiamla dunque; e più, e più s'affretta . . ." ma Rinaldo, ch'era uscito dalla meschita, e dalla vinta città, tirandosi dietro alla catena, per farle prendere aria, la prigioniera Armida, l'ha udito, e lo sfida accusandolo di bestemmia, di codardia, e d'incostanza. Tancredi decide di buttarsi sulla spada dell'avversario: Armida, però, bagna la punta della spada di Tancredi sulle gelide labbra, che hanno bevuto il tòsco, della morta Erminia. Al primo scontro, lievemente strisciato dalla punta di Tancredi, Rinaldo muore. Armida lo piange. Esulta per la vendetta. Chiama le Furie.

Sparisce su un carro di fuoco. Tancredi si uccide. Il carro di Armida scioglie, al passaggio, le nevi de l'uno, e l'altro Polo, che mareggiando scatenano il Diluvio Universale. Un'onda altissima sferza le ali del carro fiammante che precipita nel mar d'Atlantide. Goffredo ordina di alzare il rogo funebre per Rinaldo e Tancredi, ma per Erminia pensa di innalzare un padiglione di mirti e di mortelle. Viene intanto la notte e porta l'oblio agli affaticati mortali.

Tutto questo è riassunto, come si diceva, con intercalati pochi versi superstiti, da una mano più tarda; e ignota. Il ventitreesimo canto è occupato intero dai giochi funebri per Rinaldo e Tancredi. E ci sono tutti; compresa una misteriosa prefigurazione—enunciata da un Forestiero Napolitano, giunto a dorso di cammello—di quello che noi chiamammo *football* e di quello che, verso la fine del ventesimo secolo, in parte derivandone, chiamarono *rollerball*.

*****

Ecco; penso che solo chi abbia trovato in sé la costanza di leggere, sempre più schifiltendosi, e infuriandosi, la storia di questo misterioso ritrovamento, che fu il culmine della carriera del professor Amalio Marzianaletti; e chi abbia provato pena e schifo per questo tipo di giochetto scemo, ma forse se ne sia incuriosito abbastanza da non smetter di leggere, e nel disgusto magari subentrava, ogni tanto, una punta, a contraggenio, di riso, di consenso strappato a forza, e poi, magari, peggio!, o meglio, una voglia di dire: ma guarda, questa non l'avevo pensata . . . e non si sarebbe potuto invece . . . io l'avrei fatta così. . . , penso che solo costui, forse, sarà ora d'accordo con me che quello fu lo stato d'animo del lettore d'Adone. Quando, morto l'eroe, era davvero sciolto il voto del poema. E si doveva chiudere. Quel satanasso, invece, del Marino, deciso ormai a giocarsi quel poco o tanto di credito che una vita sudatissima di primo poeta gli avesse acquistato, non demorde. Quello che—fin allora—era un altro poeta, in un vanto, o sospetto di continuità perfino partenopea (poeta della Sirena, il Parto della Vergine ben fonda, col contromurale dell'*Arcadia*, il Pianto della Venere, che è l'*Adone*, con l'antemurale delle *Dicerie sacre*, e il casino della *Sampogna*, e in quella continuità si poteva seguirlo); ora è come un astronauta perdutosi nello spazio. Non riuscirà a rientrare nella navetta. Il canto diciannove, il canto venti dell'*Adone* sono questi messaggi fatti per non arrivare. Disattivano il poema. Irrealizzano il principio, come ben indicato

CANTO XIX: LA SEPOLTURA 323

dal più illustre dei critici marinisti, della macchina produttiva. Compiono il gesto enorme, luciferino dassenno, di annichilire la creazione. Le storie che si stampano, in luce anche eccessiva, con effetti di sovraesposizione, o di scancellamento dell' 'aura', sui muri del nostro, diciannovesimo canto, sono altrettanti teatrini, o *retablos*, svelati nella sterilità di un erotismo orale, linguale. Siamo ben oltre la durata. Saranno gli ultimi versi del poema a rimettere a posto ogni cosa, ritrovando un ordine immobile—un posto per ogni cosa—che allude alla cancellazione della storia, e del Dio che l'ha messa in movimento: *fiat*. . . . Per questo il canto diciannove—nella sua immutante lunghezza—è come un pedale d'orchestra che non risolve. Non ci meraviglieremo, col Padre Pozzi, che la stessa trasformazione di Adone, alla quale per certi versi avrebbe potuto menare la storia fin lì raccontata, motivandola, sia come elusa, essa stessa, e disattivata; tentata senza convinzione. Ma è lo stesso che quando, in una favola, sembra immotivatamente che ne glissi un'altra, senza dialettica né continuità. Al patto sociale col lettore, basato sull'unità dinamica della narrazione, subentra la moltiplicazione energetica degli spermatozoi narratologici. All'universo (umano) la perversione, lo sviamento divino. L'unica carta lasciata al lettore è il voler trasformarsi in ascoltatore, nel senso, tre secoli prima di Freud, dell''ascolto' psicanalitico. E con scambio di parti, rivolgimento e intersezione di funzioni. Le unità minime raccontative passano da chi detta, e deversa, in chi ascolta, e proditoriamente riorganizza, col gesto spiccio, e tuttavia auratico, di chi si scambia lastre e spettri di radiografie, di 'negativi' di ricognizioni aeree, misteriosi reperti astrofisici. Gli ultimi canti dell'*Adone* verificano quello che, fin allora, era stato più volte suggerito, nel corso del poema lunghissimo, e impostato, elaborato, in una tenuta di storia ancora possibile: la partenza d'Adone (o la vendetta d'Amore, come 'macchina' scatenante), l'incontro con Venere, amori, ascensione, regalità (o l'inganno d'Amore), la morte d'Adone (per disubbidienza o per equivoco: o, la vendetta d'Amore, come 'macchina' realizzata). Alla favola, progressiva, prospettica, si è alternato il sogno, bidimensionale. La pura superficie senza sfondo, l'assolutissima spazialità che—come fin dall'inizio si era minacciato di voler dimostrare—termina in doglia nel suo smoderato, triste e finale piacere.

CANTO XX: GLI SPETTACOLI

Francesco Guardiani

Il gran teatro del mondo, ovvero il mondo a teatro

A Marzio Pieri

L'intero universo ha risposto all'appello di Venere: nella gran "piazza ovata" (ott. 18) antistante il meraviglioso "palagio d'Amore" accorrono le potenze del cielo e dell'inferno unendosi a "vulgo e baronaggio" (ott. 20), provenienti da ogni luogo della Terra. In perfetta armonia ("l'ordin non si confonde...," ott. 14, 20) e con la cooperazione delle forze della natura ("sereno il ciel... tranquillo il mar... verdeggiante la terra," ott. 8–10) si riempiono gli stalli del "circo" o "teatro" (ott. 18) che fanno da corona all'"alto tribunal" (ott. 22) di Venere, ed hanno così inizio i giochi, o meglio gli "spettacoli", adonii per immortalare il ricordo del tenero giovinetto quindicenne[1] ucciso dalla bruta violenza del cinghiale.

Anche a non voler tener conto, per ora, delle sentenze delle ottave proemiali, particolarmente solenni, di questo ultimo canto, e limitandoci a considerare gli elementi che segnano la ripresa del racconto, appare immediatamente chiaro che il tono della scrittura ha assunto qui una compostezza aulica che mancava, o in ogni caso non era di tal grado, nei canti precedenti. Tra i quali poi, è importante notare, è il diciannovesimo che più somiglia all'ultimo. "La sepoltura" si lega a "Gli spettacoli" in quanto posta, come questi, al di là della morte di Adone, dopo, cioè, che il filo più ovvio del discorso si è definitivamente spezzato. Il c. XIX, inoltre, anticipa il seguente amplificando il significato simbolico, qualunque esso sia, da trarre dalla morte di Adone avvenuta nel c. XVIII: dalla sfera degli affetti personali (di Venere), si passa a quella più comprensiva dell'ordine generale che governa lo sviluppo e gli esiti dei rapporti amorosi (tra una divinità e una bellezza mortale). Sono infatti le divinità rappresentanti dell'intero cosmo (Apollo dal cielo, Bacco e Cerere dalla terra, Teti dal mare) che consolano Venere con racconti di amori tragicamente conclusi.

Tutti questi racconti, eccetto l'ultimo (la storia di Achille, ott. 293–325) terminano con la descrizione della metamorfosi dei giovani amanti (Giacinto, ott. 62; Pampino, ott. 105–106; Aci, ott. 147–148; Calamo e Carpo, ott. 251; Leandro, ott. 292) che corrisponde all'estremo dono offerto alla loro memoria dagli afflitti compagni immortali. Il caso di Achille è diverso, in parte, dagli altri: Chirone è lontano dall'allievo ucciso dalla freccia di Paride e né l'amore materno di Teti, né quello appasionato di Briseide (che il diletto Ovidio aveva esaltato nelle *Heroides*) nobilitano l'eroe fino a fargli meritare l'immortalità per mezzo della metamorfosi.[2] E così il poeta ci mostra Teti che piange disperatamente la morte del figlio come quella di un comune essere umano (ott. 325). Dopo le trasformazioni che chiudevano i racconti precedenti, questo lamento di Teti, con l'accenno al fiore che col "nov'anno . . . dele bellezze sue fa novo acquisto" si può facilmente intendere come una reiterazione dell'implicito suggerimento rivolto dalle divinità consolatrici a Venere affinché conceda anch'essa l'ultimo onore all'amante defunto. E sarà infatti proprio questo che Venere farà dopo i funerali (ott. 407-420).

Ora, se per Marino il significato della storia di Adone si fosse esaurito in quello stesso dei tragici *exempla* riportati, e cioè nel constatare che l'amore fra uomini e dei finisce in dolore, o anche, aumentando la portata metaforica degli esempi, nel riconoscere che sempre "smoderato piacer termina in doglia",[3] non ci sarebbe mai stato un ventesimo canto, e di quelle dimensioni (515 ottave) per giunta. Ovviamente, allora, la storia di Adone ha un significato più ampio, ed un significato che *deve* essere enucleato da quest'ultimo canto. Riconoscerlo, spiegandone l'energia illuminante, che logicamente sarà da espandere all'intero poema, sarà allora l'impegno preciso di questa *lectura*.

Prima di toccare il nocciolo della questione, che consiste in ultima analisi in un chiarimento definitivo del titolo del canto, conviene indugiare brevemente su alcune considerazioni preliminari per prendere le mosse da ciò che la critica ha finora offerto sull'argomento. Non è certo questo il luogo più opportuno per una rassegna delle varie interpretazioni espresse sugli "Spettacoli." L'elenco, benché non interminabile, sarebbe comunque lungo, visto che la posizione privilegiata del canto e la sua stessa diversità dal resto dell'opera (l'estraneità dei fatti qui narrati rispetto alla ripetizione dello schema del mito) portano naturalmente a cercarvi una chiave di lettura dell'intero poema. Il problema si può mettere bene a fuoco ricordando innanzitutto i contributi dei due massimi esponenti della "nuova critica" mariniana, Giovanni Pozzi e Marzio Pieri. Per il primo *L'Adone* è una "macchina," e questo sarebbe confermato, in apertura degli "Spettacoli,"

CANTO XX: GLI SPETTACOLI 327

dalla similitudine dell'orologio (ott. 2); una macchina è anche il mondo per cui, accostando i termini diversi della doppia equazione troviamo che *L'Adone* è una rappresentazione del mondo, così: "... se il mondo è un orologio e se il poema è un orologio, il poema è il mondo ed il mondo è il poema".[4] Certo Pozzi è il primo ad accorgersi che la macchina mariniana ha qualcosa di particolare che la distingue dalle altre: perché la funzione dei suoi mille ben oliati meccanismi si realizza perfettamente soltanto al banco: il cambio è fisso in folle e la macchina non si sposta.[5] La bella e utile metafora, che mi pare confermare l'intuizione del Guglielminetti (*"L'Adone* poema dell'Arte"),[6] e anzi sommarsi ad essa raddoppiandone il valore esplicativo (perché il mondo che equivale al poema non è il mondo della natura bruta e indifferente, ma quello che l'uomo costruisce "artificiosamente" nella sua immaginazione stimolata dall'esperienza sensoriale) deve aver ispirato lo studio del Porcelli. Questi discute coraggiosamente dell'intera "fabbrica" mariniana (una variante della macchina, non serve sottilizzare) ma ha il difetto di farla perfetta, ipotizzando un Marino architetto che, in ultima analisi, è ancora legato a una forma d'arte *chiusa*.[7] Un ritratto interessantissimo, ma che risulta aberrante alla luce di quanto la filologia ha messo oggi a nostra disposizione (dall'indicazione e dall'analisi delle fonti alla ricostruzione della genesi del poema). Per Pozzi la macchina è *immobile*, nel senso che non va da nessuna parte e non indica neanche una destinazione ideale perché è essa stessa mezzo di trasporto e punto d'arrivo. Per Porcelli, invece, la fabbrica è perfettamente disegnata secondo criteri logici esterni ad essa e, dunque, *si muove* lungo una direzione prestabilita, puntando verso un ideale di forme estranee, persino alla letteratura, per trovare un'esatta significazione.

Ora, tornando al Pozzi, dopo aver constatato con lui la precisione dell'ingegneria mariniana in ogni meccanismo della macchina, e dopo aver osservato il motore girare a massimo regime, il desiderio di un ulteriore approfondimento critico dovrebbe portarci all'analisi di ciò che frena il movimento o, più precisamente, di ciò che lo restringe al banco. Ma qui la critica pozziana segna il passo. Rompe gli indugi il Pieri:

Le strategie disorganizzative del poema sono all'opera nell'*Adone*, e corrispondono alla visione di un mondo dominato dal brulichio della materia (lo sterminato canto delle sillabe immagine dell'universale turbine degli atomi) e dalla spettacolare brutalità delle forze in campo. Il Marino, certo, è attratto dalla perfetta guerra, tutta mentale e ideale, degli scacchi. Ma il campo è sbaragliato dalla Festa. Solo l'ultimo canto dell'*Adone*, nel suo essere al di fuori della storia, nel suo esplodere quando le ragioni della narratività sono esautorate, nel suo concrescere aggregativo che rispecchia e convalida il vero principio strutturale del poema, nel suo *esserci perché c'è*, nel suo tendere alla non-fine (tanto più sorprendente, secco e mirabile riesce l'accordo finale: *"Tornaro a Stige le Tartaree genti, / l'altre a le stelle, e l'altre agli elementi"*), solo l'ultimo canto riesce a dare la chiave del poema, che il lettore aveva potuto soltanto intuire per via . . .

Il poeta, il Re della Festa, ha per corona l'Eccezione e per scettro il Capriccio . . .

Ci siamo tutti troppo lasciati sedurre dal rapporto del Marino col Tasso . . . il suo bersaglio, ideale e polemico, è l'Ariosto.[8]

Ci sono intuizioni critiche in questo passo che potrebbero sostenere agevolmente numerosi saggi di ricerca e di verifica. Mi limito a raccogliere quei suggerimenti che appaiono più immediatamente utili al presente discorso.

"Le strategie disorganizzative". Non ha senso parlarne se non in riferimento alla strategie organizzative del poema, e queste nessuno meglio di Pozzi ce le può dare. Il canto XX presenta una struttura ternaria, vista la divisione della materia in tre diverse giornate. Si tratta, ovviamente di un disegno che indica completezza e anche distacco dall'esterno. Quest'ultimo elemento ha fatto sì che Pozzi parlasse di parte aggiuntiva, anzi di "dopo-poema." Ricordiamo che *L'Adone* nel corso della sua lunga incubazione, in una fase ancora iniziale di sviluppo, presentava una struttura ternaria; ma questa venne poi risolutamente negata, all'altezza del 1614, a favore di una definitiva forma binaria.[9] Il problema che ci si pone è dunque quello di conciliare le due strutture diverse. Detto altrimenti, si tratta di capire perché il poeta "disorganizzi" il suo impianto di base proprio quando, negli "Spettacoli", vuole offrirci una chiave di lettura dell'intero poema.

L'interpretazione più plausibile mi sembra la seguente: la struttura ternaria, circolare, comprende quella binaria. La prima dà una rappresentazione del poema-mondo nella sua totalità immobile che si pone come risultante dell'incontro di forze opposte le quali invece indicano un movimento straordinario, ma tutto interno, compresso. Tali forze si rivelano nell'opera in una serie di ostentate dicotomie.[10] Il riferimento che, nel primo canto, troviamo all'iconografia dell'anno, una serpe che si morde la coda,[11] e ancora di più il rilievo chiarificatore di Pozzi sulla estensione temporale della *fabula* di Adone, un anno intero,[12] sono elementi interni al poema che mostrano quanto bene il "dopo-poema" sia in effetti in armonia con esso e, anzi, ne enuclei in modo plateale il carattere onniavvolgente. Alla binarietà è dunque delegato il compito di illustrare dettagliatamente il movimento interno del poema (a tutti i livelli: inventivo, organizzativo, elocutivo) mentre la struttura ternaria e circolare vuole darci una veduta simultanea dell'intera opera e quindi offrirci la possibilità di leggerla come metafora del mondo. Un mondo, beninteso, che comprende nella sua immobilità presente passato e futuro. (Una dichiarazione, quest'ultima, con cui si offre un senso nuovo al pur giustissimo ossimoro dello Chaplain e che spero apparirà più chiaro alla fine della *lectura*). La fusione delle due strutture è consciamente ricercata da Marino in più punti del poema e, in modo definitivo, negli "Spettacoli." Il problema che gli si poneva era *pratica mente* quello della conciliazione degli opposti in una unità indissolubile. Come egli faccia in modo che questo avvenga a livello stilistico, con la convergenza della similitudine e dell'antitesi[13] e, a livello di organizzazione della materia, col bilanciamento di entità opposte nelle due diverse parti del poema[14] è cosa che ormai si può considerare sufficientemente dimostrata. Propongo ora una lettura di alcuni nuclei della narrazione, strategicamente collocati nell'area conclusiva del poema, che mi sembrano estremamente funzionali come elementi unificatori dell'intero disegno inventivo.

Verso la fine del c. XVIII incontriamo il breve episodio del processo al cinghiale assassino (ott. 233–241). La bestia è trascinata davanti a Venere che gli chiede ragione del suo atto criminoso apostrofandolo come "furia più maligna e crudele di qualunque mostro aspro e selvaggio." Nel breve giro di tre ottave (237–239) i "grugniti" eloquenti del cinghiale trasformano completamente l'immagine turpe del mostro nefando in quella compassionevole di un amante afflitto. Violenza e amore si sono fusi armoniosamente in questa figura che così, esaurita la sua funzione narrativa e definita l'ambiguità del suo valore simbolico referenziale, esce di scena confermando l'avvenuta metamorfosi con l'atto della castrazione.[15] È notevole il fatto che nella primissima trattazione del mito il Marino presentasse una Venere che "vendica il danno."[16] Se qui, invece, la dea perdona il cinghiale vuol dire che il poeta dovette sentire il bisogno di far rientrare anche il mostro crudele nel suo "nuovo mondo," e cioè nello schema onniavvolgente che andava disegnando.

Un'altra figura emblematica del furore selvaggio, con evidenti connotazioni sessuali, è quella di Polifemo. Si tratta, indubbiamente, di un'immagine che rispecchia quella del cinghiale. Il gigante è "il terror di Sicilia, il mostro infame / di cui più fiera e spaventosa belva / non vive in tana e non alberga in selva" (c. XIX, 135). Come il cinghiale uccide il tenero amante di Venere, così Polifemo uccide Aci "il gentile" (ott. 127), che ha le "membra di cristallo."[17] E, proprio come nel caso del cinghiale, è dopo aver causato la morte di un giovinetto amante che la figura del mostro si trasforma e assume una dimensione psicologica umanissima. Questo perché nell'ottica mariniana, alla conclusione del poema, tutti i personaggi (tutte le forze in azione che rappresentano elementi della "parabola" di Adone) sono accettati con pieno diritto di cittadinanza nel nuovo mondo di pace, ovvero di ritrovata armonia degli opposti. Cadono quindi i criteri morali ed estetici che vogliono un diverso destino per il violento e il violentato. E così Polifemo, "perfido lestrigon, mostro essecrando / portento di natura immondo e brutto" (ott. 146), come Acide e come gli altri giovani amanti del c. XIX, è accomunato ad Adone con l'onore della metamorfosi (ott. 232).

Il nuovo mondo mariniano, annunciato con tanti *exempla* nel penultimo canto, si spalanca con gli "Spettacoli." Altre figure del cinghiale e di Adone riappaiono qui, altri accostamenti di simboli opposti, ma ora le antitesi si risolvono in maniera chiara e definitiva e così, finita l'elegia, il canto prende una dimensione trionfale, finalmente epica. Il nesso principale che lega gli opposti non è più suggerito da allusioni e rimandi, ma dichiarato dalla nuova identità di Venere: dimesso l'abito dell'amante privata, ora veste i paramenti solenni che la fanno figura di una *charitas* entro cui tutto si raccoglie. Si può notare come la dea ora eserciti il suo nuovo ruolo soprattutto alla fine di ogni gara quando premia vincitori e vinti, addolcisce le ire dei contendenti e spegne in essi ogni desiderio di rivalsa. E, del resto, per mezzo della pubblicazione del cartello, all'alba della prima giornata, ella chiarisce subito la natura dei giochi adonii: ". . . non saranno invan sparsi i sudori / né poveri di palme trionfali / invidia avranno i vinti ai vincitori" (ott. 24). La volontà pacificatrice di Venere agisce su ogni personaggio degli "Spettacoli." Altamente significativo in questo senso deve considerarsi l'invito della dea a Minerva (Bellona) affinché con lei segga ne "l'alto tribunal" e giudichi i concorrenti. Con questa manovra, assolutamente irrevante a livello narrativo, il poeta accosta sul podio, dinanzi al mondo, i simboli di amore e guerra. Ma l'opposizione è segnalata soltanto per essere poi risolta, quando vengono ridefiniti gli attributi di Minerva. Questa entra in scena nell'ultimo canto come Bellona (ott. 13), ed è "la bellicosa dea" (ott. 194); è ancora la dea della guerra alla consegna dei premi agli spadaccini romani, Cencio e Camillo (ott. 246). Ma sarà infine dea della pace, "inventrice dell'arboscel pacifico" (ott. 353) prima della gara conclusiva del terzo giorno.

Massima attrazione del primo gioco (la lotta) nella seconda giornata di "Spettacoli," il duplice duello di Membronio costituisce una ripetizione dello scontro tra Adone e il cinghiale. Ma con una variante notevole: il mostro ora viene sconfitto. La ragione di ciò non è da ricercare in una generale revisione del mito da parte del poeta, ma nel riconoscimento del fatto che esso ha ormai assolto la sua funzione referenziale di base ed è diventato un trampolino di lancio per un più libero commento. La storia di Adone è finita, ma non il "discorso" di Marino. Il poeta pone un'appendice al chiarissimo messaggio della tragedia (gentilezza e grazia sono vinte dalla brutalità, l'amore è sopraffatto dalla violenza) che ne ribalta l'assunto di base ("smoderato piacer termina in doglia"): la fatalità ineluttabile, il termine dell'avventura, ora diventa una fase di raccordo per un rientro nel ciclo della vita.

Ma torniamo all'episodio della lotta. Abbiamo innanzitutto un'esatta designazione dei due duellanti. Il gigante Membronio è certamente un'altra controfigura del cinghiale. Il "fiero scita" (ott. 137) infatti è un "mostro orrendo e rio" (ott. 140), dal "bieco sguardo" (ott. 141), un "colosso immane" (ott. 146), una (un'altra) "sconcia machina" (ott. 149). L'identificazione è inoltre suggerita, con un ampliamento del valore rappresentativo del personaggio, dall'impiego della similitudine del toro, che vale qui per il gigante (ott. 148) come già prima per Marte (c. XVIII, 18). Le forze brute sono un tutt'uno a livello simbolico. Membronio aggredisce Crindoro, *alter ego* di Adone, giovinetto biondo di "primo pelo" (ott. 143), di "fattezze leggiadre" e di purpurea guancia (ott. 143), intrepido e inerme. In un attimo questi è atterrato e si ha così una ripetizione dell'episodio conclusivo del mito. Ma questa volta troviamo un momento aggiuntivo, incentrato sulla figura di Corimbo. Figura ambigua, in quanto giovinetto anch'egli, come Adone, ma fortissimo come il cinghiale e "di stretta amistà" legato all'efebico Crindoro. Poiché la figura di Adone è sdoppiata nei due giovani, la vittoria e la sconfitta si sono fuse insieme. E così il cinghiale (Membronio) è "ucciso," ma è ancora vivo (come Corimbo in rapporto a Crindoro. Non sarà azzardato leggere in questa greca amicizia un amore omosessuale). La "lotta" è presente in ogni rapporto umano e principalmente nell'amore, in cui gli opposti si attraggono per scontrarsi. Si capisce bene, allora, perché non abbia senso condannare "il cinghiale": quando rovinosamente dà sfogo al suo istinto sessuale, in effetti non fa altro che esprimere una fase indispensabile del ciclo della vita.

Il gioco delle identificazioni con il mostro e con Adone raggiunge il suo acme in un segmento degli "Spettacoli" in posizione privilegiatissima, alla conclusione del duello finale tra Fiammadoro e Austria. Un colpo violento di Fiammadoro "al nemico sbalzar fa la visiera" col che "si scoverse il guerrier esser guerriera / e con le bionde chiome al'aura sparse / bella non men che bellicosa apparse" (ott. 397). All'immediato innamoramento del giovane fa seguito quello di Austria (ott. 404). Si interrompe il duello e i due si raccontano le proprie storie. Austria è principessa reale, figlia della regina delle amazzoni, Tigrina, e di Austrasio d'Asburgo (ott. 420). Ancora infante era stata sottratta ai genitori da un'aquila (forse Giove stesso o l'ombra di Ettore, duce troiano, ott. 434–435) e da questa affidata alle cure di un negromante, il "vecchion dela Foresta Nera" (ott. 436), che l'aveva educata spartanamente e tenuta ben lontana dalle mollezze della corte. Si può innanzitutto riconoscere una funzione di decoro a questa prima parte del racconto di Austria. Il poeta indica l'alto lignaggio della giovane e ne fa un personaggio eroico in attesa di un nobile destino. Si possono, infatti, facilmente intravedere nel negromante i tratti paterni dell'Atlante di Boiardo e d'Ariosto. Il che, quindi, omologa la figura di Austria a quella di Ruggiero, capostipite della stirpe estense. Inoltre siamo ora avvertiti su una fondamentale miscela di connotati sessuali dell'eroina/eroe: bella come la Laura del Petrarca ("con le chiome al'aura sparse," ott. 397), ma forte al punto di contrastare il valore del guerriero franco. Ovvio, dunque, il richiamo all'ambiguità sessuale di Adone. Ora, continuando nella narrazione, ci si accorge che questo non è soltanto un vago richiamo allusivo, perché Austria è dichiaratamente identificata con Adone:

> [Il negromante] Austria nome mi pose; e 'ntanto essendo
> già di tre lustri oltre l'età cresciuta,
> in Austrasio ch'un giorno a caccia uscendo
> avea de' suoi la compagnia perduta,
> mentre ch'a fronte avea cinghiale orrendo
> a caso m'abbattei non conosciuta.
> L'uno era inerme e l'altro fiero e forte,
> io questo uccisi e quel campai da morte. (Ott. 438)

L'identificazione è prontamente assicurata da due elementi, l'età e lo scontro con il cinghiale. Meno facile riesce, però, cogliere il significato simbolico della storia; anzi, l'ostentazione con cui il poeta accumula elementi simbolici di doppia e contrastante valenza conduce ad una vera e propria avventura esegetica.

Abbiamo appena incontrato, nell'episodio di Membronio, un caso di vittoria e sconfitta del cinghiale: un'identità di opposti che abbiamo letto come risultante dello sdoppiamento della figura di Adone in Crindoro e Corimbo. Ora troviamo che, di nuovo, sono stati messi in rilievo gli attributi opposti di Adone, ma in un solo personaggio. Sulla scorta del quadro precedentemente tracciato, possiamo ipotizzare ancora una fusione di vittoria e sconfitta del cinghiale (figura che qui ombreggia, tra l'altro, anche quella paterna di Austrasio, che rimanda a sua volta a una iterazione dei significati metaforici oppositivi).[18] Ma osservando che il cinghiale è qui

CANTO XX: GLI SPETTACOLI 333

chiaramente e definitivamente ucciso, dobbiamo volgerci al "seguito" della storia, cioè al racconto di Fiammadoro, per per ricercarvi la riapparizione del mostro e la sua eventuale vittoria. Ben presto, come ci interniamo nelle fila di questo secondo racconto, ci appare la rivelazione significante: anche Fiammadoro si identifica con Adone. Chiarita l'origine regale del guerriero, infatti, il poeta ne descrive la nascita dal corpo aperto della madre morente, il che è un ovvio richiamo al parto innaturale di Mirra (ott. 466). Il padre di Fiammadoro è Morgano, un'altra controfigura del cinghiale: dato aperto sfogo ai suoi istinti più violenti anch'egli si pente e, come la bestia che aveva spezzato il corno della passione omicida, Morgano si punisce mordendosi la mano assassina (ott. 460) e dandosi poi la morte con la spada (un simbolo fallico come il corno del cinghiale) che aveva tagliato il corpo di Fiordigiglio (ott. 465). Morti i genitori, come Adone, Fiammadoro è allevato da una provvida nutrice (ott. 467). Questa figura rimanda ad Alinda, la nutrice di Adone, alla quale nel c. XVI era stato affidato il compito di accertare l'identità del figlio di Cinira e Mirra (c. XVI, 231–238). La donna, si ricorderà, aveva riconosciuto il giovinetto dalla voglia in forma di rosa che questi dalla nascita portava "sotto la poppa del sinistro lato" (c. XVI, 237). Ebbene, anche qui, nel c. XX, fatta menzione della nutrice, il poeta dà il segno di riconoscimento a Fiammadoro:

Sì vissi e crebbi ed, oh stupor! del petto
scritte portai nela sinistra parte
note di sangue il cui tenor fu letto:
'Fiammadoro è costui, figlio di Marte'. (ott. 469)

Che Marte, qui padre, ma altrove altrimenti tratteggiato nel poema, corrisponda comunque ad un'ennesima figurazione del cinghiale è un fatto tanto chiaro che non val la pena di soffermarcisi. Osserviamo, invece, che il poeta di fronte all'immagine guerriera di Fiammadoro sente il bisogno di addolcirne i tratti, di ingentilirla, e quindi dà al personaggio quegli attributi femminili che servono a rendere l'identificazione completa e inequivocabile. Alla fine del duello e prima dei racconti, anche Fiammadoro rivela il suo viso togliendosi l'elmo. I presenti vedono allora "un garzonetto . . . che mettea pur allor le prime piume" (ott. 402), e Venere in lui ritrova le fattezze di Adone:

L'afflitta Citerea, quando il bel viso
si discoverse, ancorch'alquanto smorto,
arse a un punto e gelò, che le fu aviso
di riveder il caro Adon risorto. (Ott. 403)

Anche questa capitale identificazione è dunque chiaramente indicata nel testo. Fiammadoro e Austria sono Adone. Tra i due personaggi c'è perfetta interscambiabilità. Che dire, infatti, nell'accorgersi che Venere, per Marino, in qualche frangente delle ultime concitate riflessioni prima della stesura definitiva del canto e del poema, dovette sentirsi ugualmente emozionata nel riconoscere Adone non in Fiammadoro, ma in Austria, precisamente? Proprio l'ottava appena citata, la 403, nell'edizione che lo Stigliani inviperito dovette avere sott'occhio nel redigere il suo miopico *Occhiale*, è collocata immediatamente dopo l'attuale ott. 398, in cui troviamo, subito dopo la rivelazione ("si scoverse il guerrier esser guerriera" ott. 397), che la bellissima giovane è presentata come "rosa fanciulla e pargoletta / che dal novo botton non esce ancora," una similitudine che fa pensare immediatamente ad Adone.[19]

Abbiamo dunque che i due eroi sono identicamente carichi di energie positive e negative. La loro è una doppia unione di valori identici e di valori opposti. Cade qui finalmente nel poema ogni ambiguità di significazione sul valore simbolico dei suoi numerosi personaggi, principali e non, perché l'ambiguità, o meglio la doppia valenza metaforica, è eletta a sistema per mostrare l'identico attraverso il contrario. Adone non è Adone senza il cinghiale. Non ha più senso, dunque, parlare di maschio e di femmina come entità separate che si incontrano per creare la vita perché maschio-e-femmina è una unità indissolubile onnipresente. E l'unione dei due prìncipi, allora, che Venere celebra solennemente, nell'ottava 475,

—O coppia degna e da' più degni eroi
sol per gloria del mondo al mondo uscita,
qui gran tempo aspettata e'n ciel da noi
troppo ben conosciuta e ben gradita,
deponete omai l'armi e sia tra voi
la tenzon con lo sdegno inun sopita.
Canginsi in vezzi le discordie e l'ire
e sia pari l'amor, com'è l'ardire.

(ottava fitta, non si mancherà di notare, di raddoppiamenti e di antitesi: v. 1, "degna—degni"; v. 2, "mondo—mondo"; v. 3, "qui—'n ciel"; v. 4, "ben—ben"; v. 6, "tenzon—sdegno"; v. 7, "vezzi—discordie e ire"; v. 8, "amor—ardire"), e nei dodici distici che seguono, può essere interpretata, posta com'è in coda all'esempio più probante di tutto il poema, come il riconoscimento definitivo del principio di identità dei contrari.

Ci eravamo fermati sopra, nella discussione intorno al racconto di Austria, all'"attesa del cinghiale." La belva è uccisa dalla giovane, ma poiché il simbolo del "male" serve a definire quello del "bene", il cinghiale in qualche forma, si diceva, dovrà riapparire. Indubbiamente il mostro è in arrivo, presumibilmente nella persona di Fiammadoro stesso: a conclusione della vicenda, infatti, siamo soltanto all'"Innamoramento" dei due campioni, che fa seguito di poco alla loro "Fortuna" di essere capitati a Cipro a causa di una tempesta, come Adone. Siamo, cioè, a primavera ("sereno il ciel . . . tranquillo il mar . . . verdeggiante la terra"), all'inizio del ciclo della vita, che coincide con la prima parte del mito. Quello di Adone è indubbiamente un mito dell'eterno ritorno, un mito che celebra il risveglio della natura come nelle *Siracusane* di Teocrito. Ma sarebbe un grave errore bloccarsi a questa interpretazione perché ora, a conclusione del poema, il significato del mito si è espanso ad ogni forma di vita e si applica in ogni momento del ciclo naturale senza privilegiarne necessariamente la fase iniziale, primaverile. Una cosa è dunque il significato del mito in sé e un'altra è quello del mito nel poema. In cui troviamo stabilito, una volta e per tutte, che il mondo riconosce il principio della propria esistenza e si vive, vive se stesso, in costante armonia. Se questa è "pace" vuol dire, come si anticipava sopra, che è uno stato che comprende anche la guerra. La conquista mariniana consiste allora in una visione di una pace tutta mentale che, sebbene pregna di possibilità evocative di attuali condizioni storiche di serenità e benessere (la auspicata riconciliazione tra Francia e Spagna), mira essenzialmente ad assicurare al mondo che quello che c'è, nelle mille e diverse manifestazioni di vita, rientra nell'avvolgente mito di Adone e del cinghiale ed ha perciò pieno diritto all'esistenza.

Ecco, dunque, il perché degli "Spettacoli," della festa senza fine: il mondo a teatro, nella gran piazza ovata, si specchia in se stesso e gode nel riconoscersi così multiforme e variegato. Torniamo, con questo, al Pieri, da cui mi è sembrato utile trarre spunto per avviare il discorso. Per lui, l'intelligenza dell'*Adone* passa per il riconoscimento del poeta quale "Re della Festa che ha per corona l'Eccezione e per scettro il Capriccio." Giustissimo. E questo chiaro ritratto di sé il Marino lo offre proprio negli "Spettacoli." Le cinque similitudini che brillano nelle canoniche ottave "sentenziose" di apertura del canto sono cariche di compiaciuto orgoglio: la meta è vicina e il poeta già intravede l'arco trionfale che si apre sull'immagine della festa. Ora che il mondo è stato capito, illuminato dal "raggio immortal" (ott. 5) della poesia, va goduto nella sua interezza in ognuna delle sue parti. Il capriccio e l'eccezione sono stati normalizzati e quindi sono i frutti più dolci del lavoro del poeta, volto a mostrare la regola adonica in ogni dove.

Il c. XX contiene 515 ottave, ma le sue dimensioni potrebbero espandersi all'infinito perché qualunque oggetto toccato dal novello Re Mida si trasforma in oro, in "opera d'arte." Il poeta non ci dice semplicemente che c'erano molti concorrenti ai giochi, ma ce li nomina, ce li descrive: Arabin, Silvanel, Foresto, Ferindo, Ermanto, Fartete, Fulgenzio, Medonte, Ordauro, Euripo . . . Lindaura gentil, Marpesia bella, Mirtea vezzosa, Filatea gioconda, Albarosa la bianca, Fiordistella la bruna . . . e ancora, Cisso tebano, Batto cappadoce, Clorigi cireneo, Vigorino bitinio . . . Brandin feritore, Armidoro valente, Gauro scarmigliato, Ornusto il fiero . . . Sterminate filatesse che mettono in corto circuito la nostra capacità di assimilazione fino a quando non ci liberiamo definitivamente dalla dal "moderno" condizionamento psicologico che ci obbliga alla ricerca delle *essenze*, delle unità significative, cacciando il resto nel gran caos dell'inconscio. E forse mai come oggi, in epoca postmoderna che qualcuno ha anche voluto, a suo modo, neobarocca,[20] siamo pronti a superare l'ostacolo e ad entrare nello spettacolare mondo della pace mariniana.

NOTE

1 Adone muore a quindici anni, cioè "al cominciar del quarto lustro," giusta la profezia di Mercurio in c. XI, 183. Si cita, qui e altrove, dall'edizione del Pozzi: *L'Adone*, a cura di G. POZZI, 2 tomi, Milano 1976.

2 Se la storia di Achille non si conclude con una metamorfosi come si giustifica la sua presenza in questo canto? Per dare una risposta al quesito bisogna innanzitutto ricordare che le corrispondenze in Marino non sono mai perfette. Inoltre, il mancato "premio" dell'immortalità si spiega in quanto Achille è un personaggio che incarna la forza e il valore militare che, nell'ottica mariniana, non meritano divini onori. D'altra parte, il personaggio di Achille qui si giustifica in virtù della sua ambivalenza, guerriero-donzella, che lo associa ad Adone: il fortissimo allievo di Chirone (ott. 299–304) si confonde tra le ancelle alla corte di Licomede re di Sciro (ott. 309).

3 Non intendo affatto rinunciare all'interpretazione suggerita dal Marino stesso all'apertura del poema (c. I, 10), ma mi preme varcarne ora il limite esegetico troppo stretto, presentando una lettura di massima ampiezza che includa anche, e senza contrasti, la celebre dichiarazione.

4 G. POZZI, *L'Adone*, t. 2, p. 697. Ma cfr. anche p. 322: ". . . per un uomo come il M., la metafora è una macchina ed il poema è una metafora."

5 *Ibid.*, p. 61.

6 M. GUGLIELMINETTI, *"L'Adone" poema dell'Arte*, in *Tecnica e invenzione nell'opera di Giambattista Marino*, Messina-Firenze 1964, pp.107–141.

7 Per la distinzione tra forma chiusa e forma aperta, cfr. i seguenti lavori di H. WÖLFFLIN, *Principles of Art History*, New York 1957, e ID, *Renaissance and Baroque*, Ithaca, N.Y., 1966. Sulla pertinenza d'impiego attuale delle celebri categorie wölffliniane discute R. BARILLI, *Wölfflin e la fenomenologia*

degli stili, in *Culturologia e fenomenologia degli stili*, Bologna 1982, pp. 135–150.
8 M. PIERI, *Una* Preface *in Baroco*, in *Quasi un picciolo mondo. Tentativi di codificazione del genere epico nel Cinquecento*, a cura di G. BALDASSARRI, Milano 1982, pp. 23–28.
9 Vedi G. POZZI, *L'Adone*, t. 2, cap. VI, "La crescita dell'*Adone*," pp. 103–121. Ma anche ID, *Metamorfosi di Adone*, "Strumenti critici," V(1971), pp. 334–356. Ho ripreso personalmente il problema nel cap. II, *"Dispositio*. La narrazione negata" de *La meravigliosa retorica dell' "Adone" di G.B. Marino*, in corso di pubblicazione, approdando a conclusioni in minima parte diverse da quelle del Pozzi, ma confermando che in effetti il poema prese la sua forma definitiva con la riaffermazione della struttura binaria già presente nei primi abbozzi.
10 Del valore simbolico e strutturale delle opposizioni discute ampiamente il Pozzi nel suo commento, soprattutto a livello di *dispositio* e di *elocutio*. Ho proposto un più ampio significato della bifocalità pozziana a livello di *inventio* con *Giovan Battista Marino: dal madrigale al "poema grande"*, "Critica letteraria," 48(1985), pp. 567–574, riprendendo il titolo e allargando la discussione nel cap. II del cit. *La meravigliosa retorica dell' "Adone"*.
11 Canto I, 24: "Sta quivi l'Anno sovra l'ali accorto, / che sempre il fin col suo principio annoda / e 'n forma d'angue innanellato e torto / morde l'estremo a la volubil coda / e, qual Anteo caduto e poi risorto, / cerca nova materia ond'egli roda." Il poeta aveva già impiegato l'identica immagine in un componimento intestato ad una "Signora Anna N." negli *Amori* della *Lira III* : "Anna, ben tu dal'Anno il nome prendi, / e ben del'Anno ogni costume hai tolto. / L'Anno è qual Serpe, in sé medesmo avolto, E tu qual Serpe ancor mordi, e offendi." Edizione consultata: Venezia, Ciotti, 1615, p. 54 (componimento n. 82).
12 Vedi G. POZZI, *L'Adone*, t. 2, pp. 28–31.
13 Rimando di nuovo al commento pozziano, cap. IV "Le formalizzazioni," pp. 75–87.
14 Lo spartiacque che divide il poema nettamente in due parti cade alla fine del c. XI. Ne parlo, con riferimento agli studi sulla struttura generale dell'opera del Pozzi e del PORCELLI (*Isometria e proporzionalità nelle strutture dell' "Adone"*, "Studi e problemi di critica testuale," 18(1979), pp. 149–176) che pure mi sembrano rientrare in questa divisione, nel mio volume *La meravigliosa retorica dell' "Adone"*.
15 Il cinghiale "la zanna ch'oscurò tanta bellezza / contro que' duri sassi a terra spezza" (ott. 241). "L'autopunizione del cinghiale, visto il contesto in cui è descritto l'assassinio di Adone, par bene rappresentare simbolicamente una castrazione", G. POZZI, *L'Adone*, t. 2, pp. 660–661.
16 Ciò si desume da un'ottava, la n. 104, dei primi *Sospiri d'Ergasto*. Il poeta sta descrivendo una faretra istoriata con le immagini del mito di Adone: "Oltre evvi ancor, quando trafitto e d'ostro / tinto le vive nevi e'l viso smorto / da l'orgoglioso e formidabil mostro / lo sventurato giovane vien morto; / indi

come romita in verde chiostro / la dea piange il suo ben, il suo conforto, / come vendichi il danno e quanto poi / canta il nostro Carin ne versi suoi." Riporto il segmento dall'edizione dell'*Adone* del Pozzi, t. 2, p. 104. "Carino" è il primo pseudonimo del poeta che, comunque, già nel canzoniere del 1602, si chiamerà Fileno.

17 Una ulteriore conferma del voluto rimando all'uccisione di Adone in quest'episodio sta nella bella immagine di Galatea prostrata dal dolore dinanzi all'amante ucciso (ott. 145), che ricorda naturalmente quella di Venere nel canto precedente. Lo Stigliani protesta: "Non può Acide giacer dinanzi a Galatea, perché l'autore nella stanza precedente ha detto:—Sotto la rupe che 'l percote e pesta Fulminato e sepolto insieme resta—" (T. STIGLIANI, *L'Occhiale*, Venezia, Pietro Carampello, 1627, p. 393). Il fatto è che per Marino l'episodio ha qui essenzialmente valore simbolico ed egli sente di doverlo dichiarare anche a costo di tradire la logica del racconto.

18 La figura di Austrasio è innanzitutto quella di un personaggio forte ("cavalier valente," ott. 420), che vince il terribile Argamoro ("fiero gigante," ott. 417), ed è poi anche attraente (di "nobil volto," ott. 424) al punto di far innamorare la feroce Tigrina. (Assolutamente inutile è dunque il suo eloquentissimo discorso, ott. 427–431, volto a questo fine: l'unione, come sempre, è determinata da Fortuna e Capriccio).

19 È difficile dire quale edizione dell'*Adone* lo Stigliani ebbe tra le mani. Oltre alla *princeps* parigina, possiamo pensare alla torinese (Concordia 1623) o ad una sua ristampa e alla fantomatica edizione di Ancona di cui Marino fa menzione nell'epistolario. *L'Occhiale* esce nel 1627, sebbene Stigliani, attraverso un amico, dichiari di averlo scritto "nelle prime settimane ch'egli [Marino] di Parigi venne a Roma" ("Francesco Balducci a chi legge," in *L'Occhiale*, p. 5). Non mi è stato possibile, purtroppo, consultare alcuna edizione secentesca dell'*Adone*; ho notato subito, comunque, che nella copia del poema usata dallo Stigliani dovevano mancare le famose venti ottave del c. VII di cui hanno parlato il Ferrero, il Pieri e il Pozzi e che numerose sono le varianti, in questo come in altri canti, rispetto all'edizione mondadoriana del 1976. (Come si sa, Stigliani registra i suoi commenti indicando, canto per canto, il numero di ottava e trascrivendo le parole su cui esercita la sua astiosa dottrina). Il Ferrero notava che "un testo in tutto sicuro del poema non si potrà avere se non collazionando fra di loro il maggior numero possibili di esemplari dell'edizione di Parigi, 1623" (*Marino e i marinisti*, Milano 1954, p. 7), perché copie della stessa edizione presentano attaccati "carticini" con un numero diverso di ottave. Certamente oggi, se con l'eccellenza delle recenti edizioni del poema, la caccia al "carticino" si è definitivamente chiusa, rimane comunque aperto l'interessante campo d'indagine delle edizioni italiane. Bisogna innanzitutto partire dal fatto che Marino inviò allo Scaglia *L'Adone* ancora imperfetto e in qualche modo diverso rispetto alla successiva edizione parigina. *L'Adone* di Venezia è dunque ancora *work in progress*. C'è poi il problema delle edizioni

CANTO XX: GLI SPETTACOLI 339

torinesi del '23 e del '24. Vista la rapidità con cui giunsero sul mercato è ipotizzabile che il Marino abbia inviato egli stesso una copia del lavoro francese "non finito" ai librai della Concordia. Abbiamo inoltre il caso della menzionata edizione di Ancona, di cui a tutt'oggi non s'è trovata traccia. A complicare ulteriormente la faccenda ci sono le correzioni "definitive" che Marino apportò di suo pugno mentre si trovava a Roma: furono mai usate nelle riedizioni di Venezia e Torino? Ora, per tornare alla copia dell'*Adone* in mano allo Stigliani, i risultati provvisori di un confronto tra i versi citati nell'*Occhiale* e i corrispondenti dell'edizione Pozzi (tenendo presenti, naturalmente, le possibilità di frequenti errori nella numerazione delle ottave e nella trascrizione), mi inducono a ritenere che il materano lavorasse con un testo vistosamente diverso da quello su cui è stata esemplata la moderna edizione. E giungo ora finalmente a parlare del caso della trasposizione di ottava segnalato nel c. XX. Indico qui di seguito le ottave su cui intervenne lo Stigliani, secondo la numerazione del suo testo, e riporto a fianco del numero, quando diverso, il numero di ottava corrispondente nella numerazione dell'edizione Pozzi

St.	Pz.	St.	Pz.	St.	Pz.	St.	Pz.
6	151			268	274	405	410
17	153			284	290	416	421
18	157			294	300	424	429
25	159			304	310	441	466
42	171			307	313	455	460
51	179			313	318	467	472
52	188			322	327	472	477
69	190			324	329	473	478
84	217			334	339	475	480
87	224	248		338	343	489	494
99	232			341	346	510	515
107	236			354	359		
144	242	248		384	389		
150	253	259		394	403		

(Avverto che l'ottava n. 324 dello Stigliani è in effetti segnata col n. 224 nel suo testo. Si tratta chiaramente di un refuso o di un errore di trascrizione). Come si può vedere ci sono numerose incongruenze. Proverò soltanto a spiegare quella che più conta per la trasposizione indicata sopra, che indica la perfetta intercambiabilità di attributi per Fiammadoro e Austria. Le segnalazioni dello Stigliani dalla ott. n. 313 alla n. 510 ("ultima stanza," *L'Occhiale* p. 425) rispetto alla numerazione del Pozzi mostrano di essere costantemente arretrate di 5 unità. Questo fatto è estremamente significativo perché vuol dire che i due testi corrono paralleli, ma ci sono due eccezioni: l'ott. 441 e la 394. Nel primo caso si deve ancora pensare ad un errore di stampa o di trascrizione perché la possibile trasposizione non corrisponderebbe funzionalmente al testo definitivo (se, cioè, arretriamo di 20 unità la corrispondente ottava pozziana l'operazione si dimostra senza senso quando proviamo a leggere il testo nel nuovo ordine). Diverso il caso, e siamo al punto, dell' ott. 394 dello Stigliani. Essa corrisponde ora a quella pozziana n. 403. Si tratta dell'ottava in cui Venere rivede in Fiammadoro "il caro Adon risorto." Se, per mantenere il costante parallelismo tra le due numerazioni, arretriamo l'ottava pozziana di 4 unità, la nuova distribuzione ci pone la 403 proprio sotto la 398 e la 404 slitta proprio sotto la 402. Si provi a leggere: le giunture fra le ottave risultano perfette e la "storia" è diversa (il complemento oggetto di "ha scorto," ott. 403, diventa "il fulmine improvviso," mentre prima era il viso di Fiammadoro).

20 Vedi l'interessante saggio di O. CALABRESE, *L'età neobarocca*, Bari 1987.

Notizie sui collaboratori*

GUIDO BALDASSARRI, nato a Roma nel 1947, insegna Storia della critica letteraria e Lingua e letteratura italiana nelle Università di Cagliari e Padova. Si è occupato della prosa duecentesca, con studi su Brunetto Latini e Bono Giamboni, del Cinquecento e del Tasso (*"Inferno" e "cielo". Tipologia e funzione del "meraviglioso" nella "Liberata"*, Roma 1977; *Tasso. Il progetto letterario della "Gerusalemme"*, Torino 1979), della tradizione epico-cavalleresca fra Quattro e Cinquecento (*Il sonno di Zeus. Sperimentazione narrativa del poema rinascimentale e tradizione omerica*, Roma 1982), del Seicento veneto e di Francesco Bracciolini (di cui ha pubblicato le *Lettere sulla poesia*, Roma 1979). Dirige la collana " 'libri di lettere' del Cinquecento" presso l'editore Forni di Bologna, ed è curatore dal 1972 della sezione *Origini e Duecento* della "Rassegna della letteratura italiana". È membro del Comitato esecutivo del Centro Studi "Europa delle corti" di Bologna, del Comitato direttivo del Centro di Studi Tassiani di Bergamo, della Giunta esecutiva della commissione nazionale per l'edizione delle opere del Tasso, di cui è anche segretario, nonché coordinatore dell'Archivio della tradizione cavalleresca (ATC) e dell'Archivio dei "libri di lettere" (ALL) presso l'Istituto di Studi Rinascimentali di Ferrara.

OTTAVIO BESOMI si è formato all'Università di Friburgo (Svizzera) sotto la guida di Giovanni Pozzi. Insegna attualmente all'Università di Zurigo dove detiene la cattedra di Italiano che fu già di De Sanctis. Ha prodotto un'edizione critica delle *Operette morali* di Leopardi (Milano 1979), ma si occupa prevalentemente di filologia secentesca (*Ricerche intorno alla "Lira" di G.B. Marino*, Padova 1969; *Esplorazioni secentesche*, Padova 1975). Ha in programma, con Alessandro Martini, l'edizione completa della *Lira* mariniana di cui ha già pubblicato un primo volume (*Rime amorose*, Ferrara 1987). Prepara, inoltre, un'edizione della *Secchia rapita* del Tassoni.

PAOLO CHERCHI. È nato ad Oschiri (Sassari) nel 1937. È laureato in lettere, ed ha un PhD in lingue romanze dalla University of California, Berkeley. Dal 1965 insegna letteratura italiana presso la University of Chicago. Si occupa prevalentemente di letteratura medievale (si vedano i saggi raccolti in *Andrea Cappellano, i trovatori e altri temi romanzi*, Roma 1979) e del tardo rinascimento (ed. di T. Garzoni, *Opere*, Napoli 1972; *Enciclopedismo e politica della riscrittura: T. Garzoni*, Pisa 1982. Tra i suoi articoli di interesse specifico per il lettore dell'*Adone* sono da menzionare: *Tessere mariniane*, "Quaderni d'italianistica" III, n. 2 (1982); *Ancora su Lope e Marino*, "Quaderni d'italianistica" VIII, n. 1 (1987); *Molte Veneri e pochi Adoni*, "Esperienze letterarie", in corso di stampa.

ANGELO COLOMBO è nato in provincia di Varese e si è laureato nel 1981 presso l'Università Cattolica del S. Cuore di Milano con una tesi sulla letteratura poetica del primo Seicento a Bologna. Ha pubblicato contributi (su G.B. Marino e Claudio Achillini, sul Settecento critico, su Gadda e Manzoni) in "Lettere Italiane", "Studi secenteschi", "La Bibliofilia", nella "Rivista di letteratura italiana", in "Critica letteraria" e "Otto/Novecento", negli "Annali dell'Istituto Universitario Orientale" di Napoli, sull'"Archivio Storico Bergamasco", nonché in AA.VV., *Letteratura italiana e arti figurative*, Atti del XII Congresso dell'Associazione Internazionale per gli Studi di Lingua e Letteratura Italiana (AISLLI), Firenze 1988. Ha pubblicato il volume *I "riposi di Pindo". Studi su Claudio Achillini (1574–1640)*, Firenze 1988. Collabora, presso l'università di Parma (Istituto di Filologia Moderna), al Progetto interuniversitario di Ricerca "Archivio Barocco", per il quale sta preparando l'edizione critica delle *Poesie* di Claudio Achillini.

VANIA DE MALDÉ. Laureata a Pavia in Filologia italiana, è stata borsista del C.N.R. a Friburgo (Svizzera) dove ha coperto per qualche anno l'incarico di Storia della lingua italiana. Vive e lavora a Milano. Si occupa di Letteratura italiana cinque-secentesca. Sta preparando l'edizione critica con commento della *Sampogna* del Marino.

ANTONIO FRANCESCHETTI, nato a Padova nel 1939, si è laureato in Lettere Moderne presso l'Università di Padova e ha conseguito il Philosophy Doctor a Columbia University. Ha insegnato all'università di Reading, a Columbia ed è ora Professore d'Italiano all'Università di Toronto, Scarborough Campus. Autore di *L' "Orlando Innamorato" e le sue componenti tematiche e strutturali*, Firenze 1975, e di numerosi articoli e recensioni su vari aspetti della letteratura italiana dal Boccaccio al Foscolo, ha curato i tre volumi di *Letteratura italiana e arti figurative*, Atti del XII Convegno dell'AISLLI, Firenze 1988.

GIORGIO FULCO è professore associato di Filologia italiana presso la Facoltà di Lettere e Filosofia dell'Università di Napoli. È membro della redazione di "Filologia e critica". Ha curato l'edizione della *Lucerna* di Francesco Pona e del *Paltroniere* di Baldassarre Bonifacio. Tra i suoi contributi originali, incentrati sulla letteratura secentesca e sulla cultura napoletana tra Rinascimento e Barocco, ci sono lavori dedicati: al Marino collezionista d'arte, alle poesie di Marzio Milesi per il Caravaggio, agli autografi di Giambattista Basile, al "museo" dei fratelli Della Porta, alla tipografia di Colantonio Stigliola, al *Myrobiblon* di Antonio Mattina, ad uno sconosciuto testo dialettale napoletano di Giovan Battista Crisci. Prepara, in ambito mariniano, una nuova edizione delle *Lettere*; ricerca sulla biblioteca del poeta; indagini sui suoi mecenati (Matteo di Capua, Giovan Carlo Doria) e sulle loro raccolte di quadri e/o sculture, oggetti d'antiquaria, libri;

interventi su aspetti particolari della biografia intellettuale e della bibliografia del Cavaliere.

VALERIA GIANNANTONIO è nata a Napoli nel 1960 e qui si è laureata con una tesi su Andrea Belvedere tra teatro e pittura. Vincitrice nel 1984 del concorso per ricercatore universitario presso l'Università del Sacro Cuore di Milano, svolge dal 1986 la sua attività presso l'Istituto di Filologia moderna della Facoltà di Lettere e Filosofia dell'Università "Gabriele D'Annunzio" di Chieti. I suoi interessi sono rivolti principalmente alla civiltà letteraria del Seicento e dell'Ottocento. Collaboratrice di diverse riviste, tra le quali "Critica letteraria", "Testo", "Rassegna italiana di studi verghiani", ha al suo attivo saggi su Stefano Ignudi, Andrea Belvedere, Ferdinando Donno e Pirro Schettino. Ha collaborato all'Enciclopedia Virgiliana con la voce *Manierismo* e ha pubblicato una commedia spagnoleggiante inedita, *Difender l'inimico* di A. De Solìs. Ha partecipato all'XI Convegno dell'AISLLI, tenutosi nel 1985 in Canada, con una relazione su *La figurazione scenografica e il melodramma napoletano del Seicento*. Attualmente ha in corso di stampa l'edizione critica delle *Opere* edite e inedite di Pirro Schettino ed ha in preparazione un volume sull'ultimo Monti.

FRANCESCO GUARDIANI è nato a Tocco da Casauria (Pescara) nel 1949. Ha studiato all'Università "G. D'Annunzio", dove si si è laureato con una tesi su Northrop Frye. Ha conosciuto lo studioso in Canada e seguito i suoi corsi alla University of Toronto. Qui ha conseguito un M.A. in Letteratura Comparata e un PhD in Italiano con una tesi sull'*Adone* che, in forma abbreviata, si pubblica in questi giorni (*La meravigliosa retorica dell' "Adone" di G.B. Marino*, Firenze 1988). Dal 1986 è docente di Lingua e Letteratura Italiana presso lo stesso ateneo. Si interessa prevalentemente di poesia cinque-secentesca e di teoria della letteratura. Ha prodotto vari articoli, recensioni e traduzioni collaborando a "Rivista di estetica", "Quaderni d'italianistica", "Italica", "Critica letteraria", "Rivista di Studi Italiani", "The Review of Contemporary Fiction", "Carte italiane", "Canadian Journal of Italian Studies". Ha in programma un lavoro mariniano sulla *Lira II*, in collaborazione con Alessandro Martini, una bibliografia delle opere poetiche del '600 giacenti presso la biblioteca universitaria di Toronto e un volume su Northrop Frye.

MARZIANO GUGLIELMINETTI è nato a Torino nel 1937. Ha studiato e si è laureato, nel 1959, con Giovanni Getto. È professore di Letteratura Italiana nell'Università di Torino. I suoi studi riguardano soprattutto il Barocco, la narrativa fra Otto e Novecento, la poesia del primo Novecento, l'autobiografia. È autore di numerosi volumi, fra cui: *Clemente Rebora*, Milano 1968; *La contestazione del reale*, Napoli 1974; *La cornice e il suo furto. Studi sulla novella del Cinquecento*, Bologna 1984; *Memoria e scrittura. L'autobiografia da Dante a Cellini*, Torino 1977; *Il romanzo del Novecento italiano*, Roma 1986; *Sbarbaro poeta e altri saggi*

Palermo s.d.; *Lo scudo dell'ironia. Gozzano e i viciniori*, Firenze 1984. In ambito specificamente mariniano ha prodotto l'edizione delle *Lettere*, Torino 1966; *Tecnica e invenzione nell'opera di Giambattista Marino*, Messina-Firenze 1964; *Il codice botanico dell'"Adone"*, "Sigma" XIII, 1980.

GIAN PIERO MARAGONI, nato a Roma nel 1959, vi ha conseguito la laurea in Lettere, il perfezionamento in Filologia Moderna e il dottorato in Italianistica. Interessato agli aspetti stilistici e formali dell'opera letteraria, si è occupato soprattutto di Cinque, Sei e Settecento (*Discorsi sul Marino heroico*, 1982; *Metastasio e la tragedia*, 1984; *Sadoleto e il Laocoonte*, 1986; *Errico in Zancle*, 1987), non rinunciando ad indagare la produzione minore di area laziale (Peresio, Berneri, Batta). Collabora ai periodici "Critica letteraria", "Quaderni d'italianistica", "Lingua e stile", "Lunarionuovo", "Il nuovo raccoglitore", "Dismisura", "Il Veltro", "Rivista di Studi Italiani".

ALESSANDRO MARTINI è nato a Cavergno (Svizzera) nel 1947. È professore ordinario di Lingua e Letteratura Italiana presso l'Università di Friburgo, in cui ha studiato e si è laureato con Giovanni Pozzi. Si occupa prevalentemente di letteratura cinque-secentesca. Ha prodotto saggi su Tasso, Marino, Montale, Federigo Borromeo, Plinio Martini, collaborando a varie riviste italiane e straniere tra cui "Lettere Italiane", "Filologia e critica", "Versants", "Cenobio". Ha pubblicato quattro volumi: *"I tre libri delle laudi divine" di Federigo Borromeo. Ricerca storico stilistica*, Padova 1975; *La letteratura negata. Saggio di parte cattolica nel secondo Ottocento italiano*, Friburgo 1981; G.B. Marino, *Amori*, introduzione e note di A. Martini, Milano 1982; G.B. Marino, *Rime amorose*, a cura di A. Martini e O. Besomi, Ferrara 1987. L'ultimo volume citato è il primo di una serie che costituirà l'edizione completa della *Lira* mariniana.

JAMES V. MIROLLO è professore d'Inglese e Letteratura Comparata presso la Columbia University di New York in cui insegna dal 1967. Si è specializzato in letteratura e arti figurative del Rinascimento e del Barocco. È autore di numerosi libri, articoli e recensioni, tra cui un volume sulla poesia del Marino e, più recentemente, un altro sul manierismo del '500 in letteratura e arti visive. Si è interessato anche di problemi di pedagogia e didattica ed è stato per sei anni membro dell'esecutivo o presidente della Modern Language Association (MLA) Committee on Teaching and Related Professional Activities; è stato inoltre coautore di un libro sulla didattica dell'insegnamento universitario ed ha fondato e diretto un "Apprentice Program" per gli studenti della Columbia University. Per il suo lavoro di studioso ha ricevuto onorificenze e fondi di ricerca dallo Stato di New York, dalla Fulbright Foundation, dalla Ansley Foundation e dalla International Association for the Study of Italian Language and Literature. Attualmente è redattore di "Literature and the Visual Arts: New Foundations" e di "Renaissance Quarterly" e fa parte del comitato esecutivo della Renaissance Society of America. Ha in programma un libro sulla poesia e la pittura barocca ed un altro sulla tradizione della novella dal *Decameron* al Rinascimento.

MARZIO PIERI (Firenze 1940–Parma . . .). Laureato nel 1966, ma non si direbbe, con Walter Binni, con una tesi dal titolo, allora, provocatorio: "La poesia del Cavalier Marino". La metrica, la retorica, l'estetica (che ha insegnato alcuni anni, per 'incarico' universitario: esordì con lezioni su Northrop Frye), la filologia (cui è stato iniziato, ma non si direbbe, da Lanfranco Caretti e Franca Ageno), la musicologia (di cui è digiuno affatto), gli sono sempre servite da controcanto ironico, surriscaldando una sua vena saggistica. Progetto dismisurante, però contenuto dalla fedeltà a un dato spazio-tempo; che potrebbe essere l'"immaginario" europeo fra l'Invenzione del Moderno e la Fine della Storia, visto da un sedentario. Gli sta a cuore l'"acustica" delle cose, lo tormenta il fatto del disordine della propria e della altrui cultura; era già un assillo di Paul Klee. Una bibliografia essenziale: per il Barocco, edizione de *L'Adone* (Bari, Laterza, 1975–77; 2 voll., con apparato critico e linguistico) e de *La Galeria* (Padova, Liviana, 1979; 2 voll., annotati) del Marino; del Marino anche il tronchetto de *La Gerusalemme distrutta (: e altri teatri di guerra*, Parma, La Pilotta, 1985). Giacomo Lubrano, *Scintille poetiche*, Ravenna, Longo, 1982. Giovanni Argoli, *Endimione*, Parma, La Pilotta, voll. 2 (in preparazione il terzo volume con indici e apparati). Girolamo Preti-Giovanni Argoli-Gianfrancesco Busenello, *La Salmace e altri Idilli Barocchi*, Verona, Fiorini, 1987. Giambattista Manzini, *Aforismi del tiranno caduto. Il Seiano o della profezia di Fortuna*, Parma, Zara, 1987. Ha in preparazione, fra l'altro, l'edizione del *Mondo Nuovo* dello Stigliani, nella doppia redazione Piacentina e Romana. (Si veda, in proposito, oltre che un intervento, in corso di stampa, al Convegno Farnesiano di Piacenza del 1986, il vecchio saggio *Stigliani a Parma*, "Paragone" 1979, *Colombo in mare baroco, una metafora abortita*, in *Columbeis I*, Genova, Istituto di Filologia Classica e Medievale, 1986). Sul piano della saggistica 'in tema', la monografia (ch'egli ritiene felicemente superata, tranne che per l'*Appendice I) Per Marino*, Padova, Liviana, 1976. Gli piace l'opera e ne ha scritto: *Tasso e l'Opera*, Parma, Zara, 1985; *Viaggio da Verdi. Discorso di un Italianista intorno all'Opera Romantica*, Parma, La Pilotta, 1977; *Verdi. L'Immaginario dell'Ottocento*, Milano, Electa, 1981. In corso di stampa il saggio *Opera e letteratura* per la *Storia dell'Opera Italiana* diretta da Lorenzo Bianconi e Giorgio Pestelli per la edt di Torino. Ma prepara un Donizetti. Non fu una distrazione il suo primo saggio, *Discorso sul Western o l'equilibrio selvaggio* (Padova, Liviana, 1971) che apriva l'orizzinte del 'contemporaneo'; per cui si vedano almeno la *Biografia della poesia. Sul paesaggio mentale della poesia italiana del Novecento* (Parma, La Pilotta, 1979) e *Una stagione in purgatorio. Schegge per una storia di scritture minimamente diversa* (Parma, La Pilotta, 1983), che, col *Viaggio da Verdi*, formano una 'trilogia pilottesca' felicemente sconfitta dalla manualistica ufficiale italiana. Prepara un *Verga* in due voll. per l'Utet. Dal 1980, l'hanno anche messo in cattedra, ma non si direbbe.

DOMENICO PIETROPAOLO si è laureato all'Università di Toronto, dove è attualmente professore associato di Letteratura Italiana. Ha pubblicato *Dante Studies in the Age of Vico*, Ottawa 1989, e numerosi articoli (teatro, Dante, teoria della letteratura, Vico) fra cui ricordiamo *Premesse e metodi degli studi vichiani in America* e *Heidegger, Grassi e la riabilitazione dell'umanesimo* su "Belfagor" 1986 e 1988 rispettivamente. Ha curato la pubblicazione degli atti di un convegno internazionale sulla Commedia dell'Arte, *The Science of Buffoonery: Theory and Hystory of the Commedia dell'Arte*, Ottawa 1989, e inoltre, con F. Gerson e A. Percival, degli atti di un convegno sull'illuminismo, *The Enlightenment in a Western Mediterranean Context*, Toronto 1984. Attualmente lavora ad una monografia sul rapporto Grassi-Heidegger in merito al problema filosofico dell'umanesimo e dirige un progetto di ricerca sulla lingua delle commedie toscane del periodo serliano

BRUNO PORCELLI è professore straordinario di Lingua e Letteratura Italiana presso la Facoltà di Lingue e Letterature Straniere dell'Università di Pisa. Ha studiato, fra l'altro, Dante, Boccaccio, la novellistica del Cinquecento, Michelangelo Buonarroti il Giovane, gli Incogniti, Fogazzaro, Svevo, Gozzano, Moretti. Suoi lavori sull'*Adone* del Marino sono *Le misure della fabbrica*, Milano 1980, e *Le fonti de "gli errori" nel canto XIV dell'"Adone"*, "Critica letteraria" 44, 1984. Attualmente lavora sul Boccaccio, sul Tasso e a un'edizione delle *Duecento novelle* del Malespini. Ha collaborato e collabora a "Italianistica", "Studi e problemi di critica testuale", "Critica letteraria", "Esperienze letterarie", "Lettere Italiane", "Belfagor", "Problemi". È nel comitato di coordinamento di "Italianistica".

ANTONIO ROSSI è nato a Maroggia (Svizzera). Ha studiato letteratura italiana alle università di Friburgo (dove ha conseguito il dottorato) e di Firenze. Si occupa in particolar modo di lirica volgare quattro-cinquecentesca. Ha pubblicato fra l'altro lo studio *Serafino Aquilano e la poesia cortigiana*, Brescia, Morcelliana, 1980; e, nel 1979, una raccolta di versi (*Ricognizioni*, Bellinzona, Casagrande).

RICCARDO SCRIVANO si è laureato in letteratura italiana nell'Università di Genova nel 1951. Ha insegnato nelle università di Firenze e Padova e in numerosi atenei nordamericani. Dal 1974 è ordinario di Letteratura Italiana nell'Università di Roma, La Sapienza, ed è attualmente in servizio presso la II^ Università di Roma. Si occupa prevalentemente di Dante, letteratura del Cinquecento, Teatro, letteratura dell'Otto e Novecento. Tra i suoi numerosi saggi si segnalano: *Il manierismo nella letteratura del Cinquecento*, Padova 1959; *Il decadentismo e la critica*, Firenze 1963; *La natura teatrale dell'ispirazione alfieriana*, Milano 1963; *Riviste, scrittori e critici del Novecento*, Firenze 1965; *Letteratura e cultura nel Cinquecento*, Roma 1966; *Cinquecento minore*, Bologna 1967; *La narrativa di G. Verga*, Roma 1976; *Biografia e autobiografia*, Roma 1976; *La norma e lo scarto*, Roma 1980; *Finzioni teatrali*, Firenze 1982; *Letteratura e teatro*, Bologna 1983; *La vocazione contesa*. *Pirandello e il teatro*, Roma 1987. È autore di varie edizioni (Boccaccio, Alfieri, D'Annunzio) e collabora a "Il Ponte", "La Rassegna della letteratura italiana", "Critica letteraria", "Il lettore di provincia", "Quaderni d'italianistica", "Revue de littérature comparée", "Versants".

ANTONIO VASSALLI, allevato alla scuola di Friburgo (Svizzera), dove ha prodotto l'edizione critica delle rime burlesche di G.B. Marino, da anni ha rivolto la sua attenzione allo studio delle relazioni fra il mondo poetico e la pratica musicale madrigalistica del XVI e XVII secolo. In questo campo conduce una indagine sistematica che si prefigge di fornire alcuni fondamentali repertori. È autore di interventi critici sulla realtà poetico-musicale in Puglia, a Napoli, sul Tasso e sul Guarini e altri.

* Con l'invito a partecipare alla presente impresa mariniana ai collaboratori si richiedeva anche un breve *curriculum* bio-bibliografico per il beneficio dei lettori. Alcuni sono giunti e altri no. Il lettore perspicace distinguerà tra gli schizzi sbozzati dal curatore e i più coloriti, precisi e aggiornati, autoritratti.